Schicksalsbefragung und Charakterbestimmung gehören zu den Mysterien aller Naturvölker. Was für die einen der Himmel, ist für die anderen die Erde. So kommt für die Indianer und Schamanen alle Weisheit von der Erde und aus der Natur. Wie bei der Astrologie geht auch der uralte Tierkreis der Erd-Magie vom Geburtsdatum aus und kennt die Unterteilung in zwölf Zeichen. Aber sie sind nicht durch die Konstellation der Sterne und Planeten bestimmt, sondern durch die Einflüsse der Erde und den Rhythmus der Natur, die Elemente und Lebensformen auf der Erde, Pflanzen, Tiere, Gesteine, die Jahreszeiten und die Winde.

Kenneth Meadows (1925–2002) war als Hochschuldozent und Journalist tätig und hat viele Jahre lang das esoterische Wissen alter Völker erforscht. Die schamanischen Weisheiten studierte er bei Medizinmännern Amerikas und Schamanen verschiedener anderer Kulturen. Als Schamanenlehrer genießt er hohes Ansehen. Die Indianer verliehen ihm den Stammesnamen «Fliegendes Pferd».

Weitere Informationen finden Sie auf www.fischerverlage.de

Kenneth Meadows

Das Natur-Horoskop

Die Weisheit der Indianer und Schamanen

Aus dem Englischen von
Susanne Kahn-Ackermann

FISCHER Taschenbuch

Aus Verantwortung für die Umwelt hat sich der S. Fischer Verlag zu einer nachhaltigen Buchproduktion verpflichtet. Der bewusste Umgang mit unseren Ressourcen, der Schutz unseres Klimas und der Natur gehören zu unseren obersten Unternehmenszielen.

Gemeinsam mit unseren Partnern und Lieferanten setzen wir uns für eine klimaneutrale Buchproduktion ein, die den Erwerb von Klimazertifikaten zur Kompensation des CO_2-Ausstoßes einschließt.

Weitere Informationen finden Sie unter:
www.klimaneutralerverlag.de

MIX
Papier aus verantwortungsvollen Quellen
FSC www.fsc.org
FSC® C083411

10. Auflage Dezember 2021

Erschienen bei FISCHER Taschenbuch,
Frankfurt am Main, November 2006

Die Originalausgabe
erschien 1989 unter dem Titel
«Earth Medicine: A Shamanic Way to Self Discovery»
bei Element Books

Gesamtherstellung: CPI books GmbH, Leck
Printed in Germany
ISBN 978-3-596-17352-5

Inhalt

TEIL DREI: DIE PRAXIS

Einleitung

Das Natur-Horoskop war das erste Buch, das ich geschrieben habe – und eine ganze Reihe von Büchern sollte ihm folgen. Jedes dieser Werke enthält ein Konzentrat uralter schamanischer Weisheit aus verschiedenen Kulturen und Überlieferungen. Abgestimmt auf unsere heutigen Daseinsbedingungen, macht es uns mit den Möglichkeiten eines einzigartigen Prozesses der Persönlichkeitsentwicklung vertraut, der unser Leben zum Vorteil verändern kann.

Shamanics lautet meine Bezeichnung für diese auf die praktischen Gegebenheiten des modernen Lebens abgestimmten schamanischen Prinzipien. Den Begriff habe ich geprägt, um eine bessere Abgrenzung dieses Entwicklungsprozesses von all jenen Bräuchen, Ritualen und Praktiken zu gewährleisten, die aus einem stammesbezogenen und historischen Zusammenhang herausgelöst wurden, um als Bestandteil irgendeiner Konzeption von «zeitgenössischem» Schamanismus zu dienen – jedoch mit den Herausforderungen, vor die uns das Leben in einer urbanen Gesellschaft tagtäglich stellt, wenig zu tun haben.

Erd-Medizin ist eine Methode zur Erstellung eines Persönlichkeitsprofils. Durch sie kann der einzelne Verbindung zu Fähigkeiten herstellen, die sein ureigenes Potential sind. Das Wort *Medizin* wird in dem Sinn verwendet, den es bei den amerikanischen Ureinwohnern hat: Es soll auf eine Befähigung verweisen, die von innen kommt und es einem Individuum ermöglicht, in höherem Maß «ganz» zu sein, «vollständiger» zu sein. Jedem Individuum ist diese Befähigung angeboren. Eben sie verbindet jeden einzelnen von uns mit der Erde und dem Bereich der physischen Wirklichkeit. Sie ist ein Prinzip, das darauf beruht, daß Zeit als solche nach schamanischem Verständnis Eigenschaften hat, die sich in Entsprechung zur jeweiligen Position der Erde auf ihrer Umlaufbahn um die Sonne wandeln. Diese Eigenschaften werden im Moment der Geburt in unser Energiesystem integriert, sind uns also angeboren. Ein Verständnis der Erd-

Medizin läßt uns daher nicht nur besser verstehen, was die Persönlichkeit ausmacht, unsere eigene und die anderer, sondern ermöglicht uns auch, in größere Harmonie mit den wohltätigen Kräften der Natur zu gelangen, die uns ebensosehr von innen beeinflussen, wie sie von außen auf uns einwirken.

Dieses Buch will Ihnen zeigen:

Wie Sie entdecken können, was und wer Sie sind und worin das Hauptziel Ihres Lebens besteht.

Wie Sie Ihre kreativen Energien freisetzen, zu dankbarer Wertschätzung und Achtung dieser wunderbaren Erde gelangen und dadurch ein Selbstvertrauen entwickeln, das Sie zu einer harmonischen Beziehung mit Natur und Umwelt führt.

Wie Sie subtile Erdeinflüsse erkennen und nutzen lernen, um sich in Einklang zu bringen mit dem Puls der Zeit-Energie dieses Planeten.

Wie Sie Führung und Rat von Ihrem Höherem Selbst – Ihrem «Geist» - Selbst – erhalten.

Wie Sie monatlich, wöchentlich und täglich ablesen können, auf welche Weise die Erdenergien sich in Ihrem Leben manifestieren und zu Ihrem Wohl lenken lassen.

Die Lehren der Erd-Medizin können Sie von der hinderlichen Annahme befreien, daß Sie ein Opfer der Umstände sind, dem «Schicksal» unterworfen, und Sie können Ihnen helfen, Verantwortung für das eigene Leben zu übernehmen.

Nicht nur finden Sie hier Hilfe im Bemühen, sich selbst und andere zu verstehen, sondern es können auch die Veränderungen bewirkt werden, die Sie sich für Ihr Leben wünschen.

Ganz buchstäblich kann dieses Buch Ihr Leben verwandeln und Ihrer «Erdenwanderung» Sinn und Richtung geben.

Seit seiner Erstveröffentlichung im Jahre 1989 hat *Das Natur-Horoskop* viele Neuauflagen erlebt – nicht nur in England, sondern auch in Deutschland (auch unter dem Titel *Die Weisheit der Naturvölker*), Frankreich und Italien. Allerdings habe ich feststellen können, daß sich der wirkliche Erfolg eines Buchs nicht nur an seinen Verkaufszahlen messen läßt, sondern an den tatsächlichen Verbesserungen im Leben derer, die es lesen. Die Dankesbriefe, die mir so viele Leser aus verschiedenen Ländern spontan zugesandt haben, bestätigen den praktischen Wert der hier dargelegten Prinzipien und Unterweisungen.

Kenneth Meadows

TEIL EINS

DIE PHILOSOPHIE

1 Was ist Erd-Medizin?

Wie Sie Ihre Schritte setzen, Ihre «Erdenwanderung»» also, zeigt, wie Sie Ihr Leben leben. Ihre Persönlichkeit zum Ausdruck bringen. Ihre Träume ausleben. Ihre Sehnsüchte. Ihre Hoffnungen. Ihre Ängste.

Ihre Erdenwanderung – ist sie ein zielloses Umherstreifen oder ein müdes Dahinschlurfen? Zeigt sich in ihr der stürmische Schritt der Ungeduld oder der steife Gang des Zorns? Der entschlossene und energische Schwung des Ehrgeizes, der sich durch nichts aufhalten läßt?

Egal, welches Temperament zum Ausdruck kommt: An welchem Punkt Ihrer Erdenreise befinden Sie sich? Wo stehen Sie jetzt? Woher kamen Sie? Und wohin wollen sie? Ist das Leben ein aufregendes Abenteuer oder nur langweilig und lästig? Sind Sie frustriert oder enttäuscht, oder verwirrt, vielleicht, weil Sie kein klares Ziel haben? Man hat Ihnen keine Landkarte gegeben, und Sie können keine Wegweiser entdecken, die Sie leiten. Sie haben keine Koordinaten, die Sie Ihre Position berechnen lassen, und auch keine Angaben, mit deren Hilfe Sie sie ausfindig machen könnten. Ist es da ein Wunder, wenn Ihnen das Leben als unlösbares Rätsel erscheint?

Das System der Erd-Medizin stattet Sie mit einer Karte und anderen Hilfsmitteln aus, damit Sie Ihren Weg finden können. Es ist eine einzigartige Wissenschaft vom Leben, die auf den Medizin-Lehren nordamerikanischer indianischer Völker basiert und ihre Wurzeln in noch weitaus älteren Weisheitslehren hat, zu denen wir, obgleich sie einst verlorengingen, nun wieder Zugang gewinnen können. Es handelt sich nicht um die Lehren eines bestimmten Stammes oder einer Stammesgruppe, sondern um die Essenz eines Wissens, von dem sie alle durchdrungen sind.

Dieses Wissen, das sich im Bewußtsein der Indianer entwickelte, wird hier zu einem vollständigen System geordnet, das sich auf die moderne Zeit bezieht und auf die Bedürfnisse von Männern und Frauen abgestimmt ist, die in einer materialistisch gesinnten, konsumorientierten Gesellschaft leben, die den Kontakt zu Erde und Natur verloren hat.

Das indianische Medizinrad kann auf vielfältige Weise genutzt werden und enthält unter anderem Methoden zur Selbsterkenntnis und Selbstverwirklichung, Methoden, die in diesem Buch weiterentwickelt werden. Es wird erläutert, wie die Seele das Gewand eines irdischen Körpers anlegt, um die Welt der Materie zu erfahren; wie sie sich, entsprechend ihrer Position oder ihres Aussichtspunkts auf dem Lebensrad, mit Erdeinflüssen und Kräften verbindet, die, über den Weg der Erfahrung, ihre Entwicklung fördern können.

Das hier vorgestellte System befaßt sich nicht mit den möglichen Einflüssen, die die Bewegung der Gestirne auf unser künftiges Erdenschicksal haben könnte, sondern damit, wie sich unsere Verbindungen mit der Erde nutzen lassen, um den Moment der Gegenwart – in der ja unsere Zukunft weitgehend gestaltet wird – ergreifen, Verantwortung für unser Leben übernehmen und somit unser Schicksal meistern zu können.

Vielleicht hatten Sie, bevor Sie dieses Buch in die Hand nahmen, noch nie von Erd-Medizin gehört. Dieser Begriff war unbekannt, weil die Medizin-Lehren, von den indianischen Medizinmännern nur durch mündliche Überlieferung tradiert, weitgehend geheimgehalten und von Stammesschamanen geschützt wurden.

Bevor die Zeit der großen Heimsuchung und des tiefen Leidens die so sehr geschmähten und einst so stolzen und edlen indianischen Völker Nordamerikas schließlich niederzwang, kamen die Ältesten der Hauptstämme zusammen und entschieden, daß die Medizin-Lehren an die folgenden Generationen durch mündliche Überlieferung weitergegeben und so bewahrt werden sollten – bis zu der Zeit, da sie wieder in vollem Umfang praktiziert werden könnten. Wesen und Geist dieser Lehre wurden den heiligen Feuern und den Geistern der Elemente übergeben, mit der Versicherung, daß sie zu anderer Zeit wiedererweckt würden, in einem Zeitalter, da die Erde selbst in Bedrängnis sein und leiden würde. Und sie würden wiederaufleben unter Menschen nichtindianischer Abkunft.

Diese Zeit ist nun gekommen. Einen Teil jenes Wissens halten Sie in Händen, es wird Ihnen auf den folgenden Seiten übermittelt.

Bevor Sie sich aber mit den wesentlichsten Grundsätzen vertraut machen können, müssen Sie verstehen, was das Medizinrad ist.

Für die nordamerikanischen Indianer bedeutete «Medizin» mehr als eine Substanz, die einem kranken oder schlecht funktionierenden Körper Gesundheit und Vitalität zurückgibt. «Medizin» bedeutet Energie – eine der Natur innewohnende Lebens-Kraft. Die «Medizin» einer Person war ihre Macht und Kraft – der Ausdruck ihres eigenen Lebensenergiesystems. «Medizinrad» meinte einen erzeugten Energiekreis, von den Geisteskräften kontrolliert, der das Wissen um diese Macht und Kraft vermittelte. «Medizin» bedeutet also persönliche Befähigung und Ermächtigung.

Im Grunde ist das Medizinrad ein physisches, geistiges, emotionales und spirituelles Hilfsmittel, das den Menschen, die damit arbeiten, dazu dient, sich auf die Erdeinflüsse und -kräfte und die auf ihr Leben einwirkenden natürlichen Energien einzustimmen. Es besteht aus einem Satz von Symbolen in Form eines von einem Kreis umschlossenen Kreuzes.

Die Indianer stellten diese Symbole mit Hilfe von Steinen dar, die sie auf der Erde auslegten. Die alten Steinkreise in anderen Teilen der Welt – vor allem auf den Britischen Inseln, so etwa die berühmten Rollright Stones in Oxfordshire und Castlerigg in Cumberland – sind Beispiele in größerem Format, die nicht den gleichen, aber ähnlichen Zwecken dienten.

Das indianische Medizinrad hatte den Vorteil, transportabel zu sein. Es war in seiner Grundanordnung ganz einfach herzustellen, indem man die kleinen Steine in Form eines Kreises auslegte, von dem vier Speichen oder Arme ausgingen. Diese symbolisierten Wege zum Zentrum, das für den Schöpfer/die Quelle alles Seins oder auch für das Selbst stand.

Somit hatte man eine symbolische Karte oder einen Plan zur Orientierung, den man mitnehmen und sich überall vergegenwärtigen konnte.

Der äußere Kreis wurde mit acht Steinen markiert, die die Mächte des Universums und die Kräfte im Menschen darstellten und zeigten, wie diese in ein harmonisches Gleichgewicht zu bringen sind. Sie sollten auch an das Gesetz der Oktaven – oder die Gesetze der Harmonie – erinnern.

Die acht Steine des inneren Kreises, der die «Quelle alles Seins» in der Mitte umschloß, standen für innere und spirituelle Realitäten.

Die übrigen acht Steine bildeten die Arme eines Kreuzes, wobei zwischen dem inneren und dem äußeren Kreis in jede der vier Himmelsrichtungen je zwei Steine plaziert wurden. Diese vier Arme standen für die Vier Großen Wege – Liebe und Vertrauen im Süden, Weisheit und Kenntnis im Norden, Innenschau und Transformation im Westen sowie Erleuchtung und Klarheit im Osten.

Die Indianer benutzten manchmal einen Büffelschädel, um die Quelle alles Seins in der Mitte des inneren Kreises anzudeuten, weil dem Büffel eine besondere symbolische Bedeutung zukam. In den alten Zeiten versorgte dieses Tier die Indianer mit allem, was sie zum Überleben brauchten. Sein Fleisch lieferte Nahrung, aus seinen Knochen wurden Eßgeschirr, Werkzeuge und Waffen hergestellt, aus bestimmten Körperteilen Wasserbehälter und Kochgefäße. Die Haut lieferte das Material für Kleidung und Zelte (Tipis), die Sehnen wurden zum Nähen verwendet.

Für sie war der menschliche Schädel nicht nur ein Gefäß des Gehirns – des menschlichen Biocomputers –, sondern auch der Sitz von Geist und Gemüt, der Sitz des Bewußtseins. Und so wurde der Büffelschädel als Symbol für Wakan-Tanka – den Heiligen Allumfassenden Geist – betrachtet und für das Einswerden mit dem Selbst der Weisheit des schöpferischen Bewußtseins von Allem-was-Ist.

Aus der Grundform des Medizinrads läßt sich ein Erdrad entwikkeln, indem man weitere 16 Steine oder Symbole hinzufügt (dann insgesamt 40), die das universale Netz der Kraft und Macht darstellen, in dem alles mit allem verbunden ist.

Von diesen weiteren 16 Steinen kann je einer an den vier Kardinalpunkten plaziert werden, die für die vier Richtungskräfte, manchmal auch die Vier Winde genannt, stehen. Die restlichen 12 Steine werden dann zu einem Kreis angeordnet, der das Medizinrad umschließt. Jeder dieser Steine symbolisiert einen Wahrnehmungspunkt oder einen Zeitabschnitt im natürlichen Jahreszyklus, der in etwa unserem Monat entspricht.

Das Medizinrad läßt sich mit größeren Steinen errichten, was die Teilnahme einer ganzen Anzahl von Personen ermöglicht, oder mit kleinen Steinchen für eine Person allein. Ganz ähnlich kann auch das Erdrad den individuellen Bedürfnissen angepaßt werden und zum Beispiel durch eine einfache Zeichnung die gleiche Bedeutung erhalten. Denken Sie daran, daß hier nicht die Steine oder Markierungen wichtig sind, sondern ihre Symbolik. Auch braucht es nicht unbe-

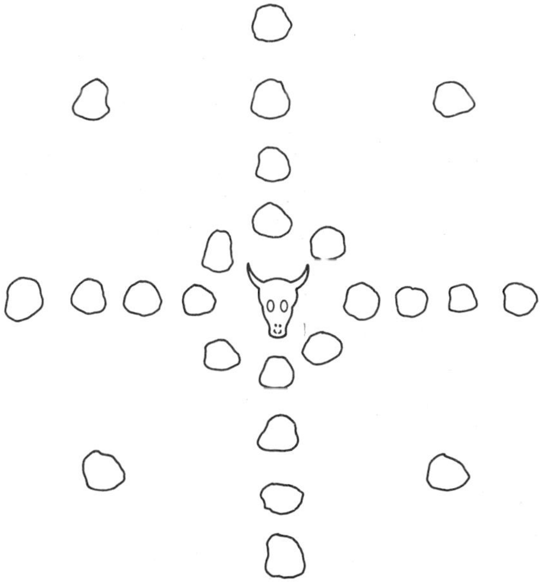

Abb. 1 Ein Medizinrad aus Steinen in seiner Grundform

dingt einen Büffelschädel in der Mitte des Kreises. Sie sollen nur wissen, wofür er stand oder steht. Meiner Ansicht nach läßt man das Zentrum am besten frei zur Erinnerung an die «Leere» der unsichtbaren Quelle alles Seins.

Abb. 2 zeigt ein aus Steinen gebildetes Erdrad.

Die Zeichnung eines Medizinrads in seiner Grundform – Kreis mit eingeschlossenem Kreuz – sehen Sie auf Abb. 3.

Sie können auch, als nächsten Schritt, ein Rad mit acht Speichen zeichnen (siehe Abb. 4).

Erd-Medizin ist im Grunde ein System zur Selbstentdeckung. Es scheint einige Ähnlichkeiten mit der auf den Sonnenstand bezogenen Astrologie aufzuweisen (das heißt der astrologischen Wissenschaft, die vermutlich chaldäischen Ursprungs ist), da auch hier der Aus-

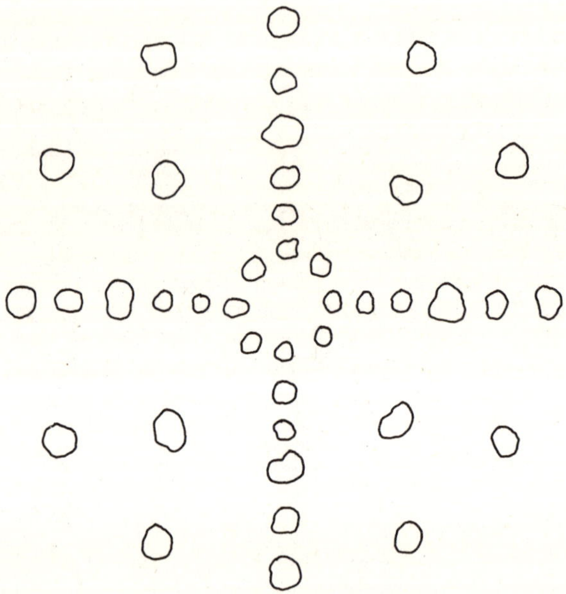

Abb. 2 Das Erdrad

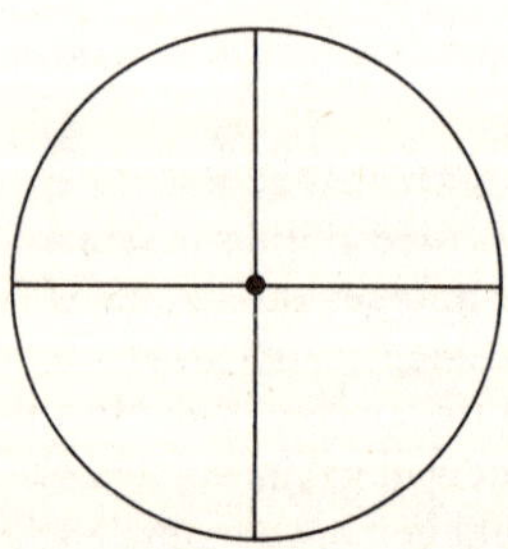

Abb. 3 Grundform eines Medizinrads

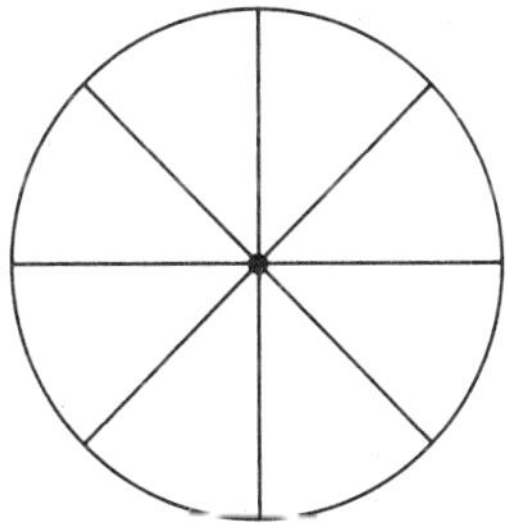

Abb. 4 Ein Medizinrad mit acht Speichen

gangspunkt der Zeitpunkt der Geburt ist und die zwölf Segmente in etwa den am Sonnenstand orientierten monatlichen Tierkreiszeichen entsprechen. Doch es befaßt sich nicht mit der Bewegung der Sterne und Planeten und ihrem möglichen Einfluß auf menschliche Belange, und auch nicht mit komplexen Berechnungen und solchen Dingen wie Aszendenten, Aspekten, Transiten und Progressionen. Das bedeutet keinerlei Kritik an dieser Form von Astrologie, es geht hier lediglich um eine andere Perspektive.

Die auf den Sonnenstand bezogene Astrologie basiert auf dem Prinzip: «Wie unten, so oben.» Unsere Erdenwanderung hingegen unterliegt dem Einfluß eines anderen sehr alten Grundsatzes: «Wie innen, so außen.» Und die Lehren der Erd-Medizin betonen dieses Prinzip.

Es gibt drei Aspekte der Erd-Medizin, die ich gleich von Anfang an hervorheben möchte:

Erstens: Die Erd-Medizin ist uns eine Hilfe, wenn wir *uns selbst* kennenlernen und verstehen wollen. Wenn wir unsere verborgenen Potentiale aufdecken, entwickeln und uns ein erfüllteres Leben schaffen möchten. Wenn wir auch andere verstehen und bessere menschliche Beziehungen aufbauen wollen.

Zweitens: Die Erd-Medizin kann uns helfen, Sinn und Ziel in unserem Leben zu finden. Sie ermuntert uns, Verantwortung für das eigene Leben zu übernehmen und somit auch persönlich freier zu werden. Das heißt, die Erd-Medizin tritt für wahre persönliche Freiheit ein, die stets von persönlichem Verantwortungsgefühl begleitet sein muß.

Drittens: Mit Hilfe der Erd-Medizin können wir aufhören, uns als Opfer äußerer Umstände zu betrachten, und statt dessen unser Schicksal selber in die Hand nehmen. Sie unterstützt unser Bemühen, die *Kontrolle* über unser Leben zu erlangen.

Die Erd-Medizin basiert zwar auf dem indianischen Medizinrad, beinhaltet aber auch Grundgedanken anderer Kulturen, da sie wesentliche Aspekte des zyklischen Denkens vertritt, wie es sich im alten Britannien, in Nordeuropa, in den westlichen esoterischen Traditionen und den östlichen Weisheitslehren findet.

Alle diese Vorstellungen entspringen einer gemeinsamen uralten Quelle: dem Kreis des Lebens und der Macht, dem Magischen Kreis des natürlichen Umgangs mit den unsichtbaren Kräften des Universums. Die Mythen und Legenden aller Völker sind Allegorien dieser ursprünglichen Quelle, die uns verlorenging. Doch ihre Spuren finden wir in allen Zeiten, und ihre Existenz bestätigt sich in der Symbolik der auf uns gekommenen Gebrauchsgegenstände, die dem Zahn der Zeit widerstanden haben.

Der Kreis des Lebens ist ein Kreis der Macht, Macht über das *eigene* Leben. Deshalb sprechen die indianischen Völker vom *Medizin*rad. «Medizin» bedeutete «Macht», und «Macht» bedeutete «Wissen». Man könnte von daher das Medizinrad als «Kreis des Wissens, der Macht über das eigene Leben verleiht» definieren.

Der Kreis des Wissens und der Macht war die Grundlage der mystischen Lehren im alten Ägypten und Griechenland. Der Tierkreis der auf den Sonnenstand bezogenen Astrologie, der Jahreszyklus der chinesischen Astrologie, die Kreisordnung des I-Ging-Orakels und das Ki-Orakel der Japaner basieren alle darauf. Man findet ihn als mystischen Kessel der Cerridwen im alten Britannien, als Runden Tisch des legendären König Arthur, als Kelch des Heiligen Grals und Heiligen Kreis in «heidnischen» Ritualen.

Wie auch immer dieser Kreis des Wissens, der Kreis der Macht, symbolisch dargestellt wurde, stets diente er als Spiegel. In ihm zeigt sich ein Bild des Universums oder das, was indianische Völker Wakan-Tanka nennen, der Heilige Allumfassende Geist, der alle Dinge in sich birgt. Hier konnte man sehen und verstehen, wie das Universum «funktioniert», die «Mechanismen» des Lebens und die Gesetze des Kosmos und der Natur erkennen, die Prinzipien und Kräfte, die das menschliche Leben mit Energie erfüllen und formen.

Dieses Bild machte die wechselseitige Beziehung zwischen allen Dingen und die eigene Verbindung mit allen Dingen deutlich; so wurde ein tieferes Verständnis von der Gesamtheit «all dessen, was ist» möglich. Und es vermittelte die Einsicht, daß das, was wir in der äußeren Welt objektiver Realität sehen und erfahren, nur die Widerspiegelung einer auch inneren subjektiven, individuellen oder kollektiven Realität ist.

Somit wird der Kreis des Wissens und der Macht zu einem doppelseitigen Spiegel, den man auch als *persönlichen* Spiegel verwenden kann, ein Spiegel des «kleinen Universums», der Bewußtseinskreis des einzelnen Ichs. Darin lassen sich die Kräfte und Energien, die einen Menschen formen, ablesen, die Charaktermerkmale und Züge der Persönlichkeit – das «Gesicht», das man der Welt zeigt. Und wenn wir tief genug hineinschauen, können wir vielleicht sogar einen Blick auf unser «verborgenes Selbst» werfen, das «innere» Selbst, das wahre oder wirkliche Selbst, das manche die Seele oder das Geist-Selbst nennen.

Dieser persönliche Spiegel ist die Erd-Medizin.

Blicken wir in diesen Spiegel, dann sehen wir ein Bild jener Persönlichkeit, die sich das «verborgene» Selbst für dieses Leben wie ein Gewand angezogen hat. Wenn wir ein neues Kleid, einen neuen Hut, ein neues Hemd oder einen neuen Anzug anprobieren, betrachten wir uns prüfend in einem Spiegel, um zu sehen, ob diese Dinge uns passen und gefallen. Ganz ähnlich können wir mit Hilfe der Erd-Medizin das «Persönlichkeitsgewand» und die dazugehörenden Accessoires – die im Laufe des Lebens erworbenen Charakterzüge und Eigenschaften – überprüfen sowie den Eindruck, den wir auf andere machen.

In einem gewöhnlichen Spiegel sehen wir unsere Mängel ebenso wie unsere Vorzüge. Die Erd-Medizin zeigt uns sowohl unsere Persönlichkeitsmängel wie auch unsere Stärken, die wir weiterentwickeln sollten. Und sie gibt Hinweise, wie sich jene Schwächen, die uns so viele Probleme im Leben schaffen, beheben lassen.

Das heißt, unsere Schwächen können sich in *Gelegenheiten* verwandeln, Gelegenheiten zur Entwicklung *neuer* Stärken. Denn wenn wir unsere Schwächen anerkennen, statt sie zu ignorieren oder vorzugeben, wir hätten sie nicht, brauchen wir uns auch keine weiteren Entschuldigungen für sie auszudenken. Wenn wir sie in positiver Weise akzeptieren, nicht als Freibrief, sondern als Möglichkeit, entwickeln wir unsere Individualität und stärken unsere Persönlichkeit.

Ähnlich verhält es sich mit unseren Fehlern. Wenn wir sie anerkennen und akzeptieren, dienen sie nicht länger als Entschuldigung für Reuegefühle und Selbstmitleid in Anbetracht irgendwelcher verschütteter Milch, sondern sie werden zu Lektionen, die wir gelernt haben. Wenn wir einen Fehler zugeben, die Verantwortung dafür übernehmen und versuchen, ihn soweit wie möglich wiedergutzumachen, verwandeln wir ihn in eine positive Gelegenheit zu persönlichem Wachstum, zur Entwicklung eines Menschen, der mit dem Leben besser zurechtkommt und schließlich jede Situation meistern kann. Dies war Teil der Weisheit des Medizinrads.

So werden wir uns über die Erd-Medizin bewußt, warum wir sind, was wir sind. Wir erkennen, daß wir Lebensaspekte, mit denen wir nicht zufrieden sind, verändern und schließlich zu dem werden können, was wir nach der Ansicht unseres wahren Selbst werden sollen.

Einst haben einige Indianerstämme ein greifbares Symbol für dieses Spiegelbild des Selbst, das sie entdeckt hatten, hergestellt. Für die Männer war dies ein Schild – ein persönlicher Schild.

Er war nie als physischer Schutz gegen Pfeile oder Kugeln gedacht, wie die meisten europäischen Siedler fälschlicherweise annahmen, dazu war er viel zu fragil. Einige dieser Schilde wurden aus zäher Büffel- oder Bärenhaut angefertigt, andere aus viel weicherem Material wie zum Beispiel Hirsch- oder Coyotehäuten. Jeder Schild wurde mit symbolischen Mustern bemalt und mit Federn und Pelzen verziert, und jedes Item stand auf die eine oder andere Weise für einen Aspekt des Eigentümers des Schildes.

Der Schild repräsentierte seinen Besitzer und beschrieb nicht nur, wer er war, sondern auch, wer er werden wollte. Nicht nur seine Fähigkeiten und Leistungen, sondern auch seine Ziele und Bestrebungen. Nicht nur seine Stärken, sondern auch seine Schwächen und Ängste. Daraus läßt sich ein grundlegender Unterschied zwischen der inneren Einstellung eines indianischen Menschen und einer in materialistischer Gesinnung erzogenen Person ablesen. Die Antriebskraft in einer modernen materialistischen Gesellschaft ist das *Bekommen – Dinge* in Besitz zu nehmen, die das Leben bequemer, angenehmer oder genußreicher machen oder einen gewissen Status verleihen. Der Lebensinhalt wird von der Frage bestimmt: «Was kann ich *haben*?» Der indianische Mensch war nicht auf das *Bekommen* ausgerichtet, sondern auf das «Sein». Das Leitmotiv seines Lebens war die Frage: «Was sollte ich *sein*?»

Vielleicht sollten wir uns diese indianische Einstellung ein wenig zu eigen machen, wenn wir auf der Suche nach etwas Sinnvollem in unserem Leben sind.

Der «Schild» der indianischen Frau war gewöhnlich ein über dem Kleid getragener Gürtel. Er war mit gewebten symbolischen Mustern und mit Perlen und Federn verziert, die in ganz ähnlicher Weise Auskunft über die Eigentümerin gaben. Manchmal setzten sich diese Muster auch auf ihrem Kleid fort.

Männer und Frauen stellten ihre persönlichen Schilde mit großer Sorgfalt her, denn sie wurden nicht nur als Gebrauchsgegenstände, sondern auch als Spiegel der eigenen Person betrachtet.

In diesem Buch finden Sie alle nötigen Anweisungen zur Herstellung Ihres eigenen Schildes – natürlich nicht aus Haut, Federn, Pelz und Farben, sondern im Geiste.

Ihr persönlicher Schild – Ihr eigener Selbst-Spiegel – wird auf die Eigenschaften verweisen, die Sie in dieses Leben mitbrachten, Ihre angeborenen Fähigkeiten, auch einige Lektionen, die Sie in diesem Leben zu lernen beabsichtigen, und es wird Ihnen bei Ihrem Bemühen helfen, den Sinn Ihres Lebens zu entdecken.

Ich habe bereits angedeutet, daß die Erd-Medizin gewisse Ähnlichkeiten mit der auf den Sonnenstand bezogenen Astrologie aufweist. Deren Interpretationen leiten sich aus der Bestimmung der Positionen von Sonne, Mond und der Planeten innerhalb des Zodiaks zum Zeitpunkt der Geburt ab sowie der Position des Aszendenten. Diese Daten werden dann zueinander in Beziehung gesetzt und entsprechend gedeutet. Die Erd-Medizin dagegen befaßt sich mit unseren Verbindungen zur Erde, zu den Elementen und den anderen Lebensformen, die mit uns die Erde bewohnen – den Mineralen, den Pflanzen und Tieren. Diese Verbindungen agieren wie bestimmte Wellenlängen, mit deren Hilfe wir uns auf Das Große Ganze einstimmen und das Selbst in seiner Ganzheitlichkeit verstehen können. Sie fungieren auch als «Rufzeichen», über die wir mit dem inneren wahren Selbst in Kontakt treten können. In der Erd-Medizin spielen nur zwei Himmelskörper eine Rolle: die Sonne und der Mond. Man geht davon aus, daß sie das Steigen und Sinken der kosmischen Energien und Kräfte in der Sphäre unseres persönlichen «kleinen Universums» regeln.

Wie bei der auf den *Sonnen*stand bezogenen Astrologie treten wir auch in einem bestimmten Abschnitt des *Erd*rads ins Leben. Dieser wird zu unserem «Startplatz» auf dem Rad. Er zeigt, wie wir zur Wahrnehmung unserer künftigen Umwelt ausgerüstet sind. Aber natürlich bleiben wir da nicht stehen. Umstände, Ereignisse, Menschen verändern uns. Durch unsere Lebenserfahrungen entwickeln und entfalten wir uns als Individuen, so wie sich unser physischer Körper verändert und entwickelt, vom Körper eines Säuglings, eines Kindes, eines Jugendlichen zu dem eines Erwachsenen und möglicherweise eines Greises. Unser physischer Körper verändert sich, um sich den Bedürfnissen der Phase oder «Jahreszeit» unseres Lebens, die wir gerade durchlaufen, anzupassen. Und so verharrt auch das Selbst nicht in einem festgelegten oder statischen Zustand. Es ent-wickelt sich. Es bewegt sich.

Das Medizinrad lehrt, daß das Leben ein Wandlungs- und Entwicklungsprozeß in der Dimension der Zeit ist. Die Zukunft wird weitgehend in der Gegenwart aus dem Stoff der Vergangenheit modelliert. Wir beeinflussen – ja bestimmen sehr stark – das, was wir künftig werden, durch unsere Handlungen im Hier und Jetzt. Unsere Gedanken und Taten bilden die Grundlage und prägen die Bedingungen unserer Zukunft. Es ist nicht schon alles im voraus für uns geplant. Die Entscheidungen, die wir treffen, bestimmen unsere Richtung. Wir sind nicht Roboter eines ätherischen Computers; wir sind die Programmierer. Wir programmieren unseren eigenen Computer, unser Selbst. Drücken Sie die richtigen psychischen Tasten, und Sie verändern Ihr Denken. Verändern Sie Ihr Denken, und Sie verändern Ihre Einstellung in bezug auf den Umgang mit den Dingen. Verändern Sie den Umgang mit den Dingen, und Sie verändern die Zukunft.

Mit Hilfe der Erd-Medizin bleiben wir nicht Dingen verhaftet, die wir meinen, nicht ändern zu können. Die Erd-Medizin ermuntert zur Veränderung, zum Wandel. Sie hilft uns auf unserm Weg von da, wo wir sind, dorthin, wo wir sein wollen, und das zu werden, was wir sein wollen.

2 Aufbau des Kreises

Den indianischen Traditionen lag kein Glaubenssystem oder eine Auslegung heiliger Schriften zugrunde, sondern das Wissen um die pulsierenden Lebensrhythmen, die überall um uns herum zu sehen, zu lesen und zu spüren sind: im Buch der Natur, in den Kapiteln der Jahreszeiten, in den Wanderungen von Sonne und Mond, in der Sprache der Bäume, der Pflanzen, Tiere und Vögel.

Das Jahr wurde als Großer Kreis betrachtet, der nicht wirklich «Anfang» oder «Ende» hatte. Er unterteilte sich in Zeitphasen – die mit der Sonne verbundenen Jahreszeiten und die vom Mond bestimmten Monate. Dieser Große Kreis war zudem in bestimmte Erdeinfluß-Felder aufgeteilt, die die Ausdrucksmöglichkeiten, die dem menschlichen Wesen auf dem Rad des Lebens zur Verfügung stehen, in Kategorien ordneten.

Das Erdrad kann als ein Lebensnetz dargestellt und mit den natürlichen Zyklen und den die ganze Natur durchströmenden kosmischen Energien in Beziehung gesetzt werden. Doch bevor wir im einzelnen auf die Struktur dieses Netzes eingehen, müssen wir verstehen, wie sehr sich die indianische Naturanschauung von der unseren unterscheidet.

Wir leben im Zeitalter des wissenschaftlichen Materialismus, der unser Denken beeinflußt. Wissenschaftlicher Materialismus ist die Wissenschaft von der Materie – die Erforschung und Analyse der Materie und des physischen Universums, wobei allen Dingen ein *physischer* Ursprung zugeschrieben wird. Die Menschen früher waren weniger an einer Wissenschaft der Materie als vielmehr an einer Wissenschaft des Geistes interessiert. Für sie *war* das Universum *Geist*, und alles, was in der physischen Realität existierte, wurde als Produkt des Geistes und der Geist-Seele betrachtet. Alles Physische, alles Stoffliche war in seinem Kern *manifestierter Gedanke*.

Das mag auf den ersten Blick ziemlich simpel und unwissenschaftlich erscheinen, doch wir sollten uns die Frage stellen: Was ist der Sinn und Zweck des Denkens? Was ist das eigentliche Ziel unserer Gedanken? Ist es nicht so, daß sie verwirklicht, lebendig werden sollen? Denken, Gedanken, Ideen drängen nach *Verwirklichung*.

Die indianischen Menschen betrachteten das Universum und die ganze Natur als einen Prozeß des Werdens, als ein Zum-Sein-Gelangen – ein seinem Wesen nach nicht materieller, sondern geistiger und spiritueller Vorgang. Die physische Umwelt und alles, was dazu gehört, entsprangen nicht dem Stofflichen, sondern dem Geistigen und Spirituellen und befanden sich in einem Zustand ständigen Wandels.

Alles, was entstand, zum Sein gelangte, hatte Sinn und Ziel, und alles, was existierte, bestand aus *bewußter* Energie. Nichts wurde je wirklich zerstört, es verwandelte sich nur. Materie ist bewußte Energie, die in harmonischer Synchronisation zusammengehalten wird. Alles ist über Schwingungen des Lichts, der Farbe und des Tons miteinander verbunden und verknüpft.

Wenn der indianische Schamane oder die Schamanin einen Kreis herstellte, der irgendwelche physische Dinge, Kräfte oder Energien repräsentierte, dann handelte es sich in Wirklichkeit um ein symbolisches Modell, das die Arbeitsweise des Universalen Geists und somit auch des menschlichen Geists veranschaulichte. Denn beide sind sich nicht nur ähnlich, sie bilden ein Ganzes. Diese Sichtweise müssen wir im Kopf haben, wenn wir nun untersuchen, wie das Erdrad oder Erdnetz entsteht.

Das Erdrad basiert auf dem natürlichen Jahreszyklus und den vom Umlauf der Erde um die Sonne bestimmten vier Jahreszeiten, die unsere Umwelt, jene physische Dimension unserer Existenz, regieren. Und dies verweist auf einen weiteren wichtigen Grundgedanken.

Die meisten von uns wurden zu einer mechanistischen Denkweise erzogen. Das heißt, wir denken «logisch», «linear», und gehen davon aus, daß alles einen Anfang und ein Ende hat. Aber so dachten weder die Indianer noch andere alte Völker.

Die Indianer machten die Beobachtung, daß die Natur keine geraden Linien kennt. Sonne und Mond sind rund, und auch die Erde ist rund. Aufgang und Untergang der Sonne zeigen eine Kreisbewegung, der Mond beschreibt eine Kreisbahn am Himmel. Die Vögel bauen ihre Nester rund. Die Tiere markieren ihr Territorium in Kreisform. Das Wachstumsmuster von Bäumen und Felsen ist rund. Viele indianische Völker lebten in runden Heimen, den Tipis, und die Gemeinschaften bildeten mit ihren Zelten einen Kreis, da sich die ganze Natur in kreisförmigen Mustern ausdrückt. Nur die Weißen, so scheint es, dachten in geraden Linien.

Auch in der jahreszeitlichen Bewegung der Sonne und im monatlichen Zyklus des Mondes, die ganz wesentlich unsere irdische Umwelt und ihre Energien bestimmen, zeigt sich dieser wichtige Grundgedanke. Schauen wir nun also, wie das Erdrad oder Erdnetz entsteht.

Zunächst ist da der Kreis.

Wir beginnen mit dem Kreis, weil er ein *Behälter* ist. Für die

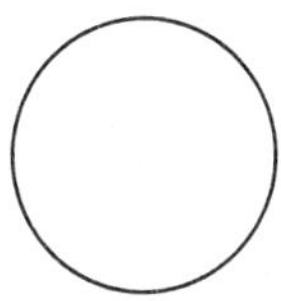

Abb. 5

indianischen Menschen ist er ein Symbol für das umfassende Alles-was-Ist, das wir Universum nennen können. Er repräsentierte die Totalität des Raums. Doch steht der Kreis auch für das Einzelwesen und alles, was das Einzelwesen umgibt. Somit können wir zudem vom persönlichen Raum des Individuums oder dem persönlichen Universum sprechen.

Wenn wir einen Punkt in die Mitte eines Kreises setzen, dann

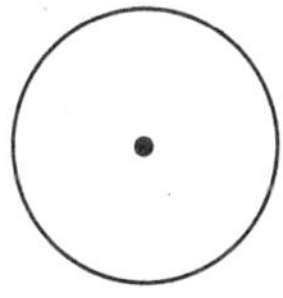

Abb. 6

haben wir das uralte Symbol für das Unendliche, das endlich oder begrenzt wird, eine Darstellung der kosmischen Mitte im Herzen der Unendlichkeit, der Quelle des Lichts und des Lebens, der Quelle im Zentrum des Universums. Aber es ist auch ein Symbol des eigenen persönlichen Bewußtseins, das im Zentrum des eigenen individuellen Universums zur Manifestation gelangt.

Versuchen Sie nun, sich den Kreis nicht flach, als zweidimensionales Bild auf einem Blatt Papier, sondern multidimensional vorzustellen, als eine runde Kugel, die sich von Ihnen ausgehend, wenn Sie in der Mitte stehen, in alle Richtungen erstreckt.

Nehmen wir weiterhin an, der auf dem Papier gezeichnete Kreis durchschneidet diese Kugel in ihrem Äquator. Sie stehen im Mittel-Punkt und haben nun über ihrem Kopf ein «oben», unter ihren Füßen ein «unten», Sie haben ein vorn und hinten, ein links und rechts (siehe Abb. 7). Da stehen Sie also in der Mitte Ihres Universums, in

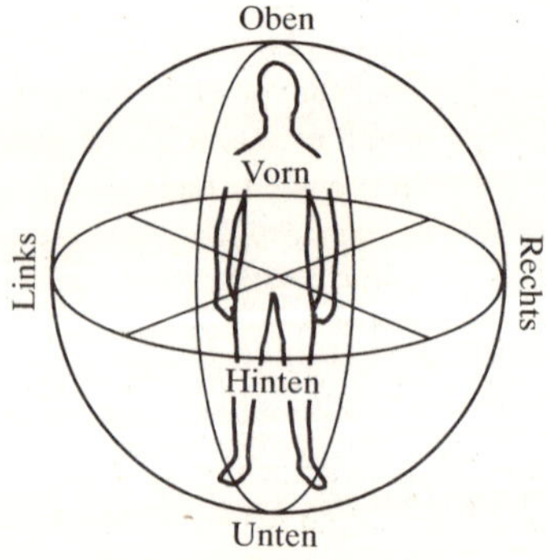

Abb. 7

dem Sie eine bewußte Existenz auf der Ebene der physischen Realität erfahren sollen. Aber Sie können sich auf nichts beziehen. Sie haben lediglich eine Position im Raum. Sie brauchen weitere Bezugspunkte und Koordinaten in der Dimension der Zeit, um zu wissen, wo Sie sind, um sich bewußt von einem Ort zum andern bewegen zu können.

In unserer physischen Umwelt kann Zeit durch die Grenzen von Dunkelheit und Licht innerhalb des Tageszyklus und durch die Winter- und Sommersonnenwende, den kürzesten und den längsten Tag im Jahreszyklus, «markiert» werden.

Die Position dieser Punkte können wir bestimmen. Wir zeichnen unsern Gewahrseinskreis auf ein Blatt Papier und unterteilen ihn in vier gleiche Abschnitte: vorn, hinten, links und rechts (siehe Abb. 8).

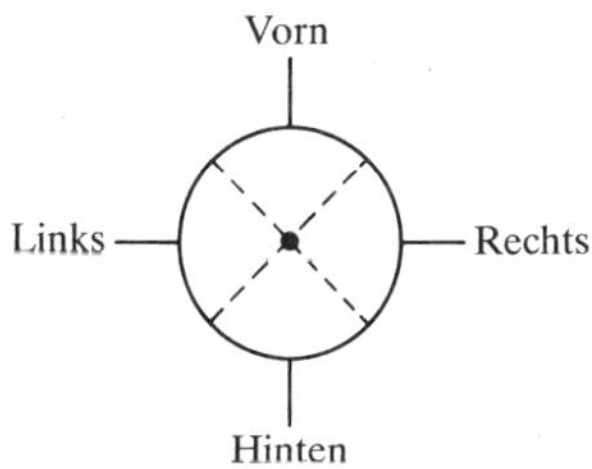

Abb. 8

Sie setzen den kürzesten Tag oder die Wintersonnenwende (22. Dezember in der nördlichen Hemisphäre) an den «Anfang» des «vorderen» Abschnitts, wobei wir von einer Bewegung im Uhrzeigersinn ausgehen. Direkt gegenüber, an den «Anfang» des «hinteren» Abschnitts, setzen Sie den längsten Tag oder die Sommersonnenwende (um den 21. Juni in der nördlichen Hemisphäre). Damit haben wir zwei richtunggebende Positionen oder Pole bestimmt.

Beim Medizinrad befindet sich der nördliche Punkt vorn und der südliche Punkt hinten, und da wir es hier mit einer zweidimensionalen Darstellung zu tun haben, sollten Sie sich vorstellen, daß Sie in der Mitte des Kreises stehen und nach Norden blicken (siehe Abb. 9).

Mit einer einzigen Linie haben wir nicht nur den Kreis geteilt, die Nacht vom Tag geschieden und die Positionen von Sommer- und Wintersonnenwende markiert, wir haben auch den Raum aufgegliedert und eine Position in der Zeit bestimmt. Wir haben zwei Systeme von Zeitabläufen eingeführt, mit deren Hilfe wir unsere Grundvorstellung «erden» und in einer Welt der praktischen Realität einsetzen können – Mitternacht und Mittag, Wintersonnenwende und Sommersonnenwende.

Wir können noch zwei zweitere Bezugspunkte einführen: Abenddämmerung und Morgendämmerung, die im Jahreszyklus den Tagundnachtgleichen im Frühjahr und Herbst entsprechen. Die Tagundnachtgleichen liegen jeweils genau zwischen Winter- und Sommersonnenwende, wodurch wir eine Nordost- und Südwestachse und

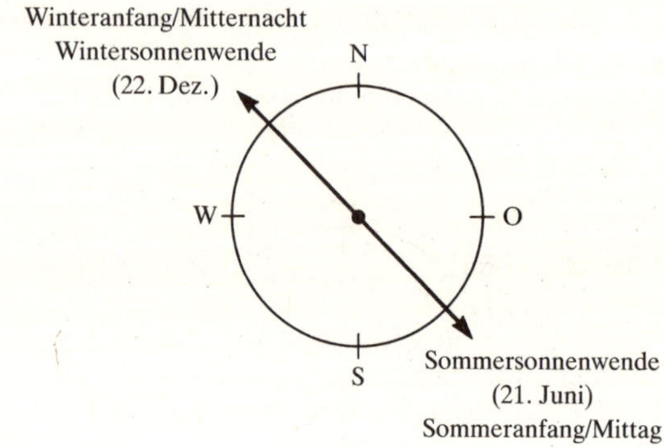

Abb. 9

zwei weitere feste Daten zur Orientierung erhalten (s. Abb. 10).

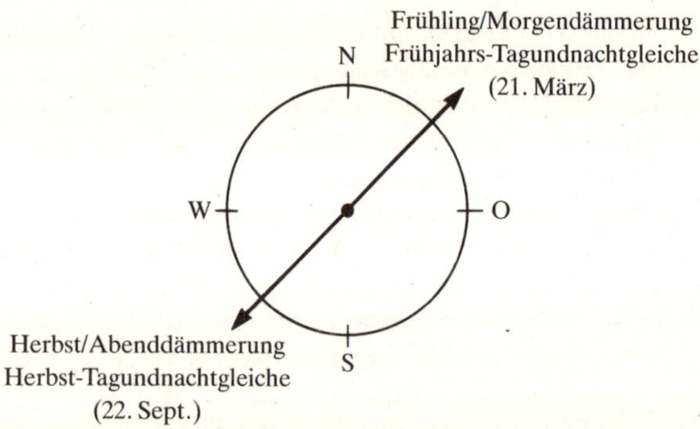

Abb. 10

Wenn wir das alles zusammenfügen, haben wir ein Rad mit acht Speichen oder eine Nabe in der Mitte eines Kreises, die über acht Arme mit ihrem äußeren Umkreis verbunden ist. Vier Arme oder Speichen verweisen in die Kardinalrichtungen von Norden (vorn) und Süden (hinten), Osten (rechts) und Westen (links), und die anderen vier bilden die nichtkardinalen «Zeit»-Markierungen von

Morgendämmerung und Frühling (Nordost), Mittag und Sommeranfang (Südost), Abenddämmerung und Herbst (Südwest) sowie Mitternacht und Winteranfang (Nordwest) (siehe Abb. 11).

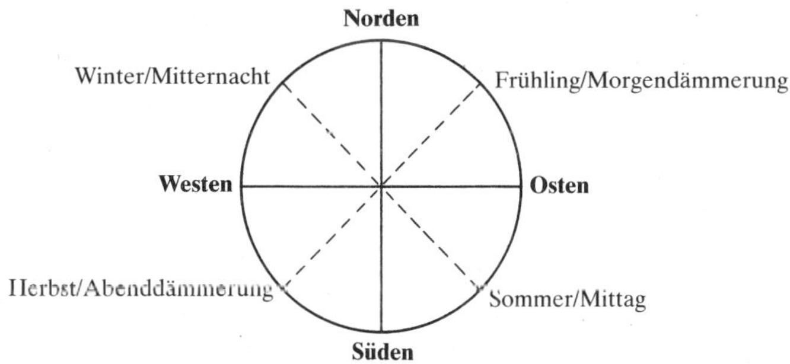

Abb. 11

Das Rad mit acht Speichen war symbolischer Ausdruck im Rahmen einer ganzen Reihe alter Lehren. Eine Deutung besagte, daß jedes Lebewesen vier Grundkräfte in sich birgt, die sich in vollkommenem Gleichgewicht befinden. Diese vier Grundkräfte sind einzigartige und bewußte Ausdrucksformen der Quelle allen Seins.

Jenes Rad mit acht Speichen ergab sich aus einem von einem Kreis umschlossenen Kreuz, das die Aktivität der bindenden Kraft und der Lebens-Kraft bezeichnete, und einem Kreuz in diesem Kreis, das auf die elektromagnetischen Kräfte und die Schwingungskräfte verwies. Die Schwingungskräfte drückten sich in Gesetzen aus, die elektromagnetischen Kräfte in Licht, die bindende Kraft in Liebe und die Lebenskraft in Leben. So ist das Universum auf vier großen schöpferischen Prinzipien aufgebaut: Licht, Leben, Liebe und Gesetz. Sie konnten durch ein Kreuz mit acht Armen, die auf die dualistische Natur jedes dieser Prinzipien verwiesen, veranschaulicht werden, und dieses Kreuz wurde in den Kreis der Existenz gestellt. So erhält unsere einfache Zeichnung eine überaus tiefe Bedeutung.

Wir könnten auch sagen, daß unsere Konstruktion an der Sonne orientiert ist, da sie dem Zyklus von Tag und Nacht und dem der Jahreszeiten folgt, die vom Umlauf der Erde um die Sonne abhängig sind. Wir wissen, daß der Neigungswinkel der Erdachse im Verlauf eines Jahres nach beiden Seiten hin bis zu 23½ Grad variiert, was bedeutet, daß zu bestimmten Zeiten des Laufs der Erde um die Sonne verschiedene geographische Bereiche einem stärkeren beziehungsweise schwächeren Sonneneinfall ausgesetzt sind – Ursache der wechselnden Jahreszeiten.

Somit ist der natürliche Jahreszyklus untrennbar mit den bewußten Ausdrucksformen der Schöpfer-Quelle verbunden und ein zentraler Schlüssel zu ihrem Verständnis.

Zur Sommersonnenwende ist ein größerer Bereich der nördlichen Hemisphäre dem starken Kontakt mit der Sonnenstrahlung ausgesetzt als zur Wintersonnenwende. In diesen Breitengraden empfangen wir im Sommer eine intensivere Sonnenstrahlung als im Winter, und an dieses wichtige Prinzip müssen wir denken, wenn wir uns der Auswirkung der verborgenen Kräfte der Natur nicht nur auf die Umwelt, sondern auch auf uns selbst zuwenden (siehe Abb. 12 und 13).

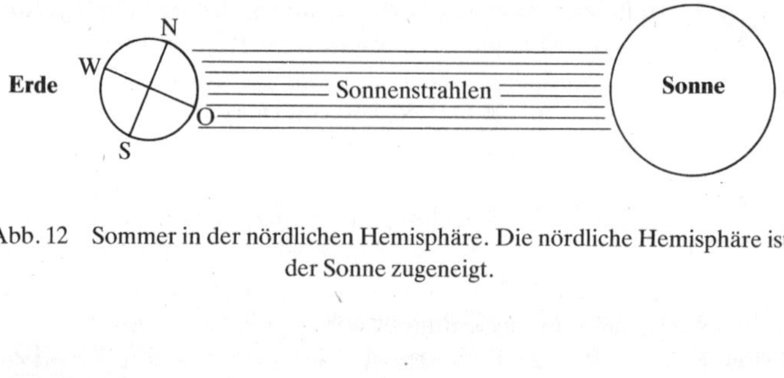

Abb. 12 Sommer in der nördlichen Hemisphäre. Die nördliche Hemisphäre ist der Sonne zugeneigt.

Die Sonne

Bevor wir mit der Konstruktion unseres Erdrads fortfahren, wollen wir uns kurz der Bedeutung der Sonne zuwenden. Die Sonne ist ein mächtiger Stern im Zentrum unseres Universums, um den sich die Erde und alle Planeten dieses Systems drehen. So gewaltig ist ihre Kraft, daß sie diese riesigen Himmelskörper an ihrem Ort und in ihren genauen Umlaufbahnen hält, und ihre ungeheure Energie läßt

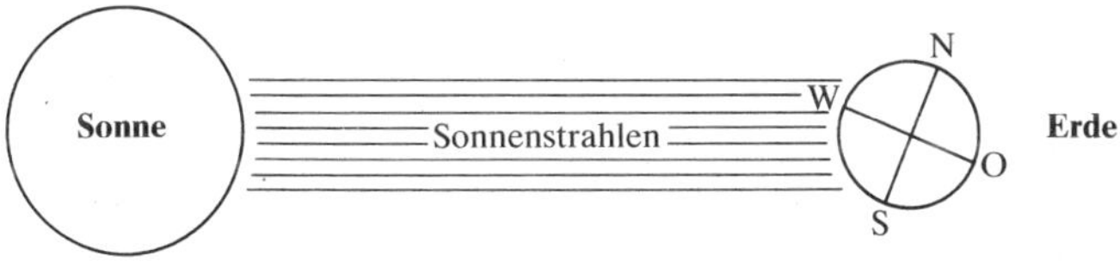

Abb. 13 Winter in der nördlichen Hemisphäre. Die nördliche Hemisphäre ist der Sonne abgewandt.

die Trabanten sich in der enormen Geschwindigkeit von Tausenden von Kilometern pro Sekunde fortbewegen.

Die Sonne ist unsere Quelle des Lichts und unsere Quelle des Lebens, denn ohne sie könnte auf der Erde kein Leben existieren. Sie bringt das Leben hervor und erhält es, sie ist die gewaltige bewegende und belebende Kraft unseres Sonnensystems.

Diese alles durchdringende Sonnenkraft, diese Urquelle der Energie wurde in der indianischen Kosmologie «Großvater Sonne» genannt. Großvater Sonne war eine symbolische Personifizierung, nicht der Sonne im *physischen* Sinn, sondern der Absoluten Quelle, die jenseits aller physischen Manifestationen existiert.

Die Alten lehrten, daß die Sonne zudem das bereits erwähnte «innere», wirkliche oder wahre Selbst im Zentrum unseres Wesens symbolisiert, welches die «Sonne» unseres persönlichen «kleinen» Sonnensystems ist.

Man ging von vier Phasen der Sonne aus:

Morgendämmerung ist die aufsteigende Sonne, die mit dem Versprechen des Tages das Leben bringt.

Mittag ist die Zeit, da die Sonne ihre volle Kraft erlangt und allem Leben verleiht, alle Aktivitäten mit Energie erfüllt und allem, was da wächst, Macht und Kraft gibt.

Abenddämmerung ist die am Ende eines Tages untergehende Sonne, Zeichen für die Zeit der Ruhe, der Erfrischung und der Erneuerung.

Nacht ist die Zeit, da die Sonne anscheinend «gestorben» ist – doch mit dem Versprechen der Auferstehung mit der neuen Morgendämmerung.

Obwohl die Jahreszeiten ineinander übergehen, haben sie doch jeweils ganz bestimmte Eigenschaften:

Frühling ist die Zeit übersprudelnder Energie und Kraft und des *Wachstums*.
Sommer ist die Zeit des Blühens und der *Fruchtbarkeit* von allem, was da wächst und gedeiht.
Herbst ist die Zeit des *Erntens* und Einsammelns, und das Leben fängt an, sich in seinen Keim zurückzuziehen.
Winter ist die Zeit, da dieser Rückzug vollendet ist, das Leben in seinem Keim ruht und darauf *wartet, geweckt zu werden*, wenn mit der Frühlingssonne die Wärme zurückkehrt und der Zyklus wieder beginnt.

Dieser Jahreszyklus wurde mit dem menschlichen Leben verglichen, unseren «Jahreszeiten» im Laufe eines Lebens:

Frühling steht für die Jahre von der Geburt bis zum Ende der *Kindheit*.
Sommer sind die Jahre der Jugend bis ins *Erwachsenenalter*.
Herbst bezeichnet die Jahre der *Reife* und des Erntens der Früchte unserer Bemühungen.
Winter steht für die Jahre des physischen Abbaus, aber auch der Entwicklung von *Weisheit*, die wir aus den Lektionen unserer Lebenserfahrung gewonnen haben. Er schließt auch das hohe Alter ein und den Übergang in den Tod, bevor der Zyklus von neuem beginnt.

Der Mond

Unsere irdische Umwelt und der Kreis, den wir aufbauen, wird von einer weiteren zyklischen Macht beeinflußt: dem Mond. Der Mond hat in seinem etwa 29tägigen Umlauf um die Erde eine ungeheuer starke Auswirkung auf diesen Planeten und die Körper aller Lebewesen, uns eingeschlossen. Seinem Zyklus entspricht der Monat (der sich auch ethymologisch vom «Mond» herleitet).

Seine magnetische Anziehungskraft in Verbindung mit der Erdbewegung läßt das Wasser ganzer Ozeane steigen und fallen und bewirkt den Wechsel von Ebbe und Flut. Sie wirkt auf den Fluß der Säfte in Bäumen und Pflanzen ein, auf die Körperflüssigkeiten, das Pulsieren des Blutes, den Menstruations- und Schwangerschaftszyklus und das Gehirn.

Es gibt drei Grundzyklen des Mondes:
Der *erste* Zyklus beruht auf dem Umlauf des Mondes um die Erde, der etwa 29 Tage dauert. Hier erscheint der zunehmende Mond zuerst als schmale Sichel, die sich allmählich zum Vollmond rundet, dann wieder als abnehmender Mond zur schmalen Sichel wird, bevor diese verschwindet und zum Neumond wird, woraufhin der Zyklus von neuem beginnt.
Der *zweite* Zyklus beruht auf der wechselnden Entfernung des Mondes zur Erde, zu erkennen an der jeweiligen Größe seines Erscheinungsbildes. Dies hängt mit seiner eliptischen Umlaufbahn zusammen. Wenn er der Erde am nächsten steht, ist seine Kraft um 25 Prozent stärker zu spüren als zur Zeit seiner größten Entfernung.
Der *dritte* Zyklus beruht auf der wechselnden Höhe des Mondes am Himmel. Die Umlaufbahn des Mondes verläuft nicht parallel zum Erdäquator, und so scheint er zu «schwanken» und manchmal höher oder tiefer am Himmel zu kreisen.

Jeder dieser Zyklen prägt den Einfluß, den der Mond auf die Erde und alle Lebewesen ausübt. Wenn die Sonne Symbol für unser Wesens-Selbst sein kann und die Erde Symbol für den physischen Körper und die Sinne, derer sich das Selbst als Vehikel bedient, so symbolisiert der Mond die wechselseitigen Reaktionen zwischen den beiden. Der Neumond steht am Beginn eines jeden Mondzyklus, wenn der Mond unsichtbar ist und dieselbe Position am Himmel einnimmt wie die Sonne. Der Höhepunkt ist mit dem Vollmond in der Mitte seines Zyklus erreicht, wenn sich Sonne und Mond genau gegenüberstehen. Jeder Mondzyklus dauert ungefähr 29 Tage, was 12 bis 13 Zyklen im Sonnenjahr bedeutet.

Der Mondzyklus stimmt nicht mit dem Tierkreiszyklus von etwa 27½ Tagen überein. Die Phasen des Mondes wechseln entsprechend den korrespondierenden Monatszeiten eines jeden Sonnenkalenders auf Erden, aber deren Einflüsse müssen stets berücksichtigt werden.

Wir haben nun also, neben den Jahreszeiten, eine weitere uns beeinflussende, wichtige Kraft etabliert: den Mond.

Die zwölf Felder

Jedes Jahresviertel können wir durch drei teilen und erhalten dann insgesamt zwölf Abschnitte, Segmente oder Felder im Erdrad, das nun ein sich auf die Ordnungsstruktur der Natur beziehendes Muster annimmt (siehe Abb. 14).

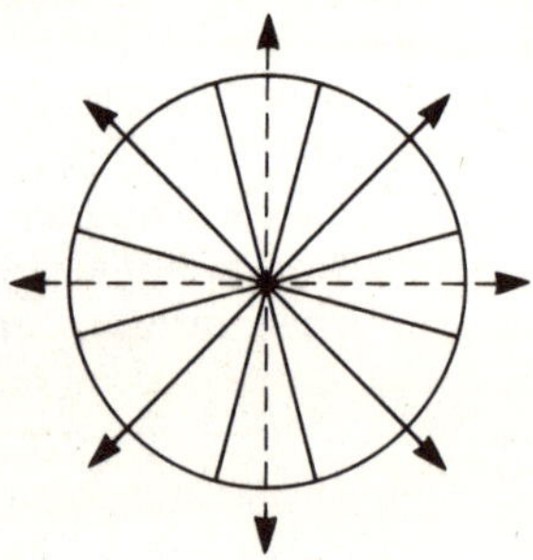

Abb. 14

Denken Sie daran, daß das Rad, das wir hier konstruieren, nur eine Repräsentation ist, ein Klassifizierungssystem, ein symbolisches Hilfsmittel – ein Arbeitsmodell, eine Landkarte für unsere Reise der Selbstentdeckung. Und wie eine Landkarte kann es uns helfen, den Weg zu finden, ist aber nicht das Gelände selbst.

In den alten Weisheitslehren war 12 die Zahl des Maßes, des Messens. Es war die Zahl der «Organisation». Mit anderen Worten, es war die Zahl für die Anordnung zu einem systematischen Ganzen. Und hier präsentiert uns das Erdrad zwölf Phasen, die, wie wir sehen werden, auch für zwölf Kategorisierungsmöglichkeiten der Persönlichkeit stehen. Sie verweisen auf zwölf unterschiedliche Persönlichkeits-«Masken», zwölf verschiedene «Gesichter», zwölf Persönlichkeitsarten, die sich das Selbst «anziehen» und der Welt darbieten kann, und durch die es die Welt erfährt oder erlebt.

Die Alten sagten, es gäbe zwölf allgemeine Kategorien der Wahrnehmungs- und Erfahrungsmöglichkeiten der physischen Dimension auf dem Rad des Lebens – zwölf Persönlichkeits-«Masken», zwölf allgemeinere Erd-«Einflüsse». Zudem existiere ein dreizehnter Einfluß, ein Einfluß, der aus der Gesamtsumme der anderen zwölf Aspekte besteht, aber sich nicht innerhalb des Rades befindet. Er wird repräsentiert durch sein «Fehlen». Ein scheinbares Rätsel, das aber erklärt werden kann.

Der dreizehnte Einfluß oder Aspekt wird nicht aus abergläubischen Gründen weggelassen. Mit der Zahl 13 verbindet sich in den alten Weisheitslehren nichts Unheilvolles, Dunkles, Unseliges. Die 13 symbolisierte oft einen *Übergang* – einen dramatischen Wechsel von einer Ebene zur anderen.

Der dreizehnte Einfluß wird auf dem Erdrad nicht markiert, weil er für die «Zeit außerhalb der Zeit» steht – eine Zeit des Übergangs, die *außerhalb* oder jenseits unseres Existenzkreises auf der physischen und materiellen Ebene erfahren wird. Er kann keinen Platz im Kreis einnehmen, da er in einer anderen Dimension jenseits der Grenzen von Materie und Zeit existiert. Es kann ihm keine «Position» zugeteilt werden, da der Übergang – den wir «Tod» nennen – nicht unbedingt bei allen Menschen erst im Alter stattfindet. Er kann sich an jedem Punkt eines menschlichen Lebens ereignen – manchmal im hohen Alter, aber auch in der Blüte des Lebens, in der Jugend oder sogar in der Kindheit oder im Säuglingsalter. Somit ist der dreizehnte Einfluß nicht kalkulierbar, sondern kann nur als durch den Punkt in der Kreismitte repräsentiert betrachtet werden.

Auf diese Weise ist er auch «präsent», wenn die bewußte Wesenheit den Kreis des materiellen Bereichs verläßt und in das «Unsichtbare» entschwindet, auf dem Bogen einer Spirale in eine andere Dimension versetzt wird. Zu gegebener Zeit tritt sie möglicherweise wieder in den Kreis ein, beginnt einen weiteren Zyklus physischer Existenz, legt eine andere Persönlichkeits-«Maske» an in jenem Prozeß, den wir Reinkarnation nennen. Der Zyklus von Geburt, Wachstum, Reife, Tod, Rückzug und Wiedergeburt galt für das menschliche Wesen und zeigte sich auch sonst überall in der Natur.

Die Indianer begriffen Bedingungen und Sinn menschlicher Existenz über die Einsicht in den ewigen Wandel, der sich *auf der Erde* abspielt – den Wechsel der Jahreszeiten und der Mondphasen und die Veränderungen in der uns umgebenden Natur. Sie wußten, daß eine dynamische Wechselwirkung zwischen einer allen Dingen innewohnenden aktiven und passiven Qualität existiert. Eine aktive, planende und maskuline Polarität, die mit dem Licht und der Sonne assoziiert wurde, und eine passive, empfängliche, feminine Polarität, das mit dem Mond verbundene reflektierte Licht. Das drängende, positive maskuline Prinzip strebte stets nach Vereinigung mit dem empfänglichen, «negativen» femininen Prinzip, das seinerseits von seinem komplementären Gegenstück «besetzt» werden wollte. Diese Vorgänge hatten eine gewaltige Auswirkung auf die Erde und somit auch auf alle Lebewesen.

Die alten orientalischen Philosophen gaben einer ähnlichen Vorstellung im T'ai-chi-Mandala Ausdruck – einem Symbol der Dualität, die aus der vor Beginn des Universums existierenden Grundwirklichkeit hervorging. Das T'ai-chi stellte jenen Anfang des Seins dar, als das positive, maskuline *Yang* und das empfängliche, feminine *Yin* zur Existenz gelangten und zu den in allen Dingen gegenwärtigen Lebens-Kräften wurden. Sie sind die Polaritäten, die den Rhythmus und die Bewegung ständigen Wandels bewirken, da das Yang und das Yin auch den Keim ihres polaren Gegenstücks in sich tragen.

Die alten Völker betrachteten Yin und Yang nicht als einander unversöhnlich gegenüberstehende Prinzipien, wie sie sich etwa in der Vorstellung von Gott und Satan in den monotheistischen Religionen finden. Vielmehr ging man von einer gegenseitigen Ergänzung aus, von gleichberechtigten und zusammenarbeitenden Partnern in einem fortwährenden Schöpfungsprozeß.

In den Traditionen des alten Britannien und Nordeuropas kannte man diese Kräfte als «Gott» und «Göttin», im alten Ägypten hießen sie Osiris und Isis. Dabei handelt es sich jedoch um Personifikationen spiritueller Prinzipien, die dem Menschen helfen sollen, einen Bezug zu diesen Prinzipien herzustellen.

Da die Yin-Yang-Symbolik im Westen inzwischen ziemlich bekannt wurde und eher «neutral» betrachtet, also nicht unbedingt und sofort mit einer bestimmten Religion oder einem Glaubenssystem in Zusammenhang gebracht wird, will ich mich in diesem Buch ihrer bedienen, um einige Grundprinzipien der Erd-Medizin zu erklären.

Diese beiden in Wechselwirkung agierenden Kräfte lassen sich anhand des solaren Aktivitätszyklus begreifen, in dem die Sonne

Abb. 15 Der helle Teil des Kreises symbolisiert die positive schöpferische Kraft (Yang), der dunkle Teil die empfangende und nährende Kraft (Yin); die Punkte in der Mitte stehen für die Keime der Veränderung, des Wandels, die eine polare Umkehrung und Periodizität (eine Wiederkehr in bestimmten Zeiträumen) bewirken. Die ständige Bewegung im Streben nach harmonischer Vereinigung erzeugt die schöpferische Energie, die sich in neuem Leben und in allen Formen manifestiert.

(Yang) die Quelle des Lebens repräsentiert, und des lunaren Zyklus, in dem der Mond (Yin) für das lebenserhaltende Prinzip steht. Die Sonne symbolisiert auch die Quelle der schöpferischen Energie, die dem einzelnen zur Verfügung steht, und der Mond die Macht, die dieser Energie Form verleiht und so sich verwirklichen läßt, was zuvor nur potentiell vorhanden war. Die Sonne kann zudem mit *bewußter* Aktivität (Yang) und der Mond mit *unbewußter* Aktivität (Yin) in Verbindung gebracht werden.

In bezug auf Sonne und Mond ist die Erde beides, Yin und Yang, und reagiert daher auf Sonne und Mond unterschiedlich. Wir werden von Sonne, Mond und Erde sowie deren wechselseitigen Reaktionen beeinflußt und sind zudem selbst den Yin-und-Yang-Kräften unterworfen.

Damit hat das Prinzip von Yin und Yang einen fundamentalen Einfluß auf uns und durchdringt unser ganzes Sein. Man könnte zum Beispiel einen Mann als tatkräftig und entschlossen und von daher als Yang, eine Frau dagegen als passiv, sanft und von daher als Yin beschreiben. Wir alle, ob weiblich oder männlich, haben aber in komplexer Weise beide Kräfte in uns und drücken sie ganz unterschiedlich aus. Bei Männern wie bei Frauen dominiert Yang oder Yin in bestimmten Aspekten ihres Charakters und ihrer Einstellung.

Eine Yang-Person nimmt zum Beispiel gern Dinge auseinander und analysiert, wie sie funktionieren. Eine Yin-Person bringt die Dinge gern zusammen und möchte, daß sie harmonieren. Eine Yang-Person ist kämpferisch, unternehmungslustig und befaßt sich mit praktischen Aktivitäten. Eine Yin-Person ist introspektiv, individualistisch und befaßt sich mehr mit der persönlichen Entwicklung. Eine Yang-Person beschäftigt sich mit praktischer Arbeit; eine Yin-Person ist mehr an Ideen interessiert.

Beim «Arbeitsmodell» des Medizinrads können wir, in der Mitte des Kreises stehend, Yang mit «oben» (Himmel) und Yin mit «unten» (Erde) in Verbindung bringen.

Aus dem kosmischen Dualitätsprinzip von Yin und Yang gingen die Vier Urmächte hervor und fanden Ausdruck in dem, was die Indianer als die Vier Winde bezeichnen. Und aus demselben Prinzip entstanden auch die Vier Elemente, auf die sich alle physische Materie gründet. Wie wir später im Buch sehen werden, verfügt jeder der Vier Winde und jedes der Vier Elemente über bestimmte Eigenschaften und Merkmale, die alle lebenden Dinge beeinflussen, gleich ob sie dem Reich der Menschen, Tiere, Pflanzen oder Mineralien angehören. Und schließlich existiert auch noch ein Bezug zu den Vier Jahreszeiten.

Jede dieser Richtungsmächte wirkt sich auf die drei Abschnitte ihres Viertels – oder die drei Felder der Erdeinfluß-Zeit – aus, und ihre Qualitäten und Eigenschaften spiegeln sich in den Menschen wider, die im entsprechenden Zeitabschnitt geboren sind.

So wie sich das Sonnenlicht, der Grad seiner Intensität, und der Wechsel der Jahreszeiten auf uns auswirken, besitzt auch die Lichtenergie des Mondes Einfluß. Mondlicht ist reflektiertes Sonnenlicht, und die Kraft dieses Sonnenlichts ist gestreuter und gedämpfter. Die Intensität des Mondlichts wechselt stark je nach Mondphase, und auch das wirkt sich auf den Einfluß der entsprechenden Richtungsmacht aus.

Die jeweilige Mondphase muß immer in Verbindung mit der Erdeinfluß-Zeit gesehen werden, da wir unbedingt die Gezeiten der lunaren Strömungen, die ja die Erdeinflüsse so machtvoll «antreiben», berücksichtigen müssen.

Wir können von vier *Stadien* des Mondes sprechen. Sie entsprechen dem unterschiedlichen Maß, in dem der Mond das Sonnenlicht reflektiert, wenn er gegen den Uhrzeigersinn um die Erde wandert –

vom Neumond, wenn seine Oberfläche völlig dunkel ist, bis zum Vollmond, wenn seine Oberfläche voll beleuchtet ist, und wieder zurück zum Neumond.

● Das *erste Stadium:* Der Mond ist nicht sichtbar, weil er fast in derselben Richtung aufsteigt wie die Sonne. Am Ende dieses Stadiums sehen wir eine schmale Sichel, wenn der Mond der Sonne am westlichen Horizont nachfolgt. Der Neumond dauert vier Tage und wird abgelöst vom zunehmenden Mond, wenn die schmale Sichel in Erscheinung tritt. Entsprechend dem Prinzip von Yin und Yang wäre dieses Stadium Yin ⚏.

◐ Das *zweite Stadium:* Mond und Sonne stehen im rechten Winkel zueinander. Der Mond ist in der ersten Nachthälfte am westlichen Himmel zu beobachten und scheint zusehends runder zu werden. Dieses Stadium des zunehmenden Mondes dauert elf Tage und entspricht dem Prinzip des Übergangs von Yin zu Yang ⚎.

○ Das *dritte Stadium:* Sonne und Mond stehen sich gegenüber, und die Mondoberfläche ist voll beleuchtet. Das Stadium des Vollmonds dauert drei Tage, die Nacht des Vollmonds fällt auf den letzten Tag. Dies entspricht Yang ⚌.

◑ Das *vierte Stadium:* Hier stehen sich Sonne und Mond wieder im rechten Winkel gegenüber, der Mond ist am östlichen Himmel zu beobachten. Er scheint abzunehmen und wird schließlich wieder zu einer schmalen Sichel. Dieses Stadium dauert elf Tage und entspricht dem Übergang von Yang zu Yin ⚍.

Menschliche Ausdrucksformen

Der Mond steht auch für die Macht, die dem individualisierten Geist (symbolisiert durch die Sonne) in der Dimension des Stofflichen (symbolisiert durch die Erde) Form verleiht. Und er steht in Beziehung zur menschlichen Persönlichkeit, während die Sonne der Individualität des spirituellen «Selbst» zugeordnet ist.

Die zwölf Abschnitte des Erdrads bedeuten auch zwölf Ausdrucksformen und Entwicklungsstadien auf dem «evolutionären» Weg der Seele. In verschiedenen Kulturen und in vorchristlichen Zeiten wurde dieser Weg durch die vier Gesichter der Mondgöttin sinnbildlich dargestellt (siehe Schautafel S. 40).

Zunehmender Mond Das «Gesicht» des *Mädchens*	*Frühling* Beginnt mit der Frühjahrs-Tagundnachtgleiche am 21. März	*Verweist auf:* Beginn und Ausdehnung	*Die Zeit* der Vorbereitung
Vollmond Das «Gesicht» der reifen Frau: *Mutter*	*Sommer* Gipfelt in der Sommersonnenwende um den 21. Juni	*Verweist auf:* Reife und Erfüllung	*Die Zeit* der «äußeren» Entwicklung der Persönlichkeit und Individualität
Abnehmender Mond Das «Gesicht» der weisen alten Frau: *Großmutter*	*Herbst* Beginnt mit der Herbst-Tagundnachtgleiche am 22. September	*Verweist auf:* Das Lehren oder die Weitergabe der erworbenen Weisheit	*Die Zeit* der «inneren» Entwicklung und der universalen Realitäten
Neumond Das «Gesicht» der alten Hexe: *Die Uralte*	*Winter* Tiefster Punkt zur Wintersonnenwende um den 22. Dezember	*Verweist auf:* Das Potential; Ruhen; Erholen; Wiedergeburt	*Die Zeit* des «Todes» und der Vorbereitung auf die Wiedergeburt

Dieser Weg durchläuft also einen Zyklus von der Geburt über Wachstum und Vervollkommnung zu Reife und Erfüllung sowie Erwerb von Weisheit, und dann, bei Abbau im physischen, aber gleichzeitiger Weiterentwicklung im spirituellen Bereich schließlich zu Ruhe und Übergang. In der letztgenannten Phase – symbolisiert durch die Nächte, in denen das Gesicht des Mondes verborgen bleibt – finden der schöpferische Akt und die Erneuerung statt, die einem neuen Leben, einem Neuen Mond, vorausgehen. Und so wiederholt sich der Kreislauf, tanzen Mond, Sonne, Erde, wir alle nach derselben Melodie.

Wir haben deshalb ein sich ewig drehendes Lebensrad, das in der Werkstatt der Zeit gestaltet wird. Da es zwölf gleichgewichtige Abschnitte aufweist, können wir jedem einen etwa gleichen Teil an Zeit zumessen, und da wir mit der Frühjahrs-Tagundnachtgleiche einen festgelegten Eintrittspunkt haben, können wir an dieser Stelle mit unseren Berechnungen anfangen. Weitere feste Anhaltspunkte liefern die vier jahreszeitlichen «Arme».

Nun können wir unserm Erdrad eine mit einem Netz vergleichbare Struktur geben, wie auf Abb. 16 zu sehen.

Aus einem einfachen «Rad» haben wir eine netzartige Grundform entwickelt, die uns jetzt deutlicher zeigt, daß alle existierenden Dinge über ein feines Gewebe von Strängen oder Fäden miteinander verbunden sind. Später werden wir sehen, wie daraus eine noch komplexere Struktur entsteht.

Diese vernetzte Ordnung kann zu allem, was existiert, in Relation gesetzt werden, uns eingeschlossen. Und da «Existenz» sich nicht nur auf physischer und materieller Ebene abspielt, sondern auch auf emotionalen, geistigen und spirituellen Ebenen erfahren wird, dient uns dieses Netz zudem als Wegweiser zu anderen Bewußtseinsebenen «oberhalb» oder «unterhalb» der Frequenz unseres normalen Bewußtseinsbereichs.

Außerdem erinnert uns diese Netzstruktur daran, daß alle Dinge Teil eines größeren Ganzen sind, daß sie miteinander in Wechselbeziehung stehen und verknüpft sind durch die Lebens-Essenz oder den «Geist», der allen existierenden Dingen innewohnt und Quelle ihrer Identität und Individualität ist.

Dieser Geist existiert in jedem menschlichen Wesen, in allen Tieren, Vögeln und Geschöpfen, die da laufen, schwimmen und kriechen, in den Pflanzen und Bäumen, in den Felsen und Steinen und Mineralien. Er existiert in den Grundelementen – im Wasser und im Feuer, in der Erde und in der Luft, er existiert in den Winden, die uns erfrischen und beleben und uns «lebendig» erhalten.

Unser Grundnetz mit den zwölf Feldern enthält und absorbiert das «Rad» mit den acht Speichen, dem, wie wir sehen werden, eine entscheidende «Funktion» im Zusammenhang mit der Arbeits- oder Wirkungsweise des Netzes zukommt. In diesem Netz fließt die Energie oder Macht vom Unsichtbaren – dem Nichtphysischen – zum Sichtbaren, zu dem, was in Erscheinung tritt; sie fließt aus dem Bereich des noch nicht Manifestierten zum Bereich der Erscheinungen; von dem, was Indianer «Nagual» nennen, zum «Tonal», der Alltagswelt «gewöhnlicher» Existenz.

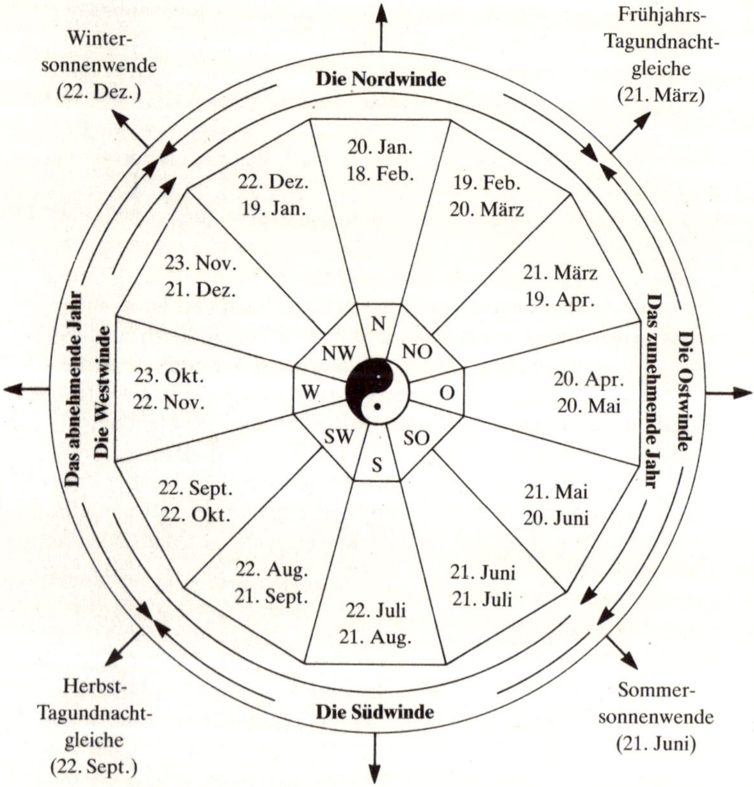

Abb. 16 Das Erdnetz

3 Die acht Richtungen

Die zwölf Felder des Erdnetzes stellen, wie auch der Tierkreis und das Rad des Jahres in der chinesischen Astrologie, die Erweiterung eines früheren, sehr viel älteren Systems dar, in dem es nur *acht* Abschnitte oder Richtungen gab – Norden, Nordosten, Osten, Südosten, Süden, Südwesten, Westen und Nordwesten (siehe Abb. 17).

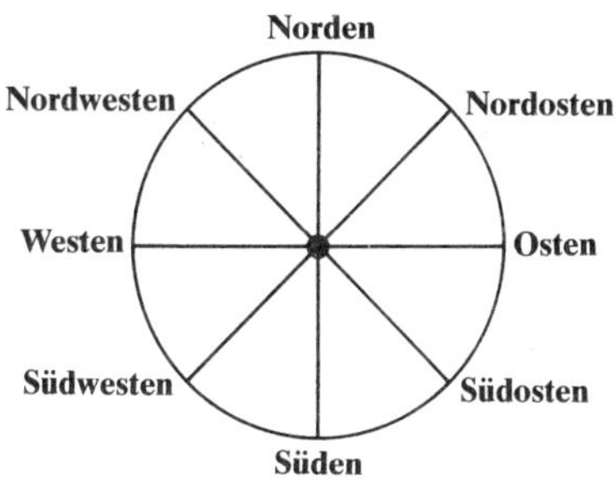

Abb. 17

Das «Rad» der acht Richtungen war, wie wir auch durch frühgeschichtliche Funde wissen, ein Hilfsmittel, dessen man sich zu allen Zeiten und in allen Kulturen bediente. Seine Ursprünge reichen indessen noch viel weiter zurück, vielleicht bis in das legendäre Atlantis oder sogar in die noch frühere Zivilisation des «verlorenen» Kontinents Mu, dessen Bevölkerung auch «rothäutig» gewesen sein soll. Wie bei allen heiligen Symbolen verband sich mit dem Rad der acht Richtungen eine fast unerschöpfliche Anzahl von Bedeutungen und Lehren. Eine davon besagte, daß es im Verlauf eines Jahres acht Zeitpunkte gibt, an denen man sich leicht auf die wechselnden Rhythmen und Gezeiten des irdischen Jahreszyklus einstimmen konnte. Im Britannien und Nordeuropa der vorchristlichen Zeit waren diese Gelegenheiten mit acht Festen verbunden, und der Kreis der acht Richtungen wurde zum Jahresrad.

Ein Angelpunkt in diesem Jahreszyklus war die *Frühjahrs-Tagundnachtgleiche* am 21. März, welcher der *Nordosten* auf dem Erdnetz zugeordnet ist. In vorchristlicher Zeit feierte man da das *Ostara*-Fest (Ostern), das heißt, man feierte das Ende des Winters, die Ankunft des Frühlings und das wiedererwachende Leben. Eine Zeit der Freude, da nun alles wieder sproß und die Natur überall auflebte. Das Fest des *Erwachens*.

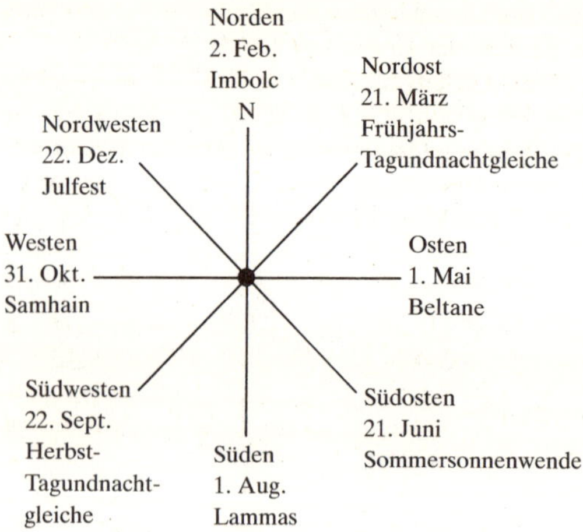

Abb. 18 Das Jahresrad

Der *Osten* begrüßte die Ankunft des Sommers mit dem *Beltane*-Fest (1. Mai). Der Sommeranfang kündigte sich durch das Blühen des süß duftenden Weißdorns an. Ein Fest der Initiation und des Erwachsenwerdens. Eine Feier der fließenden Energie und aufsteigenden Kraft in der Natur, eine Zeit zum Singen und Tanzen. Das Fest der *Erwartung*.

Der *Südosten* markiert den längsten Tag, die *Sommersonnenwende* am 21. Juni. Dieser Tag bedeutet, daß die Sonnenkraft ihren Höhepunkt erreicht hat und nun die langen heißen Sommertage kommen. Das Fest des *Erreichten*.

Im *Süden* können wir uns in dieser Kraft des Sommers sonnen, wenn das *Lammas*-Fest oder *Lugnasad* am 1. August begangen wird. Das Fest der ersten Früchte und der *Mahnung*.

Die *Herbst-Tagundnachtgleiche* (22. September) ist die Zeit des Wägens und Ausgleichens und kennzeichnet den *Südwesten*. Sie war auch die Zeit der Erntefeste – *Erntedankfest*.

Im *Westen* gelangen wir zu einem weiteren Angelpunkt des Jahreszyklus, der sowohl als End- wie auch als Anfangspunkt betrachtet wurde. Für die alten Kelten bedeutete das *Samhain*-Fest am 31. Oktober Jahresende – und Neujahrsfeier zugleich. Außerdem verband sich damit der Winteranfang, weshalb man hier auch die Schwelle zwischen der «sichtbaren» Welt der Materie und der «unsichtbaren» Welt des Geistes sah, eine Zeit, in der mächtige Naturkräfte am Wirken waren. In der populären Mythologie und im Bereich des Aberglaubens wurde dies eine Zeit der Gespenster und Dämonen, und daraus entstand *Hallowe'en*, das heutzutage seine einstige tiefe und wichtige Bedeutung völlig verloren hat. Es ist das Fest des *Gedenkens*.

Im *Nordwesten* haben wir die *Wintersonnenwende* um den 22. Dezember. Das *Julfest* erinnert daran, daß die unter der Erdoberfläche verborgenen Samen, die «tot» und begraben scheinen, wieder lebendig wurden und sich rühren, wenn auch dieses erwachende Leben noch nicht sichtbar ist. Aus dem Julfest wurde unser *Weihnachten* – Fest der *Wiedergeburt*.

Der *Norden* stand für die Zeit der Reinigung und Läuterung. Das heidnische Fest *Imbolc* am 2. Februar bot Gelegenheit, sich von den Schlacken und der Schläfrigkeit des Winters zu befreien und sich auf die Ankunft des Frühlings und die Frische des neuen Lebens vorzubereiten. Das Fest der *Erneuerung*.

Wir vollenden den Kreis, wenn wir nun nach *Nordost* vorrücken und in einen weiteren Jahreszyklus eintreten.

Die acht Abschnitte des Rads der acht Richtungen entsprechen in etwa den Tierkreiszeichen von Widder, Stier, Krebs, Löwe, Waage, Skorpion, Steinbock und Wassermann. Sie könnten sich in das Rad der acht Richtungen einfügen, wie auf Abb. 19 gezeigt.

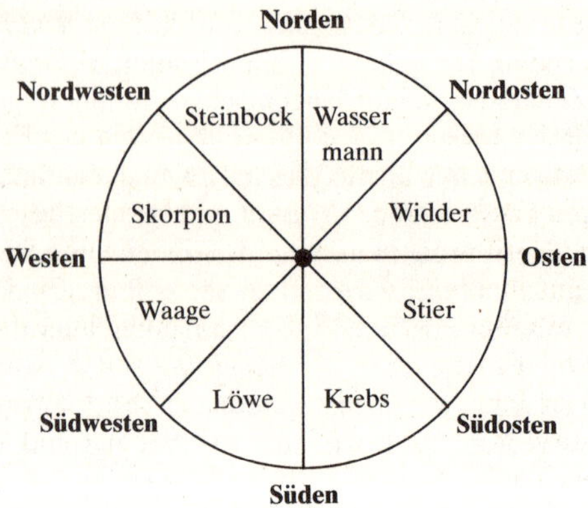

Abb. 19 Das Rad der alten, auf den Sonnenstand bezogenen Astrologie.

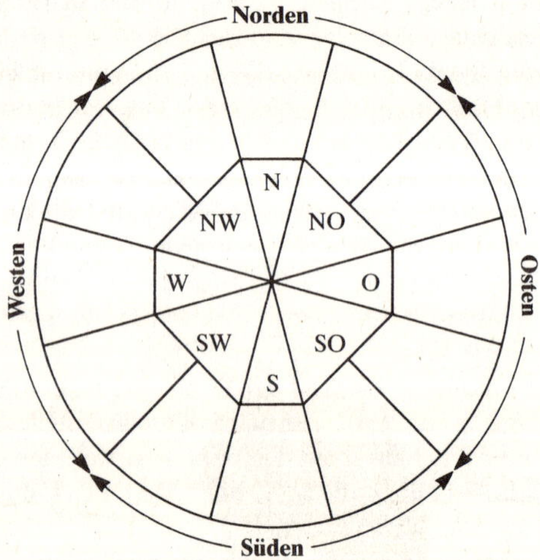

Abb. 20 Die zwölf Abschnitte und acht Richtungen

Die Erweiterung auf zwölf Felder in der auf den Sonnenstand bezogenen Astrologie entwickelte sich im Zuge einer feineren Abstimmung des Systems, die notwendig wurde, als der Bereich der die Menschen beeinflussenden Energien durch die Einführung der Veränderlichen Zeichen erweitert wurde.

Die Relikte des früheren Sytems zeigen sich in der Erd-Medizin und in der heutigen chinesischen Astrologie noch deutlich. Die Kardinalrichtungen Osten, Süden, Westen und Norden besetzen je ein Feld, während Nordosten, Nordwesten, Südosten und Südwesten je zwei Felder einnehmen.

Zum Aufbau unseres Netzes müssen wir unbedingt die grundlegenden Beziehungen zwischen den verschiedenen Abschnitten verstehen, den vier Jahreszeiten des natürlichen Jahreszyklus und den Richtungseinflüssen, denn sie beeinflussen die Art und Weise, wie wir unser Leben auf Erden erfahren.

Die Indianer hätten die Vier Jahreszeiten vielleicht poetisch als das Zusammenkommen von Vater Himmel und Mutter Erde beschrieben. Eine solche Erklärung mag mancher vorschnell als äußerst naiv abtun, aber in Wirklichkeit ist sie sehr tiefgründig. Und im Kontext des Yin/Yang-Konzepts ist die Vorstellung, die sich dahinter verbirgt, möglicherweise leichter zu verstehen.

Das einfache Symbol, das das aktive, maskuline, positive Yang-Prinzip versinnbildlicht, war bei den Alten eine klare, durchgängige Linie (▬▬), und das Symbol für das empfängliche, feminine, negative Yin-Prinzip war eine unterbrochene Linie (▬ ▬). Die ungebrochene Linie entspricht dem hellen Yang-Teil im T'ai-chi, die unterbrochene Linie dem dunklen Yin-Teil (siehe Abb. 21).

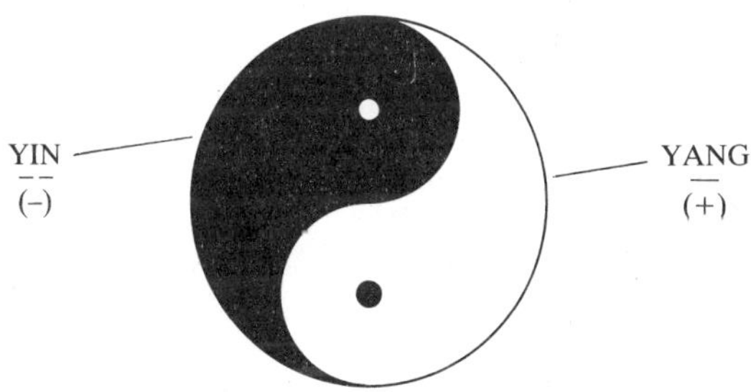

Abb. 21

Zum besseren Verständnis können wir die Zeichen für positiv (+) und negativ (−) hinzufügen. Und wenn wir zum Beispiel Yang als hell beschreiben, dann ist Yin dunkel. Wenn Yang heiß ist, dann ist Yin kalt.

Die Vereinigung dieser beiden Gegensätze bringt eine «Nachkommenschaft» hervor, die in sich die Gene des dominanten «Elternteils» trägt, ein «Kind», einen neuen Zustand, eine andere Ausdrucksform, die sich mit nur zwei Linien symbolisch darstellen läßt. So entstehen aus dem Einfluß von Vater Yang ⚊ (+) ein «positives» oder starkes Yang ⚌ (++), das als sehr hell oder sehr heiß, oder als *Sommer* beschrieben werden könnte, sowie ein «negatives» Yang ⚍ (+−), das für den Übergang oder die Wandlung von hell zu dunkel oder heiß zu kalt, oder für *Herbst* steht.

Ebenso entstehen aus dem Einfluß von Mutter Yin ⚋ (−) ein «negatives» oder starkes Yin ⚏, das man als sehr dunkel, sehr kalt oder als *Winter* beschreiben könnte, sowie ein «positives» Yin ⚎ (−+), das den Übergang oder die Wandlung von dunkel zu heller, kalt zu warm oder den *Frühling* bezeichnet.

Diese vier Symbole bringen ihrerseits eine «Nachkommenschaft» von acht Zeichen mit drei Linien, die sogenannten *Trigramme*, hervor. Sie stellen eine weitere Verfeinerung dar und vertiefen das Verständnis von der Zusammensetzung der Energie oder Kraft, für die sie jeweils stehen. Sie ermöglichen außerdem den Zugang zu einem riesigen Speicher alter Weisheit, denn sie ließen sich mit den Gehirnzellen eines Lebewesens oder den Mikrochips eines Computers vergleichen. Doch darüber später mehr. Wir wollen nun, versehen mit diesem Hintergrundwissen, zu unseren Vier Jahreszeiten und Richtungen zurückkehren.

Wir werden in einer der Vier Jahreszeiten in dieses Leben geboren; nach der indianischen Kosmologie «trägt» uns eine der Mächte der Vier Winde, jene, die zu dieser Jahreszeit die Vorherrschaft hat, zur Inkarnation. Danach werden zum Beispiel in der nördlichen Hemisphäre jene, die zwischen dem 21. März und dem 20. Juni geboren sind, von den warmen Ostwinden beeinflußt, die zwischen dem 21. Juni und dem 21. September Geborenen von den heißen Südwinden. Die zwischen dem 22. September und dem 21. Dezember Geborenen unterliegen dem Einfluß der kühlen Westwinde und die zwischen dem 22. Dezember und dem 20. März Geborenen den kalten Nordwinden.

Welche Bedeutung steht dahinter? Wind ist eine Bewegung der Luft, und die Indianer assoziierten den Geist oder das Bewußtsein mit Luft, weil sie wie der Geist unsichtbar ist. Nur ihre Anwesenheit kann gespürt beziehungsweise ihre Macht oder Kraft nur erfahren werden. Die Macht der Luft beobachten wir zum Beispiel, wenn wir sehen, wie der Wind starke Bäume zaust, Stämme beugt und Früchte oder Samen von den Ästen schüttelt. Er hat die Kraft, mit einem einzigen Ruck Sträucher zu entwurzeln und riesige Felsbrocken aus ihren Verankerungen zu reißen. Sein über weite Ozeane reichender Atem macht aus der Meeresoberfläche ein schäumendes Wellengebirge. Jeder, der einmal einen heftigen Sturm erlebt hat oder auf dem Meer in eine steife Brise geriet, hat die gewaltige und ehrfurchtgebietende Macht der Luft erfahren.

Nach den alten Weisheitslehren ist die Erde durch Windschilde geschützt, die den Planeten umgeben. Dabei handelt es sich um auf- und absteigende spiralige Bewegungen, die durch solare und lunare Strömungen beeinflußt werden. Zudem ist der Planet in einen Kokon aus pulsierenden elektromagnetischen Energien eingehüllt, ähnlich der eiförmigen Aura, die den Menschen umgibt.

Das Ozonloch, das nun die Regierungen vieler Nationen so stark beschäftigt, ist im Grunde eine zunehmend gravierende Störung in der Aura der Erde, die unseren Planeten schwächt. Die Folge davon sind nicht nur klimatische Veränderungen und ein Durcheinander in den natürlichen Jahreszeiten und beim Wetter, sondern wir Erdbewohner werden auch einer gefährlichen ultravioletten Strahlung ausgesetzt, vor der uns die Ozonschicht abschirmt. Infolge dieser Schwächung der Erdaura können auch chaotische und ungerichtete Kräfte eindringen, wie das in vergleichbaren Fällen auch beim Menschen geschieht. Diese Kräfte haben eine spaltende und destruktive Wirkung auf allen Existenzebenen – vor allem auf der geistigen. Und das, verbunden mit der ungezügelten Zerstörung der Umwelt, der Tier- und Pflanzenwelt durch den Menschen, bringt Erde und Menschheit gleichermaßen in Gefahr.

Die alten Weisheitslehren besagen, daß die Vier Winde gewaltige Mächte sind, den Vier Kardinalrichtungen zugehörig, über die wir uns auf sie einstellen können. Sie sind mächtige spirituelle Kräfte, die sich auf alle Lebewesen auf Erden, besonders die Menschen, wie auch auf Atmosphäre und Umwelt auswirken.

Sonne und Mond regulieren «Ebbe» und «Flut» dieses Energie-

Einflusses auf die Erdaura. Wenn wir also in Beziehung zu einer der Richtungen stehen, stellen wir uns auf den Spin und die Bewegung dieser mächtigen Kräfte und ihrer Energieausdrucksformen ein.

Sehen können wir diese Mächte nicht, aber wir können sie über ihre physischen Pendants begreifen und ihren Einfluß erfahren, denn sie wirken sich auf unser Naturell aus.

Schauen wir uns an, wie die Vier Winde im einzelnen die Ausrichtung unseres Naturells berühren:

> Die *Ostwinde* des Frühlings locken uns nach draußen, nachdem wir uns während der Wintermonate meist im Haus aufgehalten haben; so wird der Osten mit *Offenheit und Aufgeschlossenheit* assoziiert.
> Die *Südwinde* des Sommers laden uns ein, noch mehr Zeit draußen zu verbringen, die Hitze des Sommers zu genießen, wenn alles in der Natur in Blüte steht und duftet. Daher ist der Süden mit *raschem Wachstum, Gedeihen und Entwicklung* assoziiert.
> Die kühlen *Westwinde* des Herbstes beginnen, wenn alles, was wächst, zur Reife gelangt ist, und zur Erntezeit sammeln wir die Früchte unserer vergangenen Mühen. Der Westen ist mit *Ernte, Sammlung, Selbstprüfung und Innenschau* assoziiert.
> Die kalten *Nordwinde* reinigen die Erde und zwingen die Menschen ins Haus, um sich warm zu halten und sich zu *erholen und zu erneuern*.

Jede Richtung ist auch mit einer Tageszeit verbunden – der *Osten* mit der *Morgendämmerung*, der aufgehenden Sonne und einem neuen Tag; der *Süden* mit dem *Mittag*, wenn die Sonne an ihrem Höhepunkt angelangt ist; der *Westen* mit der *Abenddämmerung*, der untergehenden Sonne am Ende des Tages, der Zeit der *Besinnung und Erholung*; der *Norden* mit der *Mitternacht*, der Zeit der *Ruhe und Erneuerung*.

So verbindet sich jeder der Vier Winde und jede der Vier Jahreszeiten und Vier Tageszeiten mit Eigenschaften, die einen starken Einfluß ausüben auf unsere Lebensweise, bis zu einem gewissen Grad sogar auf unsere Lebensbedingungen, auf unsere Gefühle und unsere Unternehmungen. Und laut der indianischen Kosmologie färben die speziellen Eigenschaften des Windes oder der Macht, die zum Zeitpunkt unserer Geburt vorherrschte und uns in die Inkarnation «trug», auf uns ab. Wir sind von ihr geprägt. Unser Bewußtsein enthält ihren Code, unsere Gehirnzellen, die Mikrochips des Biocomputers in unserem Schädel, haben ihn absorbiert.

Im nächsten Kapitel werden wir diese Eigenschaften und Charakteristika ausführlicher untersuchen, wie auch die Tierkreiszeichen und Totems, die für sie stehen und als «Schalter» fungieren, über die wir uns in sie einklinken können. Zunächst aber müssen wir noch etwas anderes verstehen, nämlich den Weg, auf dem die indianischen Völker zu ihren Vorstellungen und geistigen und spirituellen Prinzipien gelangten.

Die Indianer leiteten alles, was beobachtet und verstanden werden konnte, *aus der Umwelt* ab. Jedes Prinzip oder Naturgesetz oder kosmische Gesetz, das sich auf das menschliche Leben auswirkte – auch die Geheimnisse von Geburt und Tod und Schicksal – *waren am besten durch die Beobachtung der wirkenden Naturkräfte zu ergründen und zu verstehen.*

Der menschliche Geist braucht unbedingt etwas «Greifbares», um etwas so Abstraktes wie eine Kraft, Macht, Energie, Essenz oder unfaßbare spirituelle Qualität «begreifen» zu können, eine Art «Form», in der sich dieses Unfaßbare fassen läßt, um es untersuchen und sich leichter darauf beziehen zu können.

Die Indianer gaben diesem Ungreifbaren eine Form, die sie verstehen und auf die sich beziehen konnten, indem sie Vergleiche mit der Natur und der Welt der Tiere, Pflanzen und Mineralien anstellten. Mit den wilden Tieren zum Beispiel teilten sie ihre Umwelt, und deshalb waren sie mit den Gewohnheiten und Eigenschaften jeder Spezies vertraut, kannten ihr unterschiedliches Naturell und wußten, daß jede Tierart ihre persönliche Eigenart und Ausstrahlung besitzt. Sie verglichen die «verborgenen» Kräfte der Natur und deren Eigenschaften mit ähnlichen Merkmalen oder Qualitäten, die sie an bestimmten Tieren, Reptilien, Vögeln oder Fischen, beobachteten. Mit anderen Worten, sie «personifizierten» diese ungreifbaren Kräfte, ähnlich wie Völker in anderen Kulturen ihre Götter «vermenschlichten», nur daß die Indianer sich eben der Repräsentation von Tieren, Pflanzen und Mineralien und nicht der von Menschen bedienten.

Diese Personifikationen wurden «Totems» genannt. Ein Totem ist eine besondere Art des Sinnbilds oder Symbols, das den *geistig-spirituellen* Wesenskern und die Charakteristika nicht eines einzelnen Tieres, einer Pflanze oder eines Felsens ausdrückt, sondern der Spezies insgesamt, und zwar so wie sie sich in der menschlichen Situation darstellt. Das Totem – ob Tier, Pflanze oder Mineral – wird, wenn es geistig aufgerufen wird, für den Menschen zum «Geisthelfer», indem es im Zusammenhang mit bestimmten physischen, geistigen, emotionalen und spirituellen Handlungsbereichen eine «spirituelle» Beziehung zum Menschen herstellt. Von daher ist ein Totem weit mehr als ein Symbol auf psychischer Ebene. Totems sind aktive «Helfer», sie unterstützen den Menschen in seinem Geist und seinem persönlichen Wesenskern durch ihren eigenen Wesenskern, zu dem sich die betreffende Person hingezogen oder mit dem sie sich verwandt fühlt.

Auf diese Weise stellen Totems Verbindungen mit abstrakten Qualitäten oder Energien und mit anderen Existenzebenen her. Sie regen die intuitiven Sinne an, und der Mensch, der mit ihnen arbeitet, nimmt über das Unbewußte wahr.

Es gibt andere mächtige Helfer, die eine solche Funktion übernehmen können. Der Mond zum Beispiel kann als symbolische Darstellung des femininen Yin, des nährenden Göttinnenprinzips dienen. Der Mond *ist nicht* die Göttin, kann uns aber stark anrühren und bewegen, wenn wir «sie» anschauen. Und die Göttin ist nicht eine Frau, wir können aber, indem wir so tun, als wäre sie es, eine emotionale Verbindung mit den weiblichen, nährenden, empfänglichen, sanften und zärtlichen Aspekten der Schöpfungsquelle herstellen. Wir sind dann auf den Empfang von Energie (Information) eingestellt, welche Die Urquelle ausstrahlt, und können darauf reagieren.

Ähnlich kann auch die Sonne zur Darstellung des maskulinen Yang, des Gottprinzips hinter aller Schöpfung, dienen. Und noch einmal, die Sonne *ist nicht* der Gott – und in den alten Zeiten haben, ganz im Gegensatz zu weitverbreiteten Theorien, die Menschen nicht die Sonne angebetet, sondern Kontakt aufgenommen zu den männlichen schöpferischen Qualitäten der Gottheit in uns.

Die Totems sind eine andere Art symbolischer Darstellung. Aktiv und lebendig verbinden sie unser Bewußtsein mit den Fäden feiner kosmischer Kräfte und natürlicher Energien, die in den Kokon unserer Aura einfließen, mit dem elektromagnetischen Energiefeld, in dem wir leben, uns bewegen und unser Sein haben; verbinden uns auch mit den zarten, aber mächtigen inneren Kräften, die in einem Rhythmus von Ebbe und Flut zwischen dem äußeren «physischen» Selbst und dem Wahren Selbst, der Seele im Herzen unseres Wesens und Seins, fließen.

Die Totems sind Transistoren in einem elektronischen Kreis vergleichbar, die den Energiefluß von einer Ebene zur andern steuern, ob nun physisch (mineralisch, pflanzlich oder animalisch) oder nichtphysisch (emotional, geistig oder spirituell). Richtungs- oder Elementartotems sind mit den kosmischen Energien von «oben» befaßt, andere Totems mit den von «unten» kommenden Erdenergien.

Und auch hier muß betont werden, daß die Indianer, im Gegensatz zu einer weitverbreiteten, auf Unkenntnis und Bigotterie beruhenden Annahme, die Totems *nicht* als «Götter» anbeteten oder Tiere und andere Geschöpfe als «Götter» oder «Dämonen» verehrten. Religiöse Eiferer unter den ersten europäischen Siedlern bezeichneten die Praktiken der Ureinwohner als «Dämonismus», weckten so bei den Menschen Angst vor dem «Unbekannten», schürten Vorurteile und ermunterten zur Zerstörung dessen, was sie in ihrer eigenen Unwissenheit nicht verstehen konnten.

Die Totems waren nur spirituelle *Werkzeuge*. Sie wurden geehrt und respektiert für das, was sie versinnbildlichten. Die Tierdarstellungen zum Beispiel dienten dem Vergleich. Doch es ging dabei nicht um das Tier selbst, sondern um sein *Wesen*. Das Tier selbst war deshalb ein «Helfer», weil sein erkennbarer Wesenskern dem indianischen Menschen über die vergleichende Anschauung und Beobachtung half, diese «verborgene» Qualität in der Natur oder in der eigenen Person zu verstehen. Die ausgewählten Geschöpfe, die die Mächte der Vier Winde personifizierten oder symbolisierten, wurden deshalb oft «Geisthelfer» oder «Geisthüter» genannt.

Es gab Hunderte von verschiedenen Stämmen in Nordamerika, und die als Totem fungierenden Geschöpfe waren nicht immer identisch. Die in diesem Buch vorgestellten Totems waren meines Wissens in Nordamerika ziemlich weit verbreitet, so wie auch jene, die Sun Bear, Chippewa-Medizinmann und Begründer des Bären-Stammes in der Nähe von Spokane, Washington, in seinem Buch *Das Medizinrad – Eine Astrologie der Erde* anführt. Wichtig ist in unserem Zusammenhang, daß es sich um Totems handelt, auf die sich Menschen in anderen Ländern ebenfalls leicht beziehen können.

Es ist ratsam, sich nicht durch irgendwelche Diskussionen darüber, welches Tier, welcher Vogel, welche Pflanze oder welches Mineral nun das geeignetste oder «authentischste» ist oder welcher Stamm dieses benutzte und welche Gruppe jenes bevorzugte, beirren zu lassen. Es kommt darauf an, was für uns persönlich *taugt*. Alles andere stellt nur einen intellektuellen oder akademischen Exkurs dar. Der Kernpunkt ist hier, daß wir über «Verbindungen oder

Beziehungen» verfügen, die «funktionieren» und uns die dahinterstehenden Gedanken und Ideen begreifen lassen. Der Gedanke ist wichtig und der Erhalt von Informationen oder die Manifestation der erwünschten Resultate, nicht das Bild oder dargestellte Symbol. *Das Totem ist nur ein Werkzeug*, wenn auch ein spirituelles.

Im nächsten Kapitel werden wir uns einigen der wichtigsten Totems und den Richtungskräften, für die sie stehen, zuwenden – den Vier Winden, die zur Gestaltung der inneren Dynamik unserer Geburt beitrugen.

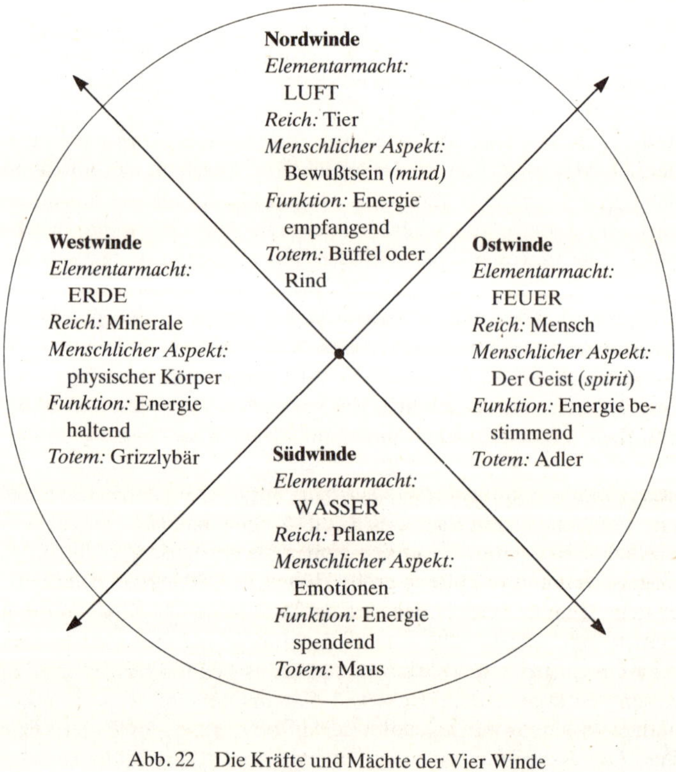

Abb. 22 Die Kräfte und Mächte der Vier Winde

4 Die Vier Winde (1) – Der Osten

Das Geschöpf, das sich mit der Macht Des *Ostens* und den Ostwinden verbindet, ist der *Adler*. Er ist das Totem für Menschen, die zwischen dem *21. März und dem 20. Juni* geboren sind. Schauen wir nun, wie dieses Geschöpf uns das Totem verstehen läßt und wie das Totem uns hilft, unser Bewußtsein der Macht und Kraft Des Ostens zu öffnen.

Der Adler fliegt höher als jeder andere Vogel, und deshalb gingen die Indianer davon aus, daß er «dem Himmel näher ist». Das ist natürlich keinesfalls nur buchstäblich zu verstehen. Der Himmel war dem Reich Des Geistes und der spirituellen Dinge gleichgesetzt. Und damit symbolisierte der Adler die große Bedeutung der *Grundprinzipien*. Ein Grundprinzip könnte man als fundamentale Wahrheit, inneren Geist, Kernabsicht oder Handlungsleitfaden definieren.

Außerdem schreibt man dem Adler ein bemerkenswertes Sehvermögen zu. Er überblickt weite Bereiche und macht noch aus großer Entfernung ziemlich kleine Geschöpfe und Gegenstände aus. Deshalb wird er mit *Weitsicht* und Voraussicht assoziiert. Da er, ohne geblendet zu werden, direkt in die Sonne blicken kann, verweist er auf ein anderes Dem Osten zugeschriebenes Merkmal: *Erleuchtung* – Erleuchtung durch eine spirituelle Vision (die Sonne ist ja auch ein «lebendiges» Symbol für Göttlichkeit oder Spiritualität) oder *die Fähigkeit, die Essenz oder Den Geist der Dinge zu sehen*.

Adlerfedern wurden von den Indianern hochgeschätzt, weil der Vogel sich mit ihrer Hilfe in große Höhen zu schwingen vermag, wo er dem Himmel (Geist) nahe ist und aus einer der Erde und den materiellen Dingen enthobenen Perspektive seinen Gewahrseinsbereich erweitern kann. Er erkennt klarer, wie sich die Dinge auf Erden zusammenfügen, eine Fähigkeit, die der indianische Mensch selber gern erwerben wollte. Allzuoft sind wir den Dingen zu nahe, um ihre Funktion und Bedeutung innerhalb eines sinnvollen Musters verstehen zu können. Wir gehen durchs Leben wie jemand, der einen Wandteppich oder ein Gemälde aus der Entfernung von ein paar Zentimetern betrachtet und versucht, den Sinn des Dargestellten zu ergründen. Nur aus einem gewissen Abstand heraus wird das Bild deutlich, können die wahre Kreativität und Absicht des Künstlers erkannt und gewürdigt werden. Der Adler half dem indianischen Menschen, sich diese Fähigkeit in gewissem Maße dadurch zu erwerben, daß er sich auf Den «Geist» Des Ostens einstimmte und sein Bewußtsein dieser Energie öffnete.

Jeder der Vier Winde und jede der Vier Kardinalrichtungen hat eine *besondere Beziehung* zu einer der vier Grundformen allen Erdenlebens, die in der westlichen Philosophie und Theologie manchmal als «Reiche» bezeichnet werden. Es sind dies das Reich des Menschen, der Tiere, der Pflanzen und der Mineralien. Ein tieferes Verständnis dieser Beziehungen wird zu größerer Einsicht führen – über uns selbst und über unsere Erde.

Der Osten hat eine besondere Beziehung zum Reich des Menschen. Wie schon erwähnt, liegt der Schwerpunkt der Ostwinde auf *spirituellen* Erwägungen und Prinzipien, und daher verhilft uns Der «Geist» Des Ostens vor allem zu einem tieferen Verständnis der «spirituellen» Natur des Menschen.

Für die Indianer war das menschliche Wesen weitaus mehr als nur ein hochentwickeltes Tier – so eine Art nackter Affe mit Gehirn! Sie betrachteten den Menschen als «göttlichen Sterblichen» oder als «göttliches stoffliches Wesen». Ich habe mir erklären lassen, daß die Vorsilbe «hu» in einigen Sprachen «göttlich» bedeutet, und der Mensch, Mann, «man» ist natürlich sterblich. Somit ist ein menschliches Wesen (engl. *human being*) ein göttliches sterbliches Wesen – ein Doppelwesen, das sowohl im Reich Des Geistes wie im Reich der Materie existiert; das eine spirituell, das andere physisch; das eine ewig, das andere vergänglich.

An dieser Stelle wollen wir für einen Moment innehalten. Wir müssen uns nämlich unbedingt klarmachen, daß die Mächte, Kräfte und Elemente, über die wir hier im Zusammenhang mit den Vier Richtungen sprechen, sowie auch ihre Eigenschaften und Merkmale im moralischen Sinne «neutral» sind. Das heißt, wir können sie nicht als «gut» oder «schlecht» qualifizieren, sie *existieren* einfach.

Es ist der Mensch, der bestimmt, wie sie gebraucht werden. Es ist der Mensch, der bestimmt, wie diese Kräfte und Energien gelenkt und genutzt werden sollen.

Wir alle bestimmen selbst, ob wir unsere Energien positiv oder negativ einsetzen – ob sie konstruktiv oder destruktiv genutzt werden sollen. Der *Mensch* bestimmt durch seine *Absicht*, ob ihr Gebrauch «gut» oder «schlecht» ist. Das Motiv ist alles.

Die Hauptfunktion Des Ostens ist die *Macht und Kraft* der Bestimmung – die *Macht* der Wahl. Die *Macht* der Entscheidung, wie wir die uns zur Verfügung stehenden Energien nutzen wollen.

Da Der Osten mit Dem Geist *und* dem menschlichen Wesen verbunden ist, folgerten die Indianer, daß sich der Mensch dann in einem harmonischen inneren Gleichgewicht befindet, wenn er *mit Dem Geist bestimmt oder entscheidet*. So sahen sie das menschliche Energiesystem strukturiert. Erwischte ein Mensch sozusagen «die falsche Leitung» und traf er seine Entscheidungen mit einem anderen Wesensaspekt, zum Beispiel mit dem geistigen Bewußtsein, das Dem Norden zugeordnet ist, oder mit den Emotionen, die mit Dem Süden assoziiert sind, dann waren Disharmonie und Ungleichgewicht die Folge. Das harmonische und synchrone Funktionieren des ganzen Menschen war für sein Wohlbefinden absolut notwendig. Ja seine Gesundheit, sein Glück, Wohlstand und Sicherheit hingen davon ab. Die wahre Erfüllung und Befriedigung bestand darin, das richtige Gleichgewicht zwischen inneren und äußeren Seinsaspekten zu finden, in harmonischem Einklang mit den natürlichen und kosmischen Kräften zu stehen, denn in diesem Zustand der Ausgewogenheit war alles und jedes möglich.

Das führt natürlich zu der Frage: «Was ist Der Geist (*spirit*)?» Darüber existieren viele verwirrende Vorstellungen. Manche meinen damit eine entkörperte Seele oder ein Gespenst, andere definieren ihn als Kraft. Die Indianer verstanden darunter etwas weniger Nebulöses. Der Geist war für sie individualisiertes Bewußtsein, das sich in unterschiedlichen Strukturen und Formen zum Ausdruck brachte. Der Geist wurde von *Intelligenz* geleitet, und Intelligenz wird vom Bewußtsein (*mind*), vom Verstand, übermittelt. *Der Geist* verfügt also über geistige *Kraft* und geistiges *Bewußtsein*. (In dieser Übersetzung wird *Der* Geist im Sinne von *spirit* stets groß geschrieben, im Gegensatz zu *der* Geist oder geistiges Bewußtsein im Sinne von *mind*).

Der Indianer betrachtete jedes Wesen – auch jeden einzelnen Menschen – als individualisierten Geist, der seinem bewußten Gewahrsein Ausdruck verleiht. Die menschliche Seele war der Aufenthaltsort des individualisierten Geistes und diente als Bindeglied zwischen Geist und Materie.

Die Seele wurde als Erfahrungsspeicher betrachtet und als Sitz der beständigen, alle Inkarnationen überdauernden Persönlichkeit.

Die Indianer folgerten, daß wir als göttliche Sterbliche unsere Handlungen in Einklang mit Dem Geist bestimmen sollten, da Der Geist das Vehikel der Intelligenz ist und mit den *Absichten* zu tun hat. Absichten verbinden sich mit Prinzipien, mit Ethik und Moral, die alle Aktivitäten Des Geistes sind. Darum kann es geschehen, daß wir, obwohl in aufrechter Gesinnung und mit «guten» Absichten handelnd, «schlechte» Resultate erzielen, weil wir mit dem Verstand oder mit den Emotionen und nicht mit Dem Geist entschieden haben.

Hier ein Beispiel dafür. Gesetze werden mit Hilfe des Verstandes formuliert und sollen Prinzipien (Aktivitäten Des Geistes) festschreiben und schützen. Es ist durchaus möglich, ganz bewußt einem Gesetz buchstabengetreu Folge zu leisten und doch seinem Geist und seiner Absicht zuwiderzuhandeln. Gewitzte Leute finden eine Lücke oder eine Hintertür «im Buchstaben des Gesetzes» und ignorieren damit seine eigentliche Absicht, ohne dagegen zu verstoßen. So kann ein Schuldiger zuweilen aus rein technischen – sogenannten «Verfahrensfehlern» – ungeschoren davonkommen.

Viele Wahrheiten in den sich auf ihre heiligen Schriften berufenden Religionen sind durch dieses Kleben am Buchstaben folgenschwer verdreht und mißverstanden worden.

Wir alle haben auf unserer Lebensreise unsere eigene Geschwindigkeit, treffen unsere eigenen Entscheidungen und bestimmen, wie wir unsere Energien in der Choreographie unseres irdischen Lebens einsetzen wollen.

Wir alle sind das Produkt unserer eigenen Entschließungen, schaffen uns auf unserm Weg selbst unsere Umstände. Wir sind nicht die Roboter einer Schicksalsmacht.

Und wie wissen wir, wann wir Entscheidungen mit Dem Geist treffen? Wenn wir unserem *Herzen* Folge leisten, denn das lautere Herz ist die Stimme Des Geistes.

Geben ist eine Eigenschaft Des Ostens. «Wir *geben* mit dem Herzen, um mit Dem Geist zu *bestimmen.*» Das war der Rat, den ich von Swiftdeer bekam. Das, so erklärte er, sei «Der Weg des Herzens» oder «Der Weg der Schönheit», denn es sei der Weg der Liebe, die nicht auszubeuten oder aus egoistischen Gründen andere zu übervorteilen sucht, sondern liebevoll nach dem gemeinsamen Wohl strebt. So ging man früher mit sich selbst, mit anderen und sogar mit der Erde in Schönheit um.

Aus ihren Kenntnissen über die Vier Winde folgerten die Indianer, daß sich der Mensch auch aus allen anderen «Reichen» zusammensetzt. Sein Fleisch, sein Blut, seine Knochen und das Mark sowie die Körperflüssigkeiten enthalten Leben aus der mineralischen Welt, Leben aus den Pflanzen (ihren Früchten, Samen und ihrer Substanz) und Leben aus dem Fleisch der Tiere. Deshalb war der Mensch nicht nur ein *Teil* der physischen Welt – die physische Welt mit ihren Mineralien, Pflanzen und Tieren war buchstäblich ein Teil des Menschen. Der Mensch war ein Miniatursonnensystem, ein Mikrokosmos des Universums. Versteht man den Menschen, dann versteht man die Erde und das Universum. Versteht man die Erde und ihre Umwelt, dann versteht man den Menschen und das Universum.

Ihr wirkliches Selbst ist Das Geistwesen, das vor Ihrem gegenwärtigen Erdenleben existierte und nach Ihrem irdischen Tod weiterexistieren wird. Der Geist ist das innere Selbst, der ewige Aspekt Ihres Wesens. Er ist alterslos. Ein älterer Mensch versteht die Realität des alterslosen Selbst. Nur sehr junge Menschen glauben, daß man sich mit zunehmendem Alter anders fühlt, daß sich das Bewußtsein mit 60 irgendwie anders «anfühlt» als mit 16, daß im hohen Alter das Bewußtsein wie der physische Körper schwächer wird. In Wahrheit mögen sich zwar unsere Vorstellungen und Ansichten mit den Jahren ändern, aber wir bleiben dieselbe bewußte individuelle Wesenheit, die sich im Grunde gleich fühlt. Der Körper ist physisch gesehen vielleicht nicht mehr so auf der Höhe, und seine Beschränkungen mögen zu Frustrationen führen, aber Sie sind, was Sie immer waren – Sie selbst. Daran ändert weder das Alter noch der Tod etwas. Der Tod ist nur ein Wandel des Bewußtseins.

Und was ist der Sinn des Ganzen? Allgemein gesprochen sah der indianische Mensch den Sinn des Lebens in der Erweiterung und Entfaltung des Wahren Selbst. Der Sinn des Lebens war die fortgesetzte Evolution des göttlichen Geistes im Innern.

So besteht der Sinn des Lebens in der Ausbildung Des Geistes.

Wir wollen nun wieder auf das Erdnetz zurückkommen. Menschen, die im selben Erdeinfluß-Zeitabschnitt geboren sind, werden zwar ähnliche Richtungseinflüsse und -eigenschaften aufweisen, aber nicht die gleichen. Sie haben zwar dasselbe symbolische Totem – bei den zwischen dem 21. März und dem 20. Juni Geborenen ist es der Adler –, aber ich muß noch einmal betonen, daß es sich hier nicht um ein zweidimensionales Bild auf einer Buchseite oder eine Darstellung, und auch nicht um das jeweilige Geschöpf selbst handelt. Das Totem verweist auf einen eigenen, beweglichen, veränderlichen Kosmos, beherrscht von seiner eigenen inneren Dynamik. So mögen wir zwar ähnlichen Einflüssen unterliegen, ihre Auswirkungen aber hängen davon ab, in welchem Maße wir ihnen ausgesetzt sind und auf welcher Ebene wir innerlich darauf reagieren.

Wir sprachen gerade darüber, daß die Indianer Den Geist als den Kern der wahren Wesenheit definieren. Ihr Geist ist somit der Kern Ihres *Wahren* Selbst.

Nun gingen die Indianer nicht nur von der Realität eines Lebens nach dem Tode, sondern auch eines Lebens *vor* der Geburt aus. Die Natur zeugte für diese Wahrheit. Wenn im Frühling neues Leben hervorbricht, muß davor Leben existiert haben und davor wiederum, und so weiter. Jedes Leben, in welcher Form auch immer, produziert die Samen für seinen Fortbestand. Das Leben muß weitergehen. Das ist ein kosmisches Gesetz. Gibt es ein Leben nach dem Tode, dann muß es logischerweise auch ein Leben vor der Geburt geben – oder?

Die Indianer gingen noch einen Schritt weiter. Sie glaubten, daß der Lebenskeim des jetzigen Lebens in einem vorangegangenen Leben gepflanzt wurde und daß der Keim des nächsten Lebens bereits durch die gegenwärtige Lebensweise vorbereitet wird. Mit anderen Worten, wir können den Konsequenzen unserer Handlungen nicht wirklich entfliehen. Früher oder später holt uns die Vergangenheit ein!

Daraus folgt, daß wir vor unserer Geburt eine bewußte Existenz hatten. Und warum erinnern wir uns nicht daran? Weil wir jedes Leben mit einer frischen «Diskette für Erinnerungen» beginnen. Das heißt, um uns einer Analogie aus der Computerwelt zu bedienen, mit jedem neuen Leben wird eine frische Diskette ins Laufwerk geschoben, aber das «Original» verbleibt im Erinnerungsspeicher des Unbewußten des Wahren Selbst. Der Zugang dazu ist normalerweise verwehrt, obwohl es Menschen gibt, die sich an frühere Leben erinnern können – sie haben den Code zur Erinnerung an frühere Inkarnationen geknackt.

Das Richtungstotem ist nur eines von einer ganzen Reihe von Totems, aus denen sich der persönliche Schild zusammensetzt. Und jedes Totem ist mit einem anderen Teil oder mit einer anderen Ebene unseres Gesamtwesens verbunden. Jedes dient als ein Kanal zwischen dem äußeren bewußten Alltagsleben und der inneren Realität unserer unbewußten Existenz. Wie der Knopf, mit dem wir beim Radio eine bestimmte Wellenlänge einstellen, hilft es uns, uns auf eine bestimmte Wellenlänge unseres Wesens einzustellen, oder wie ein Computerbefehl macht es uns ein bestimmtes «Programm» an Informationen und Energien zugänglich.

Unter diesen verschiedenen Totems befindet sich auch unser Geburtstotem, das mit dem speziellen Zeitraum, in den unsere Geburt fällt, verbunden ist und damit eine feinere Einstimmung auf die Kräfte und Energien unseres Persönlichkeitsvehikels erlaubt. Das Geburtstotem eines zwischen dem 21. März und dem 19. April geborenen Menschen ist zum Beispiel der Falke; für eine zwischen dem 20. April und dem 20. Mai geborenen Person ist es der Biber, und für jene, die zwischen dem 22. Mai und dem 20. Juni geboren sind, ist es der Hirsch.

Das Geburtstotem ähnelt den Tierkreiszeichen der auf den Sonnenstand ausgerichteten Astrologie – etwa Widder, Stier und Zwillinge – und bezieht sich sogar in gewisser Weise auf sie. Aber wie ich schon sagte, ist ein Totem mehr als ein Zeichen oder Symbol auf einem Informationspaket. Es ist ein aktivierender «Schalter» in beide Richtungen, durch den wir einerseits zu unseren inneren Ebenen geleitet werden und durch den andererseits jene inneren Bereiche zu unseren äußeren Ebenen durchdringen können, um Bestandteil unseres alltäglichen physischen Lebens zu werden. Auf die Geburtstotems werden wir im zweiten Teil dieses Buches näher eingehen.

Jedes Feld der Erdeinfluß-Zeit hat einen Namen, der ein für diesen Zeitraum charakteristisches Merkmal des Naturkreislaufs beschreibt. Die drei Felder Des Ostens und ihre Totems sind:

Die Zeit des Erwachens (21. März–19. April). Das Totem ist der *Falke*, der dem Sonnenzeichen Widder entspricht.

Die Zeit des Wachsens (20. April–20. Mai). Das Totem ist der *Biber*, der dem Sonnenzeichen Stier entspricht.
Die Zeit des Blühens (21. Mai–20. Juni). Das Totem ist der *Hirsch*, der dem Sonnenzeichen Zwillinge entspricht.

Kurz zusammengefaßt: Der Osten ist vor allem die Richtung zur Einsicht in spirituelle Prinzipien, und die unter dem Einfluß Des Ostens geborenen Menschen werden wahrscheinlich von Lebensumständen angezogen, in denen die Grundprinzipien vorrangige Bedeutung für sie und ihren Lebensweg haben. Die Macht Des Ostens drückt sich durch Den Geist aus, indem sie ein Verlangen nach neuen Anfängen und neuen Interessen hervorruft, und die betroffene Person reagiert darauf mit dem Drang, neue Projekte in Angriff zu nehmen und neue Interessen zu entwickeln (siehe Abb. 23).

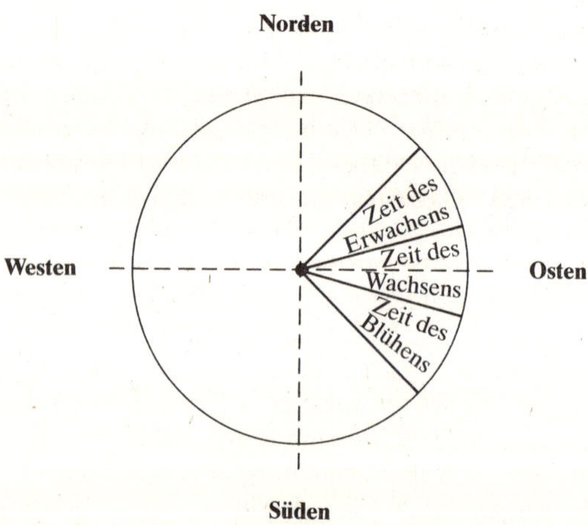

Abb. 23

5 Die Vier Winde (2) – Süden, Westen und Norden

Der Süden

Eines der mit der Macht Des *Südens* und den Südwinden assoziierten Tiere ist die *Maus*. Sie ist das Totem für Menschen, die zwischen dem *21. Juni und dem 21. September* geboren sind.

Als Totem für eine große Macht mag man die Maus als ziemlich ungeeignetes Geschöpf betrachten. Dazu kommt, daß sie nicht sehr beliebt ist, manche Leute haben sogar Angst vor ihr, und die meisten werden sie gewiß für eine Plage halten. Warum also nimmt sie den Rang eines Totems ein? Denken Sie daran, daß für den indianischen Menschen *jedes* Geschöpf, ob groß oder klein, ob es fliegt, läuft, kriecht oder schwimmt, etwas Wertvolles anzubieten und zu lehren hatte. Seine Existenz hat einen Grund. Deshalb sollten wir die Maus nicht hochmütig abtun oder ihren Wert als Helfer in der Erd-Medizin unterschätzen. In der Tat hat uns die kleine Maus sehr viel an Weisheit zu übermitteln.

In ihr kommt nämlich ein wichtiges Merkmal Des «Geistes» Des Südens zum Ausdruck, da sie durch ein spezielles Tastorgan – ihre Schnurrbarthaare – für ihre unmittelbare Umgebung besonders sensibel ist.

Denken Sie daran, wie die Maus sich ihrer Umgebung gewahr wird. Durch *Nähe* und empfindsames *Fühlen*. Und dies ist eine besondere Eigenschaft der Macht Des Südens und der von den Südwinden beeinflußten Menschen – die Wahrnehmung der Dinge, indem man ihnen nahekommt. Eine besondere Form des Gewahrseins durch *Fühlen*.

Berührung, Nähe, Fühlen und Spüren sind wesentliche Merkmale Des Sudens, der auf dem Medizinrad als Richtung der *Erfahrung* zu beschreiben wäre. Nichts läßt sich auf angemessene Weise erfahren, solange wir nicht davon berührt werden oder uns gestatten, unseren Gefühlen und Emotionen Ausdruck zu verleihen.

Die Maus ist dem Boden nahe und kurzsichtig. Sie sieht die Dinge nur, wenn sie direkt vor ihrer Nase sind. Und vom Süden beeinflußte Menschen, vor allem die zwischen dem 21. Juni und dem 21. September Geborenen, sind auch so: Sie sehen meist nur, was direkt vor ihrer Nase liegt.

Andererseits kann Der «Geist» Des Südens uns allen helfen, unser Gleichgewicht zu finden, da er die Notwendigkeit betont, nicht *so* weit vorauszublicken, daß man das, was in Reichweite liegt, *übersieht* – und wir alle neigen wahrscheinlich zu diesem Fehler.

Die Maus ist eines der kleinsten Tiere und bringt damit ein weiteres wichtiges Grundprinzip Des Südens zum Ausdruck: Wir sollen niemals körperliche Größe mit wahrem Wert verwechseln. Schließlich begannen wir auch unser eigenes physisches Leben als unendlich winzige Zelle. Eine mächtige Eiche wächst aus einer kleinen Eichel. Auch die größten Unternehmungen haben relativ bescheiden angefangen, und die größten Erfolge entspringen oft unbedeutendsten Begebenheiten.

Der Süden hat eine besondere Beziehung zum *Reich der Pflanzen* – Bäume, Pflanzen, Kräuter, Blumen sowie alle möglichen Arten der Vegetation. Vor allem Bäume sind ein lebensnotwendiger Bestandteil der irdischen Umwelt, und Wälder sind so etwas wie die Lungen des Planeten, da sie das von Menschen und Tieren ausgestoßene Kohlenmonoxyd einatmen und den für Mensch und Tier lebensnotwendigen Sauerstoff ausatmen.

Bäume und Pflanzen liefern dem Reich der Tiere und der Menschen viel an notwendiger Nahrung. Blumen, Kräuter und Pflanzen haben Eigenschaften, die sich lindernd, heilend, regenerierend und ausgleichend auf den Körper auswirken, so daß er effektiv funktionieren kann.

Bei unserer Untersuchung Des Ostens stellten wir fest, daß seine Hauptfunktion die des Bestimmens ist. Die Hauptfunktion Des Südens ist die des *Gebens*, und im Reich der Pflanzen sind die großen *Spender* der Erde angesiedelt, die alles von sich geben, um für andere zu sorgen und sie zu nähren.

Somit sind die Lebensformen des Reichs der Pflanzen auch die Helfer und Lehrer des Menschen. Im wesentlichen wollen sie uns die Notwendigkeit des Gebens lehren – nicht die *Dinge*, die man kaufen und tauschen kann, sondern *von uns selbst*, das einzige Geben von *wirklichem* Wert. Ohne das Geben des Reichs der Pflanzen könnten wir nicht überleben und würden physisch verkümmern und sterben. Ohne Geben können wir nicht wachsen, uns entfalten und geistig entwickeln, wir würden spirituell verkümmern und «sterben». Das wußten die Indianer. Der gebildete, kultivierte, wissenschaftlich denkende, moderne Mensch hat sich von der Natur entfernt und den Kontakt zu diesem Wissen verloren. Die Richtung Des Südens kann uns ganz persönlich helfen, es wiederzuerlangen.

Die dem Einfluß Des Südens unterliegenden Menschen und die, die zwischen dem 21. Juni und dem 21. September geboren sind, haben sehr wahrscheinlich eine besondere Beziehung zu Pflanzen. Sie haben sie gern im Haus, sie arbeiten gern im Garten oder halten sich gern in Gärten auf. Sie fühlen sich möglicherweise von Bäumen und Wäldern angezogen und finden beim Spaziergang durch den Wald zu innerer Harmonie.

Solche Menschen werden wahrscheinlich bei physischen Gesundheitsproblemen zur Kräutermedizin tendieren und in Zeiten von Streß und psychischem Druck Blütentherapien bevorzugen. Jene Personen, die am stärksten vom Süden beeinflußt sind, werden vermutlich auch den größten Nutzen von diesen Heilmitteln haben.

Was die Welt der Menschen angeht, so betrifft der Einfluß Des Südens die *Emotionen* und *Gefühle*. In Anwendung der uns mittlerweile bekannten Prinzipien heißt das, daß wir zu innerer Harmonie gelangen, wenn wir auf *emotionaler Ebene geben*. Wie wir schon sagten, greifen wir nur allzuoft zur «falschen Leitung». Viele von uns fürchten sich, ihren Emotionen und Gefühlen Ausdruck zu verleihen, aus Angst, sich verletzlich zu zeigen. Und so halten wir mit unseren wahren Gefühlen hinterm Berg. Liebe, Zuneigung, Wertschätzung werden oft durch ein materielles Geschenk ausgedrückt. Daran ist nichts auszusetzen, und ich will hier sicherlich nicht dafür plädieren, keine Geschenke mehr zu machen, doch sie sind nur ein *Ersatz*. Wir müssen auch von uns selbst geben, und genau daran fehlt es oft: Unsere Emotionen halten wir fest.

Schlimmer noch, im Umgang mit geliebten Personen versuchen wir, diese mit unseren Emotionen zu *halten*, und geben mit dem Verstand, anstatt mit unseren Emotionen und Gefühlen zu *geben* und sie im Geist zu be-halten.

Liebe ist mehr als eine physische Ausdrucksform. Doch in unserer komplexen Konsumgesellschaft haben wir sie – die eine *spirituelle* Eigenschaft und Ausdruck der Seele ist – auf den bloßen *physischen* Ausdruck reduziert, so daß sogar der sexuelle Akt nach Kriterien einer sportlichen Leistung bemessen wird. Liebe heißt von sich selbst *geben*. Liebe drückt sich in der Emotion, der Gefühlsbewegung aus, weil Liebe eine Energie in Bewegung ist. Wenn wir uns vor unseren Emotionen verschließen, verschließen wir unser Herz und haben die Folgen zu tragen. Die drei Zeiten Des Südens sind:

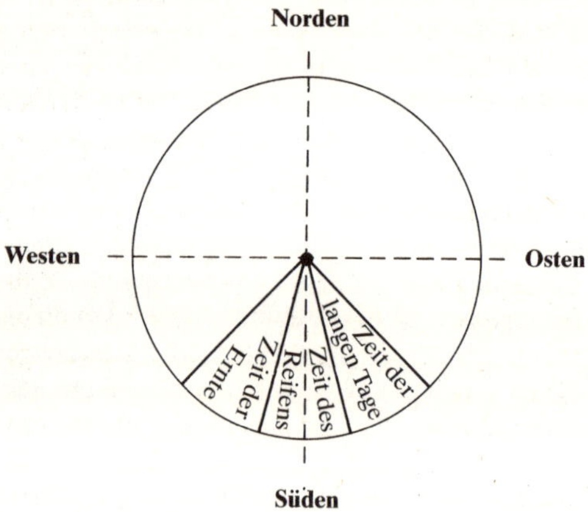

Abb. 24

Die Zeit der langen Tage (21. Juni–21. Juli). Das Totem ist der *Specht*, der dem Sonnenzeichen des Krebses entspricht.
Die Zeit des Reifens (22. Juli–21. August). Das Totem ist der *Lachs*, der dem Sonnenzeichen des Löwen entspricht.
Die Zeit des Erntens (22. August–21. September). Das Totem ist der *Braunbär*, der dem Sonnenzeichen der Jungfrau entspricht.

Die Macht Des Südens drückt sich in den Gefühlen aus, die eine Person für ihr eigenes Selbst hat, und die Reaktion darauf ist die Mythenbildung um das eigene Ich und die eigenen Gefühle.

Weiterhin drückt sich die Macht Des Südens im Bedürfnis nach einer raschen Fortentwicklung von Ereignissen aus, Charaktermerkmale, die den zwischen dem 21. Juni und dem 21. September Geborenen gemeinsam sind.

Der Westen

Das mit der Macht Des *Westens* und den Westwinden verbundene Tier ist der *Grizzlybär*. Er ist das Totem für Menschen, die zwischen dem *22. September und dem 21. Dezember* geboren sind.

Der Grizzly ist der stärkste von allen Bären. Er braucht keine fremde Hilfe, lebt durch seine eigene Kraft und kann sogar aufgrund seiner Kenntnisse von Kräutern und seiner Verbundenheit mit der Erde seine meisten Krankheiten und Verletzungen selbst heilen.

In der Macht Des Westens kommt also ein Einfluß zum Ausdruck, der zur Unabhängigkeit drängt und zur Entwicklung einer aus dem Inneren kommenden Stärke, der größten Kraft von allen. Die zwischen dem 22. September und dem 21. Dezember geborenen Menschen sind im allgemeinen mit einem gewissen Maß dieser inneren Stärke ausgestattet, mit deren Hilfe sie allen Schwierigkeiten des Lebens begegnen können, müssen sich aber oft erst klarmachen, daß sie sie haben, um dann im Bedarfsfall aus ihr zu schöpfen. Außerdem besitzen sie ein größeres Maß an Unabhängigkeit als die meisten anderen Menschen und sind introspektiver. Und auch sie mögen sich von natürlichen Heilweisen und einer ganzheitlichen Medizin angezogen fühlen.

Der Grizzly hält Winterschlaf und bereitet sich im Herbst sorgfältig darauf vor, er frißt viel und stärkt seine Kräfte, so daß er im Frühling, nach der langen Zeit des Schlafs, bereit ist für die Zeit des Erwachens und der Erneuerung. So steckt die Macht Des Westens hinter dem Bedürfnis nach Vorbereitung und Sammeln – ob es nun um die Früchte und den Lohn vergangener Aktivitäten geht oder um Informationen und Wissen –, bevor man in eine Erholungsphase eintritt oder eine Durststrecke zurücklegt, um danach eine andere Richtung einzuschlagen oder etwas Neues zu beginnen.

Menschen, die dem Einfluß Des Westens unterliegen, sind gute Sammler und Bewahrer von Dingen, die später für weitere Fortschritte nützlich sind.

Der Grizzly trifft seine Entscheidungen langsam und sorgfältig, und trotz seiner ehrfurchtgebietenden Stärke weist sein Wesen auch eine sanfte Seite auf. Der Westen ist die Richtung der «Innenschau», der Überprüfung vergangener Handlungen und Unternehmungen, um daraus zu lernen und künftig weise Entscheidungen treffen zu können. Dies bezieht sich auch auf den Blick ins Herz, um die wahren Absichten zu ergründen.

Der Westen hat eine besondere Beziehung zum *Reich der Mineralien*; seine Hauptfunktion ist das *Halten*; und Felsen, Steine, Edelsteine und mineralische Substanzen binden und speichern Energie außerordentlich gut.

Das mineralische Reich ist die älteste der vier großen Lebensordnungen auf der Erde, denn Felsen und Steine existierten lange, bevor es Vegetation oder Tiere oder Menschen gab. Die Indianer glaubten, daß sich das ursprüngliche Gestein einer «embryonalen» Erde wie ein menschliches Skelett entwickelte, um zum «Gebein» dieser Erde zu werden. Die Edelsteine wurden mit den Sinnesorganen verglichen und die Quarzkristalle mit den Gehirnzellen. Bestimmten Edelsteinen entsprachen bestimmte Teile des *physischen Körpers*. So stand zum Beispiel der Peridot mit den Augen und dem Sehvermögen in Beziehung, der Onyx mit den Ohren und dem Hörvermögen, der Karneol mit den Händen und dem Tastvermögen, der Topas mit der Zunge und dem Schmecken und der Jaspis mit der Nase und dem Riechen. Diese Zuordnungen kamen zustande, weil diese Edelsteine als mit den Sinnes-«Organen» der Erde verbunden betrachtet wurden – ihren Sinnen des Sehens (Richtung), Hörens (Aufnahme und Sortieren von Tonschwingungen), Fühlens, Schmeckens und Riechens.

Der Quarz wurde von den Indianern hochgeschätzt, da er über besondere Eigenschaften zur Transformation und Speicherung von Energien verfügt. Und es ist nicht ohne Bedeutung, daß er eine besondere Rolle bei der Herstellung von Computern, Rechnern, Uhren und so weiter spielt.

Die moderne Wissenschaft fand heraus, daß der Quarz dieselbe chemische Zusammensetzung hat wie Kieselsäure (SiO_2), ein im menschlichen Körper vorkommendes natürliches Mineral. Die Kieselsäure hat mit dem Ausbalancieren des Energiefeldes in der menschlichen Aura zu tun, so wie auch die auf unserm Planeten strategisch plazierten Quarzvorkommen die elektromagnetischen Felder der Erde im Gleichgewicht halten, wie man glaubte. Der menschliche Körper ist auf wichtige anorganische Mineralien angewiesen, und Störungen im physischen Bereich können durch einen Mangel an diesen energiespeichernden Mineralen verursacht sein.

Wenn Sie einen Quarzkristall in der Hand halten, dann sind Sie mit etwas in Kontakt, das schon lange vor dem Erscheinen des ersten Menschen auf Erden existierte. Und das gilt natürlich für alles Gestein. Denken Sie darüber nach, und Sie werden verstehen, warum der indianische Mensch eine so große Zuneigung für «Großvater Fels» hegte.

Der Westen hat offensichtlich einen starken Bezug zu den «festen» physischen Dingen, und deshalb hat er in der Welt des Menschen Einfluß auf den *physischen Körper*. Es ist der physische Leib, der uns hier als ein Teil der Erde *hält*. Wir alle sind das Zentrum unseres eigenen Universums innerhalb der menschlichen Aura, die sich in gewisser Weise mit einer Raumkapsel vergleichen läßt. In ihr können wir das Reich der physischen Materie erkunden und erfahren.

Der menschliche Körper ist ein äußerst komplexer und ausgeklügelter Ausrüstungsgegenstand – ein weitaus größeres Wunderwerk als irgendein vom Menschen geschaffenes Raumschiff. In der Tat ist er das wunderbarste Vehikel, das jemals ersonnen wurde!

Bedenken Sie. Sie erwuchsen aus einer Zelle, kleiner als eine Nadelspitze, ein Mini-Mikrochip, so winzig, daß er für das menschliche Auge nicht sichtbar ist, und doch enthielt er ein Programm, einen genetischen Code, für die Gestalt, zu der Sie werden sollten. Dieses Programm, dieses Bild, vergegenständlichte sich schließlich zur physischen Gestalt eines Körpers mit Kopf, Beinen, Armen, Gesichtszügen, Händen, Füßen und Organen, die sich alle im Einklang mit den Gesetzen des Kosmos und der Natur herausbildeten.

Der genetische Code ist ein System zur Informationsübermittlung zwischen den Zellen und Bestandteil einer mathematischen Ordnung der binären Progression bis zur 6. Potenz – das heißt: 2, 4, 8, 16, 32, 64. Der genetische Code, der Sie physisch strukturiert hat, liefert 64 Code-«Wörter». Das Medizinrad, auf dem das Erdnetz basiert, ist ähnlich harmonisch strukturiert. Und ebenso das I Ging. Und der uralte Kreis des Lebens und der Macht.

In diesem genetischen Code fanden sich die Anweisungen für den Aufbau Ihres organischen Biocomputers Gehirn, dessen gesammelte Bestandteile in einer schützenden Hülle geborgen sind, die auch der Sitz des normalen Alltagsbewußtseins ist: Ihr Schädel. Der Schädel besteht aus einer Oktave von acht Knochen – wie die Grundoktave des Medizinrads und des Erdnetzes und der Kreis der alten Wissenschaft vom «Geist». Und deshalb wurde er von den Alten als Symbol verehrt. Erst der «zivilisierte» Mensch machte ihn zu einem unheilvollen düsteren Gegenstand.

Das Universum ist Geist. Der Schädel ist der Behälter des Gehirns, unseres vom Geist betriebenen Biocomputers. Innerhalb des Mikrokosmos kann man ihn im übertragenen Sinne als den Geist der Schöpfer-Quelle betrachten – als den Großen Geist.

Wie kam der genetische Code dorthin, und was veranlaßte ihn, ein solches Wunderwerk und ein so wunderbares physisches Vehikel dafür zu erschaffen? Eine höhere *Intelligenz* führte dieses Programm ein. Es kam nicht einfach so zustande, es war kein «Zufallsgedanke». Dahinter steckt eine höhere *Intelligenz*, die Sie benennen können, wie Sie wollen. Und diese *Intelligenz* bedingte das Vorhandensein von Geist oder Bewußtsein, den Sitz der Intelligenz. Können Sie immer noch glauben, daß Ihre Geburt nur ein «Zufall» war?

Die erste Zelle, aus der Sie bestanden, war wie ein Mikrochip – ein winziges elektronisches Schaltsystem, ausgerüstet mit einem Gedächtnis und der Fähigkeit, Informationen zu verarbeiten und weiterzuleiten, ein ganzes fantastisches Informations-«Universum», und das alles enthalten in einem einfachen Code. Und alles leistete sie *augenblicklich*.

Doch trotz aller dieser Wunder ist Ihr physischer Körper nur ein Ausdrucksvehikel. Er ist nicht Sie, nur Ihr Diener – ein Transportmittel, das Ihnen ermöglicht, auf Erden und innerhalb des physischen Existenzbereichs zu funktionieren. Nie wieder sollten Sie sich selbst oder Ihren Körper *abwerten*!

Wie wir sahen, besteht die Hauptfunktion Des Ostens im Bestimmen und die Des Südens im Geben. Die Hauptfunktion Des Westens ist das *Halten*.

Nun meint dieses «Halten» nicht irgend etwas einfrieren oder einkerkern, damit es so bleibt, wie es ist. Für die Alten war es die Zeit des Innehaltens und Besinnens vor dem Moment eines Umschwungs, einer Veränderung oder Umwandlung. Das «Halten» ist eine Pause im Prozeß der Energieübermittlung – vom Geben zum Empfangen oder vom Empfangen zum Geben. Es ist das «Mittelstück». Es ist ein *Annehmen* dessen, was entweder durch eigene Bemühung oder von anderen empfangen wurde, und die Überlegung, was man von sich selbst *geben* kann, um das «Rad» in Bewegung zu halten.

Die westliche Richtung wird mit dem Herbst verglichen, der Jahreszeit der Sammlung und Festigung, wenn das Wachstum aufhört und wenn, in der natürlichen Ordnung der Dinge, der Mensch die Früchte seiner Bemühungen erntet und speichert; sich auch überprüft, um festzustellen, wo Veränderungen notwendig sind, um dann in der Zeit der Erneuerung Fortschritte machen zu können.

Dies ist in der Tat im Kern die Lebenserfahrung, die viele dem Einfluß Des Westens unterliegende Menschen durchmachen.

Die Macht Des Westens drückt sich als ein stabilisierender Einfluß aus. Die menschliche Reaktion darauf ist das Sammeln von Dingen, ein Organisieren der Dinge mit klaren Anweisungen oder Regeln oder Bedingungen – die Dinge unter «Dach und Fach bringen». Menschen, die zwischen dem 22. September und dem 21. Dezember geboren sind, werden im allgemeinen diese Eigenschaften aufweisen.

Die drei Zeiten Des Westens sind:

Die Zeit der fallenden Blätter (22. September–22. Oktober). Das Totem ist der *Rabe*, der dem Sonnenzeichen Waage entspricht.
Die Zeit des Frosts (23. Oktober–22. November). Das Totem ist die *Schlange*, die dem Sonnenzeichen Skorpion entspricht.
Die Zeit der langen Nächte (23. November–21. Dezember). Das Totem ist die *Eule*, die dem Sonnenzeichen Schütze entspricht.

Der Norden

Das mit der Macht Des *Nordens* verbundene Geschöpf ist der *Büffel*. Er ist das Totem für die zwischen dem *22. Dezember und dem 20. März* geborenen Menschen. Der Büffel entspricht dem einstigen Wildrind oder Auerochsen im alten Britannien und nördlichen Europa.

Früher war er für die Indianer das wichtigste Tier, weil er alles lieferte, was zum Leben nötig war. Deshalb wurde der Büffel als ein Tier betrachtet, das alles von sich gab, damit andere leben konnten, und wurde mit dem Großen Geist verglichen, der alles von sich gibt, um das Leben von allem, was existiert, zu ermöglichen.

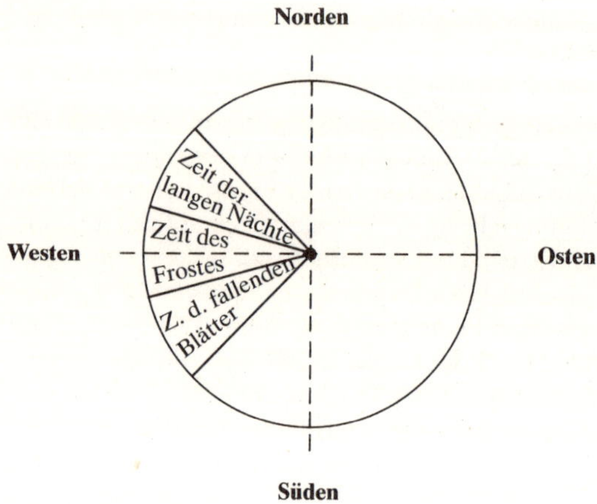

Abb. 25

Der Norden ist mit Erhalten, Nähren, Stützen verbunden. Des weiteren mit dem Geist und mit Wissen, und seine Macht wird manchmal beschrieben als «die Macht des Erhaltens, die vom Wissen kommen kann».

Ein sehr seltenes Tier war der weiße Büffel, der als heiliger Bote galt, weil es der Legende nach die Weiße-Büffel-Frau war, die den indianischen Menschen die heilige Pfeife gegeben hatte. Die heilige Pfeife ist der kostbarste Schatz eines Indianers.

In Europa assoziierte man einst das Wildrind mit Macht und Ausdauer, und seine Hörner waren als Trinkgefäße sehr geschätzt.

Der Norden hat eine besondere Beziehung zum *Reich der Tiere*, in dem die Indianer zwischen den vierbeinigen, zweibeinigen, schwimmenden, kriechenden und geflügelten Wesen unterschieden.

Wir müssen uns vor Augen führen, daß die indianischen Menschen Tiere nicht als niedere Geschöpfe betrachteten, wie wir das vielleicht tun. Sie sind Ausdrucksformen des Großen Geistes so wie der Mensch, auch sie haben einen «Geist», aber sie haben eine andere Art des *Wissens*, die wir vielleicht als Instinkt bezeichnen könnten. Tiere erleben ihre Umwelt genauso intensiv wie Menschen, aber auf beschränktere Weise, da sie nicht mit einem freien Willen begabt sind, sondern vom Instinkt geleitet werden. Ihr Bewußtsein arbeitet anders, ist in einigen Bereichen weiter und in anderen weniger entwikkelt als das des Menschen.

Die Indianer ersahen aus dem Verhalten der Tiere, wie eng diese mit Bäumen, Pflanzen und den Elementen in Kontakt standen, und machten die Beobachtung, daß sie sich aus Gegenden entfernten, in denen Gefahr drohte, oft lange bevor diese Gefahr sichtbar wurde. Tiere spüren auch den Wetterwechsel, lange bevor er sich am Himmel ankündigt. Indem sie sich diese Erkenntnisse zu eigen machten, erwarben die indianischen Menschen einige der Fähigkeiten der Tiere und erweiterten so ihr eigenes Bewußtsein. Sie lernten auch viel über Kräutermedizin, da sie beobachteten, wie die Tiere zur Heilung von Wunden und Krankheiten bestimmte Pflanzen nutzten, Pflanzen, die bei Menschen gleichermaßen wirksam waren, wie man feststellte.

Auch wir können viel von Tieren lernen. Jeder Mensch, der eine Katze oder einen Hund hatte oder hat, weiß, daß ein Tier nicht nur Trost spenden und Liebe geben, sondern auch Treue beweisen und Verständnis aufbringen kann. Tiere hätten uns so viel zu lehren, wenn wir nur endlich aufhören wollten, sie auszubeuten, und mehr Zeit auf das Beobachten und Zuhören verwendeten.

Die Hauptfunktion Des Nordens ist das *Empfangen*. Tiere wurden als großartige Energieempfänger betrachtet, Energie, die sie auch auf Menschen übertragen können, was sie zu großen *Helfern* der Menschheit macht. Es ist traurig, daß das Reich der Tiere durch die Gier und Unwissenheit des Menschen so gnadenlos dezimiert wurde und wir heute an einem Punkt angelangt sind, wo nicht nur ganze Tierarten ausgestorben oder vom Aussterben bedroht sind, sondern auch das Überleben des Menschen gefährdet ist – und das vor allem, weil der Mensch ganz allgemein den Kontakt zur Natur verloren hat.

Der Aspekt Des Nordens im *menschlichen Bereich* ist *der Geist*. Der Geist ist *nicht* das Gehirn. Das Gehirn ist nur ein Werkzeug des Geistes. Das Gehirn ist physisch, stofflich, ein Biocomputer, eingefaßt in die schützende Hülle des Schädels. Der Geist dagegen ist nichtphysisch, nichtstofflich, er ist unsichtbar, nicht beschränkt, er kann sich überallhin bewegen. Das Gehirn erhält uns lebendig, aber der Geist lenkt unser Lebendigsein. Das Gehirn sendet meßbare Energie aus. Der Geist verfügt über Energie, die nicht gemessen, sondern nur als Bewußtsein *erfahren* werden kann. Die Energie des Geistes folgt dem Bewußtsein.

Der Norden ist die Richtung des Geistes und der Geistesdinge – des Wissens und der Weisheit. Wissen meint hier nicht nutzloses Quiz-Wissen, sondern jenes Wissen, das im Spiel des Lebens in Weisheit verwandelt werden kann. Und was ist Weisheit? Weisheit war für den indianischen Menschen *angewandtes* Wissen. Wissen, das in Liebe angewandt wird. Wissen beantwortet Fragen nach dem Was, Wann, Wo und Wie, aber nur die Weisheit erklärt das *Warum*.

Es reicht nicht, nach Wissen zu streben, um kenntnisreich zu erscheinen und seiner Eitelkeit zu schmeicheln. Und es reicht auch nicht, nur zur Anregung des Geistes nach Wissen zu streben. Wissen ist für das *Innere* Selbst nur dann von Wert, wenn es durch Liebe in Weisheit verwandelt wird, und das heißt, wenn es mit der Polarität Des Südens ausbalanciert wird. Dieses Gleichgewicht, diese Harmonie zu finden ist Teil des Lebenssinns. Wir bringen unsere persönliche innere Dynamik ins Gleichgewicht und zur Harmonie, indem wir diese Energien in der Choreographie des Lebens zum Ausdruck bringen, das heißt in unserer Lebensweise.

Die Macht Des Nordens drückt sich durch den Geist aus, und die menschliche Reaktion darauf ist unsere geistige Einstellung, sind unsere Glaubensvorstellungen und unsere Lebensphilosophie, mit der wir den Herausforderungen des Lebens begegnen. Der Geist ist die große schöpferische Quelle, und zwischen dem 22. Dezember und dem 20. März geborene Menschen sind sehr wahrscheinlich kreativ und innovativ. Mangelt es ihnen an Herzenswärme, werden sie jedoch leicht gleichgültig, und fehlt ihnen das Mitgefühl, können sie berechnend und unaufrichtig sein. Der Einfluß Des Nordens will sie ermuntern, nach weniger oberflächlichen Beziehungen zu streben, wenn das auch bedeuten mag, daß sie sich mit Problemen herumzuschlagen haben, die enge Beziehungen nun mal mit sich bringen, aber das ist Teil ihres Lern- und Wachstumsprozesses.

Die Nordwinde sind mit dem Winter assoziiert, der Zeit, da die Erde ruht, und sie bringen Reinigung, Erholung und Erneuerung. Man betrachtete sie auch als eine Macht, die im Hinblick auf menschliche Angelegenheiten zu den geistreinigenden und -erneuernden Lebenserfahrungen führt. Da uns die Kälte der Winterwinde zwingt, mehr Zeit im Haus zu verbringen, besteht ihr Einfluß darin, unsere Aufmerksamkeit eher auf «Inneres» als auf «Äußerliches» zu richten und die Zeit gut zu nutzen, um uns auf die kommende Phase des raschen Wachstums vorzubereiten.

In einigen Kulturen wurden die Nordwinde in der Gestalt einer Eisgöttin personifiziert, die die Macht hat, mit ihrem eisigen Atem Wasser in Eis zu verwandeln, riesige Felsblöcke zu kleinen Steinchen zu zermalmen, die aber, mag sie äußerlich auch kalt und hart erscheinen, im Innern ein warmes Herz und tiefes Mitgefühl besitzt.

Menschen, die dem Einfluß Des Nordens unterliegen, verfügen über eine innere Stärke und Macht, die ihnen erlaubt, fließende und sichere Situationen in gefestigtere und dauerhaftere Arrangements zu verwandeln; sie müssen aber lernen, dies nicht unter kalten und nüchternen Gesichtspunkten von Brauchbarkeit und Nützlichkeit zu tun, sondern mit Wärme und Mitgefühl. Sie müssen ihren Gefühlen und Emotionen freieren Lauf lassen, damit ihre spirituelle Entwicklung nicht «einfriert».

Die drei Zeiten des Nordens sind:

Die Zeit der Erneuerung (22. Dezember–19. Januar). Das Totem ist die *Gans*, die dem Sonnenzeichen des Steinbocks entspricht.
Die Zeit der Reinigung (20. Januar–18. Februar). Das Totem ist der *Otter*, der dem Sonnenzeichen des Wassermanns entspricht.
Die Zeit der stürmischen Winde (19. Februar–20. März). Das Totem ist der *Wolf*, der dem Sonnenzeichen der Fische entspricht.

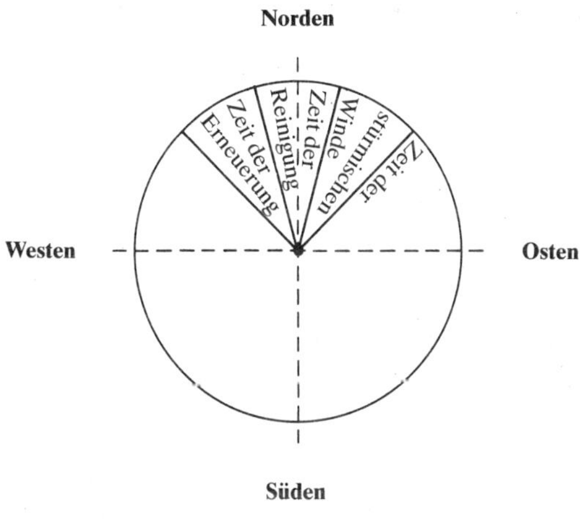

Abb. 26

6 Der persönliche Regenbogen

Jeder Mensch ist umgeben von seinen persönlichen Regenbogenfarben. Doch normalerweise liegen die Wellenlängen des pulsierenden Farbenbands des Energiefelds, in das wir eingetaucht sind, außerhalb des relativ beschränkten Bereichs unserer normalen physischen Sehkraft. Wir können die Farbschwingungen nicht sehen, weil sie sich für unser Auge zu schnell oder zu langsam bewegen.

Mit einer speziellen Ausrüstung kann man ein schmales Band der Energieausstrahlung um den menschlichen Körper und um Tiere und Pflanzen fotografieren. Diese Methode wird Kirlian-Fotografie genannt, nach ihren Entdeckern Semjon und Valentina Kirlian, russische Forscher, die jene Energiefelder, die alle lebenden Dinge umgeben, eingehend untersuchten.

Manche stark sensitive Menschen können auch ohne technische Hilfsmittel die Aura anderer Leute sehen, meist allerdings nur unter bestimmten Bedingungen – etwa nach einer tiefen Meditation oder nach schamanistischen Aktivitäten, wenn sie mit Hilfe einer Einstimmungsmethode ihr Sehvermögen erweitert haben. (Ich selbst habe das zuweilen erlebt, und es ist in der Tat eine wunderbare Erfahrung, einige Minuten lang den schimmernden, gazeähnlichen feinen Kokon einer menschlichen Aura zu beobachten. Manche haben auch die Fähigkeit, eine Aura zu spüren, und die meisten Menschen können lernen, sie zu *fühlen*.)

Was aber *ist* Farbe? Farbe wurde definiert als die Wellenlänge des Lichts, die von einem Gegenstand ausgeht oder reflektiert wird. Farbe ist in ein Strahlenspektrum zerlegtes Licht, das heißt, jede Farbe entspricht einer Frequenz des Lichtspektrums, von denen jede bestimmte Merkmale aufweist und auf der Retina des Auges eine Empfindung hervorruft, die als Farbe interpretiert wird.

Die Quelle der Farbe ist also Licht, und Farben sind unterschiedliche Lichtschwingungen innerhalb eines Energiesystems. Licht ist weiß – das Yang, der Urvater. Das Dunkel ist schwarz – das Yin, der «Schoß», die Urmutter, aus dem alle Farben kommen, wenn sie vom Licht durchdrungen werden.

Die Farbe ist, wie auch der Ton, zu einem harmonischem System geordnet, und jede Farbe läßt sich in Oktaven von Tönungen und Schattierungen unterteilen. Jede mit Weiß gemischte Farbe ist eine Farbtönung, und jede mit Schwarz gemischte Farbe ist eine Schattierung. Somit hat jede Farbe im Prinzip eine Oktave an Tönungen und eine Oktave an Schattierungen.

Es gibt drei Grund- oder Primärfarben: Magenta (Rot), Gelb und Blau. Alle drei enthalten Weiß, aber nur zwei (Rot und Blau) enthalten Schwarz.

Diese drei Primärfarben verteilen sich über ein Spektrum von Reaktionsmustern und folgen einer Regenbogenskala von der niedrigsten Frequenz am Steißbein – sie ist rot – bis zur höchsten Frequenz am Scheitelpunkt – sie ist violett.

Das rote Ende des Spektrums bewegt sich mit seinen längeren Schwingungen in Richtung Absorption und schwarze (Yin) Polarität, während sich das violette Ende mit seinen kürzeren Wellenlängen auf die weiße (Yang) Polarität – zu Trennung und Individualität – hinbewegt. Beim Magenta findet ein Wechsel der Oktaven statt.

So haben wir eine Abfolge von Magenta über Rot, Orange, Gelb, Grün, Blau, Indigo bis hin zum Violett.

Die Farbe ist das, was unsere Sinne als zwischen Licht und Dunkel existierend wahrnehmen; zwischen dem, was sichtbar und was unsichtbar ist. Es gibt Farben zwischen dem Manifesten und Unmanifestierten, die unsere Sinne nicht wahrnehmen. Farbe ist dort, wo wir mit dem Teil der Schöpfung in Berührung gebracht werden, der entweder sichtbar oder manifest geworden ist oder kurz vor der Resorption steht. Mit anderen Worten, Farbe ist da, wo Veränderung und Wandel stattfindet. Und Veränderung ist der einzige *konstante* Faktor im Universum.

Trifft eine Farbe auf die Oberfläche eines Gegenstands oder Wesens, dann werden einige Lichtstrahlen von diesem Gegenstand oder Energiesystem absorbiert. Deshalb hat die Farbe nicht nur Auswirkungen auf die Erscheinung der Dinge, sondern auch auf die Energie des Energiesystems, mit dem sie in Berührung kommt. Und sie wirkt sich auch psychisch auf uns aus.

Am positiven Ende des Polaritätsspektrums steht das Weiß (Yang), es ist reflektierend, stimulierend und steht für die aktiven Lebenskräfte – Kraft und Der Geist. Am empfangenden Ende dieses Spektrums steht das Schwarz (Yin), die passive und absorbierende Lebensenergie – Form und Körper. Die Bewegung verläuft immer vom Yang zum Yin (+ zu –).

Die Frequenzen in Richtung der empfänglichen (Yin) Polarität sind länger, die Schwingungen sind langsamer und vermitteln einen schwereren «Eindruck» als die des positiven (Yang) Pols. Rot schwingt zum Beispiel stärker in Einklang mit dem Physischen als etwa das Violett am positiven Pol, dessen Schwingungen mehr mit dem Spirituellen in Einklang stehen.

Farbe und Ton sind Aspekte ein und derselben Sache – der Bewegung oder Schwingung von Energie. Wir könnten den Ton als Farbe, die wir *hören*, und die Farbe als Ton, den wir *sehen*, bezeichnen. Das ist natürlich eine sehr subjektive Angelegenheit, da wir als Menschen nur über ein begrenztes Seh- und Hörvermögen verfügen.

Die Tonschwingungen sind nicht in der Nähe der Bandbreite des sichtbaren Lichts angesiedelt, obwohl der Unterschied zwischen Farbe und Ton nur in ihrer unterschiedlichen Schwingungszahl pro Sekunde liegt. Von Silver Bear erhielt ich dazu folgende Erklärung: «Am Anfang war Der Ton, und Der Ton war der Ton des Großen Geistes, der bewirkte, daß sich Materie formte und Gestalt annahm. Der Ton enthielt Den Gedanken, und Gedanke ist stiller Ton.«

Da Farben Energien sind und jeder von uns ein Energiesystem ist, kommen die Frequenzen (Farben) unserer Aura beim Zusammentreffen mit anderen Menschen mit deren Aurafrequenzen in enge Berührung. Wir fühlen uns zu einigen Leuten hingezogen, zu anderen weniger, und zwar nicht aufgrund dessen, was vielleicht über sie geäußert wurde, sondern nur durch ein «Gefühl». Denn hier ergibt sich eine harmonische Begegnung oder ein Mißklang zwischen den Farben oder Schwingungen der Wesensqualitäten der jeweiligen Energiesysteme.

Jede Farbe des von mir beschriebenen Spektrums ist mit einem Kraftzentrum des Energiekörpers im Kokon der menschlichen Aura verbunden, weil dieses Zentrum vorrangig auf diese Farbe reagiert. Der Energiekörper ist ein nichtphysischer feinstofflicher Körper, der den physischen Körper durchdringt und über ihn hinausgeht, ihn ähnlich wie ein Mantel umhüllt. Die Kraftzentren könnte man als

«Organe» des Energiekörpers bezeichnen, in metaphysisch orientierten Kreisen nennt man sie «Chakras». Chakra ist ein Wort aus dem Sanskrit und bedeutet «Rad» oder «Wirbel», eine gute Beschreibung, denn diese Kraftzentren sind radförmige Energie/Licht-Wirbel.

Meine Lehrer haben sie mir als «leuchtende Krafträder» beschrieben. Die Hauptchakras befinden sich in etwa entlang der Wirbelsäulenachse an Zentralpunkten, wo sich die Stränge der Lichtenergie, aus denen die menschliche Aura sich zusammensetzt, viele Male kreuzen.

Die Chakras gehören nicht zum physischen Körper, sondern existieren auf einer nichtphysischen Ebene, von manchen die ätherische Ebene genannt. Einige hellsichtige Personen können sie, eigener Aussage nach, sehen, andere sensitive Menschen erkennen sie auf andere Weise.

Unter anderem haben diese Chakras die Funktion, feine Vitalenergien – kosmische, irdische und elementare Kräfte – aufzunehmen, umzuwandeln und auf die Organe und Schlüsselzentren des menschlichen physischen Körpers zu verteilen, und zwar über das zerebrospinale und parasympathische Nervensystem und die endokrinen Drüsen. Die endokrinen Drüsen sind bestimmte Zellverbände, die Hormone in die Blutbahn abgeben. Und Hormone könnte man als chemische Boten bezeichnen, die viele Funktionen anderer Zellen und des Gewebes kontrollieren.

Jedem Chakra ist eine bestimmte Funktion zugeordnet. Allgemein gesprochen sind die unterhalb des Zwerchfells angesiedelten Chakras mit den weltlichen Aktivitäten physischer Existenz – mit unserm physischen Überleben – befaßt, und die Chakras über dem Zwerchfell mit den dem Ausdruck von Kreativität zugehörigen Aktivitäten.

Wie die physischen Organe können auch die Chakras beschädigt oder verletzt werden. Schock zum Beispiel oder emotionaler Aufruhr, Angst, Streß, Furcht vermögen sie in ihrer Aktivität und ihrem harmonischen Funktionieren zu beeinträchtigen, und die in das Energiesystem einfließenden Vitalkräfte verursachen dann Störungen im physischen Körper.

Es gibt eine Form der biomagnetischen Therapie, die die Reaktionen der Chakras messen und sie in gestörten Bereichen wieder in ein harmonisches Gleichgewicht bringen kann. Die indianischen Schamanen beiderlei Geschlechts konnten die Chakra-Energien auf ähnliche Weise mit Hilfe von Kristallen und Edelsteinen manipulieren.

Schautafel der Chakras und Farben

	Name des Chakra	*Ort*	*Vorherrschende Farbschwingung*	*Frequenz-Produkt*	*Frequenz-Faktoren*	*Funktionale Bedeutung*
1	Wurzel	Unter den Fußsohlen	Magenta (Rot)	1	1 × 1	Nähren
2	Fuß	Zwischen den Fußknöcheln	Dunkelrot	2	1 × 2	Gleichgewicht und Bewegung
3	Steißbein	Steißbein	Mittleres Rot	4	2 × 2	Grundlage Ausscheidung
4	Kreuzbein	Darmbereich und Sexualorgane	Orange	6	2 × 3	Motivation und Reproduktion. Verlangen
5	Sonnengeflecht	Solarplexus	Gelb	10	2 × 5	Wachstum und Gleichgewicht. Wille
6	Herz	Herz	Grün	12	2 × 2 × 3	Emotionale Liebe und Mitgefühl. Angst
7	Hals/ Kehlkopf	Hals	Hellblau	16	2 × 2 × 2 × 2	Kommunikation
8	Gehirnbasis	Gehirnbasis	Mittleres Blau	36	2 × 2 × 3 × 3	Handeln
9	Stirn	Zwischen den Augenbrauen	Indigo	96	2 × 2 × 2 × 2 × 2 × 3	Geisteskraft Denken Vision
10	Scheitel	Über dem Scheitel	Violett	972	2 × 2 × 3 × 3 × 3 × 3 × 3	Weisheit und Intuition

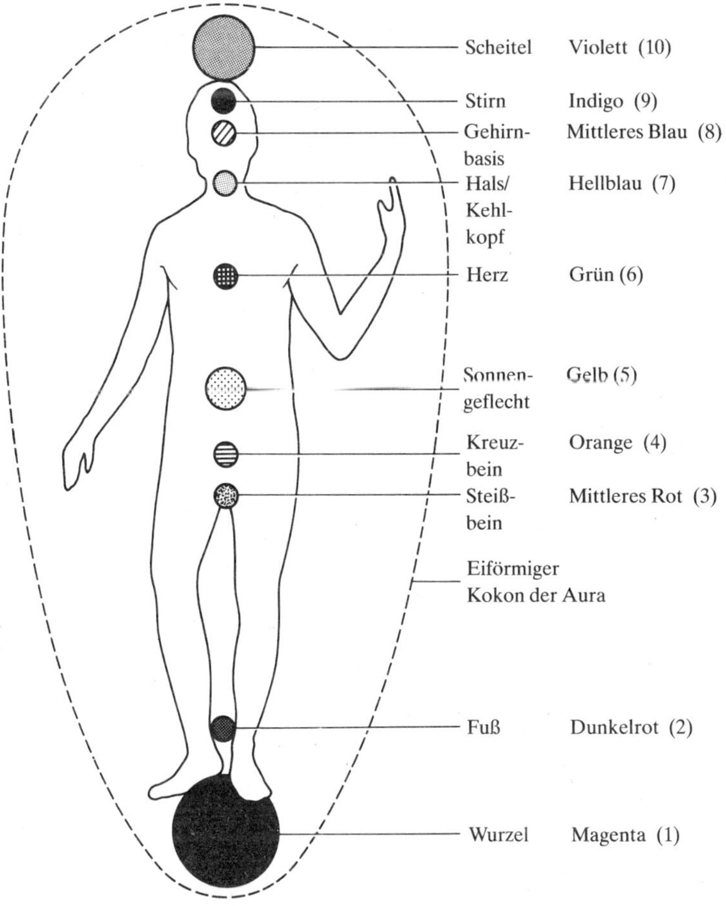

Abb. 27 Die Chakras

Die Lebenskraft, die im Hatha-Yoga *Prana* und von einigen indianischen Schamanen *Mana* genannt wird, ist eine energiegeladene «Substanz», die mit dem Atem eingesogen oder aus frischer Nahrung und Getränken herausgezogen wird. Sie (bzw. ein Mangel daran) hat nicht nur Auswirkungen auf den physischen Körper, sondern auch auf die emotionalen, mentalen und spirituellen Körper.

Die auf S. 80 gezeigte Schautafel und Abb. 27 geben über die Hauptchakras, die ihnen zugeordneten Farben und ihre funktionale Bedeutung Aufschluß.

Die Anzahl der aufgeführten Chakras unterscheidet sich von der, die sich in den traditionellen metaphysischen Systemen findet. Diese geben nur sieben Chakras an, denn ursprünglich standen diese astrologisch mit den sieben Planeten, die den damaligen chaldäischen/hebräischen Erfindern bekannt waren, in Beziehung (Merkur, Venus, Mars, Jupiter, Saturn, Sonne – die in Wirklichkeit ein Stern ist – und Mond, in Wahrheit ein Satellit). Die Entdeckung von Uranus, Neptun und Pluto zeigt, daß das traditionelle System «unvollständig» ist, auch wenn es zu der Zeit, da es formuliert wurde, «wahr» war. Jedes Chakra oder Energiezentrum schwingt in Einklang mit einem Planeten. Unsere Kultur hat sich mittlerweile weiterentwickelt, und wir sind nun für einen größeren Energiebereich offen, den wir nutzen können und der damals nicht zugänglich war. Die hier aufgeführten *zehn* Chakras beruhen auf noch viel älteren Weisheitslehren – der Ägypter, Atlanter und Indianer – und entsprechen, was die Kenntnis von der Existenz dieser Energien angeht, paradoxerweise dem neuesten Stand.

Die drei Chakras, die zu den sieben «traditionellen» hinzukommen, sind das Wurzel-Chakra unterhalb der Fußsohlen mit der Hauptfunktion des *Nährens*; das Fuß-Chakra zwischen den Fußknöcheln mit den Hauptfunktionen der *Bewegung* und des Gleichgewichts, und das Gehirnbasis-Chakra, dessen Funktionen *Macht* bzw. *Kraft* und Aktivität sind.

Schauen wir uns an, welche Auswirkungen der Einfluß dieser Energien auf den Menschen hat. Die Bewohner der modernen Industrienationen sind zum Beispiel in ihrer Einstellung und Haltung *fürsorglicher*, mitfühlender und rücksichtsvoller (die Energie das Wurzel-Chakra), als es die Bevölkerung zur Zeit der alten Kulturen des Mittleren Ostens unter dem Einfluß der Chaldäer war. Heute findet eine rasche *Bewegung* und schneller Transport von Ort zu Ort,

Land zu Land und Kontinent zu Kontinent statt. Diese Geschwindigkeit ist inzwischen fast zur Lebensnotwendigkeit (Einfluß des Fuß-Chakra) geworden. Bedenken Sie, welche *Macht* und welche Kräfte heute dem normalen Menschen zur Verfügung stehen – die Macht, die sich mit den mechanischen und elektronischen Werkzeugen und Ausrüstungsgegenständen fast jedem eröffnet. Denken Sie an die ungeheure Macht der Medien, bedingt durch die hochentwickelte Fernseh-, Radio- und Computertechnologie. Alles das betrachten wir heute als selbstverständlich, aber für die Menschen in früheren Zeiten hätten diese Kräfte außerhalb der Reichweite Normalsterblicher gelegen. Der Zugang zu diesen Mächten und Kräften steht in Beziehung mit der Aktivität des Gehirnbasis-Chakra.

Schamanen erzählten mir, daß diese drei Chakras einst in den Menschen von Atlantis und Mu – uralte prähistorische Kulturen – aktiv waren, dann aber latent wurden. Dies geschah, nachdem sich die Umlaufbahn der Erde um die Sonne veränderte, was verheerende Auswirkungen auf der Erdoberfläche und den Untergang jener Zivilisationen zur Folge hatte. Jene, die Zugang zu der alten schamanischen Weisheit hatten, wußten aber von diesen Chakras und auch, daß sie dereinst wiedererwachen würden.

In der Farbe einer jeden Richtungsmacht auf dem Medizinrad – Gelb für Den Osten, Rot für Den Süden, Schwarz für Den Westen, und Weiß für Den Norden – drückt sich deren jeweilige uns beeinflussende Wesensqualität aus. Anders gesagt, die Farbe einer Richtungsmacht – die ja selbst ein Energiesystem ist – ist die Frequenz der *Essenz* oder Des Geistes jener Macht.

Der einzelne menschliche Geist nimmt etwas von der Strahlungsqualität des Richtungseinflusses auf, was dann bis zu einem gewissen Grad von seiner Aura und seiner Persönlichkeit absorbiert und reflektiert wird. Wir nehmen diese jeweiligen Strahlungseigenschaften nicht nur auf, indem wir unter dem Einfluß einer bestimmten Richtung geboren werden, sondern indem wir auch ganz gezielt und bewußt nach ihnen streben. Wir müssen uns ihren Energien intensiver aussetzen, um unser eigenes Energiesystem in ein besseres und harmonischeres Gleichgewicht zu bringen.

In spezieller symbolischer Anordnung sind Die Farben der Vier Windrichtungen oder Mächte:

NORDEN	(Geist)	Weiß	Die Farbe der Intensität. Entschiedenheit. Durchdringung.
WESTEN	(Körper)	Schwarz	Die Farbe der Festigkeit. Erdhaftigkeit. Ausdauer. Verschlossenheit. Schweigen.
OSTEN	(Der Geist oder Lebens-Kraft)	Gelb	Die Farbe des Optimismus. Stimulierung. Überschwang.
SÜDEN	(Emotion)	Rot	Die Farbe der Energie. Stärke. Leidenschaft. Mut.

Dies deutet auf eine halbspiralige Bewegung hin, die grundsätzlich gilt und in diesem Fall von Norden nach Westen und von Osten nach Süden verläuft – die Bewegung von Norden nach Westen *gegen* den Uhrzeigersinn und die Bewegung von Osten nach Süden *im* Uhrzeigersinn. Daraus ergeben sich zwei gegenläufige Bewegungen, die sich jederzeit in einem Zustand des dynamischen Gleichgewichts befinden (siehe Abb. 28).

Wenn wir diese Bewegung graphisch darstellen, erhalten wir ein

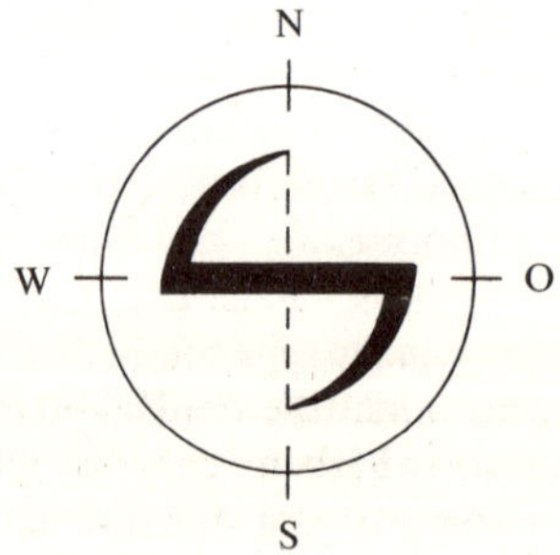

Abb. 28

Symbol – das Symbol des Wakan-Tanka, des Großen Alles-was-Ist. Es zeigt, daß vom Geist/Willen des Großen Geistes im Norden die Energie nach Westen zur physischen Materie läuft, von da zum

Osten, um sich als Ein Geist zu entfalten und Erleuchtung zu erhalten, dann nach Süden, um das Leben als ein Kind der Natur zu leben und schließlich die Energien an die Urquelle im Norden zurückzugeben. Dies ist von zentraler Bedeutung in den Lehren des Medizinrads.

Der Norden entspricht dem Geist, der in *Formen denkt*, und Der Westen entspricht dem Körper, der *konkrete Form* ist. Der Osten, der Dem Geist entspricht, und Der Süden, der mit den Emotionen korrespondiert, sind *beide Kräfte*. Wir sehen hier also das dynamische *Gleichgewicht* zwischen *Kraft* und *Form* im Kosmos. Und von daher handelt es sich um ein Symbol des Wakan-Tanka, des Alles-was-Ist.

Der Buchstabe «S» ist symbolisch Wakan-Tanka zugeordnet. Die gestrichelte Linie auf Abb. 28 deutet die Vollendung der Unendlichen Bewegung an, die niemals endende Kontinuität des Lebens. In der Symbolik aller alten Kulturen wurde sie als liegende 8 dargestellt (siehe Abb. 29).

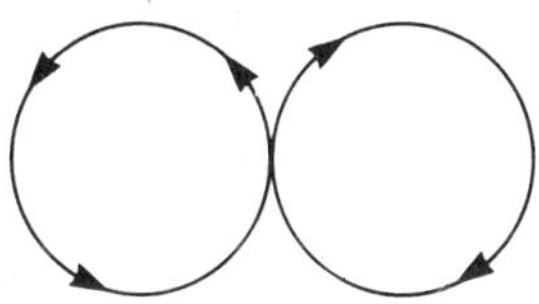

Abb. 29

Das Symbol für Wakan-Tanka ähnelt stark der S-Rune der alten nordeuropäischen Völker. Die S-Rune, die im Germanischen Sowelo heißt, drückt die lebensspendende Kraft der Sonne und die Kräfte des Lichts und der Ordnung aus. Sie ist auch die Rune für das höhere Wesen – die innere spirituelle leitende Kraft.

Es hat seine Bedeutung, daß die vier Hauptfarben des Medizinrads und des Erdnetzes die vier Farben der menschlichen Urrassen sind – der *Weiß*häutigen (Norden), der *Schwarz*häutigen (Westen), der *Gelb*häutigen (Osten) und der *Rot*häutigen (Süden). Die Hautfarbe steht in Zusammenhang mit der Rasse, zu der man durch Geburt gehört und in der man eine physische Abstammungslinie hat. Sie *färbt* die Lebensperspektive. Eine hochentwickelte Seele kann sich allerdings in jeder gewünschten Rasse reinkarnieren.

Keine Rasse ist einer anderen über- oder unterlegen. In jeder von ihnen drückt sich eine fundamentale Qualität Des Ganzen aus, und alle sind lebensnotwendig füreinander. Jede arbeitet an einem anderen Aspekt der spirituellen Evolution, und jede drückt andere Gedanken und Ideen durch ihre jeweilige Kultur aus.

Wir können nun unser Erdnetz um einen Schritt weiterentwickeln:

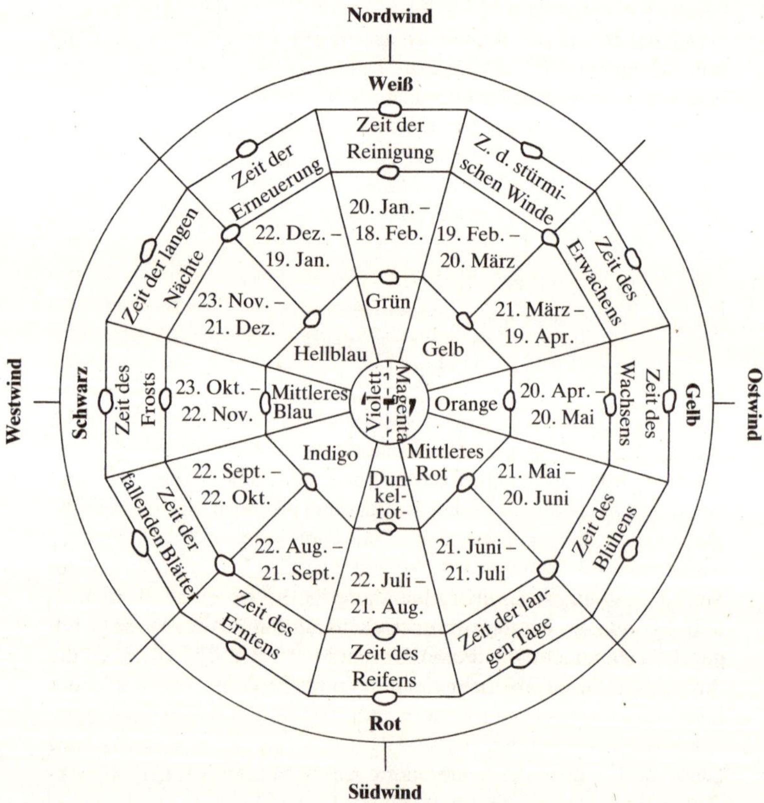

Abb. 30 Farben des Erdnetzes

7 Die Elementarmächte

Wir haben nun unser Medizinrad mit zwölf Speichen konstruiert und seine Hauptviertel und Segmente bestimmt. Wir haben die Totems benannt, die die zwölf Zeitabschnitte beeinflussen, und die unterschiedliche Einwirkung des Mondes auf jede Phase von etwa dreißig Tagen berücksichtigt. Wir bestimmten den Wind oder die Richtungsmacht, die sich auf den jeweiligen Zeitabschnitt auswirkt, und entdeckten die Farbe und den «Grundton oder die Gestimmtheit» einer jeden Macht.

Mit Hilfe unseres Geburtsdatums können wir nun also unseren persönlichen «Startplatz» auf dem Erdnetz ausfindig machen und dabei einige unserer allgemeineren Charakterzüge erkunden.

Wir wenden uns jetzt einem anderen Faktor zu, der sich auf die Alchemie unserer Persönlichkeit auswirkt: den Elementarmächten und Grund-«Substanzen», aus denen wir uns zusammensetzen und die sich physisch, emotional, psychisch und spirituell auf uns auswirken. Aber um diese Konzeption von den elementaren Kräften besser verstehen zu können, wollen wir uns noch einmal die indianische Denkweise vor Augen führen.

Der «primitive» Indianer besaß im Vergleich zum «fortgeschrittenen», gebildeten modernen Menschen, der in einer wissenschaftlich und technologisch orientierten Gesellschaft aufwuchs, eine kindgleiche (aber nicht kindliche) Unschuld. Und doch schien er die Arbeitsweise der Natur sehr viel tiefer und grundsätzlicher zu verstehen.

Die indianischen «Weisen» sahen die Materie als unsichtbare Energie, die durch Elemente oder Grundstoffe zur Sichtbarkeit verdichtet und «gefestigt» sowie, über das Medium der Elementarmächte, von einer Intelligenz geleitet wurde. Eine lenkende Intelligenz brachte das Unsichtbare innerhalb des Ganzen zur Manifestation und erhielt es am Sein. So wie wir begreifen, daß die einzelnen Zellen und Organe des menschlichen Körpers durch eine ihnen innewohnende Intelligenz erhalten und die lebenswichtigen Körperfunktionen von Unbewußtem und Bewußtsein kontrolliert werden, ohne daß wir dessen gewahr wären, sah der indianische Mensch die ganze Natur angelegt. Er betrachtete sie als den zur Manifestation gebrachten Großen Geist. Und deshalb hatte er eine so große Achtung vor und Zuneigung zu seiner Umwelt.

Die Naturwissenschaften mögen uns erklären, daß es über hundert chemische Grundstoffe oder Elemente gibt, aus denen sich die Materie zusammensetzt – Sauerstoff, Stickstoff, Wasserstoff, Kohlenstoff und so weiter. Die Indianer sahen die Dinge etwas einfacher und drückten sich poetischer aus. Ihrer Ansicht nach existierten vier Elemente in allen Dingen, und diese vier – Luft, Feuer, Wasser und Erde – leiteten sich aus einem fünften ab, dem «Atem des Unsichtbaren». Diese Vorstellung ähnelt dem Grundsystem der fünf Elemente in der chinesischen Medizin und Philosophie.

Der «Atem des Unsichtbaren» entspricht dem, was einige Okkultisten den Äther genannt haben. In esoterischen Kreisen wird er manchmal als «Die Leere» bezeichnet. Der Name ist relativ unwichtig. Gemeint ist «Raum» – der Raum des «Nichts», aus dem alles entsteht. Schließlich muß, bevor irgend etwas existent werden kann, Raum vorhanden sein für seine Manifestation.

Der «Atem des Unsichtbaren» ist also eine poetische Beschreibung für die Aktivierung der Lebens-Kraft, die allen Dingen «Lebendigkeit» und Bewußtsein verleiht. «Religiöse» Menschen nennen diese Erscheinung manchmal «Gott». Es ist ewig, weil Es anwesend ist in der Ewigkeit des immerwährenden Jetzt, Es war in dem, was vergangen ist, und wird sein in dem, was noch kommt. Es ist unendlich, weil Es in allen Dingen und an allen Orten existiert und ohne Anfang und Ende ist. Es ist allwissend, weil Es durch Seine Existenz in allen Dingen alle Dinge erfahren hat und kennt. Es ist die Quelle, aus der alle Dinge hervorgehen und die allen Dingen «Leben» gibt.

Der «Atem des Unsichtbaren», «Äther», «Die Leere», hat seinen Ort im *Zentrum* des Medizinrads, weil er die Quelle der Vier Elemente ist. Er besetzt den symbolischen «Punkt» in der Mitte des Kreises, ist aber im gesamten Kreis anwesend, da er in allem existiert. Er ist der Raum des Universums und der Raum in einem Atom. Er ist das, wodurch physische Manifestation entsteht.

Die Vier Elemente finden sich in allem, was manifest geworden ist. Aber hier handelt es sich *nicht* um die Elemente der *realen* Luft, des *realen* Feuers, des *realen* Wassers und der *realen* Erde, sondern um die vier Zustände oder *Grundbeschaffenheiten* von Materie. Luft bezieht sich auf *alle* Gase, Feuer auf *alle* strahlenden und elektrischen Phänomene, Wasser auf *alle* Flüssigkeiten, und Erde auf *alle* festen Dinge. Es sind die Prinzipien hinter der physischen Erscheinung gemeint – die unsichtbare «Substanz», die dabei ist, zur stofflichen Substanz zu werden. Luft, Feuer, Wasser und Erde auf physikalischer Ebene verfügen über Wesen und Eigenschaften der jeweiligen elementaren Essenz, und diese Eigenschaften wollen wir erkennen und verstehen, um sie praktisch anwenden zu können.

Luft ist als das Prinzip der *Bewegung* zu bezeichnen. Wir können sie nicht sehen, aber ihre Gegenwart spüren und ihre Auswirkungen auf die Dinge, mit denen sie in Berührung kommt, beobachten. Wir wissen nicht, «woher» sie kommt und «wohin» sie geht. Wir können nur die Spur ihrer Bewegung verfolgen.
Luft ist auf dem Medizinrad dem *Norden* zugeordnet, da die Indianer die Beobachtung machten, daß die stärksten Winde aus dem Norden kamen.
Feuer ist als das Prinzip der *Ausdehnung* und *Verwandlung* zu bezeichnen. Feuer wird mit der Sonne assoziiert, jenem großen Feuerball, von dem dieses ganze Sonnensystem seine Lichtenergie bezieht. Da die Sonne im Osten aufgeht, ist das Feuer dem *Osten* zugeordnet.
Feuerenergie ist expansiv.
Wasser ist als das Prinzip der *Veränderlichkeit* zu bezeichnen. Wasser fließt, es nimmt die Form seines Behältnisses an, und es findet seine eigene Ebene. Da die Bewegung auf dem Medizinrad im Uhrzeigersinn verläuft, wird das Wasser dem *Süden* zugeordnet.
Erde ist als das Prinzip der *Trägheit* und *Stabilität* zu bezeichnen. Erde bedeutet das Annehmen von Gestalt und Form, das Erscheinen von Festigkeit. Auf dem Medizinrad ist die Erde dem *Westen* zugeordnet.

Sollten Sie mit der sonnenstandsbezogenen Astrologie und westlichen mystischen Systemen vertraut sein, dann ist Ihnen sicher aufgefallen, daß die Elemente dort anderen Richtungen zugeordnet sind als auf dem Medizinrad oder Erdnetz. In den westlichen Systemen ist das Element der Luft im Osten, des Feuers im Süden, des Wassers im Westen und der Erde im Norden angesiedelt. Dabei liegt die Betonung auf Manipulation. Die Erd-Medizin ordnet das Element der Luft dem Norden, des Feuers dem Osten, des Wassers dem Süden und der Erde dem Westen zu. Die Betonung liegt hier auf Harmonisierung.

Natürlich sind die Elemente nicht auf eine bestimmte Richtung beschränkt. Sie sind in allen Richtungen gegenwärtig. Die Richtung weist auf den Einflußbereich hin, nicht auf die Substanz.

In beiden Systemen stehen die Elemente in derselben Beziehung zueinander. Beide Systeme funktionieren. Der Unterschied liegt lediglich darin, daß das Rad um ein Viertel gedreht wurde (siehe Abb. 31). Daraus ergibt sich ein Wechsel in der Akzentuierung – von

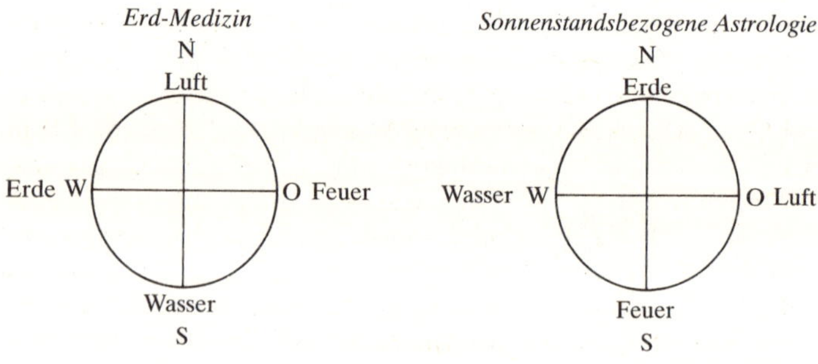

Abb. 31

Unterwerfung und Zwang hin zu Teilnahme und Zusammenarbeit; der einzelne soll auf diese Weise mit allen Seinsebenen in harmonische Beziehung gebracht werden.

Die Erd-Medizin leitet sich aus dem Medizinrad ab, das bei den Alten als das Rad der Schöpfung bekannt war – das Antriebsrad im Zentrum, das die «Räder in den Rädern» der Spiralen der Schöpfung bewegt. Im Innern des Rads der Schöpfung ereignete sich das, was als Unendliche Bewegung bekannt war.

Die Unendliche Bewegung (siehe Abb. 32) ist ein Zustand ständiger Bewegung und kann als doppelter Kreis wie eine 8 dargestellt werden. Sie beschreibt das Zusammenspiel der Yang- und Yin-Polaritäten innerhalb der Einheit des Kreises der Macht. Eine Bewegung,

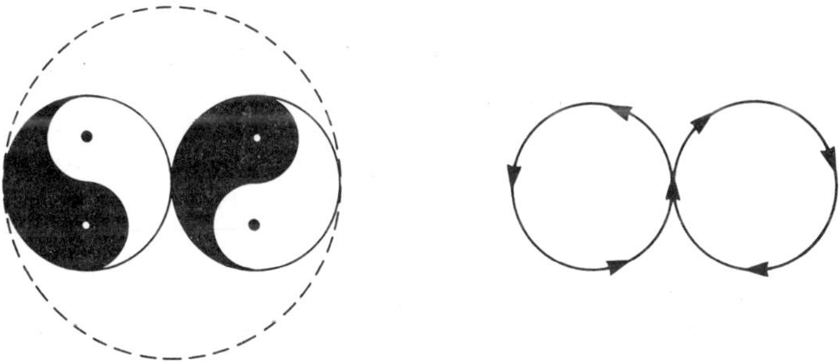

Abb. 32 Die Bewegung der Unendlichkeit

bei der sich zwei Kreise in gegenläufiger Richtung zu drehen scheinen, der eine im Uhrzeigersinn, der andere gegen den Uhrzeigersinn.

Was den Menschen angeht, so beschreibt die Unendliche Bewegung im Zusammenhang mit dem Medizinrad die Art und Weise, in der wir das irdische Leben erfahren und unsere Erfahrungen verarbeiten. In der Realität bleiben die meisten von uns bei ihren Wahrnehmungen «stecken», was unser Verständnis einschränkt und beeinträchtigt. Wir wiederholen ständig dieselben alten Probleme und Erfahrungen, wenn sie sich auch immer wieder in ein anderes Gewand kleiden mögen, weil wir damit unbewußt die unendliche Bewegung unserer eigenen inneren Dynamik in Gang halten.

Die Erd-Medizin kann uns helfen, unsere Wahrnehmung zu erweitern und zu vertiefen und damit bewußt eine unendliche Bewegung herzustellen, die uns ins Gleichgewicht und zu innerer Harmonie und damit zu einem erfüllteren Leben bringt.

Das heißt nicht, daß das eine System «richtig» und das andere «falsch» ist oder daß das eine als «besser» vorzuziehen wäre, es geht hier nur um die Veränderung der *Perspektive*. Das eine System erfordert komplexe mathematische Berechnungen und einiges Wissen über Astronomie, was in alten Zeiten den Gelehrten und der Priesterschaft vorbehalten war. Das andere System erfordert eine Beobachtung der Zyklen der Natur und die Einstimmung auf die Naturkräfte, was in alten Zeiten die Domäne aller war.

Der Kern der sonnenstandsbezogenen Astrologie ist das «Wie

oben, so unten»; der Kern der Erd-Medizin ist das «Wie innen, so außen». Die sonnenstandsbezogene Astrologie blickt auf der Suche nach Erklärungen nach außen – zu den Sternen und Planeten; die Erd-Medizin blickt nach innen – zur spirituellen Sonne und zum spirituellen Mond in uns allen. Die sonnenstandsbezogene Astrologie befaßt sich mit den Veränderungen, die innerhalb unserer Einflußsphäre auf uns zukommen – den künftigen Ereignissen; das Anliegen der Erd-Medizin sind die Veränderungen in uns selbst in der Gegenwart, um so unsere Zukunft besser in der Hand zu haben. Die sonnenstandsbezogene Astrologie sucht eine Erklärung für das Innere im Außen; die Erd-Medizin sucht im Innern eine Erklärung des Außen.

Wir wollen uns nun ansehen, wie diese verschiedenen elementaren Mächte funktionieren und die menschliche Situation beeinflussen. Wir können die Elemente zu den Vier Realitätsebenen in Beziehung setzen (siehe Abb. 33):

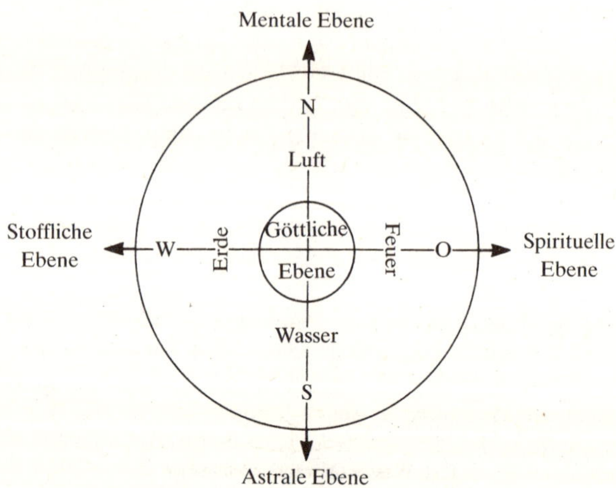

Abb. 33 Das Rad der Ebenen

Erde verbindet sich mit der physischen *Stofflichen Ebene* der normalen Alltagsrealität – der Welt der Materie, die mit den fünf Sinnen des Sehens, Hörens, Tastens, Riechens und Schmeckens wahrgenommen wird.

Wasser verbindet sich mit der *Astralen Ebene* – der Ebene des Wünschens und Verlangens –, deren Realität durch die Gefühle und Emotionen wahrgenommen wird.
Luft verbindet sich mit der *Mentalen Ebene* – dem Bereich der Gedanken und der Kreativität –, deren Realität über den Geist wahrgenommen wird.
Feuer verbindet sich mit der *Spirituellen Ebene*, die durch das Herz wahrgenommen wird. Die Spirituelle Ebene wird durch die Liebe, die von sich selbst gibt, erfahren. Nur wenn das isolierte einzelne Selbst von sich selbst gibt, kann es das Sein und Wesen eines anderen erfahren und damit die Essenz des Lebens an sich.

Diese Konzeption von den Vier Elementen ermöglicht uns, die den physischen Sinnen verborgene Realität zu erkennen, die das Reich der Form durchdringt und belebt. Abb. 34 zeigt dieses Reich der Form, wie es sich auf dem Medizinrad darstellt:

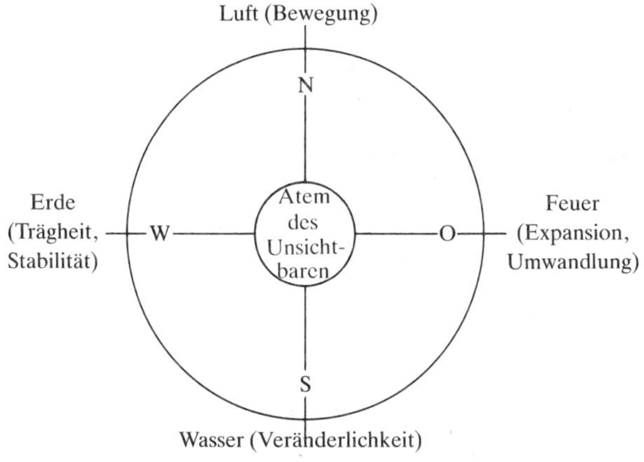

Abb. 34 Das Reich der Form

Diese Konzeption von den Vier Elementen kann uns auch das Wesen der Liebe verstehen lassen, denn hier werden die vier Formen von Liebe, die aus der Göttlichen Liebe hervorgehen, sichtbar:

Erde steht mit der Anziehung auf physischer Ebene in Verbindung – *physische* Liebe.
Wasser steht mit dem Drang nach Vereinigung in Verbindung – *sexuelle* Liebe.
Luft steht mit der brüderlichen Liebe der Freundschaft in Verbindung – *platonische* Liebe.
Feuer steht mit der selbstlosen, nichtbesitzergreifenden Liebe in Verbindung, die die ewige, weil Wahre Liebe ist – *spirituelle* Liebe.

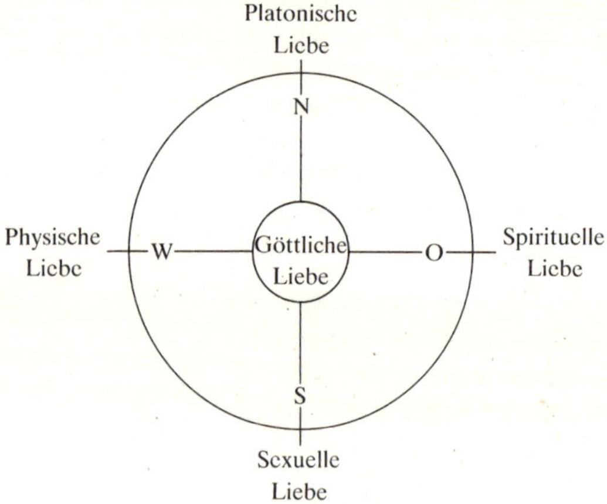

Abb. 35 Das Rad der Liebe

Weiterhin lassen uns die Vier Elemente die Grundstruktur des menschlichen Wesens verstehen (siehe Abb. 36).

Erde steht mit dem *physischen Körper* in Beziehung und verbindet sich mit den *Sinneswahrnehmungen*.
Wasser steht mit der Seele in Beziehung und verbindet sich mit den *Emotionen* und Gefühlen.
Luft steht mit dem *Geist* in Beziehung und verbindet sich mit dem *Denken* – mit Gedanken und Ideen.
Feuer steht mit *Dem Geist* in Beziehung und verbindet sich mit der *Intuition*.

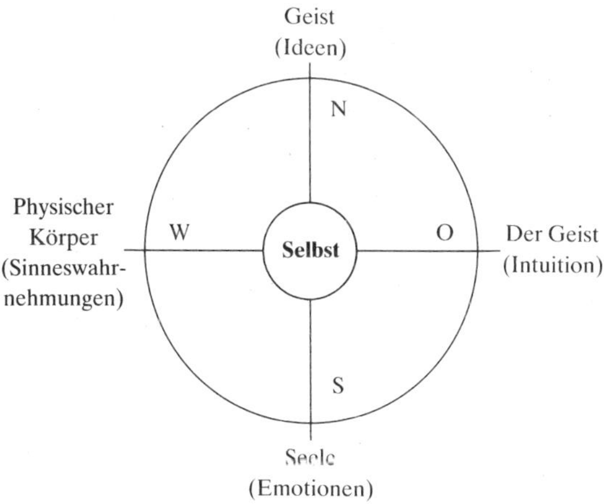

Abb. 36 Das Rad der menschlichen Grundstruktur

Schließlich läßt uns die Konzeption von den Vier Elementen auch die anderen besser verstehen, wenn wir in der Lage sind, die jeweils vorherrschenden Aspekte zu erkennen.

Mit anderen Worten, ein Element besitzt eine spirituelle Wesensqualität, die sich in allen vier Reichen ausdrücken kann – dem der Minerale, der Pflanzen, der Tiere und des Menschen. Die Erd-Medizin macht deutlich, daß die dem Einfluß Des Nordens unterliegenden Menschen (zwischen dem 22. Dezember und dem 20. März geboren) den spirituellen Grundcharakter des Luft-Elements aufweisen oder bestrebt sein werden, ihm Ausdruck zu verleihen. Menschen, die dem Einfluß Des Ostens unterliegen (zwischen dem 21. März und dem 20. Juni geboren), werden den spirituellen Grundcharakter des Feuer-Elements aufweisen oder ihm Ausdruck geben wollen; Menschen unter dem Einfluß Des Südens (zwischen dem 21. Juni und dem 22. September geboren) dem des Wasser-Elements und Menschen unter dem Einfluß Des Westens (zwischen dem 23. September und dem 21. Dezember geboren) dem des Erd-Elements.

Die Vorherrschaft eines Elements bedeutet nicht unbedingt, daß sein Wesen tatsächlich durch die Person ausgedrückt wird, sondern nur, daß es nach Ausdruck *strebt*. Ich will hier einige Beispiele geben:

Luft ist das große transformierende Element, das sich in ständiger Bewegung befindet. So mögen luft-orientierte Menschen feststellen, daß sie ständig auf dem Sprung sind, sich mit allem möglichen beschäftigen oder vielleicht nur dann Befriedigung finden, wenn sie eine Menge zu tun haben. Sie brauchen «action», sonst langweilen sie sich schnell.

Feuer-orientierte Menschen werden für fast alles, das ihr Interesse weckt, feurigen Enthusiasmus aufbringen und mögen feststellen, daß sie ihre Tendenz zur Vereinnahmung etwas zügeln müssen.

Wasser-orientierte Menschen sind sehr wahrscheinlich anpassungsfähig und eher unbekümmert und mögen merken, daß sie sich nur dann wirklich wohl fühlen, wenn sie mit ihrer Umgebung und mit anderen eins sind.

Erd-orientierte Menschen mögen feststellen, daß sie ihrem Naturell nach ein Bedürfnis nach Stabilität und Sicherheit haben.

Auf psychischer Ebene drücken sich die Eigenschaften der Vier Elemente unter anderem folgendermaßen aus:

Luft stimuliert. Luft ist klar und ungetrübt. Luft sorgt für Antrieb. Luft ist die Sphäre des Denkens und des Intellekts und drückt sich vor allem aus in:
- Geistiger und verbaler Kommunikation
- Ideen
- Gesellschaftlicher Beliebtheit

Die Polarität des Luft-Elements ist Yang (+), da es aktiv und expansiv ist.

Feuer energetisiert. Feuer entzündet und verzehrt. Feuer ist das Element der Umwandlung – es bringt dramatische Veränderungen mit sich. Feuer ist die Sphäre der Spiritualität, der Sexualität, der Leidenschaft. Es drückt sich vor allem aus in:
- Kreativität
- Enthusiasmus und Schwung
- Extrovertiertem Verhalten
- Vielseitigkeit und Wandlungsfähigkeit

Die Polarität des Feuer-Elements ist Yang (+), da es durchdringt.

Wasser spendet, gibt ab. Wasser ist fließend und ständig im Wandel. Es ist das Element der Absorption und des Keimens. Wasser ist die Sphäre der Liebe, und der Emotionen, drückt sich aus in:
- Imagination und Fantasie
- Sympathie und Verstehen
- Sensibilität und Sensitivität
- Introvertiertem Verhalten

Die Polarität des Wasser-Elements ist Yin (–), da es empfänglich ist.

Erde umfaßt, bindet. Erde ist Stabilität. Erde ist die Grundlage der Elemente und behagt uns am meisten, da sie stabil, fest und zuverlässig ist. Erde ist die Sphäre der Fülle und des Gedeihens. Erde drückt sich vor allem aus in:
- Praktischer Anwendbarkeit
- Geduld und Ausdauer
- Sinnenhaftigkeit
- Konservatismus
- Vorsicht und Behutsamkeit

Die Polarität von Erde ist Yin (–), da es ein Element der Fruchtbarkeit, des Nährens und der Fülle ist.

Die elementaren Kräfte suchen sich über drei Aspekte des Aktivitätszyklus auszudrücken:

1. Den Weg des Erschaffens und Initiierens.
2. Den Weg des Bewahrens und Festigens.
3. Den Weg des Übergangs oder Wandels.

Somit hat das *erste* Stadium des Aktivitätszyklus einen *initiierenden* Charakter. Hier werden die Dinge durch den Einsatz von Energie (*Feuer*) in Schwung gebracht.

Im *zweiten* Stadium soll sichergestellt werden, daß das, was angefangen wurde, standhält und dauerhafter wird, es muß *gefestigt* werden. Hier kommt die Stabilität des *Erd*-Elements zum Tragen.

Die Einwirkung des Feuer-Elements auf das feste Erd-Element produziert Gas (Luft-Element), das durch Verdichtung zu *Wasser* wird. Die Verbindung der ersten beiden Stadien bewirkt Veränderung, *Wandel*. Das *dritte* Stadium ist also durch Wandel oder den

Übergang von einem Zustand in einen anderen gekennzeichnet. Deshalb folgt in diesem zyklischen Muster das Wasser der Luft.

Innerhalb des Rads ergibt sich eine Reihenfolge der Elemente von: Feuer, Erde, Luft und Wasser sowie eine Reihenfolge der drei Ausdrucksformen von: Schöpfung, Festigung und Wandel. Somit sucht jedes Element in jedem dieser drei Aktivitätsaspekte durch ein Abfolgemuster Ausdruck, das mit den zwölf Feldern oder Zeitphasen des Erd-Medizinrads zusammenfällt, die ja selbst zwölf Ausdrucksformen menschlicher Persönlichkeit darstellen.

> *Feuer* sucht Ausdruck durch *Ideen* – durch die Einführung neuer Ideen, durch Festigung akzeptierter Vorstellungen und durch Veränderung von Ideen, um neuen Umständen gerecht zu werden.
> *Luft* sucht Ausdruck durch *Kommunikation* – durch Ergreifen der Initiative zur Kommunikation, in der Formgebung von schon vorhandenen Kommunikationsinhalten und in der Veränderung von Kommunikationsmethoden.
> *Wasser* sucht Ausdruck durch *Ideale* – durch die Formulierung und Festigung von Idealen oder durch deren Modifizierung, um dem Wandel der Zeiten Rechnung zu tragen. *Erde* sucht Ausdruck durch *Arbeit* – die Initiierung eines Werks, seine Vollendung oder durch Veränderung von Arbeitsmethoden und Arbeitsbedingungen.

Menschen, deren Geburtstag in einen der drei vom selben Element dominierten Monate fällt, haben eine Affinität zueinander. Dieser Affinität trugen die Indianer durch die *Elemente-Klans* Rechnung. Ein Klan ist eine Gruppe von Menschen, die durch ihre Vorfahren miteinander verbunden sind, und die Angehörigen eines Elemente-Klans verbindet nicht Blutsverwandtschaft, sondern «genetische» Verwandtschaft hinsichtlich der Elemente-Einflüsse, deren Grundeigenschaften ihnen gemeinsam sind. Grundeigenschaften, die Bestandteil ihrer physischen Existenz sind und bis zu einem gewissen Grad ihre physiologische und psychische Struktur bestimmen, die sich wiederum auf ihre Lebensanschauung und Lebensweise auswirken.

Wenn wir dem zyklischen Muster im Netz der Erd-Medizin folgen, dann haben wir folgende Klans:

FEUER-KLAN:	Falken (21. März–19. April) Lachse (22. Juli–21. August) Eulen (23. November–21. Dezember)
LUFT-KLAN:	Hirsche (21. Mai–20. Juni) Raben (22. September–22. Oktober) Otter (20. Januar–18. Februar)
WASSER-KLAN:	Spechte (21. Juni–21. Juli) Schlangen (23. Oktober–22. November) Wölfe (19. Februar–20. März)
ERD-KLAN:	Biber (20. April–20. Mai) Braunbären (22. August–21. September) Gänse (22. Dezember–19. Januar)

Es gibt Totems in der Erd-Medizin, die diese Elemente-Klans repräsentieren.

Der *Habicht* repräsentiert den Feuer-Klan.
Der *Schmetterling* repräsentiert den Luft-Klan.
Der *Frosch* repräsentiert den Wasser-Klan.
Die *Schildkröte* repräsentiert den Erd-Klan.

Von nun an werde ich, wenn es um die Beziehungen zu den in ihren zyklischen Mustern wirkenden elementaren Kräften geht, auf sie verweisen als:

Den *Habichts-Klan* (Feuer)
Den *Schmetterlings-Klan* (Luft)
Den *Frosch-Klan* (Wasser)
Den *Schildkröten-Klan* (Erde)

Die Totems und ihre Klans wollen wir uns nun genauer ansehen.

Der Habichts-Klan (Feuer)

Der Habicht ist ein mächtiger Vogel, der sich, wie der Adler, in große Höhen schwingen kann und so «der Sonne nahe» ist. Die Indianer assoziierten diesen Vogel mit Donner und Blitz. Von daher steht der Habicht für die *strahlende* Energie des Feuers, für die wie ein Blitz eintretende *plötzliche Erleuchtung*, und die *Macht*, die der *umwandelnden* Energie des Feuers innewohnt.

Menschen des Habichts-Klans haben oft eine plötzliche Inspiration, an der sich neue Ideen und Projekte entzünden, und den nötigen flammenden Enthusiasmus, um sie in die Praxis umzusetzen. Gewöhnlich sind sie dynamische Menschen mit einem klaren Blick.

Menschen des Habichts-Klans können viel Kraft aus der Sonnenwärme schöpfen und sich stärken, wenn sie sich nach einem die Luft reinigenden Unwetter nach draußen begeben.

Der Schmetterlings-Klan (Luft)

Der Schmetterling wurde möglicherweise als Totem für das Luft-Element nicht nur deshalb gewählt, weil er ständig *in Bewegung*, immer *aktiv* ist, immer wieder seinen Ort wechselt, sondern weil er über große *transformierende* Kräfte verfügt. Denn er verwandelt sich von einem unansehnlichen kriechenden Geschöpf, das langsam und verletzlich ist, zu einem der schönsten und zartesten Wesen, das Regenbogenmuster in die Luft webt.

Menschen, die dem Schmetterlings-Klan angehören, sind immer aktiv – körperlich, geistig oder emotional –, haben neue Ideen und überraschen oft mit einer ungewöhnlichen Vorgehensweise. Sie handhaben die Dinge sehr geschickt und verändern sie gern.

Sie haben eine Affinität zur Luft und werden durch den Aufenthalt in großen, freien Räumen, weit weg von irgendwelchen Einschränkungen, belebt und stimuliert.

Der Frosch-Klan (Wasser)

Der Frosch wurde als Totem für den Wasser-Klan gewählt, weil er in seiner Entwicklung von einer winzigen schwimmenden Kaulquappe zu einem vierbeinigen Wesen, das sich einer völlig neuen Umwelt auf dem Land anpaßt, eine außerordentlich dramatische Verwandlung durchmacht.

Der Frosch kennzeichnet das Wasser-Element, weil er *anpassungsfähig* und *flexibel* ist, wie seine Wandlungsfähigkeit zeigt. Aber meist lebt er im Wasser, das den Gefühlen und Emotionen zugeordnet ist, so wie auch die Menschen des Frosch-Klans stärker von ihren Gefühlen beeinflußt sind und aufgrund ihrer Sensibilität und Sensitivität mit anderen mitempfinden.

Ihre Emotionen sind tief und stark, und sie ziehen flexible und veränderbare Arrangements rigiden Situationen vor. Sie haben es gern, wenn sie den Lauf der Dinge absehen und mit der Strömung schwimmen können.

Menschen des Frosch-Klans besitzen eine Affinität zum Wasser, sie finden Ruhe und Erholung in der Nähe von Wasser, sei es das Meer, ein See, ein Fluß, ein Bach oder auch nur ein kleiner Teich im Garten. Deshalb sollten sie sich so oft wie möglich in der Nähe von Wasser aufhalten.

Der Schildkröten-Klan (Erde)

Die Schildkröte ist ein Wasser- und Landgeschöpf, und wenn sie im Wasser schwimmt, wirkt ihr Panzer wie eine aus dem Meer ragende Insel. Sie ist für das Erd-Element charakteristisch, weil ihr harter Panzer *Festigkeit* besitzt und *Wärme, Behaglichkeit* und *Sicherheit* bietet. Die Schildkröte mag sich scheinbar langsam bewegen, aber mit ihrer *Beharrlichkeit* und *Ausdauer* kommt sie an das gewünschte Ziel.

Menschen des Schildkröten-Klans sind im allgemeinen methodisch und praktisch veranlagt und bodenständig. Sie wollen gerne Gewißheit über die Dinge und eine gewisse Sicherheit im Rücken haben. Sie verfügen über Entschlußkraft, setzen aber immer nur einen Schritt vor den andern.

Sie besitzen eine Affinität zur Erde an sich und zu Pflanzen und wachsenden Dingen. Sie tanken Kraft in Parks oder Wäldern oder an irgendwelchen Orten in der Natur, wo sie von den Dingen der Erde umgeben sind.

Ich möchte noch einmal klarstellen, daß niemand von nur einem Element beeinflußt ist. Die stärkste Affinität werden wir zu dem Element unseres Elemente-Klans und unserer Richtungsmacht haben. Aber alles, was physisch existiert, setzt sich aus verschiedenen Elementen in unterschiedlicher Mischung zusammen – so auch wir, und zwar auf psychischer, emotionaler und geistiger Ebene. Wenn uns erst einmal die Grundkombination unserer Persönlichkeit bekannt ist, dann verfügen wir über einen Schlüssel, mit dessen Hilfe wir unsere innere Dynamik besser verstehen und erkennen, wie wir uns mit ihr in Einklang bringen und sie im Gleichgewicht halten können. Und natürlich verhilft uns ein solches Wissen auch zu einem besseren Verständnis anderer und zu einer unbeschwerteren Beziehung zu ihnen.

Auf Abb. 37 sind die Elemente in das Erdnetz eingefügt.

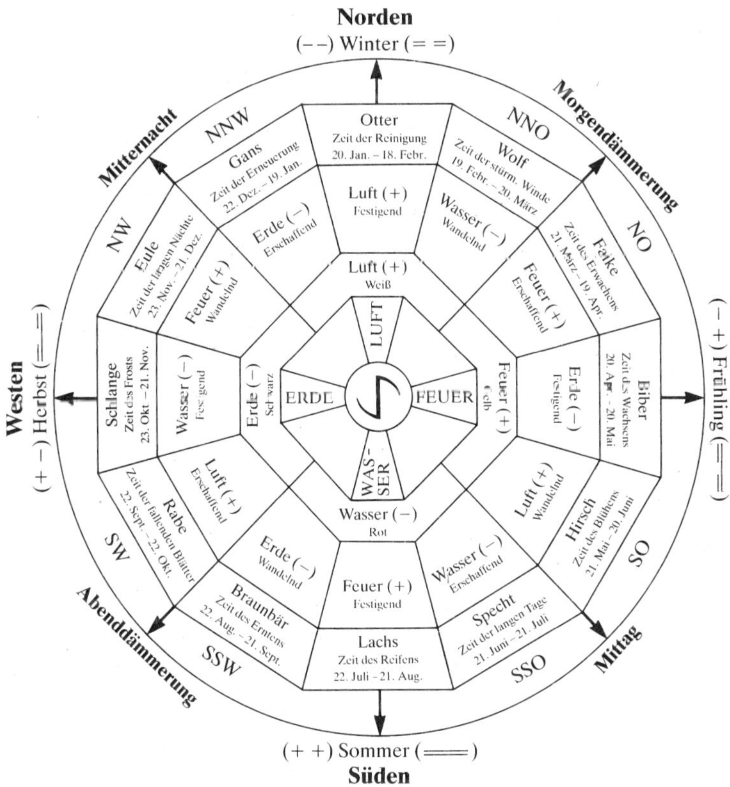

Abb. 37 Das Netz der Elemente

8 Das Rad und das Netz

Die Kräfte von Yin und Yang verweisen – wie weiter oben bereits erwähnt – auf eine uranfängliche Dualität in der Natur und spiegeln sich in den Vier Jahreszeiten und den Vier Richtungen. Diese spirituelle «Geschlechtlichkeit» drückt sich auch in den Elementarmächten aus, die alles Manifestierte durchdringen.

Wir wollen nun diese Yin/Yang-Konzeption weiterentwickeln vom Dualitätsprinzip der Vier Symbole zur Dreiheit in den acht Trigrammen, die die Merkmale aller physischen und kosmischen Bedingungen auf Erden versinnbildlichen und den acht Richtungen des Medizinrads entsprechen.

Die Trigramme entwickeln sich aus der Yin/Yang-Symbolik von zwei Linien zu einem Bild mit drei Linien. Die zwei Linien stellen die Dualität in der Natur – das Sichtbare und das Unsichtbare, Licht und Dunkel, heiß und kalt – und die vier Möglichkeiten einer Verbindung dieser Kräfte dar.

Die dritte Linie steht für den Menschen, der in sich das Sichtbare und das Unsichtbare, das Bewußte und das Unbewußte, das Physische und das Spirituelle vereint und zwischen Himmel und Erde steht.

Für diese Dreiheit ergeben sich nur acht Ausdrucksmöglichkeiten:

1	☰	Drei Yang	Reines Licht
2	☱	Yin über Yang	Licht überwiegt Dunkel
3	☲	Yin in der Mitte von Yang	Dunkel in der Mitte von Licht

4	☳	Zwei Yin über Yang	Dunkel überwiegt Licht
5	☴	Yin unter Yang	Licht überwiegt Dunkel
6	☵	Yang in der Mitte von Yin	Licht in der Mitte von Dunkel
7	☶	Yang über Yin	Dunkel überwiegt Licht
8	☷	Drei Yin	Reines Dunkel

Mit diesen acht Trigrammen können alle physischen und spirituellen Grundbedingungen der Erde dargestellt werden. Niemand weiß, wer sie erfand, aber den alten Legenden zufolge leiteten sie sich aus der Natur ab. Man bediente sich ihrer schon vor fast 5000 Jahren, bevor, zur Zeit des legendären Ersten Kaisers von China, Fu Xi, die «Bilder» im *I Ging*, dem «Buch der Wandlungen», auftauchten, wobei diese Trigramme zu Hexagrammen von sechs Linien mit 64 (8 × 8) Kombinationsmöglichkeiten gepaart wurden.

Das I Ging wird manchmal fälschlicherweise als simple Wahrsagemethode beschrieben, was es nicht ist. Es ist ein mit tiefgründigen mystischen Schriften verbundenes Orakel, vollgepackt mit ganz praktischer Weisheit, das in Asien schon seit Tausenden von Jahren als Leitfaden und Ratgeber konsultiert wurde, um den Wechselfällen und Herausforderungen des Alltagslebens zu begegnen. Im Westen war es allerdings bis vor etwa fünfzig Jahren weitgehend unbekannt.

Das auf Abb. 15 gezeigte T'ai-chi-Mandala ist ein über das Symbol der Sonne gelegtes Symbol des Mondes, um die Prinzipien von Wandel und Dualität darzustellen. «I» bedeutet «Wandlung» und «Ging» Buch oder System. I Ging bedeutet also das Buch oder System der Wandlung(en). Das System besteht aus der sich durch die Paarung der acht Trigramme ergebenden An-Ordnung.

Durch die spezielle Befragungsmethode des I Ging, bei der entweder Schafgarbenstengel oder Münzen benutzt werden (die allerdings nur ein Hilfsmittel sind, um Zugang zum Unbewußten zu erhalten), wird ein bestimmtes Hexagramm ausgewählt. Und dieses Hexagramm gibt, so sagt man, über den gegenwärtigen Bewußtseinszustand der fragenden Person Auskunft. Somit ist das künftige Geschehen voraussagbar, denn das Unbewußte wird herbeiführen, was ihm eingeprägt wurde, es sei denn, die betreffende Person verändert oder modifiziert ihren Bewußtseinszustand.

Das Orakel mag vor möglichen Schwierigkeiten warnen und Rat geben, wie man zu einem Zustand der Harmonie und des Gleichgewichts zwischen dem Bewußten und Unbewußten, dem äußeren und inneren Leben gelangen kann. Die Lösung des Problems liegt aber in der Hand der fragenden Person, die, davon geht man, wie auch im indianischen spirituellen Denken, aus, die Verantwortung für ihr eigens Leben trägt.

Das I Ging war natürlich kein integraler Bestandteil des Medizinrads. In den alten Zeiten hatten die Indianer keine Bücher, und ihre schriftliche Überlieferung bestand in Piktogrammen, nicht im geschriebenen Wort. Das I Ging war aber reisenden Schamanen bekannt, die Wissensgut außerhalb der Quellen ihrer eigenen Stammestraditionen sammelten. Die Mayas hatten ein numerisches System, für das sie Punkte und Striche verwendeten. Einige dieser Kombinationen sahen den Symbolen und Trigrammen des I Ging sehr ähnlich, und auch dieses System diente der Verbindung des Bewußten mit dem Unbewußten, des Äußeren mit dem Innern, des Physischen mit dem Spirituellen.

Das I Ging wird in diesem Buch vor allem aus zwei Gründen erwähnt. Zum einen mag das spirituelle Geschlechtlichkeits-Prinzip des indianischen Denkens durch die Konzeption von der Yin/Yang-Dualität in der Natur für das westliche Bewußtsein klarer zum Ausdruck kommen. Zum andern entwickelten sich das Medizinrad und das I Ging aus derselben uralten Quelle – sie sind kompatibel und ergänzen sich.

Das I Ging läßt sich mit der Erd-Medizin verbinden, weil beide auf ähnlichen Prinzipien aufbauen. Mit anderen Worten: Ist die Erd-Medizin vorrangig ein analytisches System, so kann das I Ging als seine natürliche Erweiterung zu einem Orakel betrachtet werden.

Die Acht Trigramme des I Ging lassen sich den acht Richtungen des Medizinrads zuordnen, wie auf Abb. 38 gezeigt wird.

Diese Darstellung unterscheidet sich von den traditionellen Anordnungen, die sich in verschiedenen Büchern zum Kreis des I Ging finden, aber sie verweist auf die Entsprechungen zwischen dem I Ging und den Lehren des Medizinrads, und wir werden im dritten Teil des Buches näher darauf eingehen, um die *praktische* Anwendungsmöglichkeit aufzuzeigen.

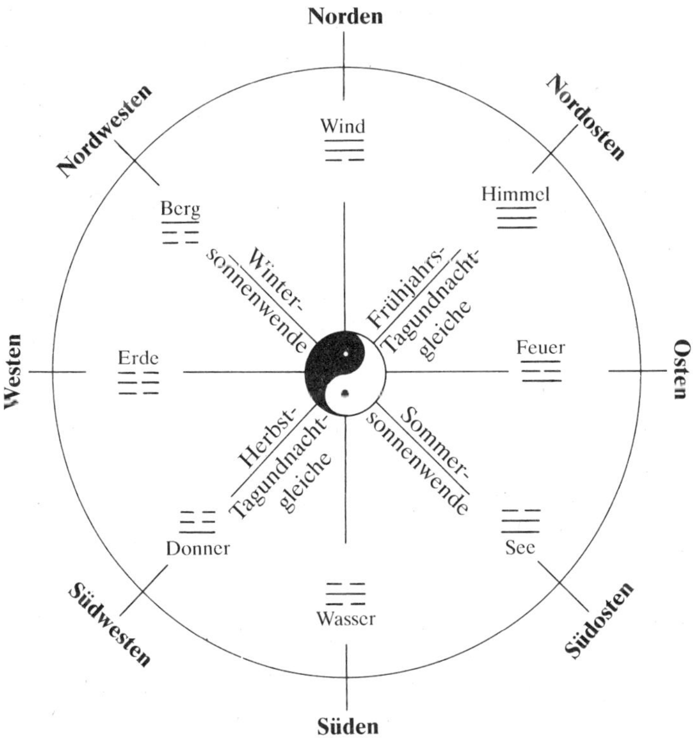

Abb. 38

Ich habe darauf verwiesen, daß sich in allen alten Kulturen Entsprechungen des Medizinrads finden – der Kreis des I Ging im Osten, der Tierkreis im Westen, das Rad des Jahres bei den Völkern im alten Britannien und im nördlichen Europa. Das Medizinrad läßt sich somit als ein Katalysator sehr alter Weisheit betrachten und als ein Mittel, mit dessen Hilfe wir uns wieder viel vom verlorengegangenen esoterischen Wissen der Vergangenheit aneignen können.

	Trigramm	*Bild im I Ging*	*Position im Netz*
1	☰ QIAN	Himmel	Das Bild des Himmels ist dem Nordosten zugeordnet, der Richtung der Anfänge: Frühlings- und Jahresbeginn.
2	☱ DUI	See	Das Bild des Sees ist dem Südosten zugeordnet. Der See ist verbunden mit Freude, Vergnügen und Aufgeschlossenheit; die Position der Sommersonnenwende auf dem Rad verkündet die Zeit, in der die Menschen nach draußen gehen und sich an den heißen Sonnentagen erfreuen.
3	☲ LI	Feuer	Das Bild des Feuers ist dem Osten zugeordnet, der in der Medizin-Kosmologie die Richtung des Feuer-Elements ist. Im I Ging wird dieses Element als «das *haftende* Feuer» bezeichnet, was ein weiteres seiner Merkmale benennt.
4	☳ ZHEN	Donner	Donner verwandelt die Atmosphäre und hat ein plötzliches und expansives Wesen. Er ist dem Südwesten zugeordnet.
5	☴ SUN	Wind/Holz	Das Bild des Windes ist dem Norden zugeordnet, der Richtung des Luft-Elements. Im I Ging wird er als «der sanfte und eindringliche Wind» beschrieben. Da der Norden auch mit dem Geist und dem Intellekt verbunden ist, ist der Bedeutungszusammenhang klar.
6	☵ KAN	Wasser	Das Bild des Wassers ist dem Süden, der Richtung des Wasser-Elements, zugeordnet.
7	☶ GEN	Berg	Das Bild des Berges ist dem Nordwesten zugeordnet. Der Berg heißt auch »Das Stillehalten» im I Ging. Die nordwestliche Richtung ist hier angemessen, da sie im Netz den Ort der Wintersonnenwende bezeichnet, den Tiefpunkt des Winters.
8	☷ KUN	Erde	Das Bild der Erde ist in Übereinstimmung mit den Elemente-Positionen im Netz dem Westen, der Richtung des Erd-Elements, zugeordnet. Im I Ging wird Erde als «sanft, nachgiebig und nährend» beschrieben.

Da die Erd-Medizin ein Teil dieses «verlorengegangenen» Wissensguts ist und das Medizinrad mit anderen holistischen Philosophien und dem Rad des Jahres in Verbindung bringt, wird das Ganze in Form eines Netzes graphisch dargestellt.

Das Netz war ein altes symbolisches Hilfsmittel, dessen sich in früheren Zeiten die Schamanen bedienten, um das miteinander verwobene, verbundene und sich wechselseitig beeinflussende Energienetz, das uns umgibt und formt (und das wir Realität nennen), zu beschreiben und zu erklären. Somit hat es eine ganz besondere Bedeutung.

Das Netz-Mandala soll die Vorstellung betonen, daß alles miteinander verknüpft ist und zusammenhängt und daß das, was wir in der Welt der Alltagsrealität wahrnehmen, in Wirklichkeit Energieformen sind. Alles hat ein bioplasmisches Energiefeld und ist mit anderen Energiefeldern über Adern pulsierender Energiefrequenzen, den Fäden eines Spinnennetzes gleich, verbunden. Berühre einen, und alle werden irgendwie berührt.

Nichts existiert isoliert. Alles ist innerhalb eines riesigen kosmischen Reservoirs an pulsierender Energie miteinander verbunden und verwoben und hat Zugang zur Quelle alles Seins, die sich sowohl im Zentrum aller Dinge befindet als auch das ist, worin alle Dinge existieren.

Wir als Individuen sind zudem nicht nur «Weber und Weberinnen» unseres eigenen «Netzes» – unseres eigenen «kleinen» Universums, wir sind auch Das Netz.

Das ist einer der Schlüssel zur alten Weisheit. Das ist der Kern der Lehren des Medizinrads. Darin liegt das «Geheimnis» eines allmählichen Verstehens aller «Mysterien».

Es ist das Erkennen und die Verwirklichung dessen, was uns wieder zur Harmonie mit der Natur, mit der Erde, mit uns selbst – und natürlich untereinander – bringen kann.

TEIL ZWEI

DIE ANALYSE

Blick zur Erde

Und zu den Himmeln,
Zur Sonne, zum Mond, zu den Sternen,
Du, der du weise sein willst.
Denn in sich bergen sie des Menschen volles Maß,
Die Höhe, die Weite, die Tiefe, die Spanne
Seiner Vollkommenheit.

Blick zur Erde
Und zu den Himmeln,
Und sieh, wie sie sich wenden
Wie Seiten eines heiligen Buches,
Doch unberührt von Menschenhand,
Du, der du weise sein willst.

Blick zur Erde
Und zu den Himmeln,
Denn das, was du im Außen schaust
Mag dir wahres Wissen bringen
Von verborgenen Geheimnissen im Innern,
Du, der du weise sein willst.

Blick zur Erde
Und zu den Himmeln,
Im Frühling und Sommer,
Im Winter und im Herbst.
Sieh, wie das Leben beginnt, gedeiht, welkt und stirbt,
Um neu zu erstehen,
Ein ums andre ungezählte Mal,
Du, der du weise sein willst.

Blick zur Erde
Und zu den Himmeln,
Und im Schauen erfahr dies Geheimnis:
Dir, der du zur Erde blickst
Und zu den Himmeln,
Werden Augen gegeben, die sehen,
Werden Augen gegeben,
Die dich weise machen
In Ewigkeit.

Die zwölf Geburtstotems

Wenn Sie den ersten Teil dieses Buches mit Bedacht gelesen haben, dann werden Sie die Grundprinzipien der Erd-Medizin verstanden und eine Einsicht in die indianische Spiritualität gewonnen haben, die Sie für deren Feinheiten empfänglich macht.

Die Kapitel über die Einflüsse von Sonne, Mond und Erde sowie über die Einflüsse der Richtungskräfte und elementaren Kräfte werden Ihnen die grundlegenden Bestandteile, aus denen sich ihre Persönlichkeit formte, bewußtgemacht haben.

Im zweiten Teil gehen wir nun auf jedes der zwölf Geburtstotems der Erd-Medizin und die zwölf Ausdrucksformen von Persönlichkeit ein, durch die das Leben wahrgenommen und erfahren wird. In der Analyse, die sich mit Ihrem persönlichen Geburtstotem befaßt, werden Sie Hinweise auf Ihre Charaktereigenschaften, Neigungen und Potentiale finden, wie auch eine Andeutung des möglichen Ziels und Lebenswegs Ihres Wahren Selbst – des inneren «verborgenen» Ichs –, um Sie erkennen zu lassen, daß Ihr Leben tatsächlich einen tiefen Sinn hat.

Natürlich kann es sich hier nur um sehr allgemein gehaltene Hinweise handeln, da sich die Informationen auf alle Menschen, die jeweils innerhalb desselben Zeitraums von etwa dreißig Tagen geboren sind, beziehen, aber sie sollten trotzdem hilfreich sein für Sie. Natürlich haben nicht alle Menschen, die im gleichen Zeitabschnitt zur Welt kamen, den gleichen Charakter und die gleiche Lebensanschauung. Jeder Mensch ist anders. Jede Person ist in der Tat einzigartig und entwickelt sich auf ihre Weise. Aber Menschen, die derselben Erdeinflußphase unterliegen, weisen doch gewisse gemeinsame Eigenschaften allgemeinerer Art auf, so wie Menschen, die in derselben Region aufgewachsen sind, den gleichen lokalen Dialekt sprechen.

Wir alle sind Bürger dieser Welt, aber wir sind nicht alle gleich. Es gibt deutliche Unterschiede – wie etwa in der Hautfarbe oder in der durch Rasse und Kultur bedingten Grundhaltung. Weitere Unterschiede ergeben sich durch unser Herkunftsland. Zum Beispiel sprechen sowohl Engländer wie Amerikaner englisch, aber es gibt Unterschiede in der Aussprache, und einige Worte haben sogar eine unterschiedliche Bedeutung. Engländer und Amerikaner gehen in ihrem Leben von einem unterschiedlichen gesellschaftlichen und kulturellen Hintergrund aus, der sich auf ihr Lebensverständnis auswirkt.

Selbst wenn Menschen ähnliche Charakterzüge und Eigenschaften aufweisen, werden sie sie möglicherweise unterschiedlich ausdrükken. Trotzdem wird ein zwar allgemeines, aber doch deutliches Verhaltensmuster erkennbar sein, und darauf will jedes Geburtstotem hinweisen.

Wie in der Natur sind die Energien, mit denen wir uns hier befassen, weder statisch noch festgelegt. Sie sind fließend und ständig in Bewegung. Die Indianer vergleichen diesen Fluß mit den Gezeiten des Mondes. Die Energien des Mondes bauen sich in dem Maße auf, steigen, wie sich die Fläche seines reflektierenden Lichts vergrößert, und erreichen ihren Höhepunkt zur Zeit des Vollmonds. Dann sinken sie mit dem abnehmenden Mond, wenn ein immer geringerer Teil seiner Oberfläche beleuchtet wird. Die Menschen haben ganz ähnliche Ausdrucksmöglichkeiten für ihre Charakterzüge und Eigenschaften, die nun untersucht werden sollen.

Des weiteren spielt der Faktor eine Rolle, daß Energien positiv oder negativ projiziert werden können. Jeder Charakterzug hat eine positive Polarität – einen konstruktiven Aspekt – und eine negative Polarität, und jede enthält in sich ihren Gegensatz nach dem Gesetz der Dualität von Yang und Yin. Eine dominante und diktatorische Person drückt die negativen Aspekte des Schützens und Nährens aus. Ein manipulativer und hinterhältiger Mensch bringt die negative Polarität von Hilfsbereitschaft und Bescheidenheit zum Ausdruck. Und eine unentschlossene und egoistische Person zeigt die negativen Aspekte eines verläßlichen und fürsorglichen Charakters.

Die Analysen der verschiedenen Geburtstotems helfen Ihnen auch, andere besser zu verstehen – Menschen, die Sie lieben, Familienmitglieder, Freunde, Kollegen und Geschäftspartner.

Die meisten Leser und Leserinnen werden sich natürlich zuerst den Passagen zuwenden wollen, die sie selbst und ihnen nahestehende

Personen betreffen, aber zum größtmöglichen Nutzen sollten alle Analysen sorgfältig gelesen werden, da eine jede nicht nur tiefe Einsichten in die verschiedenen Persönlichkeitsströmungen bietet, sondern auch wichtige Elemente der «geheimen» Lehren der Indianer vermittelt, die nicht nur für jene Personen gelten, auf die sich der jeweilige Abschnitt bezieht, sondern für alle Menschen.

Im dritten Teil erfahren Sie dann, wie Sie zu einer feineren Einstimmung auf dieses System gelangen und die Prinzipien der Erd-Medizin praktisch anwenden können, das heißt, wie sie dem Netz folgen, notwendige Eigenschaften erwerben und erkannte Unausgewogenheiten korrigieren können. Schließlich finden Sie dort Methoden, sich *intuitives* Wissen zu erschließen. Wissen, das Sie persönlich angeht und das für Ihre Lebensumstände bedeutsam ist.

Natürlich erhält jedes System zur Selbst-Hilfe, Selbst-Entfaltung seinen eigentlichen Wert erst mit der persönlichen Anwendung. Bei der Erd-Medizin ist das der Fall, wenn Sie Ihre Totems für sich arbeiten lassen.

Bislang wurden Sie mit drei persönlichen Totems bekanntgemacht. Sie haben ein Geburts- oder Tiertotem – Falke, Biber, Hirsch, Specht, Lachs, Braunbär, Rabe, Schlange, Eule, Gans, Otter oder Wolf, je nach Ihrem Geburtstag –, ein Richtungstotem (Adler, Maus, Grizzly oder Büffel) und ein Elemente-Totem (Habicht, Frosch, Schildkröte oder Schmetterling).

Wenn Sie die für Sie zutreffende Analyse durcharbeiten, werden Sie noch zu weiteren Totems kommen. Vergessen Sie nicht, daß diese Totems *symbolische* Darstellungen ungreifbarer Kräfte und Eigenschaften sind und somit hilfreiche geistige Werkzeuge und Gedächtnisstützen, um Informationen zu ordnen und Gedanken miteinander zu verbinden. Aber darüber hinaus können sie sehr viel mehr für Sie bedeuten, falls Sie wollen, daß die Erd-Medizin für Sie wirklich *funktioniert.*

Ihre Totems können zu aktiven *Helfern* bei der Entwicklung Ihrer intuitiven Sinne werden, da sie als Verbindungsglieder zu den verschiedenen Ebenen, mit denen sie assoziiert sind, fungieren. Um eine Analogie zu benutzen: Sie sind wie Schlüsselbefehle für einen Computer, die den Kontakt zu einem ganzen Informationsbereich herstellen und dafür sorgen, daß bestimmte Aufgaben ausgeführt werden.

Bei den Informationen, die Sie auf diese Weise erhalten, handelt es sich um *intuitives* Wissen, da es nicht einem Buch oder Computerprogramm entnommen wird, sondern aus Ihrem Selbst kommt. Es ist eine *Einsicht* – ein inneres «Sehen» –, die über den Prozeß logischer Argumentation hinausgeht. Es ist eine *Erleuchtung* jenseits der Grenzen des Intellekts, die dann zur persönlichen Wahrheit für Sie wird.

Im Grunde ist jede der vorliegenden Analysen eine Orientierungshilfe. Sie soll Ihnen helfen, sich selbst klarer zu sehen und zu erkennen, wie Sie von den sich in Ihrem Leben manifestierenden Energien beeinflußt werden. Danach werden Sie besser mit ihnen umgehen und Ihr Potential voll ausleben können.

Jede Analyse ist folgendermaßen aufgebaut:

1. *Geburtsmonat*: Hier steht das Anfangs- und Enddatum eines Zeitraums von etwa dreißig Tagen.

2. *Erdeinfluß*: Der vorrangige Einfluß auf diesen Zeitraum ist bestimmt durch Naturaspekte, wie sie in der betreffenden Jahreszeit gewöhnlich zum Ausdruck kommen. Zum Beispiel: Die «Zeit des *Erwachens*» (21. März–19. April), wenn die Natur aus ihrer Winterruhe zu erwachen scheint und neues Leben hervorbringt; die «Zeit des *Wachsens*» (20. April–20. Mai), wenn die Vegetation ihre Wurzeln in die Erde senkt und über der Erde rasches Wachstum zeigt; die «Zeit der *langen Tage*» (21. Juni–21. Juli), wenn die Tage lang und die Nächte kurz sind; die «Zeit der *stürmischen Winde* » (19. Februar–20. März), wenn heftige Winde und Böen übers Land fegen. Wir befassen uns hier allerdings nicht mit der Auswirkung dieser Kräfte unter ihrem *physischen* Aspekt, sondern mit ihrer nichtphysischen Essenz, die jede stoffliche Manifestation aktiviert und beseelt. Der Erdeinfluß umfaßt diese Prinzipien und Kräfte.

3. Der *solare Einfluß*: Er verweist auf den jahreszeitlichen Charakter der Sonnenenergien – ob sie steigen oder sinken – und deren Auswirkungen auf die Befindlichkeit des Menschen. Es wird auch das entsprechende Sonnenzeichen der sonnenstandsbezogenen Astrologie angegeben, damit Sie sich auf die Informationen dieses Bereichs der alten Wissenschaften beziehen können.

4. Der *beeinflussende Wind*: Hier wird die zugehörige Richtungsmacht angegeben und ihre grundlegende und mögliche Auswirkung untersucht.

5. Die *beeinflussenden Elemente*: Wir gehen auf die die Persönlichkeit beeinflussenden elementaren Kräfte unter ihren richtungswei-

senden und zyklischen Aspekten und auf ihre möglichen Auswirkungen ein.

6. *Elemente-Klan*: Wir sprechen über den Elemente-Klan – Erde, Wasser, Luft, Feuer –, dem ein Mensch durch sein Geburtsdatum zugeordnet ist, und seine möglichen Implikationen.

7.–10. *Totems*: Hier werden das Geburtstotem (Tier), die pflanzlichen und mineralischen Totems und das Polaritäts-Totem angegeben und ihr Ziel, ihre Bedeutung und ihr Wert im einzelnen dargelegt.

11. *Persönlichkeitsausdruck*: Hier wird ausführlich analysiert, wie einem bestimmten Erdeinfluß unterstehende Menschen sich anderen gegenüber geben, was für Eigenschaften sie haben und wie wahrscheinlich ihre Neigungen aussehen. Es wird darüber gesprochen, wie sich die Persönlichkeit vermutlich in der Kindheit ausdrückt, wie im Erwachsenenalter und in der Elternrolle. Auch die Potentiale und möglichen Talente werden aufgeführt, zusammen mit Hinweisen auf die Berufsbereiche, die wahrscheinlich die größte Befriedigung bieten.

12. *Romantische Liebe und Sex*: Hier wird über die wahrscheinliche Einstellung in bezug auf das Liebesleben und die Sexualität gesprochen. Auch die Verträglichkeitsaspekte zwischen den Geschlechtern werden erwähnt.

13. *Gesundheit*: Eine Zusammenfassung der mutmaßlichen gesundheitlichen Tendenzen und Problembereiche.

14. *Wesensverwandte Farben*: Hier wird die mit dem Geburtstotem wesensverwandte Farbe aufgeführt und ihre Bedeutung erklärt. Diese Information ist eine gute Einführung zum Thema Farbenharmonie und Farbentherapie.

15. *Günstig aspektierte Zeiten*: Der Monat, der Tag und die Tageszeiten, an denen die kosmischen Energien in harmonischer Beziehung zueinander stehen und damit die günstigste Phase zur persönlichen Entwicklung gegeben ist.

16. *Äußeres Ziel und inneres Verlangen*: Das äußere (bewußte) Ziel ist die Richtung, die das Leben zu nehmen scheint, und der Eindruck, der anderen vermittelt wird; das innere (unbewußte) Verlangen ist die «verborgene» Tendenz. Auf beides wird eingegangen.

17. *Spirituelle Alchemie*: Beschreibung der extrovertierten (maskulinen) und introvertierten (femininen) Tendenzen im Grundcharakter des herrschenden Erdeinflusses sowie Aufzeigen der die innere Dynamik ausgleichenden Momente.

18. *Lebensherausforderungen*: Erfahrungen, die man wahrscheinlich häufig zu machen hat, Lektionen, die zu lernen sind. Sie bieten, via karmische Programmierung, die Gelegenheit, den Charakter zu stärken.

19. *Lebensweg und Hauptaufgabe*: Wie Sie den wahren Sinn Ihres Lebens finden.

20. Das *beeinflussende I-Ging-Trigramm*: Das relevante I-Ging-Trigramm entsprechend den vorherrschenden Energien der jeweiligen Erdeinflußphase. Dies ist eine nützliche Information, wenn man sich um weiteren Rat auf mystischer Ebene bemühen will.

21. *Der Umgang mit Menschen dieses Geburtstotems*. Sollten Sie sich eine Analyse vornehmen, um einen Ihnen bekannten Menschen besser verstehen zu können, dann finden Sie hier kurz zusammengefaßt, wie Sie am besten mit ihm umgehen.

Anmerkung: Jedem Unterabschnitt ist die Abschnittsziffer und die Unterabschnittsziffer vorangestellt; das heißt: 1.6 ist Abschnitt 1 (Zeit des Erwachens, Falke), Unterabschnitt 6 (Elemente-Klan); 8.4 ist Abschnitt 8 (Zeit des Frosts, Schlange), Unterabschnitt 4 (beeinflussender Wind). Querbezüge und Vergleiche sind so schneller und einfacher herzustellen.

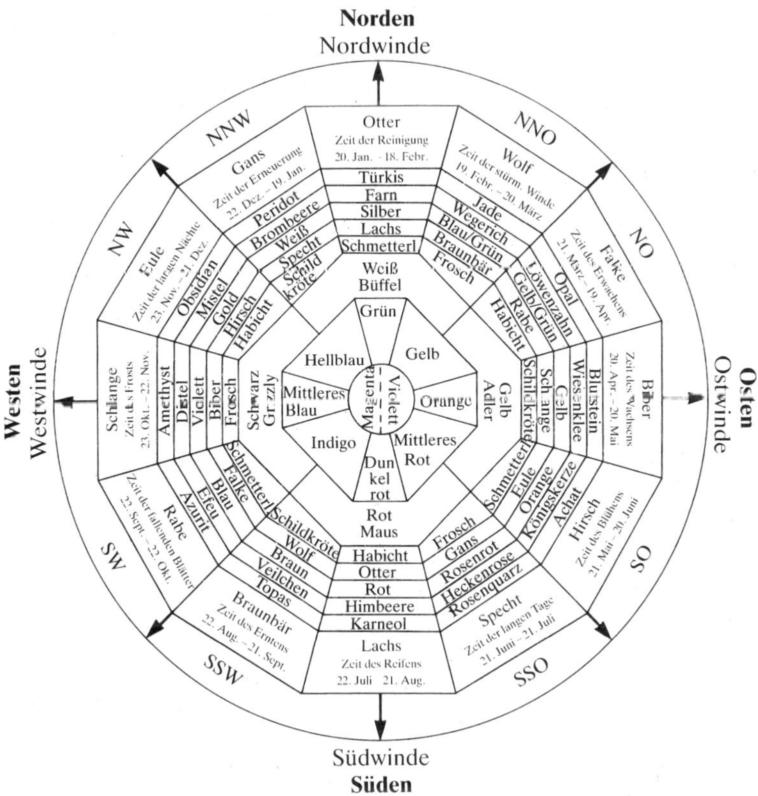

Abb. 39 Das Erd-Medizinnetz

1 FALKE: Die Zeit des Erwachens

Übersicht

Geburtsdatum	21. März–19. April.
Erdeinfluß	Die Zeit des Erwachens.
Beeinflussende Winde	Die Ostwinde. *Totem:* Adler.
Richtung	Nordost.
Vorherrschendes Element	Feuer.
Elemente-Klan	Habichts-Klan (Feuer) *Funktion:* Initiieren.
Geburts- und Tiertotem	Falke.
Pflanzliches Totem	Löwenzahn.
Mineralisches Totem	Opal.
Polaritäts-Totem	Rabe.
Wesensverwandte Farbe	Gelb/Grün.
Tonschwingung	Cis.
Persönlichkeitsstruktur	Aktiv. Kraftvoll. Ungestüm.
Gefühle	Rasch erweckt.
Intention	Aktivität – neue Anfänge.
Wesensart	Impulsiv.
Positive Züge	Unternehmungslustig. Voller Pioniergeist und Abenteuerlust. Umgänglich.
Negative Züge	Egoistisch. Egozentrisch. Ungeduldig. Prahlerisch.
Geschlechtstrieb	Schnell geweckt. Feurig und leidenschaftlich.
Verträgt sich mit	Lachs und Eule.
Bewußtes Ziel	Initiieren und führen.
Unterbewußtes Verlangen	Erkenntnis durch persönliche Erfahrung.

Lebensweg	Aufbau der Individualität durch Erkenntnis.
I-Ging-Trigramm	☰ Qian. Himmel. Erfolg durch Bemühen.
Spirituelle Alchemie	Yang dominiert.
Muß weiterentwickeln	Geduld. Beharrlichkeit. Mitgefühl.
Muß vermeiden	Eitelkeit, Arroganz. Intoleranz.
Anfangstotems	Falke. Adler. Habicht. Löwenzahn. Opal. Rabe.

1.1. Geburtsmonat: 21. März–19. April

1.2. Erdeinfluß: Die Zeit des Erwachens

Die Zeit des Erwachens ist die erste der drei Frühlingsphasen. Sie beginnt mit dem Zyklus von Wachstum-und-Erleuchtung Des Ostens zur Frühlings-Tagundnachtgleiche am 21. März.

Zwischen dem 21. März und dem 19. April geborene Menschen beginnen ihr Erdenleben zu einem Zeitpunkt, da das, was während des Winters in der Dunkelheit der Erde ruhte, zu neuem Leben erwacht. Diese Menschen bringen eine frische Lebensenergie zum Ausdruck, die der geduldigen Pflege und liebenden Fürsorge bedarf, wenn sie zu voller Blüte gelangen soll.

Diese menschlichen «Sprößlinge» sind wie Keime, die im Frühling mit ihren ersten Trieben an die Oberfläche drängen, wie die aufbrechenden Knospen an Bäumen und Pflanzen – voller überschwenglicher Energie, aber sich der Welt außerhalb ihrer selbst noch nicht ganz bewußt.

Sie haben den Drang, ihre Existenz als individuelle Persönlichkeit zu beweisen. Und sie werden erkennen, daß sie nicht allein da sind und daß die Ideen, die ihnen so schnell und leicht in den Sinn kommen, nur *Potentiale* darstellen, die, sollen sie praktische Wirklichkeit werden, der Hilfe und Mitarbeit anderer bedürfen.

Die Zeit des Erwachens bringt Energie für geschwindes Wachstum und Veränderung mit sich, da dies eine der raschesten Wachstumsperioden im Jahreszyklus der Erde ist. Jene also, die in der Zeit des Erwachens geboren sind, leben, um sich schnell zu entwickeln und dabei die Lektion aller wachsenden Dinge zu lernen: Anpassungsfähigkeit. Denn ein Teil ihres Lebenssinns besteht im Erlernen von Geduld und Beharrlichkeit, und vor allem von Anpassungsfähigkeit, ohne dabei Ideale und Prinzipien zu verraten.

Die Zeit des Erwachens beginnt mit der Frühlings-Tagundnachtgleiche, mit der Ankunft des Frühlings, wenn Mutter Erde neues Leben hervorbringt, das während des Winters in ihrem Schoß ruhte. Es ist die Zeit der Wiedergeburt, die als Versprechen im Tod enthalten war. Es ist die Wiederauferstehung zu neuem Leben dessen, was tot und für immer in die Unsichtbarkeit entschwunden schien. Zeichen dieser Botschaft finden sich überall – im zarten Grün der Blätter, in der Frische des Grases, in den knospenden Pflanzen, in den Blüten der Frühlingsblumen, die ihre Herzen öffnen und ihre Botschaft der Freude und des Wunders verkünden.

Es ist eine Botschaft nicht nur des Erwachens, sondern des *Wieder*erwachens, denn es ist die Zeit des neuerlichen Werdens.

Und es kommen die frischen Frühlingswinde, die die Luft mit neuem Sauerstoff anreichern, die in unser Leben wehen und uns die Kraft schenken, den Schrott, der sich den Winter über angesammelt hat, auszumisten. Es ist die Zeit für eine neue Frühjahrsgarderobe, um uns aufzumuntern und in unserm Gefühl der Erneuerung zu bestärken.

1.3. Solare Einflüsse

Es ist der Beginn des Frühlings, wenn die Sonnenenergien steigen, an Kraft gewinnen und neues Leben zum Vorschein bringen. Menschen, die in diesem Zeitraum geboren sind, werden sich voller Enthusiasmus auf die Welt der praktischen Erfahrungen einlassen wollen und nach Gelegenheiten zur Entfaltung ihrer Kreativität suchen. Sie werden auf geistige Erkundungsreisen gehen und sich mit Fragen der Moral und Ethik auseinandersetzen.

Man könnte sagen, ihr Naturell ist von herzerwärmender Art. Sie mögen eine fast scheue Unsicherheit zeigen, die fälschlicherweise für Distanziertheit oder sogar Gleichgültigkeit gehalten werden kann. Aber dahinter verbirgt sich im Kern herzliche Zuneigung, die sich nur zeigt, wenn auf sanfte Weise an sie appelliert wird.

Das entsprechende Sonnenzeichen ist der *Widder.*

1.4. Beeinflussende Winde: Die Ostwinde
Richtung: Nordosten

Da die Ostwinde des Frühlings die Menschen nach der langen Winterzeit aus dem Haus nach draußen locken, verbindet sich mit den Ostwinden die Eigenschaft der Aufgeschlossenheit. Somit wird sich sehr wahrscheinlich ein Bedürfnis nach Aufgeschlossenheit im

Leben der in der Zeit des Erwachens Geborenen zeigen. Und bringen sie diese offene Haltung in den gegebenen Situationen zum Ausdruck, dann bewegen sie sich in Einklang mit den sie beeinflussenden Energien; erweisen sie sich aber als stur oder dogmatisch und engstirnig, dann ist der Energiefluß blockiert, was zu Hindernissen und Schwierigkeiten führen wird.

Da die Ostwinde aus der Richtung der Morgendämmerung und der aufgehenden Sonne wehen, werden sie mit dem Erwachen in Verbindung gebracht, mit neuer Bewußtwerdung, wenn eine Erleuchtung allmählich erhellt, was vordem verborgen oder dunkel war. Die Menschen der Zeit des Erwachens werden in allen Lebensbereichen einen Drang nach Auf-Klärung verspüren; sie haben das Bedürfnis, die Dinge klarer zu sehen, zu sehen, warum sie so sind, wie sie sind, zu erkennen, wie sie funktionieren.

Diese Menschen werden von der Richtungsmacht Des Ostens beeinflußt – man könnte sagen, von Dem Geist oder Der Intelligenz Des Ostens – deren Energien das Verlangen wecken, neue Projekte in Angriff zu nehmen, sich auf eine Herausforderung einzulassen, einen neuen Anfang zu machen.

Ein Totem, das den Indianern half, zu einer ungreifbaren spirituellen Kraft eine Beziehung herzustellen – und zudem als Totem, das von vielen indianischen Stämmen als bedeutungsvolles Symbol Des Ostens benutzt wurde –, war der *Adler*.

Bezeichnend für den Adler ist seine Fähigkeit, sehr weit zu sehen, und Weitsicht wurde als eine wesentliche Eigenschaft Des Ostens betrachtet. Das ist für die in der Zeit des Erwachens geborenen Menschen von besonderer Bedeutung, da es auf die Notwendigkeit verweist, nicht wegen eines sofortigen offensichtlichen Vorteils übereilt an eine Sache heranzugehen, sondern weiterzublicken und die längerfristigen Konsequenzen einer Handlung zu überdenken.

Da die Einflußmacht Des Ostens vorrangig mit Dem Geist verbunden ist, werden die Menschen der Zeit des Erwachens sich vor allem für Bereiche interessieren, die mit spirituellen Erwägungen oder moralischen und ethischen Problemen zu tun haben. Sie werden sich von Erfahrungen angezogen fühlen, die ihre Aufmerksamkeit auf die Bedeutung von Prinzipien lenken.

1.5 Beeinflussendes Element: Feuer

Das Feuer-Element verbindet sich mit der spirituellen Existenzebene, die nicht mit den Augen oder Ohren oder durch Berührung wahrgenommen wird, sondern mit dem Herzen. Sie wird durch Liebe erfahren – nicht die Liebe der Nachgiebigkeit gegen sich selbst, sondern die Liebe, die von sich selbst gibt. Dies ist eine der tiefen Erfahrungen, die Menschen der Zeit des Erwachens in ihrem Leben machen sollten.

Sie werden von der Macht des Feuer-Elements beeinflußt, und diese Energie zeigt sich in ihrem feurigen Enthusiasmus für alles, was sie anzieht, und – falls sie diese Energie nicht zu kontrollieren lernen – in ihrer Impulsivität und ihrem ungezügelten Temperament.

Diese Menschen scheinen voller Energie und immer auf dem Sprung zu sein, und es ist das Feuer-Element, das sie mit Energie versorgt und antreibt. Zudem sind sie vermutlich kreativ, begeisterungsfähig, vielseitig und extrovertiert, alles Ausdrucksformen der Eigenschaften des Feuer-Elements.

1.6 Elemente-Klan: Habichts-Klan

Der Habicht ist ein großer, prächtiger Raubvogel und hinreißend in seinem Flug. Von vielen indianischen Stämmen wurde der Rote Habicht verehrt. Seine Federn waren hochgeschätzt und fanden bei Zeremonien Verwendung, vor allem zum Heilen. Oft wurde er mit dem Phönix in Verbindung gebracht, jenem mystischen Feuervogel, der seiner eigenen Asche entsteigt und strahlende Energie versinnbildlicht, das Bahnen neuer Pfade, den Blitz der Eingebung und den Donner plötzlicher Veränderung.

Der Elemente-Klan verweist auf die wesentliche Funktion seiner Angehörigen: Diese Menschen leisten einen grundlegenden Beitrag für die Gemeinschaft. Im Habichts-Klan versammeln sich die Denker, die Inspirierenden, die Führer, jene, die den Anfang machen – die Pioniere, die den Weg für andere beginnen und diese durch die Hitze ihres inneren Feuers in Schwung bringen.

Menschen der Zeit des Erwachens suchen nach Neuem, um sich darauf einzulassen, und fangen Projekte an, die andere weiterführen können. Sie entzünden Feuer, die andere in Gang halten. Sie besitzen eine bemerkenswerte Intuition, die sich, wie ein Blitz, in plötzlichen Erleuchtungen niederschlägt. Sie brauchen aber zur Entwicklung ihrer intuitiven Fähigkeit Anleitung von Klan-Angehörigen, die einem anderen Zeiteinfluß unterliegen, um so die für wichtige Entscheidungen oft benötigte Einsicht zu erlangen.

Da das Feuer-Element seinen Einfluß sowohl als Richtungsmacht wie in zyklischer Hinsicht ausübt, müssen sich diese Menschen vor allzugroßer Intensität im Ausdruck ihrer Energien und in ihrer Lebensweise hüten, sonst kann es geschehen, daß sie schließlich ausbrennen.

1.7 Geburts- und Tiertotem: Falke

Es gibt viele Falkenarten, aber alle haben sie lange, spitz zulaufende Flügel, einen relativ langen Schwanz und einen im Vergleich zum Körper großen Kopf. Falken sind keine Nestbauer wie die Habichte, sie legen ihre Eier in Felshöhlungen oder in den verlassenen Nestern anderer Vögel ab. Sie sind hervorragende Flieger und fangen ihre Beute nach einem Sturzflug, oft aus großer Höhe.

Der gedrungene und gut proportionierte Präriefalke (*Falco mexicanus*) war bei einigen Stämmen ein beliebtes Totem, ebenso wie der amerikanische Rotfalke (*Falco sparverius*). Sein Pendant in Europa wäre wahrscheinlich der Turmfalke (*Falco tinnunculus*), die bekannteste Falkenart.

Der Turmfalke ist einer der schönsten Raubvögel – und für den Menschen einer der hilfreichsten, denn er ernährt sich von Insekten wie Heuschrecken und Käfern, die für die Ernte ziemlich schädlich sein können. Und obwohl er ein Raubvogel ist, kann er auch sanft sein und vom Menschen gezähmt werden.

Der Turmfalke hat einen aschgrauen Kopf, einen fächerförmigen Schwanz mit blauschwarzen Endbinden und einen rostroten Mantel. Wie alle Falken hat er einen gebogenen Schnabel und mit Klauen versehene Füße. Es ist ein Vergnügen, seinem Flug zuzusehen, wenn er seine Kreise zieht, pfeilschnell aufsteigt oder in atemberaubendem Tempo herabstürzt, um seine Beute zu fangen. Mit kräftig schlagenden Flügeln und gespreizten Schwanzfedern verharrt er oft auf der gleichen Stelle, bevor er zuschlägt.

Die Menschen der Zeit des Erwachens breiten, wie ihr Totem, gern ihre Flügel aus. Auch sie sind Jäger, aber ihre Beute sind eine neue Idee, eine neue Erfahrung, neue Orte, neue Dinge, die sie tun können. Auch sie sind furchtlos, wenn sie hinter etwas her sind, das sie erreichen oder haben wollen.

Falken können sich sehr hoch emporschwingen, und so auch die Falke-Menschen, denn sie haben hohe Ideale. Ihnen fehlt es allerdings manchmal an Geduld, um etwas Begonnenes zu Ende zu bringen, und sie sind leicht abzulenken.

Falke-Menschen sind gut im Anfangen, aber weniger gut, wenn es ums Dabeibleiben und Zu-Ende-Führen geht. Den Falke-Menschen fehlt das Konzentrationsvermögen, sich einer Sache so lange zu widmen, bis sie auch wirklich Nutzen daraus ziehen können. Sie werden der Dinge schnell müde und steuern die nächste Attraktion an, auf die sie ein Auge geworfen haben. Und obwohl sie jede neue Herausforderung voller Enthusiasmus annehmen, fehlt ihnen häufig das Durchhaltevermögen, das zum vollen Erfolg führt. Somit ist Beharrungsvermögen eine der Eigenschaften, die die Falke-Menschen entwickeln müssen.

Eine weitere Lektion, die sie das Leben lehrt, ist die Einsicht, daß die Lösung der Probleme, mit denen sie sich immer wieder konfrontiert sehen, nicht irgendwo jenseits der Probleme zu finden ist, sondern in der Erfahrung des Problems selbst.

1.8 Pflanzliches Totem: Löwenzahn

Das Pflanzentotem der Falke-Menschen ist der Löwenzahn (*Taraxacum officinale*), eine perennierende Pflanze, die sich in Nordamerika und Europa fast überall auf Wiesen wie auf Brachland und an Böschungen findet. In Gärten und auf Anbauflächen gilt sie eher als Plage.

Seine breiten Blätter wachsen aus der milchigen Pfahlwurzel in Rosettenform um hohe, hohle Stengel und haben unregelmäßig gezahnte Ränder. Diesem Aussehen verdankt der Löwenzahn auch seinen Namen. Die gelben Blütenköpfe bestehen aus ungefähr 200 verschiedenen Blütchen, die sich in der Nacht oder bei trübem Wetter schließen. Alle Pflanzenteile lassen sich medizinisch verwenden – Wurzeln, Blätter und Blüten.

Der Löwenzahn wird auch Pusteblume genannt, wegen seiner bekannten, sich nach der Blüte bildenden, kugelförmigen Ansammlung von Samen, die an flauschigen Büschelchen hängen, von denen sie wie von Fallschirmen im Wind fortgetragen werden. Die Samen wurzeln fast überall, wo sie landen.

Falke-Menschen werden, wie ihr Löwenzahn-Totem, leicht von einem Ort zum andern geweht und lassen sich auf vieles ein, ohne es vorher genauer zu prüfen. Gleichzeitig haben sie das Bedürfnis, nützlich zu sein, und können fast überall Wurzeln schlagen.

Und obwohl der Löwenzahn bei Gärtnern und Bauern als Plage gilt, hat er seinen besonderen Charakter und viele nützliche Eigenschaften. Seine Wurzel hat Wirkungen auf alle Sekretionen und Ausscheidungen des menschlichen Körpers. Sie fördert die Bildung von Gallenflüssigkeit und hilft, den Körper zu entgiften; sie wirkt somit als Tonikum und Stimulans.

Die Wurzel kann getrocknet und als koffeinfreier Kaffee-Ersatz benutzt werden, da sie ähnlich wie Pulverkaffee schmeckt. In der Kräutermedizin hilft sie vor allem bei Leberproblemen und bei der Regulierung des Blutzuckerspiegels.

Löwenzahnblätter liefern einen gesunden Salat, denn sie sind reich an Vitamin A, enthalten auch Vitamin B und C sowie wichtige Minerale wie Kalzium, Eisen, Phosphor und natürliches Natrium, das blutreinigend wirkt.

Wie ihr Pflanzentotem haben die Falke-Menschen die Neigung, nicht nur für neue Ideen und Projekte offen zu sein, sondern auch für das Denken der Menschen, mit denen sie in Kontakt kommen.

Ihr offenes Wesen wirkt auch reinigend auf Dinge und Vorstellungen, die ihren Zweck erfüllt haben und nicht länger von Nutzen sind. Wenn andere die Unverblümtheit und Direktheit der Falke-Menschen auch nicht unbedingt schätzen, so werden sie doch oft von ihnen dazu angeregt, in diesen eher sensiblen Bereichen etwas zu unternehmen und Unbrauchbares auszusondern.

Für Falke-Menschen können die lindernden und heilenden Eigenschaften ihres Pflanzentotems von großem Nutzen sein.

1.9 Mineralisches Totem: Opal

Das mineralische Totem der Falke-Menschen ist der Opal – ein glasartiger, durchscheinender Stein, eine nichtkristalline Form von Quarz. Der übliche Opal ist milchig weiß, aber es gibt auch schwarze und grün-gelbe Opale sowie den Feueropal, der rot und purpurn aufleuchtet. Der Opal findet sich an heißen Plätzen und dort, wo Druck herrscht, in Hohlräumen vulkanischen Gesteins oder in der Nähe heißer Quellen. Er ist also ein Stein, der an Hitze und Druck gewöhnt ist, und kann folglich vor allem jenen eine Hilfe sein, die unter emotionalem Druck stehen.

Der Opal besteht aus Siliciumdioxyd, das die Alten als «verfestigtes kosmisches Licht» betrachteten. Er findet sich überall da, wo etwas dem Licht zustrebt. Silicate existieren in den Knoten von Grashalmen und in Getreidepflanzen; sie sorgen dafür, daß die hohlen Halme aufrecht stehen können. Sie finden sich im Knorpel der Zwischenwirbelscheibe des Rückgrats und in der Augenlinse und haben somit mit Klarheit zu tun. Der Opal ist verbunden mit dem Aufwärtsstreben des Idealisten und der Suche nach Klarheit und Wahrheit – wiederum Merkmale des Falke-Menschen.

Der Opal ist stark reflektierend und enthält kosmische Strahlen, die die Eigenschaften des Menschen, der ihn hält, positiv oder negativ verstärken. Und da er so empfindlich auf Schwingungsveränderungen reagiert, sollte man ihn besser in der Hand halten und nicht am Körper tragen.

Falke-Menschen sind wißbegierig, und da der Opal die Fähigkeit, die Dinge zu «durchschauen», fördert, ist er ihnen eine Hilfe, wenn sie die Dinge tiefer ergründen wollen.

Einige Stämme schätzten den Feueropal sehr, und da der Opal einen Anteil Wasser enthält, nannten sie den Feueropal «das Feuer, das sich wie Wasser ausbreitet». Man erzählte mir, daß er gut sei für Menschen, die dem «Feuer, das dem Wasser der Emotionen entspringt» zu begegnen haben. Falke-Menschen werden viele Erfahrungen in ihrem Leben machen, die sie lehren sollen, ihre Emotionen zu meistern, und der Feueropal verfügt über große harmonisierende Kräfte auf der emotionalen Ebene und ist besonders nützlich, wenn es um die Vertreibung oder Auflösung emotionaler Negativität geht.

Der Opal ist ein Stein der Idealisten, deren Suche nach Wahrheit eher dem Herzen als dem Intellekt entspringt.

1.10 Polaritäts-Totem: Rabe

Das komplementäre Totem zum Falken ist der Rabe (22. September–22. Oktober). Wie ihr Totem, sind die Rabe-Menschen im allgemeinen anpassungsfähig, sie bewegen sich schnell, sind aber bodenständig. Obwohl diese Vögel Farmern einigermaßen lästig sind, betrachtete der indianische Mensch sie als Geschöpfe des Ausgleichs, da sie in der Ökologie eine so wesentliche Rolle spielen und für die Beseitigung von Abfällen sorgen. Es gibt viele Rabenarten, von denen der Kolkrabe die größte ist. Der Rabe baut sein Nest in Baumwipfeln oder an hochgelegenen Plätzen, und obwohl er sich in große Höhen schwingen kann, verbringt er viel Zeit auf dem Erdboden, wo er seine Nahrung findet. Die Indianer sahen darin eine Verbindung der Energien von Himmel (Luft) und Boden (Erde) und den Hinweis auf das Bedürfnis, Ideen in der Welt praktischer Realität Ausdruck zu verleihen.

So betont der Rabe als Polaritäts-Totem gegenüber dem Falken die Notwendigkeit, daß die Verfolgung von Eigeninteressen beim Falke-Menschen sorgfältig abgewogen werden muß, um nicht ins Extrem des Fanatismus abzugleiten.

Wenn der Falke ein Ausdruck von Individualität ist, so ist der Rabe, der die Schar vorzieht, ein Ausdruck von Gruppe oder Gemeinschaft. Zum Ausgleich sollten die Falke-Menschen deshalb bestrebt sein, sich in den Dienst einer Gruppe zu stellen und ein Gefühl der Loyalität und des Engagements für die Gemeinschaft zu entwikkeln. Mit anderen Worten: Die Botschaft des Raben besteht darin, daß Idealismus, wenn er wirklichen Wert haben soll, mit praktischem, bodenständigem Bemühen gekoppelt sein muß, was den anderen wie der eigenen Person zugute kommt.

Falke-Menschen finden Erfüllung, wenn sie Gelegenheiten ergreifen, ihre persönlichen Bestrebungen auf *praktische* Weise mit dem Dienst an anderen zu verbinden. Der Rabe-Mensch leitet so den Falke-Menschen an, mit beiden Beinen fest auf dem Boden zu stehen und die Dinge auf die Erde zu bringen, die er in der Höhe des Himmels gelernt und erfahren hat.

1.11 Persönlichkeitsausdruck

Die erwachsene Person
Wie die neuen Triebe im Frühling sind die in der Zeit des Erwachens geborenen Menschen «Antreiber», drängen auch andere Leute dazu, sich an ihren Vorhaben zu beteiligen, verlieren aber das Interesse, sobald ein neues Projekt in Sicht ist.

Der extrovertierte, überschwengliche, ruhelose, unternehmungslustige, energiegeladene Falke-Mensch scheint für *action* geschaffen zu sein. Er ist ein Initiator, besitzt aber eine Impulsivität, die ihn zu einem vorschnellen Urteil neigen läßt, das er später bereuen mag.

In ihrem Optimismus und ihrer Entschlossenheit kommen Falke-Menschen aber über Enttäuschungen und Fehlschläge gut hinweg und erheben sich über alle Widrigkeiten.

Sie haben einen starken Unabhängigkeitsdrang und tendieren dazu, «es eben allein zu machen», wenn die Partner oder Kollegen nicht gleich auf ihre Ideen eingehen. Mit ihrer starken Vorstellungsgabe, verbunden mit einer ansteckenden Begeisterungsfähigkeit, neigen sie dazu, zu übertreiben und zu fantasieren.

Falke-Menschen sind nicht gerade die besten Diplomaten. Ihre Freimütigkeit und ihre Tendenz, auszusprechen, was ihnen gerade «auf der Seele liegt», läßt sie zu einer Taktlosigkeit neigen, die sie manchmal in prekäre Situationen bringt.

Da Falke-Menschen, wie wir sahen, stark vom Feuer-Element beeinflußt werden, sind sie von ihrem Wesen her energiegeladen und enthusiastisch, aber auch impulsiv und leicht erregbar. Die Flamme des Falke-Menschen brennt lichterloh, aber nur für eine kurze Zeit, und er muß lernen, sie zu kontrollieren.

Falke-Menschen müssen sich davor hüten, vom Gefühl ihrer eigenen Wichtigkeit so überwältigt zu werden, daß Arroganz und Eitelkeit sie blind machen. Sie neigen dazu, im und für den Augenblick zu leben, sagen sich schnell von der Vergangenheit los und lassen zukünftige Folgen außer acht. Für den Falke-Menschen zählt nur die Gegenwart.

Positive Züge: Voller Pioniergeist und Abenteuerlust. Unternehmungslustig. Mutig. Energiegeladen. Umgänglich.

Negative Züge: Egoistisch. Egozentrisch. Impulsiv. Ungeduldig. Aufbrausend. Prahlerisch.

Berufliche Möglichkeiten: Schauspielerei. Mit Risiko verbundene

Beschäftigungen. Zahnmedizin. Elektronik. Ingenieurwesen. Feuerbekämpfung. Friseurberuf. Herstellung von Schmuck. Journalismus. Militär. Sport. Stenographie. Chirurgie.

Das Kind

Das Falke-Kind kann früher laufen als die meisten anderen Kinder, aber aufgrund dieser Bereitschaft, sich schon so schnell auf eigene Füße zu stellen, neigt es zu Unfällen, und die Eltern müssen darauf achten, daß es sich nicht durch Hinfallen oder Anstoßen verletzt.

Falke-Kinder sind liebevoll und liebenswert, aber sehr fordernd, und ihr feuriges Temperament zeigt sich schon bald in ihren Wutanfällen, wenn ihre Wünsche nicht erfüllt werden. Auch ihre Ungeduld zeigt sich früh in ihrem Unwillen, auf etwas warten zu müssen. Sie wollen ihre Süßigkeiten *jetzt* – eine Eigenschaft, die sie ihr Leben lang beibehalten, wenn sie nicht gezügelt wird.

Das Falke-Kind muß früh auf sanfte Weise diszipliniert werden, sonst wird es im Erwachsenenleben bei der Auseinandersetzung mit Autorität und Konkurrenz sehr viel schmerzlichere Erfahrungen machen. Wird es aber zu hart angefaßt, entwickelt es leicht eine gewisse Hinterhältigkeit.

Falke-Kinder lieben es, Geschichten erzählt zu bekommen, und wenn sie etwas älter sind, lesen sie gern. Sie sind intelligent, aber höchst unwillig, sich bei den Schulaufgaben ernsthaft anzustrengen, und brauchen deshalb Ermunterung und Anreiz. Sie scheinen eher auf Lob und Herausforderung als auf Bestrafung zu reagieren; Kritik betrachten sie als Angriff und reagieren entsprechend feindselig.

Falke-Kinder müssen beschäftigt werden, sonst stellen sie alles mögliche an, aber sie brauchen auch viel Schlaf, um ihren «Energie-Akku» immer wieder aufzuladen. Wenn man sie mit Sensibilität und Liebe behandelt, werden Falke-Kinder zu dem heranwachsen, was ihre Anlagen versprechen.

Die Eltern

Obwohl Falke-Eltern zu ziemlicher Strenge neigen, entwickeln ihre Kinder im allgemeinen mit zunehmendem Alter einen gewissen Sinn für Unabhängigkeit.

Der Falke-Mann ist ein stolzer und hingebungsvoller Vater, nimmt es aber übel, wenn seine Frau ihn in ihrer Zuneigung auf den zweiten Platz verweist. Er kann sich als dogmatisch, ja fast tyrannisch entpuppen, wenn seine Kinder zu Jugendlichen heranwachsen, vor allem dann, wenn es um ihre Berufswahl, und sogar, wenn es um die Wahl ihrer Freunde geht.

Die Falke-Mutter ist fürsorglich, aber keine Glucke. Ihre starke Erfindungsgabe hilft ihr, eine vergnügliche Fantasiewelt für ihre kleinen Kinder zu erschaffen.

1.12 Romantische Liebe und Sex

Die Vorstellung spielt im Liebesleben des Falke-Menschen – wie auch in anderen Lebensbereichen – eine wichtige Rolle. Der Falke-Mann hält nach einer Märchenromanze und nach einer «Prinzessin» Ausschau, die seine eine wahre Liebe ist. Gewöhnlich ist er ein treuer Liebhaber, will aber in der Ehe seinen Kopf durchsetzen. Die Falke-Frau neigt dazu, ihren Geliebten auf ein Podest zu stellen und ziemlich viel von ihm zu erwarten. Sowohl der Falke-Mann wie auch die Falke-Frau sind von besitzergreifendem Wesen, neigen zur Eifersucht und haben ein aufbrausendes Naturell, das für ihre Partner verletzend sein kann.

Ein Falke-Mann kann ein stürmischer Liebhaber sein und mit der Glut seiner Werbung ein Mädchen aus der Fassung bringen, aber er neigt dazu, ziemlich chauvinistisch zu sein. Er flirtet möglicherweise gern, weil das seinem Ego schmeichelt, aber wehe dem Mann, der seiner Partnerin Augen macht. Die, so befindet er, «gehört mir».

Die Falke-Frau kann faszinierend sein, anziehend und verführerisch, aber ihre Unverblümtheit und ihre plötzlichen Wutanfälle können auch abstoßend wirken. Sie neigt zu einer gewissen Herrschsucht, und in der Ehe wird wohl sie die Hosen anhaben. Trotzdem ist sie auch romantisch veranlagt und reagiert auf Zuneigung mit Zärtlichkeit und herzlicher Großzügigkeit.

Falke-Menschen hören gern nette Worte, denn das kommt ihrem Gefühl von der eigenen Wichtigkeit entgegen, aber sie müssen aufpassen, daß sie nicht auf Süßholzraspler hereinfallen.

Falke-Männer wie Falke-Frauen sind leicht entflammte, feurige und leidenschaftliche Liebhaber, aber ihr Liebesakt ist meist kurz und schnell erledigt. In der Sexualität – wie auch in anderen Lebensbereichen – müssen sie Geduld und Rücksichtnahme nicht nur auf die eigenen Bedürfnisse, sondern auch auf die ihrer Partner lernen.

Verträglichkeiten: Falke-Menschen vertragen sich gut mit Lachs- und mit Eule-Menschen (zwischen 22. Juli und 21. August bzw. 23. November und 21. Dezember geboren).

Spirituelle Geschlechtlichkeit: (+) Die grundlegende spirituelle Geschlechtlichkeit der Falke-Menschen ist maskulin, was aber nichts mit dem Geschlecht der Person zu tun hat. Es bedeutet vielmehr, daß Falke-Menschen im allgemeinen aktiv, energisch und extrovertiert sind. Sie ergreifen die Initiative. In körperlichen Beziehungen sind sie meist leidenschaftlich und impulsiv.

1.13 Gesundheit

Die Zeit des Erwachens ist, was den physischen Körper angeht, mit dem Kopfbereich und in bezug auf den inneren Körper mit dem Gehirn verbunden. Sie wirkt sich auch auf die Drüsen aus, die das Adrenalin in den Blutkreislauf pumpen. Falke-Menschen mögen zu gesundheitlichen Problemen in diesen Bereichen neigen – vor allem zu Kopfschmerzen, Migräne und Störungen im nervlichen Bereich als Folge von Streß. Das sind Warnzeichen für die Notwendigkeit, sich zu entspannen und nicht ganz so intensiv zu leben. Streßsymptome und Störungen im nervlichen Bereich können auftreten, wenn man zu viel zu tun versucht oder frustriert ist, weil die Dinge nicht vorangehen, oder wenn man das Gefühl hat, nicht genug zu tun. Falke-Menschen müssen von der Natur lernen, denn in der Natur gibt es nicht nur Aktivität, da wechseln Tätigkeit und Ruhe einander ab.

Da sie dem Feuer-Element unterliegen, sind Falke-Menschen auch anfällig für hohen Blutdruck und plötzlich auftretende Beschwerden.

1.14 Wesensverwandte Farbe: Gelb/Grün

Die dem Falke-Menschen wesensverwandte Farbkombination ist Gelb, das zu Grün hin changiert. Gelb ist eine fröhliche Farbe, denn es ist die Farbe des Sonnenlichts, das aus Dem Osten als verfeinerter Ausdruck von Kreativität kommt. Es ist die Farbe, die dem Intellekt entspricht und ein Bedürfnis nach ständiger Stimulierung und Aktivität zum Ausdruck bringt.

Grün ist die Farbe der Natur, des Wachsens – des Gleichgewichts inmitten ständigen Wandels. Sie verbindet sich mit dem Schöpferischen Feuer, das in sich das Wasser des Lebens enthielt und die Mittel zur Entstehung von Vegetation, damit das Leben aufrechterhalten werden konnte.

Gelb/Grün kennzeichnet einen Aspekt der Existenz zwischen dem Geistigen und dem Materiellen und fördert die «Verdauung» sowohl auf geistiger wie auf physischer Ebene. Diese Farbenkombination erweckt ein Bedürfnis nach Anerkennung und Beliebtheit. Es ist die Farbe einer Persönlichkeit, die beeindrucken möchte.

Tonschwingung: Falke-Menschen sind auf *Cis* eingestimmt.

1.15 Günstige Zeiten

Die *besten Monate* für Falke-Menschen sind: 21. März bis 19. April, 22. Juli bis 21. August und 23. Oktober bis 21. Dezember.

Der *beste Tag* ist der Dienstag.

Die *beste Tageszeit* liegt zwischen 3 und 5 Uhr.

Falke-Menschen sind am frühen Morgen in Hochform, das ist auch ihre beste Zeit für Inspirationen. Die Routinearbeit verschieben sie besser auf den Nachmittag, wenn die kreativen und inspirierenden Energien nachlassen und es mehr bringt, «mechanische» Arbeiten zu erledigen. Der frühe Abend eignet sich am besten zur Entspannung und zur Wiederaufladung des Akkus.

1.16 Äußeres (bewußtes) Ziel und inneres (unterbewußtes) Verlangen

Das bewußte Ziel des Falke-Menschen ist es, zu initiieren, zu führen, Neues zu beginnen. Da die Falke-Menschen danach streben, ihrer Persönlichkeit Ausdruck zu verleihen, haben sie die starke Neigung, bei Projekten, an denen sie beteiligt sind, ihre Vorstellung durchsetzen zu wollen. Dieser Drang kann so mächtig sein, daß sie kindisch reagieren, wenn ihnen widersprochen wird oder es aus irgendwelchen Gründen nicht nach ihrem Willen geht. Das innere Selbst des Falke-Menschen verlangt danach, durch persönliche Erfahrung *wissend* zu werden. Falke-Menschen haben den inneren Drang, alles selbst zu erfahren. Sie werden sich in Verfolgung eines Ziels, das sie ins Auge gefaßt haben, jeder Herausforderung stellen. Was sie suchen, ist das Wissen, das man durch persönliche Erfahrung erlangt.

1.17 Spirituelle Alchemie

Da die nordöstliche Richtung auf eine Bewegung von Kälte hin zu Wärme verweist, wird sie von einem Yin, das sich auf Yang zubewegt, dargestellt (⚍). Sie verweist auch auf ein Fortschreiten in Richtung eines Gleichgewichts zwischen den Polaritäten von maskulin/feminin, positiv/negativ, extrovertiert/introvertiert (+ –). Das Feuer-Element übt seinen Einfluß sowohl in richtungweisender wie in zyklischer Hinsicht aus (+ +). Die Spiritualität des Falke-Menschen betont den maskulinen Aspekt (+). Damit weist die Kombination dieser wesentlichen Faktoren (+ –, + + +) auf eine stark außenorientierte Persönlichkeit hin, mit einer gewissen Tendenz zur Introspektion.

Der starke Einfluß des Feuer-Elements zeigt an, daß die Falke-Menschen in bezug auf Aktivitäten sehr dynamisch sind und sich immer mit irgend etwas beschäftigen. Eine solche Konzentration von Feuer-Energie würde von einem Schamanen als mächtige ausströmende Kraft erkannt werden, die sich ihrem Wesen nach durch Aktivität ausdrücken will. Ein Teil der Lebensaufgabe des Falke-Menschen besteht darin zu lernen, das innere Feuer unter Kontrolle zu halten, damit die Lebensenergien immer verfügbar sind und nicht nur in einem Auflodern genutzt werden. Es besteht ebenso die Notwendigkeit, auszuharren wie zu initiieren, zu dienen wie zu führen.

1.18 Lebensherausforderungen

Auf ihrer Suche nach Erfahrungswissen müssen die Falke-Menschen Unterscheidungsvermögen und Mäßigung entwickeln, damit sie nicht so leicht von allem, was blinkt und glitzert, angezogen oder von jedem Wechsel der Windrichtung zu Exzessen getrieben werden.

Immer wieder werden sie sich in Situationen wiederfinden, die ihnen Gelegenheit bieten, ihre Impulsivität und Ungeduld zu zügeln, und sie den Wert von Bescheidenheit und Toleranz anderen gegenüber lehren.

Falke-Menschen müssen Mäßigung, Geduld, Mitgefühl, Toleranz und Bescheidenheit entwickeln. Sie müssen jeglicher Neigung zu Ungeduld, Impulsivität, Ruhelosigkeit, Intoleranz, Zwanghaftigkeit und Zwangausübung entgegenwirken.

1.19 Hauptaufgabe und Lebensweg

Die Hauptaufgabe des Falke-Menschen besteht im Erwerb von Wissen durch die Erfahrung initiierenden Handelns. Das Ziel ist die Erfahrung der eigenen Besonderheit und des Gesondert-Seins und die Entdeckung, daß es zwar möglich ist, unabhängig zu agieren, nicht von anderen abhängig zu sein, daß wirkliches Glück aber im Teilen mit anderen besteht. Doch müssen Falke-Menschen sie selber sein und nicht das, was ihrer Meinung nach andere wollen, daß sie sind, und so ist dies ein Weg, der zur Selbstfindung und zur Entwicklung der eigenen Individualität führt, aber in Harmonie mit anderen.

Auf diesem Pfad sind sie beflügelt vom Enthusiasmus, die Dinge in Gang zu bringen, und werden von einer so gewaltigen Antriebskraft gedrängt, daß sie versuchen, die Probleme frontal anzugehen, anstatt mal innezuhalten und sich zu überlegen, wie sie Hindernisse umgehen könnten.

Es ist eine Reise der Erfahrung, des Muts zum Abenteuer, und die Lektionen bestehen in der Erkenntnis, daß es wichtig ist, angefangene Dinge zu vollenden, und daß der sicherste und am wenigsten problematische Weg, mit einem Hindernis fertig zu werden, oft darin besteht, es zu umgehen, statt es mit aller Gewalt aus dem Weg räumen zu wollen.

Das Bedürfnis nach Entwicklung von spirituellen Idealen oder ethischen Prinzipien, um den Herausforderungen des Lebens zu begegnen, wird deutlich sichtbar sein.

Die Fähigkeit, schöpferische Ideen einzubringen und sie praktisch zu verwirklichen, wird eine Hauptaufgabe sein, auch wenn vieles davon nur kurzlebig sein mag.

Führungspositionen werden meist mit Mit-Gefühl und «elterlicher» Fürsorglichkeit gehandhabt.

Das Hauptziel, so könnte man zusammenfassend sagen, besteht in der durch Erfahrung gewonnenen Erkenntnis, was von wahrem und was von falschem Wert ist, und im Akzeptieren persönlicher Verantwortung.

1.20 Das I-Ging-Trigramm

☰ Qian «Himmel»

Dieses Trigramm signalisiert Ein-heit und Individualität. Es steht auch für die schöpferische Intelligenz, die vorwärts drängt und sich im Initiieren von Projekten äußert. Es beinhaltet, daß das, was in der Gegenwart geschaffen wird, in der Zukunft erfahren wird. Daß das, was jetzt in Bewegung gesetzt wird, zur nächsten Erfahrung wird. Seine Botschaft lautet: «Wisse, wohin dein Handeln führen wird», denn was Falke-Menschen in Gang setzen und anregen, wird Wellen schlagen, die später in ihren Erfahrungskreis einmünden.

Wenn sich das Trigramm mit Feuer paart, verweist es auf Erfolg durch ein Bemühen, das sich durch Ausdauer und geistige Klarheit auszeichnet.

1.21 Der Umgang mit Falke-Menschen

Falke-Menschen befassen sich weniger mit langfristigen Überlegungen als vielmehr mit dem Hier und Jetzt oder allenfalls mit der sehr nahen Zukunft. Ihr Interesse wird am meisten durch unmittelbar anliegende Dinge geweckt.

Seien Sie im Umgang mit Falke-Menschen enthusiastisch, positiv, sachbezogen, aber fühlen Sie sich nicht durch irgendwelche Anzeichen von Arroganz beleidigt. Und lassen Sie sich nicht provozieren, wenn der Falke-Mensch Ihre emotionale oder geistige Achillesferse trifft. Begegnen Sie ihm mit Takt und Höflichkeit.

Da Falke-Menschen ungeduldig sind und sich schnell langweilen, werden Sie sie kaum mit langatmigen und ausführlichen Erklärungen beeindrucken können. Sie wollen die Highlights, und zwar klipp und klar, geboten bekommen. Sollten sie sich doch für weitergehende Details interessieren, dann werden sie schon danach fragen.

2 BIBER: Die Zeit des Wachsens

Übersicht

Geburtsdatum	20. April–20. Mai.
Erdeinfluß	Die Zeit des Wachsens.
Beeinflussende Winde	Die Ostwinde. *Totem:* Adler.
Richtung	Osten.
Vorherrschende Elemente	Erde mit Feuer.
Elemente-Klan	Schildkröten-Klan (Erde). *Funktion:* Festigen.
Geburts- und Tiertotem	Biber.
Pflanzliches Totem:	Wiesenklee.
Mineralisches Totem:	Blutstein Jaspis.
Polaritäts-Totem:	Schlange.
Wesensverwandte Farbe:	Gelb.
Tonschwingung:	Dis.
Persönlichkeitsstruktur	Entschlossen. Findig. Eigensinnig. Methodisch.
Gefühle:	Überempfindlich.
Intention:	Besitz.
Wesensart:	Arbeitsam.
Positive Züge:	Starke Willenskraft. Sachlich. Ausdauernd.
Negative Züge:	Besitzergreifend. Hemmungslos. Unflexibel.
Geschlechtstrieb	Fordernd.
Verträgt sich mit:	Specht, Braunbär und Gans.
Bewußtes Ziel:	Sicherheit durch Besitz.
Unterbewußtes Verlangen:	Freiheit von Bindungen.
Lebensweg:	Entdeckung und Besitz von bleibenden Werten.

I-Ging-Trigramm	☲ Li. Haftendes Feuer. Erfolg durch Beharrlichkeit.
Spirituelle Alchemie	Yin dominiert.
Muß weiterentwickeln	Anpassungsfähigkeit. Unternehmungslust. Mitgefühl.
Muß vermeiden	Besitzgier. Unflexibilität. Starrsinn.
Anfangstotems	Biber. Adler. Schildkröte. Wiesenklee. Blutstein Jaspis. Schlange.

2.1 Geburtsmonat: 20. April–20. Mai

2.2 Erdeinfluß: Die Zeit des Wachsens

Die Zeit des Wachsens ist die zweite Frühlingsphase und kennzeichnet jene Zeit, da das Gras wächst, sich rasch ausbreitet und so die ganze Landschaft verwandelt. Eine Wachstumsperiode innerhalb des Kreislaufs der Natur, die von dramatischen Veränderungen begleitet ist. Es ist die Zeit, in der das neue Leben Wurzeln schlägt und sich auf der Erde stabilisiert.

Es ist die Zeit, in der der Frühling zu seinem Höhepunkt gelangt, die Bäume entfalten alle ihre Blätter, die Blumen blühen, und die schöpferischen Kräfte der Natur zeigen sich überall.

Menschen, die in der Zeit des Wachsens geboren sind, sind die «erdhaftesten» oder materialistischsten all jener, die in einer der drei Frühlingsphasen zur Welt kamen, und haben einen Drang zu Wachstum und Ausdehnung in materieller Hinsicht.

In diese Phase fällt auch ein Übergangspunkt im Jahreszeitenzyklus – der Ostpunkt auf dem Rad des Jahres –, der in der Mitte zwischen der Frühjahrs-Tagundnachtgleiche am 21. März und der Sommersonnenwende am 21. Juni angesiedelt ist. Er fällt mit dem letzten Apriltag zusammen, wird aber bei den nördlichen Völkern meist am 1. Mai gefeiert. In alten Zeiten war dies ein Fest der Einheit und Initiation – die Zeit für Liebe und Sexualität begann. Es war aber auch eine Zeit der Prüfung, der sich all jene zu unterziehen haben, die nach der Einheit von Körper, Geist und Seele streben.

In dieser Zeit geborene Menschen sind meist Romantiker und sich ihrer Sexualität sehr bewußt. Sie haben, obwohl von ihrem Wesen her materialistisch orientiert, ein inneres Verlangen nach jener dauerhafteren Befriedigung, die sich durch die Beschäftigung mit geistigen und spirituellen Dingen einstellt. Man könnte sagen, daß ihre Lebenserfahrung eine initiatorische ist, da sie den Übergang von einer Wesensebene zu einer anderen beinhaltet, und Erfahrungen dieser Art können oft traumatisch und schmerzhaft sein.

2.3 Solare Einflüsse

Dies ist die Zeit, in der der Frühling seinen Höhepunkt erreicht, wenn auch die Sonnenenergien erst noch ihrem Zenit zustreben. In dieser Phase geborene Menschen werden ihre Kreativität durch künstlerische Formgebung wie auch durch organisatorische Fähigkeiten ausdrücken. Kommen die solaren Energien auf negative Weise zum Ausdruck, dann äußern sie sich in Extravaganz und Arroganz.

Vom Wesen her sind diese Menschen herzlich und liebevoll, aber Personen gegenüber, die sie als ihre Feinde betrachten, können sie auch sehr kalt und sogar rachsüchtig sein.

Das entsprechende Sonnenzeichen ist der *Stier*.

2.4 Beeinflussende Winde: Die Ostwinde
Richtung: Osten

Die Ostwinde betonen im Zusammenhang mit der Zeit des Wachsens den Aspekt der Weitsicht, ganz ähnlich wie bei den Menschen der Zeit des Erwachens. Da die Zeit des Wachsens aber weniger eine Phase des Knospens als vielmehr eine der Verwurzelung und des Blühens auf stabiler Grundlage ist, werden sich die zu dieser Zeit Geborenen mehr den Dingen zuwenden, die sie berühren und handhaben können, als etwa Ideen.

Mit anderen Worten, ihre Weitsicht wird sich eher um eine Sicherheit bemühen, die Gegenwart und unmittelbare Zukunft überdauert. Somit befassen sie sich intensiver mit den materiellen Aspekten des Lebens als mit immateriellen Ideen und spirituellen Prinzipien.

Doch Osten ist die Richtung der Morgendämmerung und des Erwachens – die Zeit, um Träume Realität werden zu lassen. Der spirituelle Einfluß, der in der Zeit des Erwachens betont wird, ist noch vorhanden, bewegt sich aber in der Zeit des Wachsens von der inneren Öffnung hin zum äußeren Ausdruck – den Blütenblättern einer erblühenden Blume gleich. Wenn also die Menschen der Zeit des Erwachens gern Neues anfangen, so neigen die Menschen der Zeit des Wachsens dazu, zu verweilen und das zu würdigen und zu schätzen, was ihnen überall in greifbarer Nähe zur Verfügung steht. Während sich die Menschen der Zeit des Erwachens voller Überschwang auf den Weg machen, auch im Regen der Widrigkeiten, betrachten die Menschen der Zeit des Wachsens die Welt lieber von gesichertem Standort aus, selbst wenn es nur nieselt.

Das Totem Des Ostens ist der *Adler* (siehe unter 1.4).

2.5 Beeinflussende Elemente: Erde mit Feuer

Die Menschen der Zeit des Wachsens werden von der Richtungsmacht des Feuer-Elements beeinflußt, die sie in Schwingung bringt, doch handelt es sich hier um jene Energie, mit der man etwas *erledigt*, nicht um die des Sich-Beschäftigens an sich. Sie zeigt sich in der Begeisterung für die Dinge, von denen man sich angezogen fühlt, und darin liegt auch die Antriebskraft. Ihr Einfluß kommt in der Kreativität und Vielseitigkeit dieser Menschen zum Ausdruck sowie in ihrer praktischen Veranlagung, mit der sie das, was sie in ihrer Umgebung vorfinden, so umwandeln, wie sie es für ihre Sicherheit und ihr Wohlbefinden als notwendig erachten.

Da Feuer mit Dem Geist assoziiert ist, besteht eine der Grunderfahrungen, die diese Menschen machen müssen, in der Erkenntnis, daß das Materielle spirituelle Eigenschaften in sich birgt. Anders ausgedrückt: Sie werden ermutigt, die Weitsicht des Adlers zu erwerben und über die äußerlichen Realitäten, die Bereiche der Materie, hinauszuschauen.

Das Erd-Element beeinflußt mit seiner zyklischen Aktivität die in der Zeit des Wachsens geborenen Menschen. Daher wollen sie an ihren materiellen Besitztümern festhalten und sind zielbewußt und entschlossen. Drückt sich dieser Einfluß negativ aus, dann erscheinen sie unflexibel und besitzergreifend und widersetzen sich jeder Veränderung.

Die Polarität von Feuer ist +, die von Erde −.

2.6 Elemente-Klan: Schildkröten-Klan

Die Menschen der Zeit des Wachsens gehören zum Schildkröten-Klan, der dem Einfluß des Erd-Elements unterliegt. Es ist wohl nicht weiter schwer zu verstehen, warum viele indianische Stämme die Schildkrote als symbolische Repräsentation der Erde gewählt haben:

Ein harter äußerer Panzer umschließt ein lebendes Wesen. Sie taucht langsam aus dem Wasser auf, wie einst das Land aus dem Meer emporstieg, und Form und Festigkeit des Schildkrötenrückens erinnern an den Anblick von Land, das man vom Meer aus sieht. Wenn die Schildkröte ihre Eier abgelegt und so für Nachwuchs gesorgt hat, überläßt sie die Jungen sich selbst – wie es auch Mutter Erde mit uns macht.

Da das Erd-Element mit seinen Eigenschaften der Stabilität und der Kohäsion zur Entstehung und Gestaltung von Materie beiträgt, zeigen sich diese Charakteristika auch bei den Personen, die von diesem Element beeinflußt sind und in den Schildkröten-Klan geboren werden.

Die Angehörigen des Schildkröten-Klans haben ein starkes Bedürfnis nach einer stabilen Grundlage, in der sie wurzeln und von der aus sie agieren können, und sie umgeben sich gern mit soliden und konstruktiven Dingen.

Ihre Fortschritte vollziehen sich langsam und abgesichert, vor allem durch den Einsatz von Beharrlichkeit und Zähigkeit. Der Aspekt des Erd-Elements in ihrer Wesensstruktur ermöglicht ihnen solide Erfolge. Allerdings müssen sie lernen, ihre Erd-Energien im Gleichgewicht zu halten, sonst wird aus Stabilität bloße Sturheit und Unbeugsamkeit, die zur Frustration führen kann – bei ihnen selbst wie bei ihren Mitmenschen. Festigkeit kann zur Starrheit Des Geistes werden und einen Mangel an Zuneigung, Verständnis und Mitgefühl für andere zur Folge haben, und die ihnen eigene Sorgfalt kann zu Schwerfälligkeit und Rücksichtslosigkeit degenerieren. Beharrlichkeit und Zähigkeit sind im Prinzip positive Eigenschaften, können aber im negativen Fall zu einem so starken Widerstand gegen das «Loslassen» führen, daß diese Menschen in schwierigen Situationen lieber zu Märtyrern werden.

2.7 Geburts- und Tiertotem: Biber

Das Geburts- und Tiertotem der zwischen dem 20. April und dem 20. Mai Geborenen ist der Biber, ein im Wasser und auf dem Lande lebendes Nagetier, das bis zu 100 Zentimetern groß und fast 6 Pfund schwer werden kann.

Obwohl ein Landsäugetier, vermag der Biber durch sein Lungen-

und Herzgefäßsystem soviel Sauerstoff zu speichern, daß er länger als eine Viertelstunde unter Wasser bleiben kann. Mit seinen geschickten Vorderpfoten kann er sowohl seine Nahrung festhalten und wie ein Hamster daran knabbern als auch Materialien für seinen Bau im Wasser transportieren. Seine paddelähnlichen Hinterpfoten sind mit Schwimmhäuten ausgestattet, wodurch er sich im Wasser mit großer Geschwindigkeit bewegen kann. Er hat ein weiches braunes Fell, welches durch das aus seiner Moschusdrüse ausgeschiedene Öl eingefettet und daher wasserabstoßend ist. Sein breiter, flacher, mit Schuppen bedeckter Schwanz dient ihm beim Schwimmen als Ruder und an Land als Stabilisator.

Die Biber sind die Architekten und Bauingenieure der Tierwelt und imstande, zu ihrer Sicherheit und Bequemlichkeit Veränderungen in ihrer Umwelt vorzunehmen. Mit ihren scharfen Zähnen können sie Bäume fällen und Zweige schneiden. Damit bauen sie Dämme und schaffen sich so einen Teich oder kleinen See, in dem sie dann aus Stöcken und Schlamm ihre Bauten errichten. Außerdem schaffen sie sich ein ausgedehntes Kanalnetz, das mehrere Höhenunterschiede überbrückt und mit Hilfe von eingebauten Schleusen den Wasserspiegel reguliert, so daß das ganze Jahr über für einen bestimmten Wasserstand gesorgt ist.

Wie ihr Tiertotem sind die in der Zeit des Wachsens geborenen Menschen zuverlässige und harte Arbeiter. Wie die Biber sind sie immer dabei, Veränderungen und Verbesserungen an ihrem Heim und ihren Arbeitsbedingungen vorzunehmen. Das Ziel all dieser Aktivitäten sind Sicherheit und Zufriedenheit, die sie unbedingt brauchen, um sich wohl zu fühlen.

Biber-Menschen sind anpassungsfähig und kreativ. Außerdem sind sie geduldig und ausdauernd, was bedeutet, daß sie gewöhnlich auch das bekommen, wonach sie mit Herz und Verstand trachten. Sie haben einen Sinn für das Schöne und sind gewöhnlich sowohl auf emotionaler wie materieller Ebene gut im Um- und Wiederaufbau.

Mit rascher Auffassungsgabe, geschickten Händen und flinkem Verstand begabt, können Biber-Menschen Situationen und Umstände sehr gut nach ihren Wünschen «deichseln». Das kann sogar so weit gehen, daß sie das Leben der ihnen Nahestehenden umorganisieren, um ihr eigenes Lebens- und Arbeitsumfeld zu verbessern. Die von ihnen bewirkten Veränderungen sind aber nicht rein egoistischer Natur, sondern bringen im allgemeinen auch den anderen Vorteile.

Stabilität ist für die Biber-Menschen wichtig, und deshalb halten sie mehr von dauernden als von flüchtigen Beziehungen und klammern sich an das, was für sie von Wert ist.

2.8 Pflanzliches Totem: Wiesenklee

Wiesenklee (*Trifolium pratense*), der auch manchmal roter Klee genannt wird, ist eine perennierende Pflanze, die in Nordamerika und Teilen Europas Wiesen und Felder wie mit einem Teppich überzieht und bei vielen indianischen Stämmen ein pflanzliches Totem war. Er hat einen kurzen, festsitzenden Wurzelstock, aus dem einige feinbehaarte Stengel bis zu 50 Zentimeter hoch wachsen. Er hat unten rundliche, oben längliche Blättchen mit drei eiförmigen Nebenblättchen und einen Blütenkopf, der rötlich oder rotweiß blüht.

Die Pflanze düngt den Boden mit Stickstoff und bietet den Bienen reichlich Pollennahrung, die zu einem vorzüglichen Honig verarbeitet wird. Außerdem liefert sie gutes Tierfutter.

Der Klee wurde von den Indianern zu medizinischen Zwecken genutzt und spielte auch in der europäischen Volksmedizin eine große Rolle. Er wurde als Heilmittel gegen Verstopfung und Appetitmangel verwendet. Aus den Blüten wurde ein Tee gekocht, der zur Anregung von Leber und Gallenblase diente. Ein aus den Blättern zubereiteter Tee soll sich in Streß- oder Belastungssituationen beruhigend auf den astralen und emotionalen Körper auswirken.

Biber-Menschen haben, wie ihr pflanzliches Totem, dessen Wurzeln nicht tief in die Erde reichen, aber fest haften, um einen prächtigen Vegetationsteppich zu bilden, eine bodenständige Einstellung und schätzen das Stabilitätsgefühl, das irdische Dinge vermitteln. Und wie die Pflanze Boden und Tiere mit Nährstoffen versorgt, so unterstützen und erhalten Biber-Menschen die Menschen und Projekte, mit denen sie verbunden sind. So wie der Kleenektar den Bienen Nahrung für die Produktion eines köstlichen Honigs bietet, so sind auch Biber-Menschen in der Lage, das Leben anderer zu versüßen und zu unterhalten, wie auch für sich selbst Erfüllung zu finden.

2.9 Mineralisches Totem: Blutstein Jaspis

Der Jaspis ist ein trüber krpytokristalliner Quarz, der rötlichbraun, gelb oder grünlich gefärbt ist. Die mit den Menschen der Zeit des Wachsens verbundene Variation des Jaspis ist grün mit rötlichen Flecken und als Blutstein oder Heliotrop bekannt. Heliotrop bedeutet «sonnenreflektierend», und da Grün die Farbe der nach der Sonne strebenden Pflanzen ist, wurde der Heliotrop als Hilfsmittel beim Streben des menschlichen Bewußtseins zur spirituellen Sonne betrachtet, somit war er ein Werkzeug des Geistes. Bei den alten Völkern war der Blutstein, dem man viele mediale Kräfte zuschrieb, hochgeschätzt.

Die roten Flecken enthalten Eisen, das eine zusammenziehende Wirkung hat, weshalb der Stein zum Blutstillen verwendet werden kann. Die Indianer benutzten ihn als Schutz vor Verletzungen und Insektenstichen und setzten ihn bei Nasenbluten und Schnittwunden ein. Er wurde auch zur Heilung von Magenschmerzen und Unterleibsbeschwerden verwendet, indem man ihn über dem Nabel trug.

Er wurde auch benutzt, um die Kraftzentren des Energiekörpers (die Chakras) zu stimulieren, indem man ihn in kreisförmigen Bewegungen das Rückgrat hinaufführte. Dabei ging man davon aus, daß sich seine langsamen, feinen Schwingungen auf die Chakras übertragen und helfen, deren Energiemuster stimmig auszurichten. In dieser Funktion – «die Dinge auf die Reihe bringen», damit sie effektiv zusammenwirken können – wurde der Blutstein am meisten geschätzt.

Schließlich diente er auch zur Herstellung eines Tonikums. Man legte ihn ein oder zwei Tage in ein Gefäß mit Wasser und setzte dieses der Sonne aus. Dann wurde der Stein herausgenommen und das Wasser getrunken. Der Vorstellung nach absorbierte das Wasser die Energien des Steins, die sich dann in Form eines allgemeinen Tonikums ausgleichend auf die feinen Körperenergien auswirkten.

Wie ihr Totemstein haben auch Biber-Menschen eine angeborene Fähigkeit, Harmonie in das Leben anderer zu bringen, wenn sie ihre Energien in großzügiger Weise nutzen. Werden diese Kräfte aber, absichtlich oder unbewußt, auf rein selbstsüchtige Ziele gerichtet oder um des persönlichen Vorteils willen zur Manipulation anderer eingesetzt, dann haben sie die gegenteilige Wirkung und führen zu Verwirrung, Streit und auch Schmerz.

2.10 Polaritäts-Totem: Schlange

Europäische Mythen, und vor allem einige religiöse Darstellungen und Gleichnisse, haben die Schlange zu einem Geschöpf gemacht, das viele abstoßend und furchterregend finden. Aber in den alten Stammeskulturen stand die Schlange in hohem Ansehen, nicht zuletzt wegen ihrer Verwandlungskräfte, die sie durch ihre zahlreichen Häutungen signalisierte. Bei den Indianern war sie als «eine Lehrerin der Weisheit» geachtet.

Biber-Menschen haben den Drang, den Dingen auf physischer Ebene Dauerhaftigkeit zu verleihen, und die Fähigkeit, Ideen Gestalt zu geben. Sie wollen erwerben und besitzen. Biber-Menschen können von ihrem Gegenpol, den Schlange-Menschen, lernen, daß es am besten ist, alles beiseite zu lassen, was für den spirituellen Fortschritt und das materielle Wohlbefinden nicht wesentlich ist.

Der Schlange-Mensch kann den Biber-Menschen auch lehren, daß materielle Besitztümer allein auf Dauer wenig Befriedigung verschaffen und daß die wirkliche Erfüllung nicht darin besteht, sie zu haben, sondern darin, sie mit anderen zu teilen. Dann verändert sich die Einstellung vom «Das-ist-Mein» zum «Das-ist-Unser». Biber-Menschen werden aus ihren Talenten und Fähigkeiten mehr Gewinn ziehen, wenn sie sich etwas vom Interesse des Schlange-Menschen an der Erforschung der Geheimnisse des Lebens zu eigen gemacht und einige tiefere Realitäten hinter den äußeren Erscheinungsformen entdeckt haben.

2.11 Persönlichkeitsausdruck

Die erwachsene Person
Praktisch, zuverlässig, methodisch und pedantisch, wie sie sind, werden die Biber-Menschen im allgemeinen an einer Sache festhalten, bis sie ihr Ziel erreicht haben.

Sie sind häuslich und schätzen persönliche Bequemlichkeit, manchmal bis hin zum Luxus. Sie brauchen eine friedliche und harmonische Atmosphäre, sonst werden sie leicht nervös, reizbar und überempfindlich und neigen zu Verdauungsbeschwerden.

Der Biber-Mensch verfügt über praktische Fähigkeiten und eine gewisse manuelle Geschicklichkeit, aber auch über einen stark ausgeprägten Sinn für das Künstlerische und Ästhetische, was sich in einem verfeinerten «Geschmack» im visuellen Bereich zeigt. Biber-Menschen werden von Schönheit angezogen, egal ob sie sich in einem blühenden Baum, einem Kunstwerk oder einem eleganten Kleidungsstück manifestiert. Denn ihre Welt ist die Welt der physischen Sinnesempfindungen.

In ihrer Einstellung zeigen sie sich konservativ und vorsichtig, und da sie oft nur glauben, was sie mit eigenen Augen sehen, sind sie in ihrem religiösen und philosophischen Denken meist orthodox.

Der Biber-Mann ist im allgemeinen ein steter, fähiger und produktiver Mensch mit klaren Absichten. Da Sicherheit für ihn eine so grundlegende Rolle spielt, wird er bei all seinen Bestrebungen kaum Risiken eingehen.

Die Biber-Frau hat einen ausgeprägten Sinn für Garderobe, und obwohl sie in ihrer praktischen Art zu bequemer Kleidung neigt, hat sie auch eine Vorliebe für hübsche Sachen. Sie mag eine warme und gemütliche Atmosphäre und ist im allgemeinen eine gute Hausfrau.

Positive Züge: Praktisch. Zuverlässig. Geduldig. Nüchtern. Ausdauernd. Entschlossen. Willensstark. Liebevoll.

Negative Züge: Besitzergreifend. Faul. Hemmungslos. Unflexibel. Eigensinnig. Übelnehmerisch.

Berufliche Möglichkeiten: Landwirtschaft. Geschäft und Handel. Kochen. Entertainment. Haushalt. Bankwesen. Bergbau. Musik. Militär. Immobilien. Naturwissenschaften. Theater. Bildhauerei. Schreiben.

Das Kind

Das Biber-Kind wird wahrscheinlich zwei Hauptprobleme haben: Besitzgier und Eigensinn. Das kleine Biber-Kind mag nichts mit anderen teilen. Wenn ein anderes Kind sein Spielzeug nimmt, wird es ihm den Kopf abreißen. Diese Einstellung muß ihm abgewöhnt werden, aber man soll sanft dabei vorgehen und ihm die nötige Sicherheit vermitteln. In der Schule wird das Biber-Kind eher hart arbeiten, als zu «Höhenflügen» anzusetzen, aber es besitzt eine gute Konzentrationsfähigkeit und wird wahrscheinlich stete und solide Fortschritte machen. Junge Biber-Menschen reagieren positiv auf eine vernünftige Disziplin und klare sachliche Regeln, die ihnen ihren Platz zuweisen und so eine entsprechende Sicherheit geben. In ihrer Altersgruppe sind sie meist etwas reifer als die anderen.

Die Eltern

Dem Biber-Mann gefällt es, Vater zu sein, es macht ihn im allgemeinen glücklich, viel Zeit mit seinen Kindern zu verbringen, und er reagiert auf ihre Bedürfnisse mit Wärme und Zuneigung. Da er so starken Wert auf materielle Dinge legt, läuft er Gefahr, seine Kinder mit allzuvielen «Süßigkeiten» zu verwöhnen, vor allem seine Töchter. Er erwartet vermutlich viel von seinen Kindern, ist aber rücksichtsvoll, tolerant und verständnisvoll, solange sie noch sehr klein sind, später wird er mehr verlangen.

Die Biber-Mutter liebt und bewundert ihre kleinen Kinder und widmet sich ihnen hingebungsvoll, später jedoch wird sie wahrscheinlich mehr von ihnen fordern und weder Faulheit noch Unordentlichkeit dulden.

Wenn die Kinder zu Jugendlichen heranwachsen, ist es für die Biber-Eltern oft schwer, die Kluft zwischen den Generationen zu überbrücken und die anscheinend so ganz anderen Gedanken und Einstellungen ihrer Sprößlinge zu verstehen. Das Problem liegt hier natürlich in ihrer eigenen konservativen und starren Haltung.

2.12 Romantische Liebe und Sex

Biber-Menschen können sehr sinnenfrohe und aufregende Liebhaber sein und einen starken sexuellen Appetit entwickeln, der ziemlich fordernd und auch anspruchsvoll sein kann. Beim Sex gehen sie langsam und mit Bedacht vor.

Sie sind treue und hingebungsvolle Liebhaber, aber sie müssen sich sicher fühlen, und dieses Sicherheitsbedürfnis braucht die ständige Bestätigung, daß ihr Partner die gleichen Gefühle hegt wie sie selbst. Sollte ihr Partner Anlaß zu Mißtrauen geben und ihre Eifersucht wecken, rasten sie wahrscheinlich völlig aus, werden unerträglich und verlangen ständig Treuebeweise.

Emotional gesehen brauchen sie unbedingt eine stabile und liebevolle Beziehung.

Der Biber-Mann kann ein richtiger Charmeur sein und in die Beziehung all die wünschenswerten kleinen romantischen Tupfer einbringen. Sein sexueller Appetit ist ebenso unersättlich wie sein Magen.

Die Biber-Frau möchte einen sehr maskulinen, aggressiven Mann, der aber nicht despotisch sein soll, denn sie haßt es, herumkommandiert zu werden. Sie hat es eben nur gern, wenn ihr Mann sehr männlich ist.

Verträglichkeiten: Biber-Menschen vertragen sich gut mit Specht-, Braunbär- und Gans-Menschen (zwischen 21. Juni und 21. Juli, 22. August und 21. September und 22. Dezember und 19. Januar geboren).

Spirituelle Geschlechtlichkeit: (–). Die grundlegende spirituelle Geschlechtlichkeit der Biber-Menschen ist feminin, was nichts mit dem Geschlecht der Person zu tun hat. Es heißt, daß Biber-Menschen im allgemeinen in ihrer Einstellung und ihren Wünschen rezeptiv und introvertiert, mehr reagierend als initiativ sind. In physischen Beziehungen werden sie daher eher auf die Initiative ihres Partners reagieren, als selbst die Initiative zu übernehmen.

2.13 Gesundheit

Im allgemeinen haben Biber-Menschen eine robuste Konstitution, aber da sie dem Essen und den guten Dingen des Lebens so zugeneigt sind, besteht eine Tendenz zur Zügellosigkeit, die im späteren Leben zu Herz- und Nierenproblemen führen kann.

Ihr verletzlichster Bereich ist der Hals. Sie sind anfällig für Halsentzündungen und leiden öfter daran als andere Menschen. Weitere problematische Bereiche sind der Uterus oder die Prostata und die Blase.

2.14 Wesensverwandte Farbe: Gelb

Gelb ist eine inspirierende und ausdrucksstarke Farbe, denn sie ist der Leuchtstrahl der Imagination und Fantasie. Sie erweitert das Bewußtsein und stimuliert die geistigen Fähigkeiten. Es ist auch die Farbe der Spontaneität und des Verlangens nach Vielfalt. Die Menschen der Zeit des Wachsens werden also von Veränderung und Vielfalt angeregt. Sie sind erfinderisch, haben aber eine Neigung zu fantasieren.

Gelb ist mit dem Intellekt assoziiert und verweist auf Verständnisfähigkeit. Doch was wollen die Biber-Menschen verstehen? Vor allem – und sie mögen sich dessen nicht bewußt sein – wollen sie sich selbst verstehen, obwohl sie auch das Bedürfnis haben, einen Sinn in ihrer Umwelt zu entdecken.

Tonschwingung: Biber-Menschen sind auf *Dis* eingestimmt.

2.15 Günstige Zeiten

Die *besten Monate* für Biber-Menschen sind: 20. April bis 20. Mai, 22. September bis 22. Oktober und 22. Dezember bis 19. Januar.

Der *beste Tag* ist der Freitag.

Die *besten Tageszeiten* liegen zwischen 5 und 7 Uhr bzw. zwischen 17 und 19 Uhr.

2.16 Äußeres (bewußtes) Ziel und inneres (unterbewußtes) Verlangen

Die Biber-Menschen werden vom Drang nach Sicherheit, die auf *Haben* beruht, motiviert. Sie trachten nach Besitz und nach der Befriedigung, die Besitz verschafft. Ihr Ziel ist das Festigen und Sichern.

Aber das unbewußte Selbst des Biber-Menschen verlangt nach Befreiung, nach der Freiheit von Bindungen. Das heißt, es möchte nicht von Besitztümern besetzt oder besessen sein. Deshalb werden Biber-Menschen vermutlich von Situationen angezogen, die ihnen eine Verbindung zwischen dem Materiellen und Spirituellen versprechen.

Diese Verbindung ist ihre «überaus kostbare Perle», denn eines der Ziele ihres Lebens besteht darin, die Faszination durch Äußerlichkeiten zu überwinden und zu entdecken, daß die ersehnte Erfüllung jenseits der Bindung an rein physische, materielle Dinge zu finden ist.

2.17 Spirituelle Alchemie

Biber-Menschen werden, wie wir sehen, von einer Kombination aus Richtungsmacht des Feuer-Elements (+) und zyklischer Aktivität des Erd-Elements (–) beeinflußt. Das Erd-Element weckt das Bedürfnis, sichere Lebensgrundlagen zu schaffen und Besitz anzusammeln. Aber so wie die Erde nicht als lebendige Wesenheit ohne das Feuer in ihrem Kern existieren könnte, und auch nicht ohne das Licht und die Wärme des Sonnen-Feuers, müssen auch Biber-Menschen für ihre Motivierung eine innere Macht anzapfen und sich ein äußeres Licht erschließen, das sie erkennen läßt, wohin sie gehen.

Damit ist gemeint, daß man eine klare Vision braucht, um allem, was man um eines Zieles willen tut, ein festes Fundament zu geben. Ohne diese Vision hat alles Erreichte keinen bleibenden Wert, denn es wird dem unveränderlichen Gesetz des Wandels unterworfen sein. Die feste Grundlage, die Biber-Menschen wirklich brauchen, besteht in spirituellen Werten. Und das wird, bei all ihrer Geschäftigkeit und ihrem ehrlichen Bemühen, von den fleißigen Biber-Menschen oft übersehen.

Der Richtungseinfluß wandelt sich vom Rezeptiven zum Aktiven (– +), und die spirituelle Polarität des Biber-Menschen ist feminin (–). Die sich daraus ergebende Kombination an Polaritäten (+ –, – + und –) verweist auf eine geschäftige, aktive Persönlichkeit, die gern Dinge erledigt und Dinge erwirbt, aber aufgrund eines starken ausgleichenden Faktors zu Rezeptivität und Anpassung neigt. Unter Druck oder Streß sollte der Tendenz zu noch mehr Aktivität, um sich auf diese Weise den Weg zu bahnen, widerstanden werden. Denn am besten arbeitet der spirituelle Metabolismus in Ruhe, um innere Wege zur Anpassung an Veränderungen zu finden und die Person ins Gleichgewicht zu bringen.

2.18 Lebensherausforderungen

Obwohl Biber-Menschen ein starkes Bedürfnis nach Sicherheit und Solidität in ihrer Umgebung haben, lernen sie, den materiellen Weg zu gehen, ohne sich derart fest an irdische Dinge zu klammern, daß sie von ihnen abhängig werden. Genau diese enge Bindung, die fast zur Sucht werden kann, ist es, die ihnen Kummer verursacht.

Und wenn sich diese Tendenz auf persönliche Beziehungen erstreckt, zum Besitzdenken oder zur Besessenheit wird, dann machen sie ihre schlimmsten emotionalen Krisen durch.

Biber-Menschen müssen Flexibilität und Anpassungsfähigkeit entwickeln und ihre Neigung zu Starrheit, Kälte und Zügellosigkeit hinsichtlich ihrer sinnenhaften Gelüste überwinden.

2.19 Hauptaufgabe und Lebensweg

Die Hauptaufgabe des Biber-Menschen besteht im Bau von festen und sicheren Fundamenten, die *Bestand haben.* Letzteres liefert einen Hinweis auf den inneren Weg der Seele, wenn wir uns seine Verbindung mit seinem Gegenüber, dem Schlange-Menschen, vor Augen halten. Biber-Menschen streben nach materiellem Eigentum, um sich ihren Wert zu beweisen, aber das sind nur Schattenbilder dessen, was sie im Innern zu entdecken und aufzubauen suchen, nämlich Besitztümer von ewigem Wert. Biber-Menschen verlangen nach Freiheit, aber die wahre Befreiung kommt erst, wenn die Dinge, die sie ihr eigen nennen, keine Fesseln mehr darstellen.

Sie haben eine Begabung, kreativ mit nun mal existierenden Beschränkungen umzugehen, und entwickeln so die Fähigkeit, materielle Dinge zu handhaben und vorteilhaft zu manipulieren.

Ihr Lebensweg läßt Biber-Menschen Möglichkeiten entdecken, mit inneren Verletzungen fertig zu werden, und er lehrt sie, anderen Menschen, die leiden, mitfühlendes Verständnis entgegenzubringen.

Ihr Hauptziel könnte man zusammenfassend bezeichnen als: verwirklichen und nutzen.

2.20 Das I-Ging-Trigramm

☲ Li
Das haftende
Feuer

Dieses Trigramm signalisiert: hell, klar und logisch. Es drückt sich aus in Vergnügen, Befriedigung, Sinnenhaftigkeit und Beharrlichkeit.

Wird es mit der Erde verbunden, verweist es auf die Notwendigkeit, äußerlich flexibel zu sein, damit das innere Wesen in schwierigen Zeiten seine Standhaftigkeit bewahren kann. Es impliziert Erfolg durch Beharrlichkeit.

2.21 Der Umgang mit Biber-Menschen

Seien Sie ein guter Zuhörer. Biber-Menschen geben gern Ratschläge und ihre eigenen tiefschürfenden Ansichten zum besten. Sie sind gesellig und werden es Ihnen nicht danken, wenn Sie versuchen, sie in ihrem Redefluß zu überbieten.

Machen Sie ihnen Komplimente über Neuerwerbungen oder die jüngsten Erfolge. Wenn Sie bei ihnen zu Hause eingeladen sind, werden Sie vieles finden, was Ihres Lobes würdig ist.

Bei Lob und Anerkennung blühen Biber-Menschen geradezu auf. Sie leuchten förmlich und «reflektieren» die Wärme, die ihnen auf diese Weise entgegengebracht wird. Aber versuchen Sie keine Schmeichelei. Biber-Menschen hassen Imitationen und alles, was nicht echt ist oder nach Falschheit und Schwindel riecht. Sie müssen die netten Dinge, die Sie sagen, auch ehrlich meinen.

Seien Sie mit Ratschlägen vorsichtig. Biber-Menschen betrachten unerbetene Ratschläge oft als Einmischung, vor allem wenn es um ihr Privatleben geht. Andrerseits sind sie selten zu stolz, um nicht gegebenenfalls Rat zu erbitten, besonders von jenen, denen sie vertrauen und die sie respektieren.

3 HIRSCH: Die Zeit des Blühens

Übersicht

Geburtsdatum	21. Mai–20. Juni.
Erdeinfluß	Die Zeit des Blühens.
Beeinflussende Winde	Die Ostwinde. *Totem:* Adler.
Richtung	Südosten.
Vorherrschende Elemente	Luft mit Feuer.
Elemente-Klan	Schmetterlings-Klan (Luft). *Funktion:* Anregen.
Geburts- und Tiertotem	Hirsch.
Pflanzliches Totem	Königskerze.
Mineralisches Totem	Achat.
Polaritäts-Totem	Eule.
Wesensverwandte Farbe	Orange.
Tonschwingung	E.
Persönlichkeitsstruktur	Schnell. Wach. Gesprächig. Entgegenkommend. Launisch.
Gefühle	Sensibel, aber oberflächlich.
Intention	Vielseitigkeit.
Wesensart	Lebhaft.
Positive Züge	Freundlich. Witzig. Intellektuell.
Negative Züge	Unbeständig. Ruhelos. Faul. Mutlos.
Geschlechtstrieb	Lieben den Kitzel.
Verträgt sich mit	Rabe und Otter.
Bewußtes Ziel	Zusammenbringen.
Unterbewußtes Verlangen	Perfektion des geistigen Bewußtseins.
Lebensweg	Koordination.
I-Ging-Trigramm	☱ Dui. Der heitere See. Erfolg durch Ausdauer.

Spirituelle Alchemie	Yang dominiert.
Muß weiterentwickeln	Konzentration. Beharrlichkeit. Mitgefühl.
Muß vermeiden	Launenhaftigkeit. Inkonsequenz. Oberflächlichkeit.
Anfangstotems	Hirsch. Adler. Schmetterling. Königskerze. Achat. Eule.

3.1 Geburtsmonat: 21. Mai–20. Juni

3.2 Erdeinfluß: Die Zeit des Blühens

Die Zeit des Blühens ist die letzte Phase des Frühlings und die Zeit, in der die in die Erde gepflanzten Samen gekeimt haben und allmählich die Form einer ausgewachsenen Pflanze annehmen.

Sie ist der Jugendzeit vergleichbar, in deren Verlauf die Person zum nunmehr «erwachsenen» Menschen heranreift. Eine Zeit, in der viel Wissen aufgenommen wird, doch das wahre Verständnis oft noch vom dickköpfigen jugendlichen Überschwang blockiert wird.

Es ist die Zeit eines sich erweiternden Bewußtseins, in der die Welt aus umfassenderer Perspektive gesehen wird. Die zwischen dem 21. Mai und dem 20. Juni in der Zeit des Blühens geborenen Menschen haben die Fähigkeit, ihr angeborenes Potential und ihre persönliche Rolle innerhalb des großen Plans tiefer und umfassender zu begreifen, müssen dazu aber die ihnen verliehene visionäre Gabe einsetzen und die Fühler ihrer Sinne ausstrecken. Sie müssen die Gelegenheiten zur Übung ihrer Intuition wahrnehmen, um die Dinge zu verstehen, die jenseits des Wahrnehmungsbereichs der bodenständigen physischen Sinne liegen.

Die Zeit des Blühens bildet die Übergangsphase vom Frühling zum Sommer, wenn die Bäume alle ihre Blätter haben, die Blumen in voller Blüte stehen und die Natur den Gipfel ihres schöpferischen Glanzes erreicht hat.

3.3 Solare Einflüsse

Dies ist die Periode, in der die Sonnenenergien ihrem Höhepunkt zur Sommersonnenwende zustreben.

Die in dieser Zeit geborenen Menschen bringen ihre Kreativität auf intensive und rasche Weise zum Ausdruck – meistens, indem sie die Aufmerksamkeit auf sich lenken.

Sie sind aktiv und vielseitig, neigen aber zu Launenhaftigkeit und plötzlicher Niedergeschlagenheit, die so erstickend sein kann wie die Atmosphäre unter der aufziehenden schwarzen Wolkenwand eines schwülen Sommertags.

Sie haben an sich ein warmherziges und liebevolles Naturell, können aber, wenn sie in ihre depressive Stimmung verfallen, die ihnen Nahestehenden extrem nerven.

Das entsprechende Sonnenzeichen sind die *Zwillinge.*

3.4 Beeinflussende Winde: Ostwinde Richtung: Südosten

Die wundersame energetisierende Kraft, die mit der Ankunft des Frühlings neues Leben hervorbrechen läßt, erreicht in dieser Phase ihren Höhepunkt und bewegt sich von der Erweckung und Aktivierung hin zur Transformation. Der Einfluß der Ostwinde in der Zeit des Blühens läßt sich mit der Jugendzeit vergleichen, in der viele Erfahrungen zum ersten Mal gemacht werden. Die Ostwinde bringen die Eigenschaft der Furchtlosigkeit mit sich, ein Merkmal der Jugend, die selten über die Gefahren einer Situation nachdenkt, bevor sie handelt.

Wie auch die Menschen der beiden vorangegangenen Frühlingsphasen werden die in der Zeit des Blühens Geborenen für ihre Selbstentwicklung Weitsicht, Aufgeschlossenheit und Erleuchtung brauchen und suchen, aber sie werden einen stärkeren Drang nach Veränderung verspüren und nach jener Anregung, die durch wechselnde Situationen entsteht.

In ihnen wird sich etwas vom Geist der Transformation widerspiegeln, der Bäume und Pflanzen blühen läßt und die Umwelt durch seine Berührung verwandelt. Gemeint ist jene vitale Essenz, die in den Dingen *Veränderung* bewirkt.

Das Totem Des Ostens ist der *Adler* (siehe unter 1.4).

3.5 Beeinflussende Elemente: Luft mit Feuer

Die mit Dem Osten assoziierte Macht des Feuer-Elements erweckt in den während der Zeit des Blühens Geborenen den inneren Drang, alles, was in ihre Reichweite gelangt, zu verändern. Oft aber erkennen sie nicht, daß das Feuer in ihnen selbst brennt und daß sie vor allem sich selbst verändern müssen.

Diese Menschen sind meist intelligente und geistsprühende Persönlichkeiten, die eine Menge Energie haben für alles, was sie interessiert. Sie sind aber weniger motiviert, ja sogar lethargisch, wenn es um die Belange anderer geht. Und zur Verblüffung der ihnen Nahestehenden sind sie zuweilen auch hinsichtlich einiger ihrer Eigeninteressen wankelmütig.

Sie werden zusätzlich vom Luft-Element beeinflußt, das mit dem Bewußtsein, mit Gedanken und Ideen sowie mit Veränderung und Bewegung assoziiert ist.

3.6 Elemente-Klan: Schmetterlings-Klan (Luft)

Die Menschen der Zeit des Blühens gehören zum Schmetterlings-Klan, der vom Luft-Element regiert wird. Der Schmetterling eignet sich besonders gut als Repräsentation der Luft, da er immer in Bewegung ist, ständig seinen Ort wechselt, und das oft noch ganz unerwartet.

Die zwischen dem 21. Mai und dem 20. Juni Geborenen sind wie Schmetterlinge, huschen auf der Suche nach Nektar von einer Blume zur andern, verweilen aber nur kurz, um dann zur nächsten Quelle zu flattern. Als wären sie von einer unersättlichen Neugier getrieben, als befänden sie sich auf permanenter Entdeckungsreise, suchen sie hier und dort, fasziniert von dem, was in ihr Blickfeld gerät, aber selten so fasziniert, daß sie länger verweilen.

Wie der Schmetterling die Pflanzen befruchten hilft, so helfen diese Menschen anderen mit ihren neuen Ideen und ihrer unverbrauchten Energie.

3.7 Geburts- und Tiertotem: Hirsch

Der schnelle Hirsch ist das Geburts- und Tiertotem der in der Zeit des Blühens geborenen Menschen.

Obwohl es viele Hirsch-Arten gibt, die sich in Größe und Gewicht stark unterscheiden, ist ihnen allen eines gemeinsam: ihre Anmut. Das Geweih des Bocks beginnt im Frühsommer zu wachsen und erreicht zur Paarungszeit im Spätherbst seine volle Größe. Jedes Jahr streift er im Januar oder Februar sein Geweih ab, bevor die Jungen im Frühling geboren werden, und in dieser Zeit, da er kein Geweih hat, ist er am verletzlichsten.

Hirsche und Hirschkühe leben bis zu Beginn der Paarungszeit getrennt. Dann treten die Böcke zum Wettstreit um eine Hirschkuh gegeneinander an, kämpfen aber selten «bis auf den Tod». Nach der Paarung leben die Tiere dann eine Weile in Kleingruppen zusammen.

Hirsche sind gut an ihre Umgebung angepaßt und reagieren sensibel auf jedes Geräusch und jede Bewegung. Ihnen selbst steht eine Reihe von Lauten zur Verfügung, meist aber lassen sie ein Blöken hören – ähnlich dem eines Schafes – oder eine Art Quieken, wenn sie Angst haben oder sich in Gefahr befinden. Hirsche leben von pflanzlicher Nahrung – meist Gras, Heidekraut, Sprößlinge und Baumrinde. Die Hirschkühe bringen im allgemeinen zwei oder drei Kitze zur Welt.

Wie ihr Tiertotem sind die Hirsch-Menschen sensibel, wach und flink. Sie sind intuitiv und einfühlsam. Da ihre eigenen Emotionen sich in raschem Fluß bewegen, haben sie meist schon die Stimmungen und Gefühlslagen erlebt, in die andere Menschen erst tiefer eintauchen müssen. Deshalb können sie mitfühlend und verständnisvoll sein.

Hirsch-Menschen hören zwar zu, aber nicht immer sehr aufmerksam. Ihre Gedanken rasen so schnell, daß das, was sie hören, häufig einen eigenen Gedankengang und eigene Emotionen auslöst, denen sie dann sofort Ausdruck verleihen müssen. Deshalb haben sie die für andere oft ärgerliche Tendenz, ein Gespräch zu unterbrechen und den Partner nicht ausreden zu lassen.

Sie mögen alles Schöne – auch schöne Menschen. Beobachten Sie nur mal einen jungen Hirsch-Mann, wenn ein hübsches Mädchen in sein Blickfeld gerät! Es ist aber nicht immer unbedingt die äußere Schönheit, die ihn anzieht. Hirsch-Menschen haben durchaus auch einen Sinn für innere Schönheit.

Sie sind findig und können aus einfachen Grundmaterialien etwas Attraktives zaubern. Ihr Bedürfnis, Schönheit zu schaffen, drückt sich nicht nur auf physischer, sondern auch auf emotionaler Ebene aus, und sie haben die Fähigkeit, das Beste in ihren Mitmenschen anzusprechen, zu wecken und sichtbar werden zu lassen.

Wie ihr Tiertotem mögen sie die Gesellschaft von Vertretern ihres eigenen Geschlechts und tauschen gern mit ihnen Gemeinsamkeiten aus. Solche Beziehungen sind häufig dauerhafter als die zu Menschen des anderen Geschlechts. Hier haben sie oft Schwierigkeiten, sich auf eine einzige und beständige Beziehung einzulassen.

Wie der Hirsch von einem Ort zum andern springt, hüpfen Hirsch-Menschen von einer Idee oder Situation zur nächsten, und da sie nicht lange bei einer Sache bleiben, erreichen sie ihr Ziel oft nicht. In ihnen steckt eine wilde, ungezähmte Seite, die es anderen zuweilen schwermacht, sie zu verstehen – und ihnen selbst oft auch. Sie müssen in ihrem Leben unter anderem Disziplin, Beständigkeit und Beharrlichkeit lernen.

Hirsch-Menschen haben Probleme, Zeit und Energieaufwand richtig einzuschätzen, was zur Folge hat, daß ihr Leben nicht gerade besonders effektiv organisiert ist.

3.8 Pflanzliches Totem: Königskerze

Die Königskerze (*Verbascum thapsus*) hat dicke, samtig behaarte Blätter, einen kräftigen, stabähnlichen Stengel und dicht besetzte Blütenähren. Sie wächst bis zu 180 Zentimeter hoch und findet sich auf unbebauten Flächen, an naturbelassenen Orten und auf Feldern. Man nennt sie auch Wollblume, Fackelblume oder Kerzenkraut.

Die gelben, fünfblättrigen Blüten wachsen an hohen Blütenstielen nahe am Pflanzenstengel. Sie blühen von Juli bis August.

Die Königskerze ist eine vielseitig verwendbare und hilfreiche Pflanze mit sehr vielen lindernden Eigenschaften. Die Indianer nutzten sie bei Brustschmerzen und Husten sowie bei Darmproblemen. Ihre Blätter wurden als Umschlag bei Wunden und Entzündungen verwendet.

Als Tee zubereitet, wirkte sich die Königskerze angeblich positiv auf die Nieren- und Blasenfunktionen aus. Mit dem aus den frischen Blüten gewonnenen Öl entfernte man Warzen.

Bei manchen indianischen Stämmen wurden die getrockneten Königskerzenblätter zur Linderung von Asthma und Lungenstauungen geraucht.

Wie ihr Pflanzentotem sind die Hirsch-Menschen vielseitig und hilfsbereit, haben aber die Tendenz, sich in ihren Bestrebungen über die anderen zu erheben oder sich mit ihren Aktivitäten in den Vordergrund zu drängen. Außerdem haben sie auch etwas chaotische Züge.

3.9 Mineralisches Totem: Achat

Der Achat ist eine Form des Chalzedons, eine gebänderte Quarzabart, die sich oft in einer Schicht von Felsenhöhlungen oder -vertiefungen findet. Diese unregelmäßigen Schichten werden durch Zersetzungsunterschiede verursacht. Die Farbschattierungen des Achats variieren von Weiß zu Grau, von Blau zu Grün und von Braun zu Schwarz. Er wird mit materiellen Bedürfnissen assoziiert, weshalb man ihn im Westen als Glücksstein betrachtet.

Eine Variation des Achat ist der Onyx, der schwarze und weiße oder braune und weiße oder grüne Streifen hat. Der Onyx wurde auch manchmal «Hör»-Stein genannt, weil er das Meditieren und das Lauschen auf die innere Stimme des Gewissens oder des Höheren Selbst unterstützen soll.

Hirsch-Menschen sollten den Achat in Form eines Anhängers, eines Rings oder einer Kette tragen, da er, wenn er mit der Haut in Berührung kommt, eine stabilisierende Wirkung auf die feinen Energien der Aura hat. Er fördert zudem eine harmonische Zusammenarbeit der Chakras im Bereich des Solarplexus, des Herzens und des Halses. Und er hilft die Emotionen stabilisieren, was für Hirsch-Menschen wichtig ist, die zuweilen unter den Folgen zu leiden haben, die ihre heftigen Emotionen hervorrufen.

Hirsch-Menschen wechseln im allgemeinen so schnell von einer Idee oder Situation zur nächsten, daß sie bei dieser Geschwindigkeit deren verborgene tiefere Wahrheit nicht zu erkennen vermögen. Ihr mineralisches Totem, der Achat, kann diese Energie stabilisieren helfen und somit zur Überwindung dieses Problems beitragen.

Viele indianische Stämme betrachteten den Achat auch als heilenden Stein.

3.10 Polaritäts-Totem: Eule

Hirsch-Menschen brauchen die Führung von Eule-Menschen, ihres Gegenpols, um ihren Intellekt zu schärfen und zu steigern und so zum Instrument eines erweiterten Bewußtseins zu machen, das wahrnimmt, was jenseits des Offensichtlichen in unmittelbarer Umgebung liegt.

Hirsch-Menschen sammeln und horten gern Informationen, koordinieren sie aber nicht gut genug, um sie zum größtmöglichen Nutzen anwenden zu können. Die Eule ist eine Seherin, der weise alte Vogel, der den Hirsch-Menschen lehren kann, den Intellekt zu beherrschen, in Bereiche intuitiven Wissens vorzustoßen und über das Nächstliegende hinauszusehen.

3.11 Persönlichkeitsausdruck

Die erwachsene Person

Entgegenkommend, anpassungsfähig, spritzig und ausdrucksstark, wie sie sind, blühen Hirsch-Menschen bei den meisten Veränderungen auf. Sie verfügen über eine starke Sensibilität, schwanken aber zwischen Selbstvertrauen und Entmutigung, Hochgefühl und Depression und erwecken oft den Eindruck, eigentlich aus zwei verschiedenen Personen zu bestehen.

Sie können charmant, gewinnend und witzig, aber auch reizbar und sarkastisch sein und sich als ausgesprochene «Stimmungsmörder» entpuppen.

Hirsch-Menschen verlangen nach Abwechslung und suchen ständig nach aufregendem Zeitvertreib. Sie verfügen über die notwendige geistige und manuelle Gewandtheit, um eine Fülle an Aufgaben zu bewältigen, und das oft mit bemerkenswerter Geschicklichkeit. Doch langweilen sie sich schnell, wenn es um eine einzige bestimmte Tätigkeit geht, und lassen es an Engagement und Konstanz fehlen, um wirklich einen Erfolg daraus zu machen. Sie verabscheuen Plakkerei, Monotonie und Routinearbeit.

Sie finden rasch Kontakt und können mit fast jedem über fast alles sprechen. Möglicherweise reden sie zu viel und hören zu wenig zu, um das Beste aus einer Beziehung zu machen. Sie nehmen Informationen leicht auf, beschäftigen sich aber nicht lange genug damit, um sie gründlich zu verstehen, und neigen zu schnellen Urteilen, noch bevor sie alle wesentlichen Fakten kennen.

Hirsch-Menschen brauchen sehr viel geistige Anregung und Beschäftigung, um sich nicht zu langweilen. In der Tat leben sie in einer Welt der Ideen und Gedanken und blühen angesichts geistiger Herausforderungen geradezu auf. Dabei laden sie sich häufig mehr auf, als sie bewältigen können, was dann zu nervösen Erschöpfungszuständen führt.

Ihren Job wechseln sie fast so häufig wie die Kleidung. Sie sind die geborenen Doppelverdiener, die ihr Einkommen aus einem Job mit ein oder zwei Nebenverdiensten aufstocken.

Pünktlichkeit gehört nicht zu ihren stärksten Seiten, was nicht immer an mangelnder Organisation liegt. Vielmehr scheint es sich einfach so zu ergeben.

Positive Züge: Anpassungsfähig. Vielseitig. Intellektuell. Witzig. Logisch denkend. Gesprächig. Lebhaft. Freundlich.

Negative Züge: Launisch und zur Niedergeschlagenheit neigend. Wankelmütig. Ruhelos. Verschlagen. Inkonsequent. Oberflächlich. Faul.

Berufliche Möglichkeiten: Luftfahrt. Fernmeldewesen. Tanz. Elektrotechnik. Elektronik. Linguistik. Motorindustrie. Medien. Büroarbeit. Politik. Öffentlichkeitsarbeit. Sport. Schreiben.

Das Kind

Kleine Hirsch-Kinder sind wahre Energiebündel – schnell, wach, lebhaft und für alles aufgeschlossen. Etwas später stellt sich heraus, daß sie eine blühende Fantasie besitzen und sich so tief in einer Scheinwelt verlieren können, daß sie aufpassen müssen, diese Gewohnheit nicht in späteren Jahren beizubehalten und nicht Illusion und Realität miteinander zu verwechseln. Sie erzählen keine Lügen, sondern sie haben nur eine starke Einbildungskraft und Vorstellungsgabe. Das Hirsch-Kind ist überzeugt, daß sich die in seiner Fantasie abspielenden Ereignisse wirklich zutrugen.

Hirsch-Kinder müssen dazu ermuntert werden, sich auszudrücken, und es muß ihnen eine Richtung vorgegeben werden, da es ihnen möglicherweise an Geduld und Konzentrationsfähigkeit mangelt, um eine Sache gründlich zu lernen. Ihr rascher Verstand gibt sich oft mit einem oberflächlichen Wissen zufrieden.

Die Eltern

Hirsch-Menschen sind hingebungsvolle, sogar in ihre Kinder vernarrte Eltern und können in ihrem Enthusiasmus so weit gehen, daß sie fast jedes Opfer bringen, um ihre Sprößlinge mit dem Besten von allem zu versorgen. Der Haken zeigt sich später, wenn sie von ihren Kindern die gleiche Hingabe erwarten und wahrscheinlich bitter enttäuscht werden.

3.12 Romantische Liebe und Sex

Man könnte die natürliche Freundlichkeit der Hirsch-Menschen als Koketterie verstehen. Hirsch-Männer sind Experten, wenn es darum geht, eine Frau zu unterhalten. Ihre faszinierende Konversation läßt eine Frau fast alles glauben, was sie sagen, und mit ihrem charmanten und einnehmenden Auftreten können sie sie schon zur Kapitulation verleiten. Hirsch-Frauen sind ebenfalls fesselnde Gesprächspartner. Zeigen sie sich von ihrer besten Seite, dann sind sie schlagfertig, amüsant und bezaubernd. Zeigen sie sich von ihrer schlechten Seite – nun, dann sind sie nicht aufzuhalten.

Sowohl der Hirsch-Mann wie die Hirsch-Frau mögen das ausgedehnte Vorspiel. Sie werden aus dem Ganzen eine Show machen, wobei ihr «sportlicher» Einsatz ihrem verbalen und geistigen kaum nachsteht. Sie reden sogar noch gern während des sexuellen Akts. Da Vielseitigkeit eines der Hauptmerkmale des Hirsch-Menschen ist, gehört Treue normalerweise nicht zu seinen Stärken.

Will man den Weg zum Herzen eines Hirsch-Menschen finden, sollte man seine Interessen teilen. Ihrerseits aber beteiligen sie sich nicht gern an den Haushaltspflichten, und obwohl sie gern essen, gehört das Kochen selten zu ihren Leidenschaften.

Verträglichkeiten: Hirsch-Menschen vertragen sich gut mit Rabe- und Otter-Menschen (zwischen 22. September und 22. Oktober bzw. 20. Januar und 18. Februar geboren).

Spirituelle Geschlechtlichkeit: (+). Die grundlegende spirituelle Geschlechtlichkeit der Hirsch-Menschen ist maskulin, was heißt, daß sie gewöhnlich extrovertiert sind und im Leben meist den aktiven Part übernehmen. Im sexuellen Bereich werden sie im allgemeinen die Initiative ergreifen.

3.13 Gesundheit

Die in der Zeit des Blühens geborenen Menschen sind geistig so aktiv, daß sie häufig spät zu Bett gehen und selten genug Schlaf bekommen. Da sie zu nervlicher Anspannung neigen, bildet die nervöse Erschöpfung eine ständige Bedrohung für ihr Wohlbefinden.

Die Zeit des Blühens ist im äußeren Körperbereich mit den Armen und Schultern assoziiert, und hier sind diese Menschen gesundheitlich anfällig. Was die inneren Organe angeht, so sind die Lungen und die Bronchien Schwachstellen, und sie müssen darauf achten, daß sich Erkältungen und Grippe nicht zu einer Bronchitis oder Lungenentzündung auswachsen.

Andere gesundheitliche Störungen werden oft durch die Leber und Giftstoffe im Körpersystem verursacht.

3.14 Wesensverwandte Farbe: Orange

Da Orange zwischen den Gelb- und Rotstrahlen liegt und Gelb mit dem Geistigen, Rot mit dem Physischen assoziiert ist, wird Orange als die Brücke zwischen dem Geistigen und dem Physischen betrachtet. Es bringt die Kraft des Geistes (Gelb) in die physische Aktivität (Rot) ein. In seiner Auswirkung energetisiert Orange das Denken, bringt Kreativität zur Manifestation. Genau das zu lernen ist eine der Lebensaufgaben des Hirsch-Menschen.

Orange ist eine warme und fröhliche Farbe, und Hirsch-Menschen fühlen sich in einer warmen und fröhlichen Atmosphäre wohl. In einer unharmonischen Umgebung igeln sie sich ein und ziehen sich zurück.

Tonschwingung: Hirsch-Menschen sind auf *E* eingestimmt.

3.15 Günstige Zeiten

Die *besten Monate* für Hirsch-Menschen sind: 21. Mai bis 20. Juni, 22. September bis 22. Oktober und 20. Januar bis 18. Februar.

Der *beste Tag* ist der Mittwoch.

Die *besten Tageszeiten* liegen zwischen 7 und 9 Uhr bzw. 19 und 21 Uhr.

3.16 Äußeres (bewußtes) Ziel und inneres (unterbewußtes) Verlangen

Auf bewußter Ebene besteht das Ziel des Hirsch-Menschen im Verbinden und Herstellen von Korrelationen. Er möchte Beziehungen knüpfen, und er möchte zusammenbringen.

Hirsch-Menschen müssen ihre Talente und Energien miteinander verbinden, nicht voneinander trennen. Eines ihrer Probleme ist zum Beispiel die Frage, wie sich die geistige Kreativität mit der manuellen Geschicklichkeit verbinden läßt, oder wie Ideen der Welt der Sinne angepaßt werden können.

In ihren Denkprozessen folgen die Hirsch-Menschen im allgemeinen dem Weg der Logik. Aber ihre Lebenserfahrungen werden sie hier notwendigerweise über den Intellekt hinausführen, so daß sie zu Herren ihres geistigen Bewußtseins werden, statt seine Diener zu sein. Darin besteht ihr wahres unterbewußtes Verlangen.

3.17 Spirituelle Alchemie

Hirsch-Menschen werden vom Sturm der Gedanken getragen, von einer attraktiven Beschäftigung zur nächsten, was immer ihren Geist stimuliert. Und ein inneres Feuer drängt sie, die Dinge zu verändern. Sie müssen, um ihre Energien ins Gleichgewicht zu bringen, ihre Gedanken und Vorstellungen in solide und praktische Realität umwandeln, und die Mittel dazu finden sie in sich selbst. Sie werden zu einer tieferen Einsicht und umfassenderen Perspektive gelangen, wenn sie an einer Sache lange genug festhalten, um die Oberfläche äußerer Erscheinung durchdringen zu können.

Der Richtungseinfluß bewegt sich vom Passiven (−) hin zum Aktiven (+), und die Polarität des Feuer-Elements ist +, auch die des Luft-Elements ist +. Die spirituelle Geschlechtlichkeit ist maskulin. Damit ergibt sich die Verbindung von − +, + + und +.

3.18 Lebensherausforderungen

Hirsch-Menschen werden wohl immer wieder Erfahrungen machen, die sie bremsen. Sie werden sich mit scheinbaren Rückschlägen und Umständen, die sie binden oder einschränken, konfrontiert sehen. Hirsch-Menschen sollten diese Einschränkungen als Segen betrachten, denn sie bieten ihnen die Gelegenheit, einmal innezuhalten, ihre Entscheidungen zu überprüfen und deren Folgen zu überdenken. Auf diese Weise können sie sich selbst einholen, ihre Richtung festlegen und sich mit dem auseinandersetzen, was wirklich wichtig ist.

Sie müssen ihre Konzentrationsfähigkeit stärken sowie Stabilität und Beharrungsvermögen entwickeln. Sie müssen Rastlosigkeit und die Vergeudung von Energien für fruchtlose Beschäftigungen vermeiden und ihrer Tendenz zum Brüten und zur Undankbarkeit entgegenwirken.

3.19 Hauptaufgabe und Lebensweg

Die Hauptaufgabe der Hirsch-Menschen besteht in einer harmonischen Koordinierung dessen, was ihnen in ihrem Leben widersprüchlich erscheint. Ihr Lebensweg führt sie zu der Erkenntnis, daß sie ihren Intellekt und ihre intuitiven Fähigkeiten, ihren Verstand und ihre Emotionen, Bewußtsein und Unbewußtes ins Gleichgewicht bringen müssen, wenn sie zu innerer Ausgewogenheit gelangen wollen. Sie sollen die Brüche in sich selbst heilen.

Hirsch-Menschen sind von Natur aus sehr neugierig, was sie immer wieder zu neuen Erfahrungen und ständigen Veränderungen zu drängen scheint. Die spirituelle Absicht, die hinter der Neugier steht, ist der Erwerb von Wissen, und Wissen muß, wenn es wirklichen Wert haben soll, angewandt werden.

Hirsch-Menschen verwirklichen sich, wenn sie erkennen, daß das durch Erfahrung erworbene Wissen in festen Entscheidungen zur Anwendung kommen soll. Sie finden ihre Erfüllung, wenn sie das, was wahren Wert hat, dem Irrelevanten und Vergänglichen vorziehen, und wenn sie lange genug ausharren, um die Früchte zu ernten.

3.20 Das I-Ging-Trigramm

☱ Dui
Der heitere See

Dieses Trigramm signalisiert die Freude, die entsteht, wenn etwas gut getan worden ist.

Es ist die Freude des Befriedigtseins, das Vergnügen an einer Leistung. Es steht auch für das Verlangen nach Zufriedenheit – ein tiefes, wenn auch unstetes Bedürfnis der Hirsch-Menschen. Und es betont, daß Ausdauer zum Erfolg führt.

3.21 Der Umgang mit Hirsch-Menschen

Unterschätzen Sie nicht die Intelligenz der Hirsch-Menschen. Diskutieren Sie mit ihnen über schwierige Themen, aber denken Sie an ihre emotionale Verletzlichkeit. Werden Sie nicht zu intensiv oder gefühlsbetont.

Seien Sie ein guter Zuhörer. Hirsch-Menschen reden gern, hassen es aber, wenn sie selbst niedergeredet werden. Für sie ist der ein guter Gesprächspartner, der sich anhört, was sie zu sagen haben.

Sie lieben die Abwechslung und hassen Routine. Denken Sie sich immer wieder neue Wege aus, um ihnen das Normale und Gewöhnliche schmackhaft zu machen.

Da Hirsch-Menschen sehr nervös sind, sollten Sie dafür sorgen, daß sie sich in Ihrer Gegenwart entspannt und behaglich fühlen.

4 SPECHT: Die Zeit der langen Tage

Übersicht

Geburtsdatum	21. Juni–21. Juli.
Erdeinfluß	Die Zeit der langen Tage.
Beeinflussende Winde	Die Südwinde. *Totem:* Maus.
Richtung	Südsüdost.
Vorherrschendes Element	Wasser.
Elemente-Klan	Frosch-Klan (Wasser). *Funktion:* Vereinigen.
Geburts- und Tiertotem	Specht.
Pflanzliches Totem	Heckenrose.
Mineralisches Totem	Rosenquarz.
Polaritäts-Totem	Gans.
Wesensverwandte Farbe	Rosenrot.
Tonschwingung	F.
Persönlichkeitsstruktur	Emotional. Sensibel. Beschützend. Mitfühlend.
Gefühle	Mütterlich/Väterlich. Romantisch.
Intention	Hingabe.
Wesensart	Anspruchsvoll.
Positive Züge	Imaginativ. Zärtlich. Sparsam. Mitfühlend.
Negative Züge	Besitzergreifend. Launisch. Nachtragend.
Geschlechtstrieb	Verlangend.
Verträgt sich mit	Schlange, Wolf und Biber.
Bewußtes Ziel	Emotionale Entfaltung.
Unterbewußtes Verlangen	Leben im Hier und Jetzt.
Lebensweg	Assimilation.

I-Ging-Trigramm ☱ Dui. Der heitere See. Verlangen nach innerer Zufriedenheit.

Spirituelle Alchemie Yin dominiert.

Muß weiterentwickeln Intuition. Wendigkeit. Bereitschaft zu verzeihen.

Muß vermeiden Selbstmitleid. Neid. Besitzdenken.

Anfangstotems Specht. Maus. Frosch. Heckenrose. Rosenquarz. Gans.

4.1 Geburtsmonat: 21. Juni–21. Juli

4.2 Erdeinfluß: Die Zeit der langen Tage

Die Zeit der langen Tage ist die erste der drei Phasen des Sommers. Sie beginnt mit der Sommersonnenwende, wenn die Natur ihr Wachstumstempo zu verlangsamen beginnt und dem Ausreifen der Früchte zustrebt. Diese Zeit kündigt die Erfüllung der Versprechen des Frühlings an, die Fülle, die aus einer festen Verwurzelung in der Erde entsteht.

Die Sommersonnenwende kennzeichnet den Höhepunkt des Jahres, die Tage sind am längsten, die Nächte am kürzesten. Es ist eine Zeit, in der man die Schönheiten der Natur genießt – die üppig grüne Vegetation, die von berauschendem Blumenduft erfüllte Luft.

Die Zeit der langen Tage läßt sich mit dem Übergang zum Erwachsenenalter vergleichen, einer Phase des Erprobens und Reifens. Die Menschen, die in dieser Zeit geboren sind, versprechen eine «reiche Ernte», sie besitzen die Fähigkeit zu jener Reife, die aus einer durch Erfahrung und Verantwortung erworbenen Weisheit erwächst.

Die Zeit der langen Tage ist auch dem Mittag vergleichbar, wenn die Sonne im Zenit steht, am hellsten strahlt und am meisten Wärme abgibt. Hier wird auf ein Leben des Erprobens und der Entwicklung verwiesen, ein Leben, in dem die zu dieser Zeit geborenen Menschen ihre potentiellen Eigenschaften und Fähigkeiten zu höchster Entfaltung bringen sollen. Dies ist auch eine Zeit der Erwartung von kommenden, langen heißen Sommertagen und der Hoffnung auf den Lohn für alle Anstrengungen und Mühen. In alten Zeiten war die Sommersonnenwende das Fest der Hoffnung und Erwartung.

4.3 Solare Einflüsse

Die Natur ist damit beschäftigt, alles, was geboren wurde, zu nähren und zu schützen, während die Sonne ihren Zenit erreicht und mit ihrer Strahlkraft vom überall sichtbaren Glanz des Sommers und der Freude des Lebendigseins kündigt.

Specht-Menschen besitzen ebenfalls die sich nun in der Natur zeigenden nährenden und schützenden Instinkte und Empfindungen.

Das entsprechende Sonnenzeichen ist der *Krebs*.

4.4 Beeinflussende Winde: Südwinde
Richtung: Südsüdost

Wie die Sonnenstrahlen eines schönen Sommertags nicht durch Wolken verdunkelt werden und allem, was sie berühren, Wärme und Energie schenken, werden die in der Zeit der langen Tage geborenen Menschen von den warmen Südwinden in die Inkarnation getragen und von einem Element beeinflußt, das sie befähigt, sich durch den direkten Kontakt mit allem Existierenden zu entwickeln. Der Einfluß der Südwinde fördert die Gabe, die Dinge zu verstehen und in ihrem wahren Licht zu sehen, indem man ihnen sehr «nahekommt».

Die in der Zeit der langen Tage geborenen Menschen werden durch die Richtungsmacht Des Südens beeinflußt, deren zur Reife führende Energien im Geist des Vertrauens und der Unschuld arbeiten und wirken. Der Süden wird manchmal auch als «der Ort des Vertrauens und der Unschuld» bezeichnet.

Ich möchte versuchen, das näher zu erklären. Nach dem Verständnis indianischer Menschen «vertrauen» alle wachsenden Dinge darauf, daß sie in ihrem Anfangsstadium genug Substanz aus der Erde gewonnen haben, um sich in Einklang mit dem im Samen enthaltenen Ziel zu entwickeln, zu reifen, und natürlich auch fortzupflanzen. Manche mögen das «göttliches» Vertrauen nennen, das allen wachsenden Dingen innewohnt.

Auf die menschliche Situation bezogen, bedeutet das, sich kindlich (aber nicht kindisch!) auf die eigenen angeborenen Instinkte oder die «innere Stimme» zu verlassen; das Vertrauen zu haben, daß man den Sinn seines Lebens schon finden und erfüllen wird; und sich nicht durch Zynismus, trügerische Ängste, falsche Werte und Schuldkomplexe des «Erwachsenendaseins» beirren zu lassen.

Unschuld bedeutet nach indianischem Verständnis nicht Naivität. Unschuld meint Unvoreingenommenheit und Objektivität im Gegensatz zu subjektiven Vorurteilen. Es ist ein Zustand der Gelassenheit, des Nicht-Verhaftetseins. Ein höherer Bewußtseinszustand, in dem wir nicht selbstsüchtig und besitzergreifend sind, nicht die *trennenden Unterschiede*, sondern die *Einheit* des Ganzen sehen und die Harmonie, die prinzipiell in der Dualität von männlich und weiblich und allem Leben existiert.

Unschuld ist ein für die Reinheit der Vision unabdingbarer Bewußtseinszustand, da diese sonst von persönlichen und selbstsüchtigen Erwägungen beeinträchtigt würde. Sie bedeutet ein Gewahrsein der zwischen dem Sehenden und dem Gesehenen existierenden Einheit.

Für den indianischen Menschen heißt Unschuld, sich die Unverfälschtheit und Einfachheit der Kindheit zu bewahren und gleichzeitig die *Erfahrungen* des Lebens zu genießen, immer bereit, aus einem neuen «Abenteuer» des Lebendigseins zu lernen, damit das Leben selbst weiterhin aufregend bleiben und Freude und Erfüllung bringen kann.

Die Macht Des Südens bot Gelegenheit, sich von allem zu befreien, was die Quelle jener angeborenen Instinkte, der «inneren Stimme», des Gewissens, oder wie immer man es nennen mag, trübt und verdunkelt, um so zur Erkenntnis des Wahren Selbst vordringen zu können.

Das Tier, das einige Stämme als Totem mit der Kraft Des Südens assoziierten, war nicht groß und mächtig, wie ich schon im ersten Teil dieses Buches über die philosophischen Grundlagen erläutert habe. Vielmehr war es eines der kleinsten und unbedeutendsten Tiere: die *Maus*!

Als Totem und Quelle der Unterweisung mag die Maus dem äußeren Anschein nach völlig ungeeignet sein. Aber vergessen Sie nicht, daß der indianische Mensch davon ausging, daß *jedes* Geschöpf etwas Wertvolles mitzuteilen hat.

Die Maus repräsentierte die Fähigkeit, die Dinge dadurch zu verstehen, daß man ihnen – durch Gefühl oder Berührung – nahekommt, denn über ihre Schnurrbarthaare ist sie für ihre unmittelbare Umgebung äußerst sensibel.

Sie nimmt durch *Nähe* und *Empfindung* wahr, was ganz besonders charakteristisch ist für Den Süden.

In der Zeit der langen Tage geborene Menschen sind ganz entscheidend beeinflußt von ihren Gefühlen, vor allem dem Gefühl der Nähe. Ihr Handeln und ihre Entscheidungen werden weitgehend von ihren Emotionen bestimmt.

4.5 Beeinflussendes Element: Wasser

Die in der Zeit der langen Tage geborenen Menschen unterstehen dem Einfluß des mit Dem Süden verbundenen Wasser-Elements. Die Substanz eines Elements zeigt an, in welcher Form die in der menschlichen Aura absorbierten kosmischen Kräfte oder spirituellen Energien vorrangig *Ausdruck* finden. Das Wasser-Element, das schon seit undenklichen Zeiten den Emotionen zugeordnet wurde, drückt sich über die Gefühle aus. Diese Menschen werden also sehr stark von ihren Emotionen geleitet und verfügen über große Gefühlstiefe.

Wie das physikalische Wasser besitzt auch das Wasser-Element die Eigenschaft der Flüssigkeit und Veränderlichkeit und wird immer in die Richtung fließen, in die es geleitet wird. Auch Emotionen sind «flüssiger» Natur, aber wenn sie unterdrückt werden, führen sie möglicherweise zu Frustration und können dann einige physische Störungen hervorrufen. Wasser erneuert und erfrischt, und auch das Wasser-Element verfügt über starke transformierende Eigenschaften. Die Polarität des Wasser-Elements ist rezeptiv (–).

4.6 Elemente-Klan: Frosch-Klan (Wasser)

Die Menschen der Zeit der langen Tage werden in den Frosch-Klan geboren und haben eine Affinität zu Wasser. Diese Beziehung kann viele wohltuende Auswirkungen haben. Ein Spaziergang am Meer, an einem See oder Bach, oder auch nur das Geräusch von fließendem Wasser wirken beruhigend und unterstützen den Fluß inspirierender oder kreativer Gedanken. In Zeiten emotionaler Turbulenzen oder bei Streß verhilft ein Aufenthalt am Wasser zu innerer Ausgeglichenheit, und er empfiehlt sich auch vor wichtigen Entscheidungen.

Wasser löst und verdünnt, und die Menschen des Frosch-Klans haben die Fähigkeit, bei anderen emotionale Blockaden zu erkennen und ihnen bei deren Auflösung zu helfen. Sie können auch die Wirkung negativer Energien abschwächen, die ansonsten oft zu physischer, geistiger und emotionaler Störung führen. Andererseits, und das ist die weniger positive Seite, bauen sie zuweilen in sich selbst emotionale Blockaden auf, die sich verheerend auf ihren eigenen inneren Fluß der Lebensenergien und auch den ihrer Nächsten auswirken können.

Die Antriebskraft der Menschen des Frosch-Klans ist das Bedürfnis, sich zu entwickeln und zur Reife zu gelangen.

4.7 Geburts- und Tiertotem: Specht

Das Tiertotem der in der Zeit der langen Tage Geborenen ist der Specht. Ein bunter Vogel, der mit seinem starken und scharfen Schnabel aus Ästen und Baumstämmen ein Nestloch heraushacken oder auch nach Insekten fahnden kann.

Der Specht nahm bei den indianischen Völkern eine Sonderstellung ein, weil der Rhythmus seines Klopfens dem Trommeln der Schamanen gleicht, die damit den menschlichen Herzschlag oder die natürlichen Rhythmen des Pulsschlags der Erde nachahmen. Und Spechte trommeln keineswegs immer nur zur Nahrungssuche oder um ihre Unterkunft zu bauen, sondern auch aus reiner Freude, was sie den Indianern besonders lieb machte.

Der Specht hat scharfe, gekrümmte Krallen, mit denen er sich beim Trommeln am Baum festhalten kann. Specht-Menschen haben wie ihr Tiertotem die Tendenz, sich an Dingen, und mitunter auch an Menschen, äußerst zäh festzuklammern.

Wie der Vogel sind Specht-Menschen gute Eltern, haben aber Probleme, ihre flügge gewordenen Jungen ihrer eigenen Wege gehen zu lassen. Sie klammern sich sogar noch im Alter an sie, was ihren Sprößlingen das Gefühl vermittelt, nach wie vor von ihnen abhängig zu sein. «Loslassen» – der Test für wahre Liebe – ist eine der härtesten Erfahrungen, die Specht-Menschen machen müssen.

Spechte schaffen sich und ihren Jungen ein behagliches Nest, und auch Specht-Menschen brauchen ein bequemes und harmonisches Heim. Das heißt, das Heim und die damit verbundenen engen Beziehungen sind absolut notwendig für ihr Wohlbefinden. Wenn sie ihr «Nest» nicht mit jemandem teilen können, den sie lieben, werden Specht-Menschen, vor allem Specht-Frauen, bitter und können sogar einen Knacks kriegen.

Specht-Menschen brauchen jemanden oder etwas, dem sie dienen, worauf sie ihre Energien und ihre Hingabebereitschaft richten können. Wenn es ihnen nicht möglich ist, dieses Bedürfnis nach Hingabe in irgendwelche Bahnen zu lenken, werden sie sehr unglücklich und versinken in einem Loch negativer Emotionen.

4.8 Pflanzliches Totem: Heckenrose

Es gibt viele Arten der Heckenrose, die ein stacheliger Busch mit gewundenen, sich hochrankenden oder geraden Stämmen ist. Sie hat fünfblättrige rosafarbene, rötliche oder weiße Blüten. Nach dem Verblühen bilden sich die als Hagebutten bekannten Früchte, die im reifen Zustand orangefarben sind. Die Heckenrosen blühen von Mai bis Juli, und die Hagebutten können im Herbst geerntet werden.

Diese Pflanze hat viele heilkräftige Eigenschaften. Die getrockneten Blüten sind bei Kopfschmerzen und, mit Honig vermischt, als Tonikum und blutreinigendes Mittel zu verwenden. Das aus den Blüten hergestellte Rosenwasser wurde von den Indianern als Augenwasser und zur Linderung von Heuschnupfen benutzt. Aus den Blüten wurde auch ein Öl gewonnen, das als Parfüm diente. Getrocknete Blüten machen zudem auf angenehme Weise die Luft wieder frisch.

Hagebutten sind reich an Vitamin C und ein gutes Heilmittel bei Erkältungen, Halsschmerzen und Grippe.

Wie ihr Pflanzentotem können die in dieser Zeit Geborenen Schönheit, Harmonie und Frische in das Leben anderer bringen, haben aber die Neigung, ihre Sprößlinge übermäßig zu beschützen, und sie weisen auch eine stachelige Seite auf.

4.9 Mineralisches Totem: Rosenquarz

Der Rosenquarz ist ein kristalliner Quarz, dessen zarte rosa Farbe von Manganspuren herrührt. Ein Stein, der mit dem Herz-Chakra assoziiert ist und der, wie man mir sagte, die Empfänglichkeit für schöne Dinge fördert – nicht nur die Wertschätzung schöner Objekte, sondern auch der Töne (Musik), Farben (Malerei) und Formen (Lyrik).

Da er mit dem Herz-Chakra harmoniert, hilft er das Herz belastende Traumata, Leiden, Ängste und Ressentiments lösen und befördert die Verständnisfähigkeit. Da dieser Stein sowohl ein Sender wie ein Empfänger ist, sollte er am Körper getragen werden.

Man schreibt ihm eine Stärkung der Liebe zwischen Eltern und Kindern zu, und er hat die Eigenschaft, Familien- und Verwandtschaftsbande zu festigen.

Menschen, denen dieses Totem zugeordnet ist, entwickeln enge Familienbeziehungen und sind bereit, viel für das Glück ihrer Kinder zu opfern. Der Rosenquarz ist bekannt dafür, daß er Freundschaften fördert und zur Auflösung von Wut und Streit beiträgt.

Er ist ein heilender Stein und hilfreich in Notsituationen. Auch Specht-Menschen sind in Notsituationen hilfreich und scheinen oft intuitiv zu wissen, was bei einer Krise zu tun ist.

4.10 Polaritäts-Totem: Gans

Aufgrund seiner tiefen Emotionalität neigt der Specht-Mensch dazu, die, die er liebt, beschützen zu wollen, aber diese Haltung kann ins Extrem abgleiten, so daß er aus seinem Heim ein Gefängnis macht.

Er kann von seinem Gegenpol, dem Gans-Menschen, lernen, seinen Horizont über die Sphäre seines Heims hinaus zu erweitern und auch anderen Menschen außerhalb seiner Familie oder seines Klans zu dienen. Specht-Menschen müssen nach außen gerichtete Interessen entwickeln und sich anspruchsvollen Hobbys oder irgendeinem Sport widmen.

Da sie so oft von der puren emotionalen Energie leben, müssen sie sich Disziplin und Selbstbeherrschung aneignen, und die können die Gans-Menschen sie lehren. Und sie müssen lernen, nicht immer auf der Vergangenheit und dem, «was hätte sein können», herumzureiten, wenn sie nicht ihr ganzes Leben mit Bedauern und Reue verbringen wollen. Auch hier können ihnen die Gans-Menschen zeigen, wie sich ihre Energien effektiver ausbalancieren lassen.

4.11 Persönlichkeitsausdruck

Die erwachsene Person

Specht-Menschen sind emotional, sensibel, fürsorglich, verletzlich und haben einen starken mütterlichen bzw. väterlichen Instinkt. Ihr Leben dreht sich um ihr Heim, den einzigen Ort, an dem sie sich wirklich sicher fühlen, und ihre Familie. Den ihnen besonders Nahestehenden begegnen sie warmherzig und liebevoll, aber Fremden gegenüber zeigen sie eine harte äußere Schale.

Sie reagieren außerordentlich emotional und sind schnell aufgebracht. In der Tat manipulieren sie oft das Mitgefühl und die Loyalität geliebter Menschen, indem sie vorgeben, unter Liebesentzug und Vernachlässigung zu leiden, und die Situation maßlos übertreiben.

Sie entwickeln starke Bindungen und klammern sich wie Kletten an das, was ihnen wichtig ist. Diese Bindungen aber sind es, die in ihnen den größten Streß und die tiefsten Ängste hervorrufen und sie unter Umständen sogar krank werden lassen. Durch ihre Lebenserfahrungen müssen sie lernen loszulassen, um die Kontrolle über ihr Leben übernehmen zu können.

Es liegt in ihrer Natur, daß sie sich ständig Sorgen machen, und in ihrer starken Einbildungskraft können sie so weit gehen, daß sie sich nur noch Gedanken über die Zukunft machen, anstatt sich der Gegenwart zu widmen.

Specht-Menschen schwanken oft zwischen zwei Extremen. Einerseits können sie warmherzig, freundlich und rücksichtsvoll, andererseits aber auch hart, launisch und bitter sein.

Positive Züge: Sensibel. Fantasievoll. Mitfühlend. Beschützend. Zärtlich. Klug. Sparsam.

Negative Züge: Überemotional. Hypersensibel. Launisch. Nachtragend. Unordentlich.

Berufliche Möglichkeiten: Kunst. Bankwesen. Zivilrecht. Beratende Tätigkeit. Im- und Export. Krankenpflege. Marine. Parfümherstellung. Immobilien. Theater. Geistlicher.

Das Kind

Das Specht-Kind spielt normalerweise ganz zufrieden allein, fordert nicht ständig Aufmerksamkeit und macht von allen Kindern mit die wenigsten Umstände. Es scheint sich in seiner eigenen Gesellschaft wohl zu fühlen, und unterstützt von seiner starken Fantasie findet es von sich aus vergnügliche Beschäftigungen.

Specht-Kinder sind aber sensibel und schnell gekränkt. Ein hartes Wort kann fürchterliche Auswirkungen haben und sie in einer dunklen depressiven Wolke versinken lassen. Sie entwickeln ein ausgezeichnetes Gedächtnis und nehmen Informationen mühelos auf. Sie haben allerdings auch eine Begabung, die Meinung anderer aufzuschnappen und sie dann als ihre eigene wieder von sich zu geben.

Die Eltern
Specht-Menschen sind fürsorgliche Eltern, die große Freude an ihren Kindern haben. Es scheint, daß ihr sensibles Wesen der Verletzlichkeit und Unschuld eines Kindes entspricht.

Specht-Väter sind stolze, beschützende und geduldige Väter, und Specht-Mütter sind so fürsorglich, daß sie hier leicht ins Extrem verfallen und ihre Kinder verwöhnen. Die Specht-Mutter sperrt sich häufig dagegen, daß ihre Kinder erwachsen werden, und betrachtet sie noch immer als ihre «Babys», wenn diese schon längst ihre eigenen Kinder haben.

4.12 Romantische Liebe und Sex

Specht-Menschen möchten gern im Arm gehalten und gehätschelt und mit Zärtlichkeit behandelt werden. Sie lieben es, zu streicheln und gestreichelt zu werden, und Küsse machen sie heiß, vor allem intensive, ausgedehnte Küsse. Sie sind emotional so stark aufgeladen, daß sie sich total binden, wenn sie ihr Herz einmal verschenkt haben.

Dem Specht-Mann liegt mehr an emotionaler als an physischer Befriedigung, und möglicherweise sucht er eher nach einer Mutter als nach einer Frau.

Die Specht-Frau dagegen hat einen kräftigeren sexuellen Appetit. Man könnte sagen, Sex ist für sie so wichtig wie Essen – und sie ißt ausgesprochen gern.

Specht-Menschen sind schnell gekränkt, und eine Enttäuschung, Frustration oder auch nur schlichte Ablehnung kann sie in tiefstes Selbstmitleid stürzen: «Ach, ich armer Mensch, keiner hat mich lieb.»

Obwohl sie freundlich und umgänglich, rücksichts- und verständnisvoll sein können, verfallen sie unter Umständen auch ins andere Extrem und sind launisch, reizbar, depressiv und bissig. Manchmal fühlen sie mit ihrem Partner, haben Verständnis für seine Probleme, dann wieder sind sie nur mit ihren eigenen, oft reichlich übertriebenen Wehwehchen befaßt, und eine geringfügige Kränkung kann zur riesigen Ungerechtigkeit aufgebauscht werden, auf der endlos herumgeritten wird.

Verträglichkeiten: Specht-Menschen vertragen sich gut mit

Schlange-, Wolf- und Biber-Menschen (zwischen 23. Oktober und 22. November bzw. 19. Februar und 20. März bzw. 20. April und 20. Mai geboren).

Spirituelle Geschlechtlichkeit: (−) Die grundlegende spirituelle Geschlechtlichkeit der Specht-Menschen ist feminin, was bedeutet, daß sie im allgemeinen introvertiert, fürsorglich und beschützend veranlagt sind. Ihre Emotionalität macht sie besonders verletzlich, und sie sind schnell beleidigt.

4.13 Gesundheit

Specht-Menschen haben gewöhnlich eine robuste Konstitution und erholen sich von den meisten Krankheiten rasch wieder. Sie sind allerdings sehr schmerzempfindlich und haben eine niedrige Schmerztoleranzgrenze.

Ihre anfälligen Bereiche sind der Brustraum, die Brüste und der Magen. Sie neigen zu bronchialen Infekten und Magenproblemen. Letztere unweigerlich verursacht durch das ewige Sich-Sorgen-Machen.

4.14 Wesensverwandte Farbe: Rosenrot

Rosenrot ist eine dunklere Tönung als Rosa, hat mehr von der Energie des Rot und ist mit den Emotionen assoziiert. Specht-Menschen dient sie in erster Linie als Stabilisator und als Schutz vor Trübsinn und extremen Gefühlslagen jeder Art.

Wie ihre pflanzliche Entsprechung ist sie mit Gemütsbewegungen und Empfindungen verbunden, denn Rosenrot ist die Farbe des Mitgefühls und des Zusammenbringens. Sie signalisiert auch den Wunsch zu dienen. Ihr Merkmal ist liebevolle Güte, eine Eigenschaft, die die Specht-Menschen als ausgleichendes Moment für ihre innere Dynamik brauchen.

Specht-Menschen mögen feststellen, daß es ihnen wohltut und sie weniger emotional verletzlich macht, wenn sie etwas Rosenrotes tragen, sei es ein Kleidungsstück, ein Accessoire oder auch nur ein Taschentuch, eine Brosche oder eine Krawattennadel.

Tonschwingung: Specht-Menschen sind auf *F* eingestimmt.

4.15 Günstige Zeiten

Die *besten Monate* für Specht-Menschen sind: 21. Juni bis 22. Juli, 23. Oktober bis 22. November und 19. Februar bis 20. März.

Der *beste Tag* ist der Montag.

Die *besten Tageszeiten* liegen zwischen 9 und 11 Uhr bzw. 21 und 23 Uhr.

4.16 Äußeres (bewußtes) Ziel und inneres (unterbewußtes) Verlangen

Äußerlich gesehen scheinen sich Specht-Menschen vor allem über ihre Gefühle auszudrücken. Das Problem ist, daß diese Gefühlsbetontheit sie oft selbst sehr verletzlich macht.

Sie wollen unbedingt wissen, wann der richtige Zeitpunkt zum Handeln, der richtige Zeitpunkt zum Festhalten und der richtige Zeitpunkt zum Loslassen gekommen ist, und dadurch entsteht in ihnen ein Gefühl der Ungewißheit und Unsicherheit.

Einstellung und Verhaltensweise der Specht-Menschen wird allzuoft von ihren früheren Erfahrungen bestimmt, besonders von jenen Situationen, in denen sie sich bedroht oder unzulänglich fühlten. Sie klammern sich an diese Geschehnisse, als seien sie gestern passiert, und neigen folglich dazu, sehr nachtragend zu sein. Wenn sie ihrem Wesen nach auch mitfühlend und verständnisvoll sind, so können sie doch gegenüber Menschen, die ihrer Meinung nach einmal ihre Sicherheit bedroht oder ihre Unzulänglichkeit an den Tag gebracht haben, unversöhnlich sein.

Eine Harmonisierung der inneren und äußeren Ausdrucksformen findet dann statt, wenn der Specht-Mensch gelernt hat, sich von der Vergangenheit zu lösen und Geschehenes geschehen sein zu lassen. Der tiefere Grund für diesen offensichtlichen Konflikt liegt darin, daß er lernen muß, auf dem Weg der Anpassung mit Veränderungen fertig zu werden. Hat er das erreicht, wird er seine Kreativität aus den selbstauferlegten Beschränkungen und Grenzen befreien und sie in Kanäle lenken können, die es ihm ermöglichen, auch anderen zu helfen. Und das wird ihm eine größere innere Sicherheit verleihen.

4.17 Spirituelle Alchemie

Bei einem so starken Einfluß des Wasser-Elements leben die Specht-Menschen ganz vom Emotionalen her. Sie fühlen so tief, daß sie oft die emotionalen Traumata anderer Menschen, vor allem die ihrer Familienangehörigen, selbst erleiden. Von daher ist es wichtig, daß sie ihre Emotionen verstehen und nicht unterdrücken.

Wie Wasser seine eigene Ebene findet und sich seiner Umgebung anpaßt, müssen Specht-Menschen lernen, sich nicht nur ihrer physischen Umwelt, sondern auch den Menschen, mit denen sie in Berührung kommen, anzupassen.

Da die südsüdöstliche Richtung auf eine Bewegung von warm hin zu heiß verweist, wird sie durch zwei Yang (⚌) oder + + dargestellt. Das Wasser-Element übt sowohl in seinem richtungweisenden wie auch in seinem zyklischen Moment Einfluß aus – –. Die spirituelle Geschlechtlichkeit des Specht-Menschen ist feminin (–). Damit ergibt sich eine Kombination + +, – – und –, die auf eine eher passive als extrovertierte Persönlichkeit schließen läßt, der zudem eine beschützende Haltung eigen ist.

4.18 Lebensherausforderungen

Specht-Menschen machen sich von Natur aus ständig Sorgen und können praktisch in allem und jedem Untergang und Unheil wittern. Sie machen sich schon Sorgen um den Ausgang einer Situation, noch bevor diese richtig angefangen hat.

Sie müssen, als Teil ihrer Lebensaufgabe, entdecken, wie man im Jetzt lebt. Jede ihrer Lebenserfahrungen möchte sie lehren, wie wichtig es ist, den gegenwärtigen Augenblick zu schätzen. Specht-Menschen sollen ihre Intuition und Findigkeit pflegen und erkennen, wie heilsam Vergebung sein kann. Sie müssen ihrer Neigung zu Selbstmitleid, zu Beschuldigungen, Anklagen und zu Neid widerstehen. Vor allem aber müssen sie von ihrer besitzergreifenden Tendenz lassen.

4.19 Hauptaufgabe und Lebensweg

Die Hauptaufgabe der Specht-Menschen besteht in der Aneignung von Erfahrung über das Gefühl, woraus sie dann Wissen und Weisheit schöpfen sollen. Dadurch gelangen sie zur emotionalen Entfaltung.

Der Lebensweg des Specht-Menschen führt zu der Erkenntnis, daß Liebe ihre eigene Polarität hat. Sie muß gegeben, um empfangen, freigesetzt, um bewahrt zu werden. In besitzergreifender Umklammerung wird sie erdrückt und erstickt.

Die Betonung liegt auf totalem Engagement und der Notwendigkeit, Prüfungen und Schwierigkeiten, Konflikte und auch Niederlagen als notwendige Erfahrungen zu akzeptieren, wenn man als stärkere Persönlichkeit aus ihnen hervorgehen will. Zu lernen, wie man mit den eigenen inneren Widersprüchen umgeht und die inneren Kräfte zügelt, ist die größte Schwierigkeit auf diesem Weg.

Das Hauptziel des Specht-Menschen besteht also darin, sein turbulentes instinktives und emotionales Wesen nutzbar zu machen und der Herrschaft des Willens zu unterstellen, um zur wahren Reife zu gelangen.

4.20 Das I-Ging-Trigramm

☱ Dui
Der heitere See

Die in der Zeit der langen Tage Geborenen sind auf dem Rad des Jahres in südsüdöstlicher Richtung angesiedelt und haben dasselbe Trigramm wie jene, die der südöstlichen Richtung zugehören.

Der heitere See steht für den Wunsch nach innerer Zufriedenheit, der bei den Specht-Menschen sehr stark ausgeprägt ist. Es handelt sich dabei um die Freude der Befriedigung – Befriedigung in der körperlichen Liebe, Befriedigung durch Erfolg und Befriedigung darüber, gute Arbeit geleistet zu haben.

4.21 Der Umgang mit Specht-Menschen

Gehen Sie sanft mit ihnen um. Sie sind sehr emotional und unbeständig und werden sofort die Jalousie runterlassen, wenn sie das Gefühl haben, sie selbst oder irgendwer oder irgendwas, das ihnen «gehört», sei bedroht.

Nehmen Sie in ihrer Gesellschaft eine positive Haltung ein. Sie mögen sich zwar besser fühlen, wenn Sie von Ihren Problemen erzählt haben, aber Specht-Menschen können so mitfühlend sein, daß sie Ihre Sorgen zu ihren eigenen machen.

Sie fangen sich Sorgen ein wie andere Leute Erkältungen.

Bedrängen Sie Specht-Menschen nicht zu sehr. Sie lassen sich zwar führen, aber nicht antreiben.

5 LACHS: Die Zeit des Reifens

Übersicht

Geburtsdatum	22. Juli–21. August.
Erdeinfluß	Die Zeit des Reifens.
Beeinflussende Winde	Südwinde. *Totem:* Maus.
Richtung	Süden.
Vorherrschende Elemente	Feuer mit Wasser.
Elemente-Klan	Habichts-Klan (Feuer). *Funktion:* Tun.
Geburts- und Tiertotem	Lachs.
Pflanzliches Totem	Himbeere.
Mineralisches Totem	Karneol.
Polaritäts-Totem	Otter.
Wesensverwandte Farbe	Rot.
Tonschwingung	Fis.
Persönlichkeitsstruktur	Stolz. Energiegeladen. Selbstsicher. Enthusiastisch.
Gefühle	Leidenschaftlich. Intensiv.
Intention	Herrschaft.
Wesensart	Fordernd.
Positive Züge	Großzügig. Großherzig. Kreativ.
Negative Züge	Despotisch. Arrogant. Dogmatisch. Intolerant.
Geschlechtstrieb	Unersättlich.
Verträgt sich mit	Eule und Falke.
Bewußtes Ziel	Herrschen.
Unterbewußtes Verlangen	Emotionale Stabilität.
Lebensweg	Zur Ziel-Bewußtheit finden.
I-Ging-Trigramm	☵ Kan. Wasser. Verlangen nach Beständigkeit.

Spirituelle Alchemie	Yang dominiert.
Muß weiterentwickeln	Toleranz. Urteilsfähigkeit. Emotionale Stabilität.
Muß vermeiden	Arroganz. Geltungsbedürfnis. Prahlerei. Gleichgültigkeit.
Anfangstotem	Lachs. Maus. Habicht. Himbeere. Karneol. Otter.

5.1 Geburtsmonat: 22. Juli–21. August

5.2 Erdeinfluß: Die Zeit des Reifens

Die Zeit zwischen 22. Juli und 21. August ist die Phase, während der in der nördlichen Hemisphäre die Sonne am heißesten brennt und die Früchte der Erde reifen läßt. Traditionellerweise ruhen sich die Menschen in dieser Zeit von der Arbeit aus, um vor den kommenden Anstrengungen der Ernte Kraft zu sammeln. Die ganze Natur scheint sich jetzt der Sonne zu öffnen und ihre Früchte in Fülle hervorzubringen.

Von daher wurde die Zeit des Reifens als eine Zeit der Offenheit und Wärme betrachtet, Eigenschaften, die sich auch bei den in dieser Phase geborenen Menschen zeigen.

Im alten Nordeuropa fand in diesem Monat – am 1. August – ein Feuerfest statt, *Lammas* (bei den Kelten hieß es *Lugnasad)*. Auf den Britischen Inseln sprach man manchmal auch vom «Fest der ersten Früchte». Es markierte den Zeitpunkt, da das erste Korn geschnitten wurde, während der Sommer noch in vollem Gange war, sowie die Zeit der Jahrmärkte. Man gedachte der Tatsache, daß die Sonnenkraft seit der Sommersonnenwende begonnen hatte abzunehmen. Und obwohl es eine freudige und glückliche Zeit war, sollte sie doch auch daran erinnern, daß nicht alles so ist, wie es zu sein scheint. Die Sonne strahlte, die Tage waren heiß, aber Der Kreis bewegte sich auf das Dunkel zu, die Tage wurden in Vorbereitung auf den Herbst und den kommenden Winter kürzer.

Es handelte sich also um ein Fest des Gedenkens – der Erinnerung daran, daß die Dinge nicht immer so sind, wie sie zu sein scheinen, und daß nichts in der physischen Welt von Dauer ist.

Und es war eine Zeit des Nachdenkens – darüber, was wir jetzt sind und was zu werden wir hoffen.

5.3 Solare Einflüsse

Diese Zeit ist der Höhepunkt der Sommermacht, die lebenspendende Kraft der Sonne hat ihren Gipfel erreicht und sorgt für reichlich Aktivität. In dieser Phase bringt die Hitze der Sonne die Früchte der Erde zum Reifen.

Die in diesem Monat Geborenen sind gewöhnlich energiegeladen und kreativ, extrovertierte Persönlichkeiten mit einem Naturell, das man als «sonnig» bezeichnen könnte.

Der Einfluß der solaren Energien auf ihr Ego zeigt sich deutlich in ihrem Selbstwertgefühl, denn, wie die Sonne, mögen sie es, wenn man zu ihnen aufsieht und sie zu würdigen weiß.

Das entsprechende Sonnenzeichen ist der *Löwe*.

5.4 Beeinflussende Winde: Die Südwinde Richtung: Süden

Die warmen Südwinde bringen den in der Zeit des Reifens Geborenen einen Zustrom an Lebensenergien, die sie befähigen, schwere Aufgaben zu übernehmen, die andere möglicherweise ablehnen würden, und die Bürde der Verantwortung auf sich zu laden. Diese Urenergie ist es, die sie so aktiv, schwungvoll, kühn und zu entschlossenen Anführern macht, die den Kitzel, in vorderster Front zu kämpfen, außerordentlich genießen.

Das Tiertotem Des Südens ist die *Maus*. Menschen, die so kühn, aggressiv und dominant sind wie jene, die in der Zeit des Reifens geboren sind, mag die Vorstellung, daß sie von der kleinen Maus beeinflußt sein sollen, lächerlich vorkommen. Aber wie weiter oben bereits festgestellt, sollten wir den Wert dieses Winzlings nicht unterschätzen.

Dieses Tier versteht die Dinge, indem es ihnen nahe kommt. Es ist vor allem mit Emotionen und Gefühlen assoziiert und mit den Tugenden des Vertrauens und der Unschuld (Näheres siehe unter 4.4).

Der Einfluß der Zeit des Reifens betont vor allem die Notwendigkeit, in Phasen des Schmerzes, der mit Veränderung und Wandlung verbunden und Bestandteil des Reifeprozesses ist, den eigenen Gefühlen und intuitiven Einsichten zu vertrauen.

5.5 Beeinflussende Elemente: Feuer mit Wasser

Die Richtungsmacht Des Südens ist mit dem Wasser-Element assoziiert und beeinflußt die Emotionen und Gefühle (siehe unter 4.5).

Aber Wasser besitzt auch die Funktion des *Mischens* – es bewirkt

Veränderung und Verwandlung durch Auflösung und Verdünnung – und hat deshalb mit Transformation zu tun.

Die Veränderung, zu der das Wasser-Element die in der Zeit des Reifens Geborenen bringt, ereignet sich nicht plötzlich, sondern ist ein Prozeß, der Zeit braucht. Diese Menschen werden einen Drang haben, voranzustürmen und die gewünschten Veränderungen herbeizuführen, aber sie werden auch das bewahren wollen, was erprobt und geprüft ist. Wahrscheinlich werden sie in der Familie ihren Ankerplatz und sicheren Hafen sehen.

Das Feuer-Element als die beeinflussende zyklische Macht läßt sie so aktiv, von Begeisterung erfüllt und bahnbrechend sein.

5.6 Elemente-Klan: Habichts-Klan (Feuer)

Die Menschen der Zeit des Reifens werden in den Habichts-Klan geboren – den Klan des Feuer-Elements. Und das Feuer-Element macht sie zu extrovertierten und energiegeladenen Personen mit dem unersättlichen Verlangen, immer etwas zu tun. Sie stehen im allgemeinen im Zentrum der Aktivitäten, mit denen sie befaßt sind. In ihrer Intensität, ihrem Übereifer und in ihrer mangelnden Vorsicht laufen sie Gefahr, rasch auszubrennen.

Sie mögen die Wärme naher Beziehungen und gern helle Dinge um sich. Ihre Wohnung wird im allgemeinen freundlich und hell ausgestattet sein. Ihre Affinität zur Sonne und zum Feuer-Element kann sich in Notzeiten sehr günstig auswirken. Fühlen sie sich durch die Intensität ihrer Aktivitäten überdreht oder ausgelaugt, dann kann ein Sonnenbad, die Betrachtung eines Lager- oder Kaminfeuers oder auch nur der Blick in eine Kerzenflamme bemerkenswert beruhigende und lindernde Wirkung haben und ihr Gleichgewicht rasch wiederherstellen.

Die Menschen des Habichts-Klans verfügen über viel innere Ausstrahlung und ein feuriges Temperament und sollten sich mit den Phasen und Zeiten der Sonne vertraut machen, denn das kann ihnen helfen, ihr eigenes Temperament zu verstehen und zu lernen, wie sich ihr inneres Licht beherrschen und steuern läßt (siehe auch unter 1.6 und 9.6).

5.7 Geburts- und Tiertotem: Lachs

Der Lachs wurde im alten Britannien und in Nordeuropa als König unter den Fischen betrachtet. Er ist ein herrliches Geschöpf, kann bis zu 120 Zentimeter lang und über 30 Kilogramm schwer werden, erstaunliche navigatorische Geschicklichkeit an den Tag legen und so seinen Weg vom Meer zum Fluß seiner Geburt finden, in dem er dann stromaufwärts zu seinen Laichgründen schwimmt. Auf seiner Reise überspringt er bis zu drei Meter hohe Wasserfälle.

Vielleicht wurde dem Lachs aufgrund dieser ungeheuren Leistung in den Legenden nachgesagt, daß er in den Wassern der Inspiration und der Präkognition schwimmt, und deshalb mit Weisheit und Zielstrebigkeit assoziiert.

Viele indianische Stämme kannten einen ähnlichen Fisch als Totem: den Stör. Auch er ist ein Wanderer zwischen Salz- und Süßwasser, lebt im schlammigen Grund von Meeresbuchten sowie See- und Flußmündungen und schwimmt flußaufwärts in seichtere Gewässer, um im Frühling zu laichen. Er hat eine sehr harte, mit einer Reihe von Knochenplatten bedeckte Haut, was ihn zum gepanzerten Ritter der Wasser macht.

Die Indianer betrachteten ihn als Bewahrer der Langlebigkeit, weil er selbst ein sehr hohes Alter erreichen kann. Potentiell sind Menschen, die den Stör oder Lachs als Totem haben, mit Langlebigkeit gesegnet, um zu lernen, in Würde alt zu werden.

Lachse und Störe bewegen sich so anmutig durchs Wasser, daß sie kaum Wirbel verursachen. Die in der Zeit des Reifens geborenen Menschen sollten ihrem Totem nacheifern und lernen, sich ohne Reibungsverluste durchs Leben zu bewegen, denn ihr Widerstand gegen Veränderungen und die Forderungen, die andere Menschen an sie stellen, bilden die Ursache für die meisten ihrer emotionalen Probleme.

Da Wasser mit Emotionen assoziiert wird und der Lachs ein so großer Meister des Wassers ist, sollen die Lachs-Menschen durch ihre Lebenslektionen lernen, ihre Emotionen zu meistern.

5.8 Pflanzliches Totem: Himbeere

Die Himbeere (*Rubus strigosus*) ist eine große, holzige Pflanze, die bis zu 150 Zentimeter hoch werden kann und deren hellgrüne Blätter eine weißfilzige Unterseite haben. Sie blüht im Mai mit kelchähnlichen weißen Blüten, und ihre Beeren werden im Juli reif. Die einzelnen Beeren setzen sich aus runden, um ihren eigenen Kern wachsenden Teilchen zusammen.

Diese köstlich schmeckenden Früchte haben heilende Eigenschaften, da sie sich reinigend auf den Organismus auswirken, ein mildes Abführmittel sind und die urinausscheidenden Organe stimulieren.

Die Wurzel der Himbeere hat adstringierende und antibiotische Eigenschaften. Aus den Blättern kann ein milder und angenehm schmeckender Kräutertee zubereitet werden, der gegen Übelkeit, vor allem bei schwangeren Frauen, und auch gegen Menstruationsbeschwerden hilfreich sein kann. Er reinigt die Schleimhäute und hilft den Blutzuckerspiegel regulieren.

Andere suchen oft die Gesellschaft von Lachs-Menschen, weil sie, wie ihr Pflanzentotem, viel Freude bereiten können. Aber wie die Himbeere sind sie nicht, was sie nach außen hin zu sein scheinen: Die Frucht sieht aus wie eine Beere, besteht aber aus einer Ansammlung einzelner kleiner Steinfrüchte. Lachs-Menschen mögen wegen ihres Muts einen harten oder sogar abgebrühten Eindruck machen, aber unter der Oberfläche schlägt ein warmes und weiches Herz. Oder sie wirken nach außen hin charmant und liebevoll, ja sogar weichherzig, sind aber im Innern sehr stachelig.

Wie die Himbeere können Lachs-Menschen ihren Mitmenschen helfen, ihr Psycho-System von Problemen zu reinigen.

5.9 Mineralisches Totem: Karneol

Der Karneol ist eine kryptokristalline Form des Quarzes, ein durchscheinendes bis klares Chalzedon, das fleischfarben, rot, orange oder rötlichbraun sein kann. Sein Name bedeutet «fleischfarben».

Der Karneol ist der Stein der Integrität und war bei den Indianern oft ein Symbol für die Kraft und Schönheit der Erde.

Er besitzt eine subtile Schwingung, und deshalb schrieb man ihm eine stimulierende und aktivierende Wirkung zu. Man sagte mir, daß er Wut mildert, Zwist vertreibt – Situationen, mit denen sich Lachs-Menschen häufig konfrontiert sehen – und innere Zufriedenheit fördert; sie sollten ihn also bei sich oder sogar am Körper tragen.

Da Lachs-Menschen gewöhnlich sehr intensive Persönlichkeiten sind und eine Neigung haben, andere zu dominieren und impulsiv zu handeln, kann ihnen der Karneol helfen, Selbstbeherrschung zu entwickeln.

Er gilt auch als Stein der Blutsbande und des Familienzusammenhalts, da seine Haupteigenschaft das Stärken ist.

Die Indianer schrieben ihm ganz allgemein heilende Kräfte zu. Manchmal benutzte man ihn als Pendel über einer Wunde, und seine kreisförmige Bewegung soll den Heilprozeß eingeleitet haben.

5.10 Polaritäts-Totem: Otter

Ihr extrovertiertes Wesen und ihr Wunsch nach Aktivität kann die Lachs-Menschen manchmal zu impulsiven Handlungen hinreißen, die zu Mißverständnissen führen, die dann wiederum sie in ihrer inneren Sensibilität kränken.

Davor können sie sich hüten, wenn sie von ihrem Gegenpol, dem Otter-Menschen, lernen. Der Otter gilt als eines der liebenswürdigsten und auch verspieltesten Tiere. Otter-Menschen können den Lachs-Menschen zeigen, wie sie ihre Intensität durch Phasen spielerischer Entspannung ausbalancieren und ihre Aggressivität durch Sanftheit mildern.

Und Lachs-Menschen können durch das Beispiel der Otter-Menschen in sich selbst entdecken, daß in der Sanftheit Stärke liegt und daß Mitgefühl eine Macht ist, die wünschenswerte Veränderungen herbeiführen kann.

Wahre Aneignung geschieht oft durch Loslassen, und Bekommen geht mit Geben einher. Otter-Menschen weisen den Weg zur Erkenntnis solcher Wahrheiten.

5.11 Persönlichkeitsausdruck

Die erwachsene Person

An den stolzen, energiegeladenen, enthusiastischen Lachs-Menschen ist nichts halbherzig. Sie strotzen vor Selbstvertrauen. Nicht nur lassen sie keinen Zweifel daran bestehen, daß sie die Dinge in die Hand nehmen sollten, sondern machen auch deutlich, daß sie durchaus in der Lage sind, das Leben anderer Menschen in den Griff zu kriegen. Diese Arroganz kommt aber so warmherzig daher, daß die anderen ihnen meist nicht böse sein können.

In ihren Meinungen sind Lachs-Menschen um nichts weniger entschieden. Welche Ansicht sie im Moment auch gerade vertreten mögen: Immer ist es die einzig richtige. Der Haken ist, daß sie ihre Ansichten manchmal ziemlich radikal ändern, aber sie werden diese neueste Meinung so vehement und überzeugt vortragen, daß andere glauben, sie hätten nie eine andere gehabt. Ihr Selbstwertgefühl ist verbunden mit Hunger nach persönlichem Ruhm und Selbstbestätigung, aber emotional sind sie verletzlich und leicht durch Vernachlässigung oder Liebesentzug zu kränken.

Sie sind zwar ziemlich rational, haben aber Probleme, ausgewogene Urteile zu fällen, weil sie in ihrer Egozentrik leicht Opfer von Schmeichelei und Heuchelei werden. Sie dramatisieren gern und bauschen Probleme und Umstände zuweilen über die Maßen auf.

Der Lachs-Mann ist gut im Reparieren, egal ob es sich dabei um Dinge im Haushalt oder die Probleme einer anderen Person handelt. Er ist ein Experte, wenn es darum geht, anderen Menschen zu sagen, wie sie ihr Leben zu führen haben, bringt aber einige Knoten in sein eigenes Leben.

Obwohl er im allgemeinen ein Optimist ist, bricht er wahrscheinlich unter dem Gewicht der Verzweiflung zusammen, wenn ihn ein Mißgeschick ereilt, er Unglück in der Liebe hat oder von einem ihm Nahestehenden verraten wird.

Die Lachs-Frau achtet peinlich genau auf ihre äußere Erscheinung. Sie ist eine loyale Freundin, aber in ihrer Beurteilung anderer liegt sie manchmal etwas daneben. Auch sie läßt sich zu leicht durch äußeren Schein oder schmeichelnde Worte täuschen, statt die Menschen nach ihrem Charakter und ihrer Herzenswärme zu beurteilen.

Sowohl der Lachs-Mann wie die Lachs-Frau sind fast eitel zu nennen im Hinblick auf ihre äußere Erscheinung. Der Lachs-Mann wird darauf achten, daß sein Körper in Form und fit bleibt, die Lachs-Frau widmet sich mit gleicher Sorgfalt ihrer Garderobe, ihrer Frisur und vor allem ihrem Make-up.

Positive Züge: Großzügig. Großherzig. Kreativ. Enthusiastisch. Vertrauensvoll. Bestimmt. Stolz.

Negative Züge: Despotisch. Arrogant. Eitel. Unbescheiden. Dogmatisch. Intolerant. Protzig.

Berufliche Möglichkeiten: Kunst. Administrative Arbeit. Film. Fernsehen. Öffentlichkeitsarbeit. Psychologie. Politik. Zeitungswesen. Militär. Showbusineß. Theologie.

Das Kind

Das Lachs-Kind sonnt sich gern in bewundernder Aufmerksamkeit. Je mehr man um es hermacht, desto glücklicher ist es. Beobachten Sie ein Lachs-Kind, wenn seine in es vernarrten Eltern und noch ein paar Bewunderer um sein Bettchen versammelt sind: Es strahlt vor Glück.

Es ist verspielt und lustig, solange es bekommt, was es will – und meist will es lieber Aufmerksamkeit als irgendwelche Dinge. Wenn Sie aber das Baby bis ins Kindesalter verhätscheln, haben Sie bald einen kleinen Tyrannen im Haus. Soll es lernen, die Rechte anderer und sich selbst zu respektieren, dann müssen ab und zu sanfte disziplinarische Maßnahmen angewandt und klare Richtlinien gegeben werden, und es muß lernen, daß es nicht das einzige Kind auf der Welt ist.

Lachs-Kinder lernen schnell, neigen aber zur Faulheit und brauchen deshalb eventuell Ermunterung. Spornen Sie es an zu zeigen, daß es die Dinge besser kann als andere!

Die Eltern

Lachs-Menschen sind stolze und liebevolle Eltern, laufen aber Gefahr, zu autoritär zu sein und dann die Persönlichkeit ihrer Kinder zu unterdrücken und ihr Selbstvertrauen zu untergraben. Vor allem der Lachs-Vater möchte seinen Sprößlingen gern seinen Stempel aufdrücken.

Für die Lachs-Menschen bedeutet Elternschaft keine Bürde. Sie machen sich eher mit Begeisterung an diese Aufgabe, verbringen viel Zeit mit ihren Kindern und ziehen aus dieser Erfahrung eine Menge Glück und Befriedigung.

5.12 Romantische Liebe und Sex

Liebe ist für das Wohlbefinden der Lachs-Menschen sehr wesentlich. Der Lachs-Mann ist ein intensiver und gefühlvoller Liebhaber. Die Lachs-Frau besitzt einen anziehenden Charme und drückt ihre Emotionen etwas theatralisch aus.

Lachs-Menschen geben sich ganz und gar hin. Sie sind fähig, verrückt und leidenschaftlich zu lieben, und haben so viel Energie, daß sie sich eine ganze Nacht der Liebe widmen können.

Als Ehemann ist der Lachs-Mann ein guter Ernährer. Er mag vielleicht keine Karrierefrau an seiner Seite – vor allem nicht, wenn ihr Job verantwortlicher oder besser bezahlt ist als der seine. Seiner Ansicht nach ist *er* die Karriere seiner Frau!

Die Lachs-Frau hat ein starkes sexuelles Verlangen und braucht ständig Liebe, um innerlich ausgeglichen zu bleiben.

Verträglichkeiten: Lachs-Menschen vertragen sich gut mit Eule- und Falke-Menschen (zwischen 23. November und 21. Dezember bzw. 21. März und 19. April geboren).

Spirituelle Geschlechtlichkeit: (+) Die grundlegende spirituelle Geschlechtlichkeit der Lachs-Menschen ist maskulin, das heißt, sie sind im allgemeinen extrovertiert, vertrauensvoll und energiegeladen.

5.13 Gesundheit

Lachs-Menschen sind selten krank, und wenn doch, dann erholen sie sich schnell wieder. Gesundheitliche Probleme entstehen meist durch die Intensität, mit der sie ihre Aktivitäten betreiben. Da sie ihre Grenzen nicht kennen oder ihre emotionale Verletzlichkeit nicht wahrhaben wollen, laufen sie Gefahr, sich zu überanstrengen und dann an den Auswirkungen von Streß zu leiden. Wenn sie etwas älter sind, haben sie häufig einen zu hohen Blutdruck und Probleme, die von Kreislaufstörungen herrühren.

Ihre Tendenz, sich selbst stark zu fordern, macht sie für Verletzungen, vor allem im Rückenbereich, und für Bein- oder Knöchelbrüche anfällig.

5.14 Wesensverwandte Farbe: Rot

Die Rotstrahlen, die innerhalb des sichtbaren Lichtspektrums die längsten und langsamsten Schwingungen haben, entsprechen mehr dem physischen Aspekt des Menschen. Rot ist belebend und stimulierend, die Farbe, die das Adrenalin in Schwung bringt und das Nervensystem munter werden läßt.

Von Rot beeinflußte Menschen sind im allgemeinen sehr bestimmt und verlangen, daß alles ohne Einschränkung nach ihrem Willen geht. Sie sind Individualisten und möchten sich und ihre Überzeugungen bestätigt sehen.

Rot heißt gewinnen wollen, und die Menschen, die seinem Einfluß unterliegen, nehmen im allgemeinen nur das Ziel wahr. Lachs-Menschen genießen zwar jede Form der Aktivität, sollten aber ihre Ausdrucksmöglichkeiten und Expansionsbestrebungen auf irgendeine Weise blockiert sein, sind sie schnell frustriert und ängstlich und leiden an nervösen Spannungszuständen.

Lachs-Menschen geben sich oft extrem und sind in ihrer Einstellung und Handlungsweise dominant, aggressiv und leidenschaftlich. Da der Rotstrahl ein so starker Einfluß ist, fällt es ihnen schwer, zu einem Gleichgewicht zu finden und die Gedanken und Überzeugungen anderer zu tolerieren, aber das ist die große Lektion, die Lachs-Menschen im Leben zu lernen haben.

Mit Hilfe von Entspannungsphasen, in denen sie nicht allzuviel physische Energie aufwenden müssen, und von Zeiten ruhigen Nachdenkens und Meditierens werden sie zu diesem inneren Gleichgewicht finden.

Tonschwingung: Lachs-Menschen sind auf *Fis* eingestimmt.

5.15 Günstige Zeiten

Die *besten Monate* für Lachs-Menschen sind: 22. Juli bis 21. August, 23. November bis 21. Dezember und 21. März bis 19. April.

Der *beste Tag* ist der Samstag.

Die *besten Tageszeiten* liegen zwischen 11 und 13 Uhr bzw. 23 und 1 Uhr.

5.16 Äußeres (bewußtes) Ziel und inneres (unterbewußtes) Verlangen

Das äußere Ziel der Lachs-Menschen ist die Herrschaft. Alles muß nach ihrem Willen gehen, oder sie werden von ihrer größten Angst überwältigt: der Angst zu versagen.

Innerlich sehnen sie sich danach, zu Weisheit auf emotionaler Ebene zu gelangen, denn sie haben zwar physisch ein starkes Herz, emotional gesehen aber eine Herzschwäche. Auf ihrer inneren Suche werden sie vom unterbewußten Verlangen getrieben, ihre emotionale Verletzlichkeit zu überwinden, die ihre eigentliche Achillesferse ist.

5.17 Spirituelle Alchemie

Die mit dem Einfluß des Feuer-Elements verbundenen Eigenschaften der Intensität und Transformation finden in der durch das Wasser-Element bewirkten Sensibilität ein Gegengewicht. Dies verweist auf inneres Wachstum durch die Erfahrung enger Beziehungen und die Lektionen emotionaler Entfaltung. Das Feuer des Wandels wird mit dem Wasser der Emotionen in Kontakt gebracht, um so die Wünsche und Absichten über die rein weltliche Ebene hinauszuheben. Der sehr aktive Richtungseinfluß (+ +), die Polaritäten des Feuer-Elements (+) und des Wasser-Elements (−) sowie die maskuline Spiritualität (+) führen zu einer aggressiv maskulinen Persönlichkeit. Die Kombination ist + +, + − und +.

5.18 Lebensherausforderungen

Lachs-Menschen werden sich vermutlich immer wieder in Situationen befinden, in denen sie lernen müssen, mit ihren emotionalen Verletzungen fertig zu werden und einem scheinbar endlosen Zirkel emotionaler Wirrnisse und Traumata zu entfliehen, ohne ihr Mitgefühl, ihre Warmherzigkeit und ihre Fähigkeit, zu lieben und geliebt zu werden, zu verlieren.

Sie sollen, und dies ist eine der wesentlichsten Herausforderungen ihres Lebens, lernen, wie man sich durch die Wasser der Emotionen bewegt, ohne Widerstand zu erzeugen, denn ihr Widerstand gegenüber Veränderungen und ihre Mißachtung der emotionalen Bedürfnisse anderer Menschen führen ihre schwersten Traumata und Niederlagen herbei.

5.19 Hauptaufgabe und Lebensweg

Die Hauptaufgabe der Lachs-Menschen besteht in der Ausbildung einer starken Persönlichkeit, der sie ständig Ausdruck zu verleihen suchen. Aber ihr Lebensweg führt sie darüber hinaus.

Der Wunsch des Lachs-Menschen, im Zentrum der Aufmerksamkeit zu stehen, hat seine Wurzel in dem Bedürfnis, sich von der Masse abzuheben und so die eigene Individualität aufzubauen. Sie haben zwar einen starken Willen, der ihnen hilft, sich immer weiter vorzuarbeiten, aber sie brauchen ständig Bestätigung, um ihr Selbstwertgefühl aufrechtzuerhalten.

Ihr Weg führt zur Entdeckung von Zielbewußtsein und Zweckmäßigkeit. Aber dazu gelangen sie erst, wenn sie ihre angeborene Willensstärke und ihr Engagement nicht dazu einsetzen, andere zu überwältigen, zu beherrschen und zu «benutzen», sondern diese Kräfte in die Richtung eines gewählten sinnvollen Ziels lenken. Mit der ihnen verliehenen Stärke müssen sie jene Stärke erwerben, die in der Herrschaft über Erfahrungen liegt – das ist das tiefere Lebensziel der Lachs-Menschen.

Es braucht große Kraft, wenn der Lachs-Mensch lernen will, sein extremes Geltungsbedürfnis und seinen Egoismus im Zaum zu halten – spirituelle Kraft, die allein die schwierigeren Aspekte der menschlichen Psyche zu beherrschen vermag.

Vor allem anderen muß der Lachs-Mensch die Fähigkeit erwerben, Vertrauen und Integrität an die Stelle von Stolz und Eitelkeit zu setzen – keine leichte Aufgabe für ihn.

5.20 Das I-Ging-Trigramm

☵ Kan
Das abgründige Wasser

Die in der Zeit des Reifens Geborenen sind auf dem Rad des Jahres im Süden angesiedelt. Das Trigramm des abgründigen Wassers steht für Unsicherheit, die Gefährdung in tiefen und gefährlichen Gewässern – gefährlich für alle, die nicht gut schwimmen können.

In der reißenden Bewegung schnell fließenden Wassers kann man nicht ruhig stehen. Beständigkeit erlangt man durch Treue gegenüber seinem inneren Selbst, denn es birgt in sich eine höchste, unendliche Intelligenz, die alles weiß und antwortet, sobald sie erkannt wird. Dort ist der Ort der Ruhe und Stille.

5.21 Der Umgang mit Lachs-Menschen

Kommen Sie schnell zum Kern der Sache. Der Lachs-Mensch mag kein Drumherumreden. Hören Sie sich seine Ansicht an – es ist die einzige, die für ihn zählt. Und er hat keine Geduld mit Menschen, die ihn unterbrechen.

Ermuntern Sie ihn mit Lob, aber nicht mit Schmeichelei. Wenn der Lachs-Mensch Sie im Verdacht hat, unaufrichtig zu sein, verlieren Sie sehr schnell seinen Respekt.

6 BRAUNBÄR: Die Zeit des Erntens

Übersicht

Geburtsdatum	22. August–21. September.
Erdeinfluß	Die Zeit des Erntens.
Beeinflussender Wind	Die Südwinde. *Totem:* Maus.
Richtung	Südsüdwest.
Elemente-Klan	Schildkröten-Klan (Erde). *Funktion:* Modifizieren.
Geburts- und Tiertotem	Braunbär.
Pflanzliches Totem	Veilchen.
Mineralisches Totem	Topas.
Polaritäts-Totem	Wolf.
Wesensverwandte Farben	Braun und Violett.
Tonschwingung	G.
Persönlichkeitsstruktur	Fleißig. Bescheiden. Praktisch. Mäkelig.
Gefühle	Warm. Analytisch.
Intention	Anwendbarkeit.
Wesensart	Rücksichtsvoll.
Positive Züge	Maßvoll. Urteilsfähig. Penibel.
Negative Züge	Bekrittelnd. Prüde. Heuchlerisch. Übergeschäftig.
Geschlechtstrieb	Moralistisch.
Verträgt sich mit	Gans und Biber.
Bewußtes Ziel	Untersuchen und Sich-Bemühen.
Unterbewußtes Verlangen	Perfektion.
Lebensweg	Unterscheidung.
I-Ging Trigramm	☳ Zhen. Der erregende Donner. Wunsch nach Befreiung.
Spirituelle Alchemie	Yin dominiert.

Muß weiterentwickeln	Optimismus. Toleranz.
Muß vermeiden	Skeptizismus. Krittelei. Zögerlichkeit.
Anfangstotems	Braunbär. Maus. Schildkröte. Veilchen. Topas. Wolf.

6.1 Geburtsmonat: 22. August–21. September

6.2 Erdeinfluß: Die Zeit des Erntens

Dies ist die Zeit, in der das geerntet wird, was gesät wurde, und die Gaben der Erde eingesammelt werden – was sich aber nicht nur auf die Früchte der Natur bezieht. Die in der Zeit des Erntens Geborenen werden jetzt auf die Notwendigkeit verwiesen, ihre inneren Potentiale in die Scheuer zu fahren. Sie müssen ihre Talente entdekken und an ihnen arbeiten, damit diese sich voll entfalten können. Und es wird daran erinnert, daß man vom Leben (wieder-)bekommt, was man hineinsteckt.

6.3 Solare Einflüsse

Die Kraft des Sommers hat nun ihren Höhepunkt überschritten, die Sonnenenergien nehmen ab und streben dem nächsten Übergangspunkt im Jahreszeitenzyklus zu, die Tage werden kürzer.

Der Schwerpunkt der solaren Energien liegt auf der jetzt unmittelbar anstehenden praktischen Arbeit. Das Ernten ist von gewisser Dringlichkeit und verlangt Verantwortungsgefühl, denn jede Nachlässigkeit kann zu Mangel und Not in den kommenden Zeiten führen.

Das entsprechende Sonnenzeichen ist die *Jungfrau.*

6.4 Beeinflussende Winde: Südwinde
Richtung: Südsüdwest

Die Zeit des Erntens ist die letzte dem Einfluß Des Südens unterliegende Phase, welcher das Prinzip des Vertrauens und des Wachstums zur Reife betont. Vertrauen meint, wie wir bereits in den beiden vorangegangenen Phasen sahen, daß wir uns kindgleich auf die eigenen Instinkte und die leise, sanfte Stimme im Innern verlassen und uns nicht durch den Zynismus und die falschen Werte der «äußeren» Welt beirren lassen.

Wachstum zur Reife heißt auch, daß wir uns die ebenfalls Dem Süden zugehörige Eigenschaft der Unschuld bewahren – eine Unschuld, die nicht Naivität, sondern einen Zustand des Nicht-Verhaftetseins bedeutet, in dem wir nicht die trennenden Unterschiede, sondern die Einheit in der Harmonie des Ganzen erkennen. Vertrauen und Unschuld, wie sie die Indianer verstanden, bereichern die Lebenserfahrung durch das Vergnügen an den einfachen Freuden des Lebens.

Die Eigenschaft des Vertrauens kann die in dieser Zeit geborenen Menschen davor bewahren, hinsichtlich der Welt und der eigenen Lebensumstände allzu zynisch und überkritisch zu werden, und das Moment des Wachstums fungiert als Stachel gegen eine allzu rigide Lebensanschauung und festgefahrene Verhaltensweisen.

Wachstum zu voller Reife, das ein Aufgreifen der Belange Des Geistes mit sich bringt, kann nur stattfinden, wenn die Erdenergien fest verankert sind. Der Einfluß der Macht Des Südens richtet sich auf das Ernten der Früchte praktischen Bemühens, während er zugleich der Entwicklung intuitiver und spiritueller Energien Raum gibt und eine Bewußtseinserweiterung zuläßt, die über die Dinge und Belange des Physischen hinausreicht.

Das Tiertotem Des Südens ist die *Maus*, die durch große Nähe Verständnis erwirbt. Sie ist ganz besonders mit den Gefühlen und den Tugenden des Vertrauens und der Unschuld assoziiert (Näheres siehe unter 4.4).

Die Menschen der Zeit des Erntens müssen Verlangen und Gefühl in ihre praktischen Bemühungen einfließen lassen, um die Qualität der Früchte ihrer Arbeit zu steigern.

6.5 Beeinflussende Elemente: Erde mit Wasser

Wasser ist nicht nur ein ausgezeichnetes Lösungsmittel, das schädliche Verunreinigungen absorbiert und auflöst. Es kann auch sehr gut Substanzen bewahren, die man hineingießt.

Ebenso können Emotionen negative Einflüsse absorbieren und auflösen, damit sie keinen dauerhaften Schaden anrichten. Auch sie vermögen die Essenz mächtiger spiritueller Qualitäten in sich zu bewahren, die darauf warten, im Einklang mit Wille und Wunsch des einzelnen zum Ausdruck gebracht zu werden.

Das Wasser-Element ist für die Menschen der Zeit des Erntens ein sehr wichtiger Einfluß, weil es ihnen helfen kann, ihre praktischen Bestrebungen mit starken Gefühlen und Wünschen zu vermischen und sie so Früchte tragen zu lassen. Und durch die Wasser der Emotionen können die innersten Sehnsüchte der Betreffenden in einer «Veredelung» ihrer selbst und derer, mit denen sie die Emotionen teilen, Ausdruck finden.

Diese Menschen sind außerdem vom Erd-Element beeinflußt, was sie eine enge Beziehung zur Erde und zu ihnen vertrauten Orten entwickeln läßt. Das heißt, sie entfalten sich am besten in einer gefestigten, stabilen und harmonischen Umgebung.

6.6 Elemente-Klan: Schildkröten-Klan (Erde)

Die Menschen der Zeit des Erntens gehören zum Schildkröten-Klan und unterliegen damit dem Einfluß des Erd-Elements. Die Angehörigen dieses Klans haben das Bedürfnis, Wurzeln zu schlagen und sich eine stabile Ausgangsbasis zu schaffen, und sie schätzen solide und vertraute Dinge um sich herum. Dramatische und plötzliche Veränderungen dagegen mögen sie ganz und gar nicht.

Das sie in ihrer Struktur beeinflussende Erd-Element befähigt sie, durch Beharrlichkeit und Zähigkeit behutsame Fortschritte zu machen.

Sie verfügen über eine Beständigkeit, die sie zu loyalen und zuverlässigen Freunden, Arbeitskollegen oder Geschäftspartnern macht, und über eine Ausdauer, die sie die Wasser der Widrigkeiten durchqueren und danach festen Fuß fassen läßt.

Sie haben eine starke Affinität zur Natur und kümmern sich gern um die wachsenden Dinge der Erde. Sie fühlen sich von Hügel- oder Berglandschaften angezogen.

6.7 Geburts- und Tiertotem: Braunbär

Braunbären können 1½ Meter groß und bis zu 400 Pfund schwer werden. Und obwohl sie über enorme Kräfte verfügen, gehören sie zu den sanftesten Tieren und verhalten sich zuweilen fast «menschlich». Sie können auf zwei Beinen gehen, wie Menschen auf Bäume klettern und mit ihren Tatzen sogar Fische fangen. Normalerweise sind sie gutmütig, es sei denn, sie sitzen in der Falle oder werden bedroht. Sie knurren oder bellen ähnlich wie Hunde.

Braunbären bereiten sich ihr Lager in Höhlen oder hinter Wasserfällen, manchmal auch in Löchern oder verfallenen Gebäuden. Sie fressen fast alles – Gras, Pflanzen, Beeren, Nüsse, Fische und kleine Tiere. Honig und Beeren lieben sie ganz besonders.

Sie halten Winterschlaf, wachen aber an warmen Tagen manchmal auf und streifen draußen umher. Die Bärenjungen kommen im frühen Frühling zur Welt und werden von der Mutter aufgezogen. Ein Bär braucht etwa sieben Jahre, bis er voll ausgewachsen ist.

Wie ihr Tiertotem sind Braunbär-Menschen sehr selbständig und stehen lieber auf eigenen Füßen, als sich auf andere zu verlassen. Sie gewöhnen sich nur langsam an Veränderungen und ziehen die Sicherheit und Bequemlichkeit des Vertrauten vor. Sie sind konstruktiv und können gut reparieren. Sie haben eine angeborene Fähigkeit, die Dinge zum Funktionieren zu bringen, egal, ob es sich um ein kaputtes Gerät handelt oder eine kriselnde menschliche Beziehung, auf die sich ihre Zärtlichkeit und ihr Verständnis oft «heilsam» auswirken können.

Die Indianer betrachteten den Braunbären als einen Träumer, und auch Braunbär-Menschen sind, bei all ihren praktischen Fähigkeiten, im Grunde Träumer. Ihre Vorstellungskraft erlaubt ihnen, Situationen, in denen sie gern wären, ganz deutlich vor sich zu sehen, und ihre Tagträume können sie so mitreißen, daß sie fast von deren physischer Realität überzeugt sind. Deshalb wirft man ihnen manchmal vor, daß sie lügen.

6.8 Pflanzliches Totem: Veilchen

Veilchen (*Viola*) sind kleine, einzeln stehende, perennierende Pflanzen, die in Wäldern und auf Grasland wachsen. Manche Arten blühen noch vor den anderen Frühlingsblumen. Ihre dunkelgrünen Blätter sind herzförmig. Die fünfblättrigen Blüten der häufigsten Arten haben eine violette oder blauviolette Farbe. Ihr Wurzelstock breitet sich in Ausläufern am Boden aus, die ihrerseits wieder wurzeln.

Aus ihren Blättern wurde ein linderndes Gurgelwasser gegen rauhen Hals und aus ihren Wurzeln ein Sirup als Heilmittel gegen Husten zubereitet. Ein Tee aus ihren getrockneten Blättern half bei Magen- und Darmstörungen.

Das Veilchen wurde vielleicht wegen seines lieblichen Dufts mit herzlichen und zärtlichen Gefühlen assoziiert. In Anlehnung an ihr Pflanzentotem bringen die Braunbär-Menschen ihre Empfindungen gern durch Taten zum Ausdruck.

Und sie haben, wie das Veilchen, ein distanziertes Wesen. Sie drängen sich anderen Menschen nicht auf und mischen sich nicht in deren Leben ein. Aber in ihrer Distanziertheit leiden sie manchmal unter Einsamkeit.

6.9 Mineralisches Totem: Topas

Der Topas besteht aus Aluminiumsilikat mit einem analog zusammengesetzten Kieselfluoraluminium und findet sich in Granit oder ähnlichem Gestein. Der weiche goldbraune Topas ist ein zarter Stein, birgt aber große Kraft in sich.

Er galt als ein Stein der Ausdehnung und Erweiterung, der die Entwicklung potentieller Fähigkeiten fördert und das innere Feuer der Person, die ihn trägt, stimuliert.

Man glaubte auch, daß er Gefühle der Hoffnung weckt, wie sie beim Betrachten des goldenen Scheins der aufgehenden Sonne, die das Heraufdämmern eines neuen Tages und neuen Anfangs anzeigt, aufsteigen.

Der Topas stand im Ruf, Spannungen abzubauen. Vor allem soll er negative Schwingungen eines verstörten Geistes absorbieren und vertreiben, weshalb er als Schutz vor Depression und Schlaflosigkeit galt. Eine Methode, Sorgen zu vertreiben, bestand darin, sich hinzulegen und den Topas nahe dem Chakra des dritten Auges zu plazieren, ein Punkt gleich über und zwischen den Augenbrauen.

Für die Braunbär-Menschen ist der Topas ein Stein der Ermunterung, denn er hilft, Gefühle des Eingeschränkt-Seins zu vertreiben, und öffnet das Bewußtsein zur Erkenntnis von sich neu bietenden Gelegenheiten. Er stimuliert in ihnen Hoffnung und Freude und trägt dazu bei, daß sie diese Eigenschaften auch anderen gegenüber ausstrahlen können.

6.10 Polaritäts-Totem: Wolf

Braunbär-Menschen verlassen sich oft so sehr auf sich selbst, daß sie ihre Enttäuschungen, Kränkungen und Sorgen ganz mit sich allein abmachen, manchmal bis zu dem Punkt, da ihr Energiesystem blokkiert wird und sie sich zutiefst frustriert und verzweifelt fühlen. Sie können Hilfe finden, wenn sie sich ihren Gegenpol, den Wolf-Menschen, anschauen und lernen, sich über die materiellen Bindungen der alltäglichen praktischen Angelegenheiten zu erheben und nach einer umfassenderen, spirituelleren Perspektive zu suchen.

Wie die Braunbär-Menschen neigen auch die Wolf-Menschen dazu, für sich zu bleiben und sich in ihr eigenes, klar umrissenes Territorium zurückzuziehen, aber sie können sehr schnell rennen und die «höchsten Berge» erklimmen.

Braunbär-Menschen müssen erkennen, daß ihr Klettern mehr eine Sache des Bewußtseins und Des Geistes sein sollte und daß sie eher einer spirituellen Entwicklung als nur materiellem Besitz nachjagen müssen. Ihre «bodenständige» praktische Veranlagung braucht den Ausgleich der spirituellen Weitsicht des Wolf-Menschen.

6.11 Persönlichkeitsausdruck

Die erwachsene Person

Der hart arbeitende, praktische, strebsame, sorgfältige, schwerfällige Braunbär-Mensch hat Schwierigkeiten, sich zu entspannen, nicht-aktiv zu sein.

Braunbär-Menschen haben ein Auge fürs Detail, verlieren aber leicht die Hauptsache aus den Augen. In der Tat können sie völlig verwirrt sein, wenn sie mit einem Problem konfrontiert werden, das sie in seine Einzelaspekte zerlegen sollen, um es auf diese Weise nach und nach zu lösen.

Es sind die kleinen Dinge im Leben – oft Angelegenheiten, die andere Menschen für ziemlich unwichtig halten –, die dem Braunbär-Menschen große Sorgen und Ängste bereiten. Das mag manchmal daran liegen, daß er sich nicht so klar ausdrücken kann, wie er gern möchte, und das schafft ihm, vor allem in emotionalen Beziehungen, Probleme.

Diese Menschen sind oft Befehlsempfänger und arbeiten im Dienst anderer. Da sie sehr darum besorgt sind, was andere von ihnen denken, und selbst sehr stark die Belange anderer berücksichtigen, bringen sie sich oft in Situationen, in denen ihre Warmherzigkeit und Großzügigkeit ausgenutzt werden.

Einerseits sind Braunbär-Menschen sehr zuverlässig, arbeiten hart und lange und bürden sich in ihrem Wunsch, die Erwartungen anderer zu erfüllen, oft mehr auf, als sie bewältigen können. Andererseits können sie an einen Punkt gelangen, da sie eine bestimmte Aufgabe einfach nicht mehr übernehmen wollen und dann vorgeben, krank zu sein, oder irgendeine andere Entschuldigung vorbringen, statt zu versuchen, das Problem über eine Aussprache zu lösen.

Sie haben die Neigung, ihre eigenen Talente herabzusetzen und ihre Potentiale zu ignorieren. Manchmal geschieht das, weil ihr aktiver Verstand so viele Möglichkeiten ersinnt, daß sie die ursprüngliche Idee aus den Augen verlieren, noch bevor sie mit ihrer Entwicklung beginnen konnten.

Braunbär-Menschen sind «Gewohnheitstiere», und das betrifft nicht nur Zeitpläne oder das routinemäßige Ablegen von Dingen an ihrem speziellen Platz. Sie machen auch gern immer wieder Ferien am gleichen Ort, weil er ihnen vertraut geworden ist und sie sich dort auskennen.

Sie sind gutmütig und gehen erstaunlich vernünftig auf alles ein, was an sie herangetragen wird, und sie sind wertvolle Freunde. Im Grunde sind sie «Helfer» und scheinen oft mit untergeordneten Positionen ganz zufrieden zu sein. Doch im allgemeinen ziehen sie es vor, freischaffend oder auf selbständiger Basis zu arbeiten und nicht zusammen mit Kollegen, an denen sie etwas auszusetzen haben könnten.

Positive Züge: Umsichtig. Penibel. Analytisch. Bescheiden. Gewissenhaft. Maßvoll.

Negative Züge: Übergeschäftig. Heuchlerisch. Prüde. Mäkelig.

Berufliche Möglichkeiten: Kunst. Buchhaltung. Journalismus. Jura. Medizin. Verlagswesen. Technische Konstruktion. Politik. Fernsehen. Rundfunk. Stenographie.

Das Kind

Die kleinen Braunbär-Kinder sind im allgemeinen genügsamer als die meisten anderen Babys – sie sind «brave Kinder», wie manche sagen würden. Sie sind umgänglich und machen selten Ärger.

Von ihrer Wesensart her sind sie sanft. Sie mögen Routine und

Ordnung, weil diese ihnen das für ihr Wohlbefinden nötige Sicherheitsgefühl vermitteln. Unordnung, Verwirrung daheim oder ein Mangel an klarer Autorität in der Schule können das Braunbär-Kind so außer Fassung bringen, daß es nicht nur Angst bekommen, sondern auch krank werden kann. Der Braunbär-Mensch muß einfach wissen, wo er steht und wo's langgeht.

Die Eltern
Braunbär-Menschen sind im allgemeinen verantwortungsbewußte und gewissenhafte Eltern. Die Braunbär-Mutter mag, was Adrettheit und Ordentlichkeit angeht, mit ihren Kindern sehr streng sein und kann sich aufregen, wenn sie schmutzig nach Hause kommen oder Dreckspuren auf ihrem sauberen Boden hinterlassen, sie hat aber auch eine zärtliche Seite, die ihre Kinder gewöhnlich zu schätzen wissen und auf die sie ihrerseits entsprechend reagieren.

Auch Braunbär-Väter nehmen ihre Rolle recht ernst. Sie werden zeitliche und finanzielle Opfer auf sich nehmen, um ihre Kinder beim Lernen, bei Hobbys und sportlichen Interessen zu unterstützen und zu fördern.

6.12 Romantische Liebe und Sex

Da es Braunbär-Menschen nicht leichtfällt, ihren tiefsten Emotionen Ausdruck zu verleihen, und sie ihre wahren Gefühle hinter einer Fassade von Gleichgültigkeit oder Beiläufigkeit verbergen, werden sie oft mißverstanden. Ein Gefühlsüberschwang macht sie oft verlegen, und ihr Versuch, damit fertig zu werden, läßt sie möglicherweise distanziert, ja sogar kalt wirken. Braunbär-Menschen brauchen deshalb im allgemeinen Zeit, bis sie eine dauerhafte Beziehung eingehen, haben sie aber ihre wahre Liebe gefunden, werden sie in ihrer Hingabe und Loyalität nicht wanken.

Sie sind sanfte und zärtliche Liebhaber und gehen beim Sex langsam und rücksichtsvoll vor.

Sie haben eine stark moralistische Einstellung, und obwohl Ehe und Familie für ihr Sicherheitsbedürfnis und ihre psychische Stabilität wichtig sind, werden sie sich wahrscheinlich trennen oder scheiden lassen wollen, wenn ihr Partner oder ihre Partnerin einmal zu oft über die Stränge schlägt.

Verträglichkeiten: Braunbär-Menschen vertragen sich gut mit Gans- und Biber-Menschen (zwischen 22. Dezember und 19. Januar bzw. 20. April und 20. Mai geboren).

Spirituelle Geschlechtlichkeit: (–) Die grundlegende spirituelle Geschlechtlichkeit der Braunbär-Menschen ist feminin, was darauf hindeutet, daß sie eher introvertiert, rezeptiv und fürsorglich sind.

6.13 Gesundheit

Magen- und Darmprobleme sowie Hautausschläge sind bei Braunbär-Menschen vermutlich die physische Folge von Verboten und Beschränkungen, die sie sich selbst auferlegen, nicht zuletzt deshalb, weil sie sich auf extreme Weise um kleine und relativ unwichtige Details sorgen und große Probleme daraus machen.

Aufregungen jeder Art schlagen sich sehr wahrscheinlich in Magenproblemen nieder, und daher sind Braunbär-Menschen anfällig für Magengeschwüre und Kolitis. Hände und Füße sind ebenfalls sensible Bereiche.

6.14 Wesensverwandte Farben: Braun und Violett

Braun ist die Farbe des Erdbodens und der Felsen, also des Stofflichen. Menschen, denen diese Farbe zugeordnet ist, werden eine materialistische Lebenseinstellung haben. Sie verweist auf Plackerei und Mühe und Produktivität, und die damit Assoziierten sind im allgemeinen gewissenhaft und zuverlässig, sie arbeiten hart und bringen bei ihren Unternehmungen eine gewisse Kraft und Zähigkeit ein.

Braun verweist auf ein Bedürfnis nach physischer Sicherheit und «Zugehörigkeit». Den Braunbär-Menschen ist ein harmonisches Heim oder eine eigene Höhle, wohin sie sich zurückziehen und sicher fühlen können, außerordentlich wichtig.

In helleren Tönungen signalisiert Braun Wärme und den Wunsch, anderen, weniger Glücklichen, vor allem Unterprivilegierten, zu helfen oder Arbeiten zu übernehmen, die andere nur widerwillig tun. In dunkleren Tönungen deutet es auf Unflexibilität, Trägheit, Sturheit und Engstirnigkeit hin.

Wie Grün ist Braun ein Farbstrahl des Gleichgewichts. Es ist eine «erdende» Farbe, deren Betonung auf praktischen Eigenschaften liegt.

Braunbär-Menschen werden zudem durch Violett beeinflußt, eine Farbe am spirituell ausgerichteten Ende des Spektrums, die das Physische mit dem Nichtphysischen, das Objektive mit dem Subjektiven verbinden hilft. Diese Farbe fördert die spirituellen Seiten des Betreffenden und kann damit ein Ungleichgewicht regulieren helfen, das aus einer übermäßigen Betonung der rein physischen Lebensaspekte entsteht.

Violett ist die Farbe der Sensiblen. Jener Menschen, die rasch von den Stimmungen anderer und der sie umgebenden Atmosphäre beeinflußt werden und die Zeit zum Nachdenken und Abwägen brauchen, bevor sie sich auf eine Idee oder eine Aktion einlassen, die von anderen initiiert wurde, oder bevor sie sich aus einer Situation zurückziehen, in der sie sich gefangen oder eingeschränkt fühlen.

Violett verbindet sich auch mit Verzauberung und Imagination. Wenn der Braunbär-Mensch anfängt zu fantasieren oder durch ein Leben in einer nebulösen Traumwelt der praktischen Realität entfliehen möchte, dann muß er sich als Gegengewicht der braunen Farbe am «physischeren» Ende des Spektrums zuwenden.

Tonschwingung: Braunbär-Menschen sind auf *G* eingestimmt.

6.15 Günstige Zeiten

Die *besten Monate* für Braunbär-Menschen sind: 22. August bis 21. September, 22. Dezember bis 19. Januar und 20. April bis 20. Juni.

Der *beste Tag* ist der Mittwoch.

Die *beste Tageszeit* liegt zwischen 13 und 15 Uhr.

6.16 Äußeres (bewußtes) Ziel und inneres (unterbewußtes) Verlangen

Auf bewußter Ebene strebt der Braunbär-Mensch nach dem bestmöglichen Umgang mit physischen und praktischen Dingen, was aber in Wirklichkeit ein Ausdruck für den unterbewußten Wunsch ist, den in der Materie verborgenen spirituellen Kern ausfindig zu machen. Dieses Durchsieben der alltäglichen Erfahrungen ist die Suche nach der Perfektion der inneren Realität, in der die wahre Sicherheit zu finden ist.

6.17 Spirituelle Alchemie

Im Braunbär-Menschen ist das Erd-Element die Kraft, die sich in Form von Arbeit und Dienst ausdrückt. Das Wasser-Element ist jene Energie, die, sensibel für die Empfindungen anderer, den Fluß von einer Erfahrung zur andern lenkt, aus der dann Nutzen gezogen wird. Hier liegt der Nachdruck auf der Notwendigkeit einer Balance, denn die Erde braucht Wasser, um fruchtbar zu werden, und Wasser braucht Erde, um nützlich zu sein. Beide müssen aber in einem ausgewogenen Verhältnis zueinander stehen. Zuviel Erde führt zu Trockenheit und Gefühllosigkeit, zuviel Wasser macht aus der Erde Schlamm und einen unsicheren Grund. Aus dem Gleichgewicht entstehen Wachstum, Fülle und Freude.

Der Richtungseinfluß ist positiv und bewegt sich von heiß hin zu warm (+ +), die Polarität der Elemente ist rezeptiv, Wasser (–) und Erde (–). Die spirituelle Geschlechtlichkeit ist feminin (–), und damit neigt die Person bei der Kombination (+ +, – – und –) mehr zu Passivität und Rezeptivität.

6.18 Lebensherausforderungen

Braunbär-Menschen müssen lernen, aus ihrem Wunsch nach Stabilität und Verläßlichkeit nicht Unflexibilität und Sturheit werden zu lassen, sonst werden sie sich in ihrem Wachstum und ihrer Entwicklung beeinträchtigt und in einem Kreislauf sich ewig wiederholender Probleme und Schwierigkeiten gefangen finden.

Ein Teil ihrer Lebenserfahrungen soll ihnen zeigen, daß sie «Traum» und Alltagsrealität im Gleichgewicht halten müssen. Wenn sie das tun, werden sie lernen, zwischen wahrem Wert und dem, was seinen Sinn und Zweck erfüllt, zu unterscheiden.

Sie müssen weiterentwickeln: Optimismus. Toleranz. Klarheit.

Sie müssen vermeiden: Skeptizismus. Melancholie. Nachlässigkeit. Nörgelei. Kleinlichkeit. Zögerlichkeit.

6.19 Hauptaufgabe und Lebensweg

Die Hauptaufgabe der Braunbär-Menschen ist: unterscheiden lernen. Auf ihrem Lebensweg sollen sie das, was ihnen an Lebenserfahrungen begegnet, verarbeiten, um herauszufinden, was wahren Wert besitzt und daher bewahrt, absorbiert und für den künftigen Gebrauch gespeichert werden soll, und was oberflächlich ist und ausgesondert werden kann.

Aber ihr Weg führt sie über ihre angeborene Fähigkeit, die Dinge auseinanderzunehmen und ihre Funktionsweise zu erkennen, hinaus. Hier geht es um ein tieferes Ziel als bloße Befriedigung von Neugier: Sie sollen die Einzelheiten entdecken, die für eine schöpferische Idee tauglich sind, damit sie verbessert und vervollkommnet werden können.

Wie ein Baum seine Wurzeln in die Erde senkt, um Zweige bilden und so sein Umfeld erkunden zu können, muß der Braunbär-Mensch den Boden seines Lebenswegs abklopfen, um neue brauchbare Möglichkeiten für sich zu entdecken und sein Selbst-Gefühl zu erweitern.

An diesem Punkt der Reise auf dem Rad des Lebens wartet die Erkenntnis, daß Weisheit nicht durch Kampf und Eroberung errungen wird, sondern nur im Laufe der Zeit. Sie kommt mit der Einsicht, daß, was immer man auch sucht, nur im Rahmen eigener Erfahrungen zu finden ist.

Es ist ein Weg, der dazu führt, zufrieden anzunehmen, was nicht zu ändern ist, und seine Energie nur für die Dinge einzusetzen, die zu verändern sind. Die Weisheit stellt sich ein, wenn man den Unterschied erkennt.

Ein Hauptziel dieses Weges ist das Akzeptieren der Tatsache, daß Geduld eine Vorbedingung für soliden Erfolg ist.

6.20 Das I-Ging-Trigramm

☳	Zhen Der erregende Donner	Die in der Zeit des Erntens Geborenen sind auf dem Rad des Jahres in südsüdwestlicher Richtung angesiedelt.

Das Trigramm des erregenden Donners steht für expandierende Aktivität. Es signalisiert Vervollkommnung durch Wachstum. Und es deutet hin auf die Erweckung kreativen Potentials und das Freisetzen von Ideen.

Es wird betont, wie wichtig es ist, sich auf einen einzigen, vorherrschenden Gedanken oder Wunsch zu konzentrieren, wenn Ideen zur Manifestation und Vollendung gebracht werden sollen.

6.21 Der Umgang mit Braunbär-Menschen

Sprechen Sie ihre praktische Seite an. Zeigen Sie Interesse an ihrer Arbeit und ihrem Wohlergehen. Helfen Sie ihnen, ihre Ideen im Licht praktischer Realität zu sehen. Setzen Sie Ihren logischen Verstand ein.

Braunbär-Menschen mögen keine Ungewißheit und Unpünktlichkeit. Sie reagieren auf echtes Interesse, auf Zuneigung und auf sanfte Freundlichkeit. Wenn Sie allzu schnell allzu emotional werden, wird der Braunbär-Mensch wahrscheinlich auf dem Absatz kehrtmachen und das Weite suchen.

7 RABE: Die Zeit der fallenden Blätter

Übersicht

Geburtsdatum	22. September–22. Oktober.
Erdeinfluß	Die Zeit der fallenden Blätter.
Beeinflussende Winde	Die Westwinde. *Totem:* Grizzly.
Richtung	Südwest.
Vorherrschende Elemente	Luft mit Erde.
Elemente-Klan	Schmetterlings-Klan (Luft). *Funktion:* Ideen einbringen.
Geburts- und Tiertotem	Rabe.
Pflanzliches Totem	Efeu.
Mineralisches Totem	Azurit.
Polaritäts-Totem	Falke.
Wesensverwandte Farbe	Blau.
Tonschwingung	A.
Persönlichkeitsstruktur	Charmant. Freundlich. Gutmütig. Tolerant.
Gefühle	Sensibel.
Intention	Gerechtigkeit.
Wesensart	Kooperativ.
Positive Züge	Idealistisch. Romantisch. Diplomatisch.
Negative Züge	Unentschlossen. Frivol. Leichtgläubig. Übelnehmerisch.
Geschlechtstrieb	Stark.
Verträgt sich mit	Otter und Hirsch.
Bewußtes Ziel	Partnerschaft.
Unterbewußtes Verlangen	Harmonie und Schönheit.
Lebensweg	Harmonisierung.

I-Ging-Trigramm	☳ Zhen. Donner. Verlangen nach Vollendung.
Spirituelle Alchemie	Yin dominiert.
Muß weiterentwickeln	Entschiedenheit. Beständigkeit. Unparteilichkeit. Inspiration.
Muß vermeiden	Unentschlossenheit. Unsicherheit. Inkonsequenz.
Anfangstotems	Rabe. Grizzly. Schmetterling. Efeu. Azurit. Falke.

7.1 Geburtsmonat: 22. September–22. Oktober

7.2 Erdeinfluß: Die Zeit der fallenden Blätter

Dies ist die erste Phase des Herbstes, die vom Geist Des Westens beeinflußt wird, eine Zeit, in der sich alles in der Natur verlangsamt und konsolidiert. Die inneren Strukturen kräftigen sich in Vorbereitung auf die kommende Zeit des Schlafes und der Erneuerung.

Die Bäume werfen ihre Blätter ab, Tiere ziehen zu ihren Winterquartieren oder setzen Fett an für den Winterschlaf, und Vögel ziehen in wärmere Gefilde.

Die Introspektion ist ein Merkmal dieser Zeit, und die in dieser Phase geborenen Menschen werden dazu gedrängt, aus ihren inneren Quellen zu schöpfen und im Innern statt im Äußeren nach den von ihnen angestrebten Lösungen zu suchen.

7.3 Solare Einflüsse

Die Herbst-Tagundnachtgleiche um den 22. September bildet einen weiteren Punkt des Gleichgewichts im Sonnenzyklus. Tag und Nacht sind gleich lang und markieren einen «Gangwechsel» im natürlichen Plan der Dinge. Aber während die Natur mit der Frühjahrs-Tagundnachtgleiche in ihre aktive Phase eintrat, bereitet sie sich nun auf eine Ruhepause vor. Die Kraft der Sonne läßt nach, und die Kontraktionsphase des Jahreszyklus gewinnt die Oberhand.

In alten Zeiten war dies eine Zeit der Danksagung und Kontemplation – Dankbarkeit für das, was in der Zeit der Fülle geerntet worden war, Kontemplation, da das Rad des Lebens sich nun einer Phase der äußerlichen Kargheit zuneigt und wir uns einer Stärke zuwenden, die sich aus dem Innern nährt und erhält.

Das entsprechende Sonnenzeichen ist die *Waage*.

7.4 Beeinflussende Winde: Westwinde
Richtung: Südwest

Die Westwinde des Herbstes kommen mit großer Macht, und sie sind, in menschliche Begriffe übersetzt, die Winde der Reife, da sie, im Gegensatz zu den stürmischen Winden des Erprobens und Irrens der Jugendzeit, eine entschiedenere Richtung haben – so wie auch unsere mittleren Lebensjahre.

Dies sind die Winde, die uns dazu bringen, nicht mehr nur auf rein physische Aktivitäten zu setzen, sondern nachzudenken, und zwar weniger über das bisher Erreichte als vielmehr über das, was wir aus unseren Erfahrungen gelernt haben.

Die Westwinde wecken ein klareres Gefühl für Richtung und Ziel oder Absicht – eine geistige Klarheit darüber, wohin wir gehen, verbunden mit der tröstlichen Gewißheit, daß eine stützende Macht hinter uns steht.

Der Einfluß der Macht Des Westens ist mit Konsolidierung und Introspektion verknüpft. Mit ihrer Hilfe wendet sich der Geist vom Materiellen den spirituelleren Aspekten des Lebens zu und nutzt das, was die früheren Anstrengungen erbracht haben.

Diese Macht stärkt den Entschluß, die eigenen inneren Stärken und Schwächen zu entdecken und zu testen. Und sie macht Mut, sich auf bislang unbekannte Bereiche einzulassen und diese zu erforschen.

Der Westen verbindet sich mit dem Herbst und der Abenddämmerung, die beide Phasen der Erneuerung ankündigen. Er steht auch für Reife und repräsentiert die mittleren Lebensjahre.

Das Tiertotem Des Westens ist der schwarze *Grizzly*, der stärkste aller Bären, der im Herbst vor allem mit den Vorbereitungen für seinen Winterschlaf beschäftigt ist.

Die Indianer sahen in ihm ein Tier der Innenschau, da er in seinen Handlungen überlegt vorzugehen scheint, und die Stammesgeschichten erzählten davon, daß er nicht nur in sein eigenes Herz, sondern auch in das anderer sehen kann und so Einblick und Verständnis erwirbt.

Der Grizzly ist ein mächtiges Tier und steht als Totem für Selbstlosigkeit und Idealismus, die Weisheit der Introspektion und die Stärke, die aus Dem Geist kommt.

7.5 Beeinflussende Elemente: Luft mit Erde

Das Erd-Element als Element der Dauer und Verläßlichkeit ist von großer erhaltender Kraft. Menschen, die stark von diesem Element beeinflußt werden, sind loyale und zuverlässige Partner, Freunde und Kollegen.

Die Macht des Erd-Elements bringt eine innere Beharrlichkeit mit sich, die einen Menschen dazu treibt, es auch nach vielen Anläufen wieder und wieder zu versuchen, sich nach einer scheinbaren Niederlage aufzurappeln und weiterzumachen, bis der Sieg in Sicht ist.

Die in der Zeit der fallenden Blätter geborenen Menschen werden zudem stark vom Luft-Element beeinflußt, das sich bei ihnen über persönliche Aktivität und den Verstand ausdrückt.

Luft stimuliert, belebt und erfrischt, muß aber frei zirkulieren können, sonst wird sie abgestanden und stickig. Das Luft-Element ist mit geistiger Aktivität und Kommunikation assoziiert, weshalb die in dieser Zeit geborenen Menschen häufig geistig sehr rege sind, sich gut ausdrücken können und gern mit andern reden. Ihre erdhafte Stabilität mag sie allerdings ab und zu in Situationen bringen, in denen sie sich eingesperrt oder eingeengt fühlen.

Die Luft, die wir atmen und in der wir uns bewegen, kann mild sein und erfrischen oder im Falle eines Sturms wüten und zerstören. Ebenso haben die Menschen der Zeit der fallenden Blätter die Fähigkeit, Frieden und Harmonie in eine Situation zu bringen und Tätigkeiten zu koordinieren, können aber auch, wenn sie aufgebracht sind, die Beherrschung verlieren und im zwischenmenschlichen Bereich einiges Porzellan zerschlagen.

7.6 Elemente-Klan: Schmetterlings-Klan (Luft)

Die Menschen der Zeit der fallenden Blätter werden in den Schmetterlings-Klan geboren, und der starke Einfluß des Luft-Elements erklärt, warum sie immer aktiv und in Bewegung sind und ständig ihre Einstellung gegenüber den Dingen verändern.

Die Angehörigen des Schmetterlings-Klans sind Organisatoren, enthusiastische Kommunikatoren und Ideenlieferanten.

7.7 Geburts- und Tiertotem: Rabe

Es gibt weltweit mehr als hundert Rabenarten, darunter die Saatkrähe, den Kolkraben, die Elster und die Dohle. Der Rabe ist ein gedrungener, schwarzgefiederter Vogel mit einem mächtigen Schnabel und starken Beinen. Er ist einer der anpassungsfähigsten Vögel und kann sich fast überall akklimatisieren.

Er ist im Grunde ein Allesfresser und ernährt sich am Boden, und zwar weitgehend von Getreide, Gemüse, Früchten, Nüssen, Aas, Insekten und kleinen Tieren. Mit seinen kräftigen Beinen kann er sich sehr rasch fortbewegen. Raben gehen normalerweise zu zweit oder in Gruppen auf Nahrungssuche. Im Winter versammeln sie sich zu Scharen und teilen sich eine gemeinsame Schlafstätte.

Zwar werden sie von den Farmern als Plage betrachtet, aber die Indianer sahen in der Tatsache, daß sie Aas fressen, ein ausgleichendes Moment innerhalb des natürlichen Ablaufs der Dinge. Der Rabe gehörte auch aufgrund seiner Intelligenz und seiner Fähigkeit, sich sowohl in den Lüften wie auf der Erde wohl zu fühlen, und seiner fast menschlich anmutenden Gruppen- oder «Stammes»gewohnheiten zu den «Lehrern» unter den Vögeln. Für die indianischen Ureinwohner symbolisierte der Rabe ein Verbindungsglied zwischen Mensch und Umwelt, und man ging davon aus, daß sein Erscheinen stets irgendeine Botschaft für den Beobachter beinhaltete.

Der Kolkrabe ist das größte Mitglied der Rabenfamilie. Er hat einen keilförmigen Schwanz und lange, spitz zulaufende Flügel, die eine Spannweite von 120 Zentimetern erreichen können. Sein Schnabel ist schwer und gedrungen, und er hat struppige Federn am Hals. Sein Nest baut er sich aus Zweigen und Stöckchen hoch oben in großen Bäumen oder auf Felsvorsprüngen, und Vögel, die in sein Revier eindringen, greift er an.

Wie ihr Totem sind Rabe-Menschen keine Einzelgänger. Auf sich allein gestellt fühlen sie sich unsicher, sie ziehen deshalb die Gesellschaft anderer vor und fühlen sich aufgehoben, wenn sie zu mehreren sind. Sie arbeiten auch nicht gern allein, sondern lieber mit Kollegen in einer Gruppe, und die Sicherheit einer Organisation macht sie am glücklichsten.

In der Tat sind sie gegenüber der Gruppe oder Organisation, der sie angehören, sehr loyal und werden diese, mit Worten oder Taten, gegen Angriffe verteidigen.

Wie der Rabe sind sie oft wachsam und mißtrauisch, möglicherweise wegen früherer Verletzungen oder Kränkungen, die sie unter ähnlichen Umständen erlitten haben. Und manchmal scheint es ihnen an Mut zu fehlen, da sie die Tendenz haben, jeder nach Gefahr riechenden Situation auszuweichen.

In alten Zeiten wurden der Rabe und der Kolkrabe oft mit Magie assoziiert, die, vereinfacht ausgedrückt, nichts mit dem Übernatürlichen oder Paranormalen zu tun hat, sondern lediglich schöpferisches Denken in Realität umzusetzen versteht. Rabe-Menschen scheinen eine außergewöhnlich stark ausgeprägte Fähigkeit zu haben, ihre Bedürfnisse und Wünsche zu «materialisieren». Seit alters her wurde der Rabe auch als Hüter und Beschützer der «geheimen» Dinge betrachtet, und Vertrauliches ist bei Rabe-Menschen im allgemeinen gut aufgehoben, auf ihre Diskretion ist normalerweise Verlaß.

Der Rabe ist ein Vogel, der die Kunst der Balance durch den Gebrauch seiner Flügel beherrscht, und er ist sehr sensibel für atmosphärische Veränderungen. Rabe-Menschen schweben sozusagen am Punkt des Gleichgewichts zwischen verschiedenen Richtungen – ein Punkt fast immerwährender Neutralität. Vielleicht sind sie aufgrund dieser Tendenz oft unentschlossen bzw. langsam in ihren Entscheidungen, egal ob es sich nun um ein neues Kleidungsstück oder eine existentielle Frage handelt. Sie können die Qualitäten und Vorteile der verschiedenen ihnen zur Verfügung stehenden Alternativen sehr gut einschätzen, tun sich jedoch schwer, dann die notwendige Wahl zu treffen. Haben sie sich aber einmal entschieden, dann handeln sie mit Überzeugung danach.

7.8 Pflanzliches Totem: Efeu

Der Efeu (*Hedera helix*) ist eine zähe, immergrüne Pflanze, die sich spiralförmig an Bäumen hochrankt und in der dunklen Hälfte des Jahres gedeiht. Seine dunkelgrünen, lederartigen Blätter haben drei bis fünf Lappen. Er blüht von August bis Oktober in kleinen, runden, gelb-grünen Dolden. Seine Früchte, kleine schwarze Beeren, reifen im Winter und bieten hungrigen Vögeln Nahrung.

Im medizinischen Bereich wurde diese Pflanze sehr behutsam verwendet, da sie giftig ist. Man bediente sich ihrer allerdings zur Herstellung eines Wassers, das bei Hautproblemen lindernd wirkte.

Efeu galt als Symbol der Wiedergeburt und Erneuerung. In der europäischen Volkstradition wurde er der Stechpalme zugesellt (Efeu galt in seinem Wesen als weiblich, die Stechpalme als männlich), und seine zähen, haftenden und immergrünen Eigenschaften versinnbildlichten das Überdauern der Essenz des Lebens.

Diese Pflanze hat besondere Bedeutung für Rabe-Menschen, da sie sie auf die Notwendigkeit verweist, vor allem in widrigen Zeiten oder bei großen Veränderungen zäh zu sein und festzuhalten.

Aus Efeu wurde ein Bogen geflochten, der symbolisch den Tod mit der Wiedergeburt verband – ein Verweis darauf, daß das, was das Ende zu sein scheint, in Wirklichkeit ein Neubeginn ist.

7.9 Mineralisches Totem: Azurit

Der Azurit ist ein Kupferkarbonat von undurchsichtigem, blau-metallischem Aussehen. Ein Stein mit einer sanften und friedlichen Schwingung, der sich sehr gut als Konzentrationshilfe bei der Meditation eignet. Es liegt eine besondere Schönheit in dem, was man als Unvollkommenheiten des Steins bezeichnen könnte, aber vielleicht lehrt uns das, daß die Dinge, wenn sie auch nicht perfekt aussehen mögen, in sich das Potential zur Vollkommenheit bergen. Wie der Azurit haben die Rabe-Menschen eine sanfte Seite, die sie dazu befähigt, harmonisierend auf Menschen und Situationen einzuwirken.

Rabe-Menschen sollten den Azurit tragen, da er ihnen hilft, sich stärker mit den Erdenergien zu verbinden und zu einer tieferen Selbsterkenntnis zu kommen. Er trägt auch zur Bewußtseinserweiterung und zu einem klareren Durchblick bei. Er kann als Ring, vorzugsweise an der rechten Hand, oder am Körper getragen werden.

7.10 Polaritäts-Totem: Falke

Wie ihr Geburtstotem können sich Rabe-Menschen mühelos von einer Ebene zur anderen schwingen – von der materiellen zur spirituellen. Ihr Problem liegt in der Inkonsequenz und Ambivalenz, die sie nur zögerlich Entscheidungen treffen läßt. Wenn sie zu persönlicher Ausgewogenheit kommen wollen, dann brauchen sie die Weitsicht, Furchtlosigkeit und Antriebskraft des Falke-Menschen.

Haben Rabe-Menschen ihr inneres Gleichgewicht gefunden und gelernt, ihre Energien effektiv zu lenken, dann können sie die hilfsbereitesten Menschen sein, da sie Befriedigung darin finden, mit anderen zu teilen.

7.11 Persönlichkeitsausdruck

Die erwachsene Person
Rastloser, gutherziger, künstlerischer, gesprächiger Rabe-Mensch. Diese Menschen erfreuen sich an neuen Dingen und neuen Erfahrungen, und ihre Rastlosigkeit ist keine von der geschäftigen und wichtigtuerischen Art. Sie wollen nur, wenn sie einmal etwas – Mensch oder Sache – erforscht haben, möglichst schnell zum nächsten übergehen.

Sie sind im allgemeinen freundliche und gutmütige Leute, werden aber leicht durch die vorherrschende Atmosphäre beeinflußt – sei es durch den Ort oder eine von anderen erzeugte Stimmung; und wenn ihnen da etwas zuwider ist, sind sie leicht mürrisch, verstimmt oder reizbar.

Rabe-Menschen zeigen die beiden Seiten ihres Wesens offener als die meisten anderen. Manchmal sind sie fröhlich, gesellig, und es macht Spaß, mit ihnen zusammenzusein. Dann wieder gibt es Zeiten, in denen sie mürrisch, streitsüchtig und eigensinnig sind. Und so stecken sie auch phasenweise jedes Gramm Energie in ihre Arbeit und erwecken den Anschein, Workaholics zu sein; wenn sie aber beschließen, eine Pause zu machen und sich zu entspannen, dann wirken sie in ihrem Unwillen, wieder an die Arbeit zu gehen, geradezu lethargisch und faul. Rabe-Menschen müssen dann und wann ihren Akku wiederaufladen, und wenn das geschehen ist, machen sie sich gewöhnlich voller Begeisterung erneut an die Arbeit und läuten eine weitere aktionsreiche Runde ein.

Rabe-Menschen mögen kein Durcheinander und Chaos. Die Dinge sollen ordentlich und effektiv geregelt sein, am Arbeitsplatz und zu Hause.

In ihrer Unbeschwertheit fügen sie sich gut in eine Gruppe ein, und mit ihrem Takt und ihrer Diplomatie tragen sie dazu bei, daß aus der Gruppe ein harmonisches Team wird. Rabe-Menschen sind keine Einzelgänger. In der Tat können sie ziemlich depressiv werden, wenn sie allein arbeiten müssen und sich selbst überlassen sind. Aber in der Gruppe oder mit einem Partner blühen sie auf. Rabe-Menschen müssen einfach mit anderen teilen können.

Sie mögen keinen Streit, Hader oder emotionalen Aufruhr, und ihre Tendenz, es allen recht machen zu wollen, führt manchmal dazu, daß man ihnen «Falschheit» vorwirft. Von ihrem Wesen her können sie gut vermitteln und verhandeln.

Ihr Wunsch nach Ausgleich und Gerechtigkeit spiegelt ihren Standort auf dem Erdnetz wider, nämlich die Zeit der Abenddämmerung im Tageszyklus, wenn die Natur einen Gleichgewichtspunkt erreicht, und des Herbstes im Jahreszyklus, wenn Tag und Nacht gleich lang sind. Wie es im Zyklus der Natur Wendepunkte gibt, befinden sich auch Rabe-Menschen an einem Wendepunkt im Zyklus spiritueller Evolution, im Gleichgewicht zwischen der materiellen Welt dessen, was mit den physischen Sinnen gesehen, gefühlt und erfahren, und dem Reich des Unsichtbaren, das nur mit Dem Geist erkannt werden kann. Und so haben die praktischen und mit beiden Beinen fest auf dem Boden stehenden Rabe-Menschen auch ein tiefes Interesse an den Geheimnissen des Lebens.

Positive Züge: Idealistisch. Diplomatisch. Romantisch. Unbeschwert. Freundlich. Kooperativ.

Negative Züge: Übelnehmerisch. Frivol. Leichtgläubig.

Berufliche Möglichkeiten: Kunst. Antiquitäten. Luftfahrt. Architektur. Ingenieurwesen. Mechanik. Militär. Kunsthandel. Malerei. Politik. Immobilien.

Das Kind

Das Rabe-Baby ist gewöhnlich das hübsche und manierliche kleine Kind, das alle Herzen erobert. Es scheint weniger zu Wutanfällen zu neigen als die meisten anderen Kinder und macht im allgemeinen einen zufriedenen und wohlerzogenen Eindruck.

Schon früh zeigt es einen Widerwillen, Entscheidungen zu treffen. Das Rabe-Kind möchte lieber nicht vor eine Wahl gestellt werden, ob es nun darum geht, was es essen oder anziehen oder mit was es spielen soll. Man muß ihm nicht alles vorkauen, aber es braucht Anleitung, um Entscheidungen treffen zu können. Und es läßt sich dabei nicht drängen.

Diese Zögerlichkeit kann, wenn das Kind älter wird, irrtümlicherweise für Eigensinn gehalten werden, es ist aber lediglich Vorsicht.

Rabe-Kinder wollen andere zufriedenstellen, aber wenn man mit ihrer Unentschlossenheit nicht richtig umgeht, kann sie sich zur Angst, Fehler zu machen oder Fehlurteile zu fällen, auswachsen.

Rabe-Kinder sind im allgemeinen intelligent und wißbegierig.

Die Eltern

Rabe-Menschen haben es gewöhnlich mit dem Elternwerden nicht eilig. Mit der Familiengründung warten sie lieber, bis sie ein sicheres Heim aufgebaut haben.

Der Rabe-Mann ist ein hingebungsvoller Vater, der seinen Kindern mit ruhiger Autorität begegnet.

Die Rabe-Frau ist eine an sich fürsorgliche und sanfte Mutter, wird aber, wenn nötig, sehr bestimmt. Ihre Kinder stehen für sie allerdings erst an zweiter Stelle – nach ihrem Partner.

7.12 Romantische Liebe und Sex

Rabe-Menschen sind Romantiker und so in die Liebe verliebt, daß sie vermutlich schon eine Bindung eingehen, bevor sich noch eine echte und feste Beziehung entwickelt hat, was sie dann später bereuen mögen.

Sie träumen von vollkommener Liebe, stellen aber fest, daß in der Realität eine solche Vollkommenheit nur schwer zu finden ist, und ihre Suche nach dem männlichen bzw. weiblichen perfekten Gefährten läßt sie wankelmütig und kokett erscheinen.

Rabe-Männer können charmant, rücksichtsvoll und aufmerksam sein und sagen all die Dinge, die einer Frau gefallen. Die Rabe-Frau kann liebevoll, verführerisch und von einer sanften Weiblichkeit sein, die Männer anzieht, aber wenn es um die Beurteilung von praktischen Belangen geht, wird sie sich nur selten von ihren Emotionen leiten lassen.

Sex ist für Rabe-Menschen wichtig, aber es mag sein, daß die Jagd und die Vorrunden sie mehr erregen als der sexuelle Akt selbst. Im allgemeinen sind sie zärtliche und sanfte Liebhaber und haben einen sexuellen Appetit, den manche als exzessiv bezeichnen würden.

Verträglichkeiten: Rabe-Menschen vertragen sich gut mit Otter- und Hirsch-Menschen (zwischen 20. Januar und 18. Februar bzw. 21. Mai und 20. Juni geboren).

Spirituelle Geschlechtlichkeit: (+) Die grundlegende spirituelle Geschlechtlichkeit der Rabe-Menschen ist maskulin, das heißt, sie sind dynamisch, extrovertiert und initiativ.

7.13 Gesundheit

Das Übermaß bedroht das physische Wohlbefinden der Rabe-Menschen am stärksten, und vermutlich sind die Nieren am meisten davon betroffen. Rabe-Menschen mögen auch Probleme mit den Muskeln haben, häufig in der unteren Rückenpartie.

Übungen für das Zwerchfell und den Bereich um die Hüften herum sind besonders gut für sie, denn dieser Bereich trennt im Innern die obere von der unteren Körperhälfte und kann als der Gleichgewichtspunkt des Körpers bezeichnet werden.

7.14 Wesensverwandte Farbe: Blau

Blau strebt über die praktischen Gegebenheiten der physischen Existenz hinaus, denn es ist die Farbe des Himmels und erforscht die Unendlichkeit der Spiritualität. Blau ist auch die Farbe des Ozeans, und die Menschen, die von ihr beeinflußt sind, werden sich um wahre Weisheit und nach innen gerichtetes Gewahrsein bemühen.

Blau verweist auf das Streben nach innerer Ruhe und Hingabe. Die Farbe kann sowohl entspannend und lindernd wie stimulierend und aufbauend wirken. Und die vom blauen Lichtstrahl beeinflußten Menschen sind anpassungsfähig und reflektieren daher dessen Eigenschaften. Blau symbolisiert Harmonie und Wahrheit und steht für Spiritualität und kosmische Energie. Diese Farbe erhebt das Bewußtsein auf spirituelle Ebenen, und in der menschlichen Aura signalisiert sie Integrität, Aufrichtigkeit und Mitgefühl.

Der blaue Lichtstrahl bringt den in der Zeit der fallenden Blätter Geborenen jene geistig-seelische Ruhe und Stille, die nach Ordnung und Harmonie verlangen. Blau ist die Farbe, die das Bewußtsein dazu drängt, im Inneren nach wahren Werten zu suchen.

Die von dieser Farbe beeinflußten Menschen haben ein starkes Pflichtbewußtsein, sind treu und zuverlässig, sensibel für die Bedürfnisse anderer, gesellig und fürsorglich.

Blau ist die Farbe des Friedens, und deshalb sind diese Menschen meist diplomatisch und diskret. Sie haben die Fähigkeit, die Dinge in Ordnung zu bringen und gegnerische Parteien zu einer verträglichen Zusammenarbeit zu bewegen. Sie sind liebenswerte Gesellschafter, die im allgemeinen mit anderen Menschen gut zurechtkommen.

Tonschwingung: Rabe-Menschen sind auf *A* eingestimmt.

7.15 Günstige Zeiten

Die *besten Monate* für Rabe-Menschen sind: 22. September bis 22. Oktober, 20. Januar bis 18. Februar und 20. April bis 20. Juni.

Der *beste Wochentag* ist der Freitag.

Die *beste Tageszeit* liegt zwischen 15 und 17 Uhr.

7.16 Äußeres (bewußtes) Ziel und inneres (unterbewußtes) Verlangen

Das äußere Ziel der Rabe-Menschen ist Kooperation in Harmonie und Schönheit.

Rabe-Menschen befinden sich an einem Punkt spiritueller Evolution, der sich mit der Pause zwischen zwei Herzschlägen oder dem momentanen Verweilen eines Pendels, bevor es in die andere Richtung schwingt, vergleichen läßt. Es ist der Zustand eines statischen Gleichgewichts vor dem Wechsel – ein Moment der Balance. In diesem Augenblick des schwebenden Gleichgewichts wird über das Handeln entschieden. Es ist kein Zustand der Untätigkeit, sondern einer, aus dem ein neuer Zyklus, ein weiterer Pulsschlag entsteht.

Das innere Verlangen möchte den Moment des Wechsels, der Entscheidung, den Punkt des Gleichgewichts, an dem sich Yin zu Yang verändert, finden. So bringen es die Lebenserfahrungen der Rabe-Menschen unter anderem immer wieder mit sich, daß sie in Situationen geraten, in denen sie Entscheidungen mit weiser Urteilskraft zu treffen haben.

7.17 Spirituelle Alchemie

Rabe-Menschen sind vom Luft-Element, dem Element Des Geistes und der sich ständig bewegenden und zirkulierenden Kraft beeinflußt und vom Erd-Element, dem Element der praktischen Realität.

Zuviel Luft, und der Rabe-Mensch lebt in einer Feenwelt der Ideen und Träume, die nur in seinem Geist existiert. Zuviel Erde, und er bleibt stecken, fährt sich fest, verfängt sich in Einschränkungen. Der Rabe-Mensch muß beide Aspekte ausblancieren, dann wird er die unter dem Einfluß des Luft-Elements erzeugten Gedanken und Träume praktisch umsetzen können.

Der Richtungseinfluß bewegt sich von warm hin zu kühl (+ −), die Polaritäten des Erd-Elements (−), des Luft-Elements (+) und der maskulinen spirituellen Geschlechtlichkeit (+) verweisen auf eine Persönlichkeit, die auf das Handeln ausgerichtet ist und von einem auf ihre Umwelt bezogenen Interesse geleitet wird.

7.18 Lebensherausforderungen

Rabe-Menschen werden immer wieder in Situationen geraten, in denen sie sich auf andere verlassen müssen und die Notwendigkeit zum Konsens besteht, aber die wahre Lektion dieser sich wiederholenden Erfahrungen soll sie lehren, ihre eigenen Entscheidungen zu treffen und selbst Verantwortung für ihr Leben zu übernehmen. Sie sollen die Fähigkeit erwerben, mit anderen zu kooperieren und zu teilen, ohne ihre Individualität und Unabhängigkeit aufzugeben.

Sie müssen weiterentwickeln: Entschlußfähigkeit. Beständigkeit. Unparteilichkeit. Anmut. Grazie. Inspiration. Künstlerisches Wesen.

Sie müssen vermeiden: Unentschiedenheit. Abhängigkeit von anderen. Hinterlist. Inkonsequenz.

7.19 Hauptaufgabe und Lebensweg

Die Hauptaufgabe der Rabe-Menschen besteht in der Harmonisierung durch Zusammenbringen. Anders ausgedrückt: Es geht um die Entdeckung neuer Lebensmöglichkeiten durch die Harmonie des Miteinander-Teilens.

Harmonie wird definiert als das ordnende Zusammenbringen verschiedener Töne oder Farben oder Flächen oder verschiedener Gegenstände zu einem passenden, stimmigen Ganzen.

Rabe-Menschen erhalten durch ihre Fähigkeit, die Dinge aus der Perspektive anderer zu sehen und scheinbar gegensätzliche Anschauungen in Einklang zu bringen, Gelegenheit, eine Vielfalt an harmonischen Partnerschaften zu stiften, die auf verschiedenen Handlungsebenen wirksam werden können. Auf diese Weise wird ihre eigene spirituelle Entwicklung entscheidend gefördert.

Ihr Lebensweg führt sie zu der Erkenntnis, wie wichtig höchste Integrität bei allen Entscheidungen und Aktionen ist, da jede Handlung eine entsprechende Reaktion hervorruft, die ein karmisches Muster bildet und uns in dieser Form künftig wiederbegegnen wird. Das Höhere Selbst ist es, das Gerechtigkeit verlangt, und so findet alles und jedes die entsprechende Antwort, wird das Konto letztlich ausgeglichen.

Jene, die diesen Weg gehen, verfolgen das Hauptziel, zwischen Grundsätzen und Leidenschaften unterscheiden zu können.

7.20 Das I-Ging-Trigramm

☳ Zhen
Der erregende
Donner

Die in der Zeit der fallenden Blätter Geborenen sind auf dem Rad des Jahres in südwestlicher Richtung angesiedelt. Das Bild dieses Trigramms mit zwei unterbrochenen Linien über einer durchgängigen Linie unten wird manchmal mit einem Becher oder einer Schale verglichen, was auf Rezeptivität hinweist. Es ist das Bild eines Behältnisses, in dem sich Ideen vermischen und ein harmonisches Ganzes bilden können.

Das Zhen-Trigramm signalisiert Aufbruch zur Aktivität, die, wie der Donner, eine kommende Veränderung in Einklang mit der harmonischen natürlichen Ordnung und deren Rhythmus ankündigt. Im Kern bedeutet dies Verlangen nach Vollendung.

7.21 Der Umgang mit Rabe-Menschen

Verwechseln Sie die Freundlichkeit des Rabe-Menschen nicht mit Zuneigung. Bleiben Sie in Ihrem Gespräch sachlich, Rabe-Menschen mögen klare und logische Erklärungen und können langatmige Schwätzer fast ebensowenig ausstehen wie Vertreter, die sie mit maschinengewehrartigen Wortkaskaden überfallen. Lassen Sie sich in einer Gruppe, zu der Rabe-Menschen gehören, nicht auf eine ungehobelte Konversation ein. Vulgarität verletzt ihr Feingefühl, wenn sie auch oft zu diplomatisch sind, um ihre Empfindungen offen zu zeigen.

8 SCHLANGE: Die Zeit des Frosts

Übersicht

Geburtsdatum	23. Oktober–22. November.
Erdeinfluß	Die Zeit des Frosts.
Beeinflussende Winde	Die Westwinde. *Totem:* Grizzly.
Richtung:	Westen.
Vorherrschende Elemente	Wasser mit Erde.
Elemente-Klan	Frosch-Klan (Wasser) *Funktion:* Beschäftigung mit dem Geistigen.
Geburts- und Tiertotem	Schlange.
Pflanzliches Totem	Distel.
Mineralisches Totem	Amethyst.
Polaritäts-Totem	Biber.
Wesensverwandte Farbe	Violett.
Tonschwingung	B.
Persönlichkeitsstruktur	Intensiv. Impulsiv. Ehrgeizig. Entschlossen. Geheimnisvoll.
Gefühle	Verborgen.
Intention	Introspektion.
Wesensart	Forschend. Wißbegierig.
Positive Züge	Zielbewußt. Scharfsichtig. Fantasievoll.
Negative Züge	Übelnehmerisch. Eigensinnig. Geheimnistuerisch. Mißtrauisch.
Geschlechtstrieb	Intensiv.
Verträgt sich mit	Specht und Wolf.
Bewußtes Ziel	Befriedigung.
Unterbewußtes Verlangen	Spirituelle Vereinigung.
Lebensweg	Sensibilität.

I-Ging-Trigramm	☷ Kun. Die rezeptive Erde. Natürliches Reagieren.
Spirituelle Alchemie	Yin dominiert.
Muß weiterentwickeln	Entschlußkraft. Anpassungsfähigkeit. Kreativität.
Muß vermeiden	Egozentrik. Arroganz. Mißgunst. Verzagtheit.
Anfangstotems	Schlange. Grizzly. Frosch. Distel. Amethyst. Biber.

8.1 Geburtsmonat: 23. Oktober–22. November

8.2 Erdeinfluß: Die Zeit des Frosts

Die in der Zeit des Frosts Geborenen sprudeln über vor Ideen und Begeisterung, aber wenn sie ihre Energien unkontrolliert mit sich durchgehen lassen, erleben sie oft, daß ihre Pläne von anderen frostig aufgenommen werden und umgehend «gefrieren». Um ihre Energien im Fluß zu halten, müssen sie die Wärme der Emotion mit der Kälte des Intellekts verbinden.

Umgekehrt müssen sie auch lernen, daß es manchmal weiser ist, einen Gedanken «einzufrieren», bis die richtigen klimatischen Bedingungen herrschen. Die Kunst des korrekten Timings ist eine der wichtigsten Lektionen, die die in dieser Zeit geborenen Menschen über ihre Erfahrungen zu lernen haben, denn sie entwickeln zwar vernünftige Ideen und gute Vorstellungen, bringen sie aber oft zur falschen Zeit an und sind dann frustriert. Die Ungeduld, mit der «sie sich selbst vorauseilen», ist möglicherweise ihr größtes Handikap.

8.3 Solare Einflüsse

Die in dieser Phase Geborenen sind mit der Zeit des Sonnenuntergangs, des Herbstes und den Jahren der Reife im menschlichen Leben assoziiert. Sie sind eingestimmt auf die Mächte der Dämmerung, die das Angesicht der Erde verwandeln und sie nach geistiger Freiheit, nach Idealismus verlangen lassen. Sie sind von einem Forschungsdrang beseelt, der sie dazu treibt, nach dem Sinn des Seins zu suchen, und dieses Streben nach der Entdeckung der Geheimnisse des Lebens ist wahre Reife.

In dieser Jahreszeit hilft uns die Natur, das Prinzip der Verwandlung und Erneuerung zu verstehen, das einen so starken Einfluß auf die in dieser Zeit Geborenen ausübt. Zwar verlieren im Herbst die Bäume ihre Blätter und werden kahl, aber das herabgefallene Laub wird sich zersetzen und so neue Nährstoffe für Erde und Bäume liefern. Der Frost erinnert an den Tod, den der Winter repräsentiert. Eis wird zu Wasser, wenn es sich erwärmt, gefriert aber über Nacht von neuem.

Mit dieser Phase sind wir am Dreh- und Angelpunkt des ganzen

Jahreszyklus angekommen. Früher war dies der Zeitpunkt, da ein Jahr endete und ein neuer Zyklus begann. Diese Phase der Dämmerung oder des «Zwielichts» hatte bei den alten Völkern noch in einer Hinsicht Bedeutung, denn sie wurde als der Raum zwischen zwei Reichen betrachtet: der sichtbaren Welt der physischen Manifestation und dem unsichtbaren Reich Des Geistes.

Bei den heidnischen Völkern wurde deshalb am Abend vor dem 1. November ein Fest gefeiert. Die Kelten nannten es *Samhain*, was soviel wie «Sommerende» bedeutet, aber die Festivitäten wurden dann fröhlich noch die ganze erste Novemberwoche fortgesetzt. Lodernde rituelle Freudenfeuer symbolisierten die Verbrennung aller Sorgen und Probleme, die sich im vergangenen Jahr angehäuft hatten. Es war die Zeit, um sich aller Schwächen zu entledigen sowie der Dinge, die ihren Zweck erfüllt hatten und nicht länger von Bedeutung waren – ein Ablegen all dessen, was gewesen ist, damit eine Erneuerung möglich und wirksam werden konnte. Über den Feuern wurde auch das Fleisch jener Tiere gekocht und gebraten, die den Winter über nicht gehalten werden konnten. Die Ergebnisse der Arbeit eines Jahres wurden sichtbar.

Wie die Dämmerung eine Phase «dazwischen» ist und den Tag von der Nacht trennt, wie der Herbst zwischen Sommer und Winter steht, so wurde *Samhain* als eine Zeit betrachtet, in der sich das sichtbare und das unsichtbare Reich «überschnitten». Es war die Zeit der Erinnerung an die, die gestorben und aus dem irdischen Leben geschieden waren. Die Bewegung der Erdgezeiten hatte das Physische und Spirituelle enger zusammengerückt, und in diesen Tagen war die Nähe zu den dahingegangenen geliebten Menschen deutlicher und tiefer zu spüren.

Die christliche Kirche versuchte, dieses alte Fest auszurotten, und machte aus dem 1. November Allerheiligen und aus *Samhain* Allerseelen oder Hallowe'en. Das ursprüngliche Fest wurde herabgewürdigt, indem man es mit Dämonen und Hexen, Geistern und Kobolden in Verbindung brachte. Heutzutage ist Hallowe'en, vor allem in den Vereinigten Staaten, zu einem Tag eher seltsamer Vergnügungen verkommen, mit Verkleidungen und Masken, Kürbislaternen und Scherzen, die an die Durchtriebenheit kleiner «Dämonen» und die Notwendigkeit, sie zu bändigen, erinnern sollen, was alles Verzerrungen der wahren Bedeutung dieses alten Festes sind.

Das entsprechende Sonnenzeichen ist der *Skorpion*.

8.4 Beeinflussende Winde: Westwinde
Richtung: Westen

Die Westwinde bringen ihren Einfluß durch die Eigenschaft der Anpassungsfähigkeit bei den in dieser Zeit Geborenen zur Geltung. Sie fühlen sich wohl, ob sie sich nun mit den materiellen Dingen der Erde oder den spirituellen Prinzipien des «Himmels» befassen, und sie werden dazu gedrängt, ihr Wissen über diese Bereiche an andere weiterzugeben.

Die Westwinde bringen Macht und Stärke, aber da Der Westen die Richtung der Introspektion und Selbstlosigkeit ist, handelt es sich um eine Macht und Kraft, die aus dem Innern statt aus dem Äußeren kommt, und sie ist von einer forschenden Intensität, die das Verborgene enthüllt. Es ist jene Stärke, die der emotionalen Ausdauer zugrunde liegt.

Das Totem Des Westens ist der *Grizzly*, der Stärke mit Sanftheit vereint – zwei anscheinend gegensätzliche und sich doch ergänzende Eigenschaften, die sich in den zu dieser Zeit geborenen Menschen zunehmend intensiver zeigen, je weiter die Betreffenden sich bereits entwickelt haben (siehe unter 7.4).

8.5 Beeinflussende Elemente: Wasser mit Erde

Das Erd-Element liefert die nährende Kraft, damit die Dinge in Erscheinung treten, und die auflösende Kraft, damit die Dinge wieder verschwinden können. Erde ist zwar die Substanz, die Stabilität und Festigkeit verleiht, aber sie ist auch die Kraft, die Transformation bewirkt. Und dieser Aspekt der Transformation ist von besonderer Bedeutung für die in der Zeit des Frosts geborenen Menschen, denn ihr ganzes Leben dreht sich vor allem um Veränderung und Erneuerung.

Ausdauer, Findigkeit und Beharrlichkeit sind Eigenschaften, die mit dem Erd-Element assoziiert sind.

Der Einfluß des Wasser-Elements ist mit Veränderlichkeit, Flexibilität und Anpassungsfähigkeit verbunden – Eigenschaften, die sich diese Menschen ebenfalls aneignen müssen.

8.6 Elemente-Klan: Frosch-Klan (Wasser)

Die Menschen der Zeit des Frosts werden in den Frosch-Klan geboren und sind eng mit dem Wasser-Element assoziiert. Ihr Hunger nach neuen Ideen und Erfahrungen reißt sie leicht mit sich fort. Sie haben die Fähigkeit, ein Projekt, an dem sie beteiligt sind, zu beleben und voranzutreiben, bleiben aber selten lange genug dabei, um den vollen Lohn ihrer Bemühungen zu ernten. Sie ziehen es vor, auf der Suche nach neuen Erfahrungen «weiterzuschwimmen».

Menschen des Frosch-Klans können den Strom schöpferischer und heilender Energien anzapfen und sie dorthin bringen, wo sie gebraucht werden. Und obwohl sie praktisch sind, den irdischen Dingen zugewandt, und das Gefühl, von Komfort umgeben zu sein, durchaus genießen können, geben sie sich selten lange damit zufrieden und scheinen sich bei der Erforschung der ungreifbaren Dinge des Lebens wohler zu fühlen.

8.7 Geburts- und Tiertotem: Schlange

Die Schlange ist ein Reptil, das in einigen Kulturen mit einem gewissen Abscheu und Widerwillen betrachtet wurde und wird, eingeborene Völker aber behandeln sie mit Respekt und schreiben ihr viele besondere Kräfte zu. Vor allem steht sie für die Macht der Transformation und Erneuerung, da sie die Fähigkeit hat, ihre Haut immer wieder abzustreifen.

Die Schlange ist ein Geschöpf ohne Gliedmaßen, das durch die Rück- und Vorwärtsbewegung seines sich am Bauch entlangziehenden Schuppensystems dahingleiten kann. Sie hat dehnbare Kieferklappen und nach innen sowie zum Schlund hin geneigte Zähne, sie frißt Ratten, Mäuse, Eidechsen und Frösche, mag aber auch Insekten.

Ihre gespaltene Zunge ist ein Sinnesorgan zum Schmecken und Riechen und außerdem hochempfindlich für Schwingungen. Schlangen häuten sich regelmäßig, und wie ihr Totem neigen die in der Zeit des Frosts geborenen Menschen zu dramatischen Veränderungen in ihrem Leben, streifen häufig vergangene Bindungen und Bande ab, um einen Neuanfang zu machen.

Schlange-Menschen nehmen diese Veränderungen aus den bestmöglichen Gründen, aber manchmal zur falschen Zeit in Angriff und machen so unnötige traumatische und leidvolle Erfahrungen. Wie bereits gesagt, ist mit das Wichtigste, was sie im Leben zu lernen haben, das richtige Timing. Die Veränderung fällt ihnen nicht immer leicht, aber Schlange-Menschen passen sich jeder neuen Situation an und versuchen, das Beste daraus zu machen.

Schlangen können ausgezeichnet sehen und fixieren ihre Beute mit einem hypnotisch wirkenden Blick, der das Opfer geradezu erstarren läßt. Auch Schlange-Menschen haben die Tendenz, ihrem Gegenüber mit einem sehr direkten Blick in die Augen zu sehen, der bis auf den Grund der Seele vorzudringen scheint, was einige Menschen als unangenehm empfinden und was sie nervös macht. Man gewinnt den Eindruck, der Schlange-Mensch könnte in die tiefsten Geheimnisse des anderen Einblick gewinnen.

Die Indianer wußten, daß es lange dauert, bis eine Schlange wütend wird, und deshalb repräsentierte sie die Toleranz. Viele Erfahrungen, die Schlange-Menschen in ihrem Leben machen, haben das Ziel, sie die Tugenden der Geduld und Toleranz zu lehren.

In alten Zeiten war die Schlange die Hüterin der Mysterienschulen, die das Wissen und die Weisheitslehren vor jenen schützte, die sie aus zweifelhaften Motiven erwerben wollten. Sie ist auch Hüterin der halluzinogenen Pflanzen, und Schlange-Menschen können besonders gut Alkohol- oder Drogensüchtigen beistehen.

Die fliegende Schlange war das Symbol eines Gottes der alten Maya. Das soll nicht heißen, daß Schlange-Menschen sich in «Götter» verwandeln können, aber viele von ihnen sind sich bewußt, daß sie in ihrem Streben immer weiter und höher hinaus wollen und müssen, mögen die Umstände auch noch so widrig sein. Das ist Teil ihres Wesens und ein Hinweis darauf, daß sie in einem lebenslangen Transformationsprozeß stehen. Es geht um eine Veränderung weg von rein egoistischen Motiven hin zu konstruktiven Zielen, von denen auch andere etwas haben. Die Fähigkeit, zu verwunden, wird aufgegeben, und an ihre Stelle tritt die Macht, zu heilen und Erleuchtung und Hoffnung zu bringen.

8.8 Pflanzliches Totem: Distel

Disteln haben dicke, stachelige Blätter und dichte, purpurfarben blühende Blütenköpfe. Sie haben einen dicken, faserigen Stengel, werden zwischen 30 und 180 Zentimeter hoch und wachsen gewöhnlich in Gruppen zusammenstehend.

Der heutige Mensch betrachtet sie als Plage, aber die Indianer wußten um ihre wohltuenden und heilsamen Eigenschaften. Man benutzte sie zur Linderung von Schmerzen der verschiedensten Art, und besonders wirksam wurde sie bei Verdauungsproblemen eingesetzt. Sie half auch bei allen möglichen Vergiftungen.

Wie die stachelige Distel verfügen auch Schlange-Menschen über einen «Mechanismus», der andere daran hindert, ihnen zu nahezukommen und sie wirklich zu begreifen. Das hat zur Folge, daß sie oft mißverstanden und ihr wahrer Wert unterschätzt wird. Sie müssen ihre Mitmenschen auf Distanz halten, weil sie sich verletzlich fühlen.

Eine der Lektionen, die sie ihre Lebenserfahrungen lehren soll, ist die Notwendigkeit einer festen Verwurzelung in der Erde – wie sie auch die Distel hat –, denn nur dann können ihre überquellenden Energien fruchtbringend kanalisiert werden. Ihr inneres Wachstum hängt davon ab, wie gut sie ihre Talente und Fähigkeiten kultivieren.

Die Distel ist reich an Vitaminen. Die Indianer schälten ihre Wurzel und aßen sie roh, und auch die Samen wurden oft roh oder geröstet verzehrt. Aus ihren getrockneten Blättern bereitete man einen Kräutertee zu.

8.9 Mineralisches Totem: Amethyst

Der Amethyst ist eine kristalline Quarzform, hell- oder dunkelviolett oder purpur gefärbt. Seine Farbe ist auf Mangan- und Eisen-Schwefelcyanatspuren und seine Kraft auf das in ihm enthaltene Titan zurückzuführen.

Titan ist ein metallisches Element mit einer «aufwärts strebenden» Eigenschaft, und es ist vielleicht nicht ohne Bedeutung, daß es in Form gewisser Legierungen beim Bau von Weltraumraketen verwendet wird. Titan erhielt seinen Namen von den «Titanen» der griechischen Mythologie, Giganten von gewaltiger Stärke und Macht, die sich aus der Unterwelt zu befreien trachteten. Der Amethyst unterstützt also «aufwärts gerichtete» Bestrebungen der spirituellen Entfaltung und des kreativen Denkens. Er steht im Ruf, seinen Trägern beim Umgang mit Leuten in einflußreichen Positionen ein gewisses Selbstvertrauen zu verleihen.

In alten Zeiten galt der Amethyst als Schutz vor Trunkenheit. Gemeint war aber nicht der durch starke Getränke bewirkte Rausch, sondern die manipulative Kraft oder Faszination, die manche Menschen auf andere ausüben, um sie zu beherrschen. Der Amethyst jedoch umgibt seinen Träger mit einer schützenden Aurahülle, die als Schild dient und alle Verführungsversuche abwehrt.

Der Amethyst verfügt über ein Energiemuster, das die Meditation unterstützt, das innere «Auge» (die Einsicht) öffnet und spirituelle Kraft verleiht; von daher rührt seine religiöse Bedeutung, die ihn auch zum Bischofsstein avancieren ließ. Sein Energiemuster hat einen beruhigenden Einfluß auf die Emotionen und hilft, die Energien der physischen Ebene mit denen der subtileren Ebenen auszubalancieren. Eine emotional verletzliche Person könnte feststellen, daß dieser Stein eine harmonisierende Wirkung hat und sie sich nicht mehr so leicht von ihren Gefühlen hinreißen läßt.

In Nordeuropa gibt es «Altweiber»-Geschichten, denen zufolge der Amethyst vor Sturm und Blitz schützt. Von einem Medizinmann erfuhr ich, daß die Indianer, die ja an ein Leben in der Natur gewöhnt waren, davon ausgingen, daß der Mensch, der einen Amethyst trägt, nie vom Blitz getroffen wird.

Das Energiemuster des Amethysts wirkt wie ein Filter, der für seinen Träger ungünstige Schwingungen absorbiert und abstößt und günstige Strahlen verstärkt; er kann somit als Konzentrationsfokus dienen. Er arbeitet nicht über ein bestimmtes Chakra, sondern direkt mit dem Teil des Energiekörpers, in dessen Wirkungsbereich er getragen oder gehalten wird.

So symbolisiert der Amethyst Mut und Transformation, und Schlange-Menschen können einige seiner Eigenschaften besitzen. Im Grunde harmoniert der Amethyst jedoch mit allen.

8.10 Polaritäts-Totem: Biber

Schlange-Menschen haben im allgemeinen eine Abneigung dagegen, selbst geliebten Menschen ihre innersten Gefühle zu enthüllen, und deshalb gelten sie als geheimniskrämerisch und auch etwas rätselhaft. Allem Anschein nach werfen sie alte Überzeugungen und Vorstellungen recht leicht über Bord und lassen sich mit Haut und Haar auf jede neue Situation ein. Doch so anpassungsfähig, wie es scheint, sind sie nicht, und Veränderungen lösen bei ihnen oft viel inneres Leid aus. Intensität und Ernsthaftigkeit ihrer Absichten sind ihre Stärke, aber auch ihre Schwäche.

Biber-Menschen können dem Schlange-Menschen helfen, seinen Gleichgewichtspunkt zu finden, denn sie besitzen jene Geduld, Ausdauer und Stabilität, die die Schlange-Menschen brauchen. Sie haben auch einen Sinn für Spaß und Komik, den der Schlange-Mensch für seine innere Harmonie besonders braucht. Er muß lernen, das Leben nicht ganz so ernst zu nehmen.

8.11 Persönlichkeitsausdruck

Die erwachsene Person

Der geheimnisvolle, sinnenhafte, ehrgeizige, impulsive Schlange-Mensch ist eine tiefgründige, intensive und entschlossene Person.

Schlange-Menschen sind Menschen der Extreme: Sie können beachtliche Höhen in materieller, geistiger und spiritueller Hinsicht erreichen, sie loten aber auch große Tiefen aus. Sie neigen dazu, schnell und plötzlich in einen Abgrund von Düsternis und Verzweiflung zu fallen, raffen sich dann auf, klopfen sich den Staub ab und machen sich wieder an den Aufstieg. Schlange-Menschen sind nie «am Ende» und haben die erstaunlichsten Comebacks. Regenerieren heißt ihr Spiel.

Sie sind faszinierende Persönlichkeiten, die unter Umständen auf andere eine ziemlich niederschmetternde Wirkung haben. Ihr durchdringender und hypnotischer Blick kann durchbohrend und beunruhigend wirken.

Schlange-Menschen haben tiefe Gefühle, verbergen aber ihre Emotionen hinter einem kühlen Auftreten, das typisch für ihr distanziertes und verschlossenes Wesen ist. Sie sind eine aufregende Mischung von Gegensätzen. Sie können kindlich naiv oder ätzend kritisch, impulsiv oder rational, enthusiastisch oder lethargisch, tolerant oder bigott, spirituell oder materialistisch eingestellt sein. Was immer sie tun, nie tun sie es halbherzig. In ihrer Intensität neigen sie zu plötzlichen Bindungen – und zu ebenso plötzlicher Abkehr. Sie verfügen über gute analytische Fähigkeiten und können daher objektiv und unparteilich vernünftige Urteile fällen – eine Eigenschaft, die ihnen ein klares und entschiedenes Handeln erlaubt.

Wie ihr Totem bewegen sie sich langsam und behutsam auf glattem Grund und werden auf rauhem Gelände schneller. Schlange-Menschen laufen zu großer Form auf, wenn sie auf Hindernisse stoßen, denn sie reagieren gekonnt auf Herausforderungen.

Sie sind großzügig, nicht nur mit Geld, sondern auch mit ihrer Zeit. Sie umgeben sich gern mit Luxus, leben vermutlich ab und zu etwas ausschweifend und geben sich dann Exzessen in bezug auf Essen, Trinken und Sex hin.

Positive Züge: Zielbewußt. Bestimmt. Urteilsfähig. Kraftvoll. Phantasiereich.

Negative Züge: Eifersüchtig. Übelnehmerisch. Eigensinnig. Unnachgiebig. Geheimniskrämerisch. Mißtrauisch. Widerspenstig.

Berufliche Möglichkeiten: Kunst. Detektivarbeit. Forschung. Rechtsprechung. Überwachungsdienste. Militär. Politik. Transportwesen. Wissenschaft. Medizin. Chirurgie.

Das Kind

Schlange-Kinder sind gewöhnlich stark und aktiv, und ihre Wißbegierde zeigt sich bald. Sie befassen sich mit allem und jedem, und irgendwann wird sie auch ein Laufställchen nicht mehr aufhalten können. Sie werden einen Weg finden, ihm zu entkommen.

Das Schlange-Kind kann auch für die kompetentesten Eltern zur ziemlichen Herausforderung werden und eine rachsüchtige Wut gegenüber anderen Kindern an den Tag legen, die auf ihr Spielzeug getreten sind. Aber sie lernen rasch, und ihr durchdringender Geist und scharfer Intellekt macht sie möglicherweise zu Anführern in ihrer Klasse.

Die Eltern

Schlange-Menschen sind gute Eltern. Der Schlange-Vater wird seine Kinder Respekt und Verantwortungsgefühl lehren und sie am kurzen

Zügel führen. Er mag sogar ziemlich streng sein und viel verbieten. Seine Bemühungen, seinen Kindern beizubringen, worum es im Leben geht, mögen allerdings erst sehr viel später gewürdigt werden – vielleicht erst, wenn seine Kinder selber Kinder haben, und dann sind sie eventuell dankbar für die väterliche Führung, die sie genossen haben.

Die Schlange-Frau ist eine hingebungsvolle Mutter, deren Kinder sich unter ihrem wachsamen Blick immer sicher fühlen werden. Sie wird ihnen in all ihren Bemühungen mütterliche Unterstützung und Ermunterung zukommen lassen und in schwierigen Zeiten stets mitfühlend und hilfsbereit zur Seite stehen. Wenn ihre Kinder älter werden, wird sie zu einer weisen Ratgeberin und Freundin.

8.12 Romantische Liebe und Sex

Schlange-Menschen muß man ständig Zuneigung zeigen. Sie müssen geliebt werden, um Liebe zeigen zu können, dann aber geben sie sich vermutlich in leidenschaftlicher Selbstvergessenheit hin.

Sie sind loyale und unterstützende Partner, die das Glück des anderen an die Spitze ihrer Prioritätenliste setzen, und werden das auch in vielerlei praktischer und erfreulicher Weise zeigen.

Schlange-Männer sind gegenüber der Frau, die sie versteht, rücksichts- und verständnisvoll, aber bei einer ungeeigneten Partnerin können sie beherrschend sein und sich sehr restriktiv auf ihr Leben auswirken.

Schlange-Frauen sind sehr individualistisch. In ihrem Selbstvertrauen und ihrer Selbstsicherheit mögen sie sich dominant und arrogant zeigen. Die Schlange-Frau hat eine scharfe Zunge, von der sie rücksichtslos Gebrauch machen kann. Sie wird immer darauf bestehen, das letzte Wort zu haben.

Das Heim der Schlange-Menschen ist gewöhnlich bequem und geschmackvoll eingerichtet, aber sie werden ohne Zögern ihre Zelte abbrechen, in eine fremde Umgebung ziehen und sich ein neues Zuhause aufbauen, wenn es die Umstände erfordern.

Schlange-Menschen haben einen stark ausgeprägten Geschlechtstrieb, der fast zur Besessenheit ausarten kann. Sie können sich leidenschaftlich und wild der Liebe hingeben. Aber wie gesagt: totaler Sex oder gar keiner!

Verträglichkeiten: Schlange-Menschen vertragen sich gut mit Wolf- und Specht-Menschen (zwischen 19. Februar und 20. März bzw. 21. Juni und 21. Juli geboren).

Spirituelle Geschlechtlichkeit: (–) Die grundlegende spirituelle Geschlechtlichkeit der Schlange-Menschen ist feminin.

8.13 Gesundheit

Der eiskalte Zug im Wesen des Schlange-Menschen kann die Emotionen gefrieren lassen, und das mag, zusammen mit einem durch Streß verursachten Energiestau, zu nervösen Störungen, Magengeschwüren und Darmproblemen wie zum Beispiel Verstopfung führen. Die emotional unterentwickelte Seite der Schlange-Menschen wird häufig durch einen verstärkten Fluß der menstruellen Flüssigkeiten und der Sekrete der Geschlechtsorgane kompensiert, was zu einem Überschuß an sexueller Energie führt; wenn dieser kein physisches oder kreatives Ventil findet, kann das Probleme im Bereich der Geschlechtsorgane verursachen.

8.14 Wesensverwandte Farbe: Violett

Schlange-Menschen werden vom violetten Lichtstrahl beeinflußt. Seit alters her wird Violett mit religiöser Hingabe und spirituellen Werten, mit Magie und Mystizismus sowie mit Glanz und Reichtum assoziiert. Violett ist eine Mischung aus Rot und Blau. Rot verweist, wie wir bereits sahen, auf Energie und Vitalität, und Blau auf Mitgefühl und Freundlichkeit. Violett umfaßt alle diese Prinzipien.

Purpur ist eine schwerere und feierlichere Farbe und bringt Gefühle der Erhabenheit und Größe zum Ausdruck. In der Aura signalisiert sie Hellsichtigkeit, kann aber auch auf Überspanntheit und Stolz, die sich in Prunk äußern, hindeuten.

Violett in der Aura ist die Farbe der Mystiker, weist aber auch auf eine positive Überzeugtheit ohne jeglichen Dogmatismus hin.

Schlange-Menschen brauchen die besänftigenden violetten Strahlen, da sie ihr inneres Gleichgewicht wiederherstellen helfen und Geist und Körper, vor allem in Zeiten von Streß oder Niedergeschlagenheit, beruhigen.

Violett bringt Frieden und Gelassenheit. Sein Einfluß richtet sich auf ein Engagement, das keine Forderungen stellt, nicht bindet und keine Ängste erweckt.

Tonschwingung: Schlange-Menschen sind auf *B* eingestimmt.

8.15 Günstige Zeiten

Die *besten Monate* für Schlange-Menschen sind: 23. Oktober bis 22. November, 19. Februar bis 19. April und 21. Juni bis 21. Juli.

Der *beste Tag* ist der Dienstag.

Die *besten Tageszeiten* liegen zwischen 5 und 7 Uhr bzw. 17 und 19 Uhr.

8.16 Äußeres (bewußtes) Ziel und inneres (unterbewußtes) Verlangen

Bewußtes Ziel der Schlange-Menschen ist es, ihr ungestümes Verlangen zu befriedigen – bis sie schließlich merken, daß dies ihre dauerhaftesten Probleme und Ängste verursacht und persönliches Begehren nicht nur beherrscht, sondern auch verwandelt und auf eine höhere Ebene gebracht werden muß, und zwar durch Loslassen.

Innerlich verlangt der Schlange-Mensch nach Vereinigung mit dem unsterblichen Selbst, das heißt nach Bewußtseinserweiterung. Das erfordert jedoch die Ausschaltung aller für Wachstum und Umgestaltung überflüssigen Dinge; er muß ein persönliches Opfer bringen, wenn er den tieferen Sinn des Lebens finden will.

Der Drang zur Ergründung dessen, was innerhalb seines Gewahrseinskreises existiert, entsteht aus dem Wunsch, Möglichkeiten der Bewußtseinserweiterung durch den Übergang von einer Erfahrungsebene zur andern zu entdecken und so die eigene Entwicklung zu fördern. Aber das verlangt, wie gesagt, Opfer. Und wie die Schlange ihre alte Haut opfert, muß der Schlange-Mensch das abwerfen, was er für sein bisheriges Wachstum als wesentlich betrachtet hat, was ihn nun aber einsperrt und seine Weiterentwicklung verhindert.

8.17 Spirituelle Alchemie

Wie die Erde Wasser braucht, um fruchtbar sein zu können, braucht Wasser die Erde, damit es zusammengehalten und genutzt werden kann.

Der Schlange-Mensch und sein Gegenpol, der Biber-Mensch, befinden sich auf der horizontalen Erde-Feuer-Achse des Kreuzes innerhalb des Rads der Erd-Medizin. Der Lachs- und der Otter-Mensch befinden sich auf der vertikalen Achse. Alle diese vier Persönlichkeits-«Gruppen» zeichnen sich durch Entschlossenheit und Zielstrebigkeit aus.

Der Schlange-Mensch ist stark vom Erd- (–) und Wasser-Element (–) beeinflußt, bekommt aber durch das Feuer-Element (+) eine bestimmte Richtung und findet ein Gegengewicht durch das Luft-Element (+). Dies besagt, daß Willensstärke und Entschlossenheit nötig sind, um das Selbst aus der Umklammerung der Reize der Erde zu lösen und über die Wasser der Emotionen und das verwandelnde Feuer hinaus in die Luft des Nicht-Verhaftetseins zu heben. Das ist Zielbewußtheit der Seele. Die spirituelle Geschlechtlichkeit ist feminin (–), und damit ergibt sich die Kombination +–, –– und –, polarisiert durch das Feuer (+) und ausbalanciert durch das Luft-Element.

8.18 Lebensherausforderungen

Schlange-Menschen müssen in ihrem Leben scheinbar ungeheuerliche Aufgaben bewältigen, und es mag so aussehen, als führten sie selbst diese so bedrohlichen Umstände herbei.

Meine Mentoren sagten mir, daß hier sämtliche beschränkenden Faktoren früherer Irrtümer und Fehler, die sich auch im Laufe mehrerer Leben herauskristallisiert haben können, in dieser Inkarnation als Schlange-Mensch zum Vorschein kommen, um eliminiert werden zu können. Diese Herausforderungen haben ihre Quelle in den inneren unbewußten Ebenen und konfrontieren den Betreffenden mit gewaltigen Aufgaben, die auch plötzliche und dramatische Veränderungen beinhalten.

Für die Indianer waren Veränderung, Wechsel oder Umwandlung gleichbedeutend mit Tod, denn jede Veränderung signalisiert den Tod des Vorangegangenen und die Geburt des Kommenden. Die

Prüfungen, Heimsuchungen und Krisen, mit denen Schlange-Menschen so häufig konfrontiert sind, stellen ihre «Wendepunkte» dar – die Auseinandersetzung mit dem, was ihre physische, emotionale und geistige Natur von einer Evolution der Seele abgehalten hat, so daß zumindest diese Dinge bewältigt werden können und eine Neuorientierung auf anderer Ebene möglich wird.

In manchen Kulturen hatte der Skorpion die gleiche Bedeutung wie die Schlange: ein Geschöpf, das sich in der Dunkelheit verbirgt und zusticht und verletzt. Der Skorpion galt als Symbol der gerade erwähnten unentwickelten Aspekte des «niederen» Selbst.

Sie müssen weiterentwickeln: Entschlossenheit. Findigkeit. Wendigkeit. Anpassungsfähigkeit. Kreativität.

Sie müssen vermeiden: Egozentrik. Starrsinn. Arroganz. Mißtrauen. Eifersucht. Neid. Verzweiflung.

8.19 Hauptaufgabe und Lebensweg

Die Hauptaufgabe des Schlange-Menschen besteht in der Erweiterung seines Gewahrseinsbereichs – indem er alles, was seinen Zweck erfüllt hat, eliminiert – und in der Vereinigung mit seinem unsterblichen Selbst durch Erneuerung.

Sensibilität ist der Weg des Schlange-Menschen, um schließlich – als Ziel – den Lebensenergien zu ermöglichen, sich zu erkennen zu geben, damit sie zu weiterem Fortschritt und spiritueller Evolution genutzt werden können. Schlummernde Begabungen und intuitive, kreative Fähigkeiten, die zur wahren Erfüllung führen, werden sich zeigen, wenn der Schlange-Mensch Selbstbeherrschung und emotionale Stabilität erreicht hat.

Dieser Weg führt zu der Erkenntnis, daß man notwendigerweise etwas Wertvolles opfern muß, um das zu erlangen, was noch größeren Wert hat. Er verweist ausdrücklich darauf, daß etwas aufgegeben werden muß, damit etwas Besseres entstehen kann, und daß man unbedingt willens sein muß, darauf zu vertrauen, daß das Unbewußte in seinem unsichtbaren Wirken ein erfüllteres Leben herbeiführen wird.

Einer der wesentlichen Gründe dafür, diesen Weg zu gehen, ist der, daß man lernt, sich anzupassen.

8.20 Das I-Ging-Trigramm

☷ Kun
Die empfängliche Erde

Die in der Zeit des Frosts geborenen Menschen sind auf dem Rad des Jahres in westlicher Richtung angesiedelt.

Das I-Ging-Trigramm der empfänglichen Erde ist ein nährender Schoß. Sie symbolisiert zudem das Unbewußte. Das verweist darauf, daß aggressive Versuche, das Gewünschte mit Gewalt zu erlangen, zu Verwirrung und Instabilität führen. Erfolg kommt durch Ruhe, Ausdauer und natürliches Reagieren. Die reaktive Eigenschaft der Natur zeigt, daß das im Innern Vorhandene zum Vorschein kommen muß, aber nur im Einklang mit den Gesetzen der Natur. Der Same muß erst Wurzeln schlagen, dann keimen und seine Triebe wachsen lassen, und er muß erst Blätter entwickeln, bevor er blühen und schließlich Früchte tragen kann. Das ist die Lektion, die der Schlange-Mensch zu lernen hat.

8.21 Der Umgang mit Schlange-Menschen

Seien Sie geradeheraus. Schlange-Menschen mögen keine Gewundenheit oder Unaufrichtigkeit. Seien Sie präzise. Lange Erklärungen langweilen sie. Halten Sie Ihr Wort. Schlange-Menschen lassen Sie einfach stehen, wenn sie glauben, daß man Ihnen nicht vertrauen kann.

Erregen Sie nicht ihren Zorn. Sie haben ein kurzes Gedächtnis, vergessen aber nie eine Kränkung.

9 EULE: Die Zeit der langen Nächte

Übersicht

Geburtsdatum	23. November–21. Dezember.
Erdeinfluß	Die Zeit der langen Nächte.
Beeinflussende Winde	Die Westwinde. *Totem:* Grizzly.
Richtung:	Nordwest.
Vorherrschende Elemente	Feuer mit Erde.
Elemente-Klan	Habichts-Klan (Feuer). *Funktion:* Dinge verändern.
Geburts- und Tiertotem	Eule.
Pflanzliches Totem	Mistel.
Mineralisches Totem	Obsidian.
Polaritäts-Totem	Hirsch.
Wesensverwandte Farbe	Gold.
Tonschwingung	Cis.
Persönlichkeitsstruktur	Jovial. Warmherzig. Abenteuerlustig. Unabhängig.
Gefühle	Warm.
Intention	Objektivität.
Wesensart	Aufrichtig.
Positive Züge	Vielseitig. Anpassungsfähig. Gewissenhaft.
Negative Züge	Rastlos. Taktlos. Ungestüm.
Geschlechtstrieb	Abenteuerlustig.
Verträgt sich mit	Falke und Lachs.
Bewußtes Ziel	Verstehen.
Unterbewußtes Verlangen	Zielstrebigkeit.
Lebensweg	Erhebung.

I-Ging-Trigramm	☶ Gen. Der stille Berg. Die Notwendigkeit von Zielstrebigkeit.
Spirituelle Alchemie	Yang und Yin im Gleichgewicht.
Muß weiterentwickeln	Konzentrationsfähigkeit. Optimismus. Enthusiasmus.
Muß vermeiden	Übermaß. Übertreibung. Gier.
Anfangstotems	Eule. Grizzly. Habicht. Mistel. Obsidian. Hirsch.

9.1 Geburtsmonat: 23. November–21. Dezember

9.2 Erdeinfluß: Die Zeit der langen Nächte

Die in der Zeit der langen Nächte Geborenen sind nachdenkliche Menschen mit einem Talent, tieferliegende Bewußtseinsinhalte bei anderen wie auch bei sich selbst aufzuspüren.

Dies ist die letzte vom Geist Des Westens samt seiner Neigung zur Introspektion beeinflußte Phase; es ist eine Zeit neuer Gelegenheiten.

Zu dieser Jahreszeit ist die Luft in der nördlichen Hemisphäre klar und frisch, und für die in dieser Phase geborenen Menschen ist Wachstum eine Frage der Lebensausrichtung und des klaren Blicks für das Ziel. Eine so weite und offene Umgebung macht die Person verletzlich, und sie muß sich davor hüten, ein Opfer von Gier, Gleichgültigkeit oder Grausamkeit zu werden.

9.3 Solare Einflüsse

Dies ist die Phase der langen Nächte und kurzen Tage, der dunkelste Monat. Die Kraft der Sonne ist verschwunden, und kalte, schneidende Winde kündigen den ersten Schnee an. Aber es ist auch eine Zeit des Danksagens für alles, was in Vorbereitung auf den Winter geerntet und eingelagert wurde.

Die schwindende Sonnenergie weckt außerdem Hoffnung und ermuntert zum Blick in die Zukunft und zur Vision.

Das entsprechende Sonnenzeichen ist der *Schütze.*

9.4 Beeinflussende Winde: Westwinde
Richtung: Nordwest

Die Westwinde bescheren den in der Zeit der langen Nächte Geborenen jene im Zusammenhang mit Veränderung und Erneuerung so notwendige Geistesklarheit. Westwinde können schneidend sein, was bedeutet, daß sich ihre Richtung mit größerer Schärfe bestimmen läßt, daß sie die Entwicklung eines klareren Gefühls für die eigene Lebensrichtung fördern.

Westwinde sind eher penetrant als stark, stürmisch und wechselhaft, und das stimuliert und entfacht das innere Feuer.

Die nordwestliche Richtung geht einem kosmischen «Tor» am nordwestlichen Punkt des Medizinrads unmittelbar voraus: dem Ort der Wiedergeburt. In den alten nordeuropäischen Kulturen wurde um den 22. Dezember das Julfest gefeiert, zu Ehren der Geburt des kosmischen Bewußtseins. Die nordwestliche Richtung ist ein sehr mächtiger Ort auf Dem Rad, denn er symbolisiert die «Initiation» als wesentliche Vorbedingung für die spirituelle Wiedergeburt, die manche das «Christus-Bewußtsein» nennen. Der Gegenpol ist der Südosten mit der Zeit des Blühens, der einem anderen kosmischen «Tor» vorausgeht, jenem Tor, das auf dem Medizinrad das Eintreten in die menschliche Inkarnation symbolisiert.

Der Nordwesten bildet das «Tor» der Initiation in die Geheimnisse des Lebens. Um es durchschreiten zu können, mußte man beweisen, daß man gelernt hatte, mit den anvertrauten Kräften richtig umzugehen. Die größte dieser Kräfte war die Macht des kreativen Denkens.

Auf dem Medizinrad bezeichnet der Nordwesten auch den Ort des Karmas. Dort bilden die nicht integrierten Erfahrungen der Vergangenheit Muster, die in künftigen Leben wiederholt werden müssen, bis die Lektion gelernt und umgesetzt worden ist.

Somit steht der Nordwesten für die Entscheidung, welches Ziel man anstreben will, und das Lernen, wie mit dem ewigen Strom der Veränderung umzugehen ist.

Wie der *Grizzly*, das Tiertotem Des Westens, aufgrund seiner eigenen Stärke überlebt, betont auch die Richtung des Nordwestens das Selbstvertrauen und die aus dem Innern kommende Kraft. Ihr Einfluß will bei den in der Zeit der langen Nächte Geborenen Potentiale und verborgene Talente zum Vorschein bringen und sie in die Lage versetzen, sich an jede Umwelt oder gegebene Umstände anzupassen. Hier soll Wissen weniger aufgenommen als vielmehr weitergegeben werden. Eine Eigenschaft, die viele in dieser Zeit Geborenen zu ausgezeichneten Lehrern macht.

9.5 Beeinflussende Elemente: Feuer mit Erde

Das Erd-Element hilft stabilisieren und aufrechterhalten, und sein Einfluß ist für die Verwirklichung von Ideen und Idealen von entscheidender Bedeutung. Es ist ein Einfluß, der den schrittweisen, soliden Fortschritt sicherstellt. Er betont die Sorgfalt, die aber richtig verstanden werden muß, sonst kann Übervorsicht und Stillstand daraus werden.

In seiner zyklischen Aktivität stimuliert und inspiriert das Feuer-Element und entfacht den Funken des Idealismus. Und es regt zur Tätigkeit an.

9.6 Elemente-Klan: Der Habichts-Klan (Feuer)

Die zwischen dem 23. November und dem 21. Dezember geborenen Menschen gehören dem Habichts-Klan an und sind gewöhnlich intelligent und klarsichtig. Ein inneres Feuer treibt sie dazu, sich immer neuen Herausforderungen zu stellen und zu Pionieren und Anführern zu werden. Wie der Falke- und der Lachs-Mensch brauchen sie die Wärme fester Freundschaften und enger Beziehungen.

9.7 Geburts- und Tiertotem: Eule

Eulen haben ein weiches Gefieder, kurze Schwanzfedern, einen großen Kopf, ein flaches Gesicht mit riesigen Augen und einen zum Teil verdeckten, gebogenen Schnabel. Sie sind Nachtgeschöpfe und könnten als nächtliche Entsprechung von Habicht und Falke gelten.

Die Schleiereule ist ein wirksames und mächtiges Totem. Sie hat ein weißes Gesicht, aschgraue Federn an der Oberseite und lange Beine. Sie lebt allein oder paarweise und nistet in hohlen Bäumen, Kirchtürmen und Gehöften. Sie jagt in der Nacht und ernährt sich hauptsächlich von kleinen Nagetieren.

Die weibliche Schleiereule legt vier bis sieben Eier, die nach dreiunddreißig Tagen ausgebrütet sind. In dieser Zeit wird sie vom Männchen ernährt. Eulen sind um ihre Jungen sehr besorgt.

Viele Menschen glauben, daß die Eule eine Unglücksbotin ist, doch dieser Aberglaube stammt aus einer Zeit, da man alles tat, um das, was vorher als heilig galt, herabzuwürdigen. In vorchristlicher Zeit war die Eule ein geheiligter Vogel, der mit dem Geist, mit Weisheit und Wissenschaft assoziiert war.

Wie ihr Tiertotem sind Eule-Menschen stolz, und manche benehmen sich ziemlich auffällig. Da sie sehr aufmerksam sind, entgeht ihnen wenig Wesentliches, sie haben ein scharfes Auge für Details und eine gute Auffassungsgabe.

Eule-Menschen fühlen sich im allgemeinen von esoterischen Themen und «geheimen» Dingen angezogen, doch mit diesem Wissensdrang verbindet sich eine intuitive Neigung zur Vorsicht und die Notwendigkeit, in der Welt der praktischen Realität geerdet zu bleiben.

Ihr Wunsch, von der Bildfläche zu verschwinden gleich der Eule, die in der Dunkelheit untertaucht, zeigt sich auf vielerlei Weise. So zieht sich der an sich extrovertierte Eule-Mensch zuweilen zurück und meidet vielleicht sogar ganz bewußt die Gesellschaft anderer, oder er steigt aus einer Sache aus, an der er sich intensiv beteiligt oder die er unterstützt hatte. In solchen Phasen wird der Eule-Mensch leicht mißverstanden und fügt anderen und sich selbst Leid zu.

Die Eule ist mit «verborgener» Weisheit assoziiert und mit in der Dunkelheit scheinendem Licht wie dem Mond. Der Eule-Mensch ist sich einer Situation oft intuitiv bewußt, noch bevor deren Auswirkungen für andere offenbar werden. Dies ist eine Art von Erleuchtung, die jeder möglichen «Erweckungs»-Erfahrung vorausgeht.

9.8 Pflanzliches Totem: Mistel

Die Mistel (*Phoradendron flavesceris* und *Viscum album*) ist ein halbparasitäres, immergrünes, büschelartiges Gewächs, das auf verschiedenen Bäumen wächst, vor allem auf Apfel- und Ahornbäumen und auf Weißdorn. Sie lebt zum Teil von ihren Wirten und zum Teil von der Nahrung, die sie aus ihrem eigenen Chlorophyll bezieht. Sowohl die amerikanische wie die europäische Mistel haben kräftige, holzige Stengel und lederartige Blätter. Ihre Blütenköpfe wachsen auf kleinen, sich gabelnden Stiften. Sie bringt weiße, fleischige Beeren mit klebrigen Samenkernen hervor.

Die Indianer betrachteten die Mistel als eine Art Baumschlange und benutzten sie medizinisch bei Cholera, Krämpfen und Hysterie.

Im alten Europa galt sie als heilige Pflanze, weil sie den Beginn der dunklen Jahreshälfte um die Herbst-Tagundnachtgleiche ankündigt und ihre Hauptblütezeit zur Zeit der Wintersonnenwende erreicht.

Man verglich die Art und Weise, in der sich die Mistel um einen Baum schlingt, mit der sanften Umarmung eines Liebhabers und ihre durchscheinenden Beeren mit dem Sperma. Von daher die Assoziation mit Liebe und Fruchtbarkeit. Die Frauen trugen die Mistel manchmal als Amulett, um eine Empfängnis zu fördern.

Der Weihnachtsbrauch, sich unter dem Mistelzweig zu küssen, deutet darauf hin, daß man dieser Pflanze auch gewisse «magische» Eigenschaften zuschrieb. Sie wird oft mit Tod und Wiedergeburt assoziiert, aber ihre wahre Bedeutung betrifft die Kontinuität des Lebens.

Wie ihr Pflanzentotem haben Eule-Menschen gewisse «haftende» Eigenschaften und auch etwas «Magisches» an sich. Die Betonung liegt auf Erneuerung.

9.9 Mineralisches Totem: Obsidian

Obsidian ist glasartiges, erstarrtes Magma aus einem Vulkan, das so schnell schmolz, daß sich in ihm keine Kristalle finden. Er enthält Quarz, Aluminium und manchmal Kalium, Eisenoxyd und Natrium. Er kann rasiermesserscharfe Kanten haben und wurde oft zu Messern und Pfeilspitzen wie auch zu Schmuck verarbeitet.

Da der Obsidian tief aus der Erde kommt, ist er mit der inneren Natur des Menschen verbunden, die sehr mächtig sein kann und Respekt verdient.

Die Indianer schrieben dem Obsidian die Macht zu, den äußeren wie den inneren Blick zu schärfen und die Fähigkeit des Sehens in die Zukunft zu stimulieren.

Obsidian ist durchscheinend und im allgemeinen schwarz, und kleine, runde Obsidiankiesel, die aus größeren Massen herausgewittert sind, nennt man manchmal «Apachen-Tränen». Dieser Name geht auf einen Vorfall in Arizona zurück, wo Angehörige der Armee eine Gruppe von Apachen in den Hinterhalt gelockt hatten. Die meisten wurden getötet und die Überlebenden ergaben sich nicht, sondern stürzten sich von einem Felsen. Einen Mondmonat lang vergossen die Frauen und Mädchen des Stammes am Fuße dieses

Felsens Tränen, und diese Tränen, so die Legende, wurden in schwarze Steine gefaßt. Wer immer nun eine dieser «Apachen-Tränen» besitzt, muß nie solch tiefes Leid erfahren.

Apachen-Tränen sollen, so sagt man, die Gefühle im Gleichgewicht halten und ein Schutz vor emotionalen Schocks sein. Mit Sicherheit sind sie eine kraftvolle Meditationshilfe.

Eule-Menschen können wie Obsidian sein – schimmernd und glänzend, aber mit einer scharfen Kante, die sie einen Schnitt bis ins Herz der Dinge machen läßt. Eule-Menschen sollten Obsidian tragen, da er angeblich vor schädlichen Einflüssen schützt.

9.10 Polaritäts-Totem: Hirsch

Eule-Menschen sind entschlossen und furchtlos und kaum von ihrem Weg abzubringen, wenn sie einmal eine Entscheidung getroffen haben. In ihrem Schutzbedürfnis neigen sie dazu, ihre innersten Gefühle abzublocken, und deshalb mögen sie vor Beziehungen zurückscheuen, die ihre Verletzlichkeit offenbaren könnten.

Eule-Menschen können hier Sicherheit gewinnen, wenn sie sich an den Hirsch-Menschen orientieren, die ähnlich stolz und scharfsichtig sind, dies aber mit einer intuitiven Sensibilität für die Bedürfnisse anderer verbinden, Eigenschaften, die Eule-Menschen entwickeln müssen.

9.11 Persönlichkeitsausdruck

Die erwachsene Person

Der warmherzige, joviale, Spaß liebende Eule-Mensch hat einen lebhaften Geist, unabhängige Ansichten und ein abenteuerlustiges Naturell. Er liebt die freie Natur, wo ihn nichts einschränkt und begrenzt. Eule-Menschen brauchen geistige Freiheit, Freiheit in ihren Ausdrucksmöglichkeiten und die Freiheit zu gehen, wohin sie wollen, zu denken, was sie wollen, und zu sagen, was sie fühlen. Sie haben einen so wachen Geist, daß sie oft mehr Interessen nachgehen, als sie wirklich bewältigen können, und bringen es daher auf keinem Gebiet zur Meisterschaft.

Ihr Wissensdurst verführt sie zu langen Diskussionen und Disputen. Sie genießen es, über die Dinge zu reden, die sie gerade interessieren, sind aber weniger enthusiastisch, wenn es um die Interessen anderer Leute geht.

Eule-Menschen sind Individualisten, aufrichtig und eher gutmütig, neigen aber zu explosiven Ausbrüchen, wenn ein wunder Punkt berührt wird, und zu Wutanfällen, wenn sie provoziert werden. Ihre Direktheit und Freimütigkeit kann manchmal als Unsensibilität oder pure Grobheit ankommen, und sie können, wenn sie gekränkt werden, außerordentlich sarkastisch sein.

Sie verlangen Bewegungsfreiheit, rennen aber auch manchmal, um lästigen Problemen auszuweichen, blindwütig vor ihrer Verantwortung davon, was aber ihre Probleme keineswegs verringert – im Gegenteil.

Physisch sind Eule-Menschen mutig und fühlen sich gewöhnlich von gefährlichen Sportarten angezogen, da Risiko und Verwegenheit sie reizen.

Sie sind abenteuerlustig und bahnen gern neue Wege, denen dann andere folgen können. Sie sind Pioniere, Forscher und Visionäre, und sie gehen die Dinge gern im großen Stil an, wenn sie auch selten mit dem Ergebnis zufrieden sind. Sie wollen immer noch mehr, und wenn es sie nach materiellen Dingen gelüstet, können sie oft schwer zwischen Bedarf und Gier unterscheiden.

Bei all ihrem Überschwang und Selbstvertrauen finden sich Eule-Menschen oft in Sackgassen wieder und vergeuden ihre Energien in zu viele Richtungen, was zur Folge hat, daß sich ihre Pläne und Bestrebungen selten vollständig realisieren lassen. Sie müssen lernen, sich auf ein einziges, klares Ziel zu konzentrieren, denn die Energie und Entschlossenheit, es zu erreichen, haben sie.

Positive Züge: Vielseitig. Philosophisch. Anpassungsfähig. Gewissenhaft. Zuverlässig.

Negative Züge: Extrem. Taktlos. Rastlos. Ungestüm. Launenhaft.

Berufliche Möglichkeiten: Kunst. Rechtsprechung. Schreiben. Bibliothekswesen. Musik. Vorträge. Verkauf. Politik. Theologie.

Das Kind

Das Eule-Kind verlangt nach Gesellschaft. Es weint, wenn es sich allein überlassen wird, gluckst aber nach wenigen Momenten zufrieden, wenn man es in ein Zimmer bringt, in dem sich andere Menschen aufhalten. Es mag einfach die beruhigende Sicherheit, die von der Herde ausgeht.

Eule-Kinder haben ein unbekümmertes Wesen und genießen es, sich an etwas zu beteiligen und mitzumachen. In ihrer Neugier und Wißbegierde können sie ziemlich anstrengend werden, und alle ihre Fragen beginnen unweigerlich mit: «Warum?»

Die Eltern
Die mit der Kindererziehung verbundene Routine langweilt Eule-Menschen gewöhnlich, und sie mögen ziemlich lasch sein, was Disziplin angeht. Im allgemeinen aber reagieren die Kinder, wenn sie älter werden, gut auf die Unternehmungslust der Eule-Eltern.

Der Eule-Vater ermutigt seine Kinder sehr, wenn sie an Sport oder anderen Aktivitäten im Freien interessiert sind, und wird sich intensiv mit ihnen beschäftigen.

Die Eule-Mutter widmet sich ihren Kindern liebevoll, ist aber selten besitzergreifend. Sind ihre Kinder älter geworden, verhält sie sich eher wie eine große Schwester oder echte Freundin.

9.12 Romantische Liebe und Sex

Eule-Menschen sind Romantiker, die gern flirten. Sie genießen die erregenden Höhen und Tiefen des Sichverliebens, aber die Vorstellung, gebunden zu sein, mögen sie nicht. Eine feste Bindung jagt ihnen Schrecken ein, und im allgemeinen lassen sie sich da Zeit. Wenn sie sie eingehen, muß der Sex aufregend und abenteuerlich sein, dann sind sie feurige Liebhaber. Verliert die Sache ihren Reiz, dann wird sie ihnen langweilig und schließlich zur lästigen Pflicht.

Verträglichkeiten: Eule-Menschen vertragen sich gut mit Falke-Menschen (21. März–19. April) und Lachs-Menschen (22. Juli–21. August).

Spirituelle Geschlechtlichkeit: (+) Die spirituelle Geschlechtlichkeit des Eule-Menschen ist im wesentlichen maskulin antriebsstark und voller Energie.

9.13 Gesundheit

Die Lust der Eule-Menschen auf die guten Dinge des Lebens – vor allem Essen und Trinken – kann den Hüftumfang und die Leber strapazieren. Da Hüften und Schenkel die anfälligsten Körperbereiche der Eule-Menschen sind, werden sie vor allem unter Übergewicht zu leiden haben.

Es besteht auch immer das Problem nervöser Erschöpfung, wenn sie sich zuviel zumuten.

9.14 Wesensverwandte Farbe: Gold

Gold ist eine Farbe und ein Metall, das zwar Unreinheiten anzieht, aber durch Feuer (das Feuer der Widrigkeiten?) geläutert und auf diese Weise wertvoller wird.

Gold, als eine höhere Oktave von Orange, strahlt Liebe und Mitgefühl aus. Es ist die Farbe der Verwirklichung und des Strebens nach Vollkommenheit. Wenn sie positiv eingesetzt wird, wirkt sie vor allem inspirierend und tröstend. Negativ eingesetzt, kann sie zu Hemmungslosigkeit und Gier führen.

Gold steht für das, was dauerhaft ist und die Essenz des Lebens ausmacht, was nicht trübe und matt wird. Es ist eine Farbe, die Wärme, Vitalität und Wohlbefinden ausstrahlt.

Gold betont die entschlossene Suche der Eule-Menschen nach Verwirklichung und Vollkommenheit.

Tonschwingung: Eule-Menschen sind auf *Cis* eingestimmt – eine Oktave über den Falke-Menschen.

9.15 Günstige Zeiten

Die *besten Monate* für Eule-Menschen sind: 21. März bis 19. April, 22. Juli bis 21. August und 23. November bis 21. Dezember.

Der *beste Tag* ist der Donnerstag.

Die *besten Tageszeiten* liegen zwischen 7 und 9 Uhr bzw. 19 und 21 Uhr.

9.16 Äußeres (bewußtes) Ziel und inneres (unterbewußtes) Verlangen

Als ein äußeres Ziel streben Eule-Menschen Erkenntnis an. Sie treibt das Bedürfnis, nach dem Sinn zu suchen, vor allem nach dem Sinn, der hinter den Fassaden und in den Erfahrungen des Lebens steckt. Für sie muß alles einen Sinn haben.

Auf innerer Ebene wollen Eule-Menschen ihre Bestimmung entdecken, um sich für ein Ziel entscheiden zu können. Sie werden daher bestrebt sein, ihren Horizont zu erweitern und auf diese Weise ihre spirituelle Entwicklung voranzutreiben.

9.17 Spirituelle Alchemie

Eule-Menschen werden vom Erd- und vom Feuer-Element beeinflußt, aber es ist das Erden-Feuer – das planetarische Feuer –, das ihre Eindringlichkeit, ihren Enthusiasmus und ihre emotionale Wärme bewirkt. Planetarisches Feuer führt zu Inbrunst und Wärme im emotionalen Körper, zu Lebhaftigkeit und Witz im geistigen Körper und zu Unternehmungslust und Initiative in der Persönlichkeit.

Da Eule-Menschen zu einer Zeit geboren sind, die einem Angelpunkt auf Dem Rad unmittelbar vorausgeht, werden sie magnetisch in die Richtung von Veränderung gezogen, die vom Westen nach Norden, von Erde zu Luft verläuft. Die Anziehungskraft des Luft-Elements erregt in ihnen den Wunsch nach Bewegungsfreiheit.

Der Richtungseinfluß geht von kühl hin zu kalt (– –), die Auswirkung des Erd-Elements ist –, die des Feuerelements +, verbunden mit einer Anziehung durch das Luft-Element (+). Die spirituelle Geschlechtlichkeit ist maskulin (+). Daraus entsteht ein Gleichgewicht zwischen den aktiven Aspekten und den Kräften, die zum inneren Leben hinziehen. Die Kombination ist – –, – + und + ausgewogen durch + aufgrund der Anziehungskraft des Luft-Elements.

9.18 Lebensherausforderungen

Eule-Menschen wollen Bewegungsfreiheit und Freiheit in Gewissensfragen; aber die Freiheit, sich der Verantwortung zu entziehen – und ein solcher Versuch kommt gelegentlich vor –, entpuppt sich als sinnlose Flucht. Die karmischen Gesetze stellen sicher, daß diese Verantwortung wieder auf sie zukommt, vielleicht in anderer Form und unter anderen Umständen, aber um sie dieselbe Lektion zu lehren. Frei sein bedeutet nicht, vor Verantwortung davonlaufen zu können und keine Probleme zu haben. Es bedeutet, in der eigenen Mitte zu stehen und die Freiheit zu haben, eine eigene Wahl zu treffen, statt sie von anderen treffen oder beeinflussen zu lassen, und die Konsequenzen dieser Entscheidung zu akzeptieren.

Eule-Menschen werden sich häufig mit Umständen konfrontiert sehen, die sie zwingen, die Richtung, die ihr Leben nimmt, zu überprüfen und selbst zu entscheiden, was sie tun und wohin sie gehen wollen, statt zum Opfer des Schicksals zu werden. Sie sollen erkennen, daß die größte einem menschlichen Wesen zur Verfügung stehende Macht die des schöpferischen Gedankens ist.

Wie schon gesagt, finden Eule-Menschen sich bei all ihrem Überschwang und Selbstvertrauen häufig in Sackgassen wieder und vergeuden ihre Energien, was dazu führt, daß sich ihre Pläne und Bestrebungen selten vollständig realisieren lassen. Sie müssen lernen, sich jeweils auf nur ein Ziel zu konzentrieren. Der mächtigste indianische Krieger war nicht der, der die meisten Pfeile abschoß, sondern der, der sich im Geist auf ein einziges Ziel konzentrierte und dann auch traf.

Sie müssen weiterentwickeln: Optimismus. Inspiration. Konzentration.

Sie müssen vermeiden: Gier. Völlerei. Übertreibung. Hemmungslosigkeit.

9.19 Hauptaufgabe und Lebensweg

Der Lebensweg des Eule-Menschen soll zur Erkenntnis führen, daß alles, was äußerlich erforderlich ist, erst im Innern existieren muß. Das, was außen ist, war zuerst innen.

Wichtig ist das Aufeinanderabstimmen von Gegensätzen, um die eigenen Potentiale gut nutzen zu können. In der indianischen Kultur mußten beim Weben einer Decke viele Fähigkeiten miteinander verbunden werden. Sie war ein hochgeschätztes Geschenk, weil sie in dauerhafter Form die innere Schönheit der Person, die sie gewebt hatte, zum Ausdruck brachte. Sie symbolisierte auch die Notwendigkeit eines ausgeglichenen Herzens und Geistes, die Notwendigkeit, den Verstand mit dem Gefühl harmonisch zusammenzubringen. Das ist der Weg des Eule-Menschen.

9.20 Das I-Ging-Trigramm

☶ Gen
Der stille Berg

Der Eule-Mensch befindet sich auf dem Rad des Jahres in nordwestlicher Position.

Das I-Ging-Trigramm des stillen Berges symbolisiert «Erhebung», Standhaftigkeit, Unerschütterlichkeit und inneren Frieden. Es betont die Notwendigkeit, still zu werden und den Geist zur Ruhe kommen zu lassen, um die Aufmerksamkeit auf das Ziel zu richten. Es verweist darauf, wie wichtig Rückzug, Meditation und Konzentration sind.

9.21 Der Umgang mit Eule-Menschen

Seien Sie sich der Fakten sicher. Diskutieren Sie die Dinge mit Eule-Menschen durch. Sie sind nicht leicht von ihren Ansichten abzubringen, deshalb müssen Ihre Argumente sachlich hieb- und stichfest sein.

Geben Sie niemals zu verstehen, daß Sie die guten Absichten des Eule-Menschen anzweifeln.

10 GANS: Die Zeit der Erneuerung

Übersicht

Geburtsdatum	22. Dezember–19. Januar.
Erdeinfluß	Die Zeit der Erneuerung.
Beeinflussende Winde	Die Nordwinde. *Totem:* Büffel.
Richtung	Nordnordwest.
Vorherrschende Elemente	Erde mit Luft.
Elemente-Klan	Schildkröten-Klan (Erde). *Funktion:* Den Boden bereiten.
Geburts- und Tiertotem	Gans.
Pflanzliches Totem	Brombeerstrauch.
Mineralisches Totem	Peridot.
Polaritäts-Totem	Specht.
Wesensverwandte Farbe	Weiß.
Tonschwingung	Dis – eine Oktave über den Biber-Menschen.
Persönlichkeitsstruktur	Verlangen sich viel ab. Zuverlässig. Besonnen. Ernst.
Gefühle	Auf sich konzentriert.
Intention	Vertrauen.
Wesensart	Streng.
Positive Züge	Ehrgeizig. Entschlossen. Ausdauernd.
Negative Züge	Rigide. Pessimistisch. Fordernd. Egoistisch.
Geschlechtstrieb	Sinnenhaft und ausdauernd.
Verträgt sich mit	Biber, Braunbär und Rabe.
Bewußtes Ziel	Erhaltung.
Unterbewußtes Verlangen	Integrität.
Lebensweg	Anpassung.

I-Ging-Trigramm	☶ Gen. Der stille Berg. Mut und Entschiedenheit.
Spirituelle Alchemie	Yin dominiert.
Muß weiterentwickeln	Geselligkeit. Effektiven Ausdruck der eigenen Persönlichkeit.
Muß vermeiden	Selbstzweifel. Pessimismus.
Anfangstotems	Gans. Büffel. Schildkröte. Brombeerstrauch. Peridot. Specht.

10.1 Geburtsmonat: 22. Dezember–19. Januar

10.2 Erdeinfluß: Die Zeit der Erneuerung

Dies ist die erste Phase des Winters, in die auch die Wintersonnenwende fällt – eine Zeit der Erholung und Erneuerung.

Die in dieser Zeit Geborenen sind praktisch und ehrgeizig, und obwohl sie gern andere um sich haben, zögern sie doch, Beziehungen enger werden zu lassen. Sie mögen Menschen, wirken aber oft reserviert, weil sie sich emotional verletzlich fühlen, wenn sie anderen zu viel von sich selbst geben.

10.3 Solare Einflüsse

Am Beginn dieser Zeit kennzeichnet die Wintersonnenwende mit dem kürzesten Tag und der längsten Nacht eine sehr einflußreiche Phase innerhalb des Jahreszyklus. Die Sonne scheint sich für immer verabschiedet zu haben, die Erde liegt öde, kalt und schlafend da, und alle Natur hüllt ein Hauch von Strenge ein.

Doch der dunkelste Tag ist der Bote froher Kunde, denn das, was dahingegangen schien, wird wiedergeboren und wird wieder wachsen, und das nun versprochene neue Leben wird sich mit der Drehung des Rads des Lebens bald zeigen – schon regt es sich im Schoß der Erde, auch wenn dies noch nicht sichtbar ist.

Im Nordeuropa der alten Zeiten wurden mit dem Julfest die Wiedergeburt und Erneuerung, der Beginn eines neuen Zyklus in der Ordnung des Lebens, ausgelassen gefeiert. Dieses Fest symbolisierte nicht nur die wiederkehrende Kraft des Himmelskörpers Sonne, sondern auch die der neuerstandenen Sonne des eigenen Selbst.

Das Julfest wurde durch das christliche Weihnachten ersetzt, das an die Geburt Christi erinnern soll, die sich nach Meinung einiger Gelehrter zwar zu einem anderen Zeitpunkt (im September) ereignet hat, aber der Geist des guten Willens, der Familienzusammengehörigkeit und der Fröhlichkeit sind bis heute erhalten geblieben.

Das entsprechende Sonnenzeichen ist der *Steinbock*.

10.4 Beeinflussende Winde: Die Nordwinde Richtung: Nordnordwest

Die Nordwinde sind mit Reinheit und Erneuerung assoziiert, und sie sind am mächtigsten, wenn die Erde, vom Griff des Winters umklammert, ruht. Zu dieser Zeit suchen Mensch und Tier Schutz und Wärme vor den schneidenden, kalten Winden, ziehen sich von den äußerlichen Aktivitäten zurück, wenden sich nach innen und hoffen auf die kommenden wärmeren und helleren Tage.

Die Nordwinde üben einen paradoxen Einfluß aus, denn dieser zeigt sich nicht nur darin, daß die kalte Luft Wasser in Eis verwandelt oder Eiskristalle auf den Zweigen immergrüner Bäume tanzen läßt, er wirkt zugleich als eine verborgene innere Macht – unsichtbar und unspürbar. Eine Macht, die mit ihrer Energie in die unter der harten und gefrorenen Erdoberfläche ruhenden Samen eindringt, die geläutert und darauf vorbereitet werden, zu neuem Leben zu erstehen, wenn die Sonne zurückkehrt und mit ihrer Wärme die Erde umarmt.

Die Nordwinde fördern also Geduld, inneres Wachstum und die Erneuerung von Geist und Körper. Und sie unterstützen die Reinheit von Absicht und Ziel.

Bei einigen indianischen Stämmen repräsentierte das Totem des *Büffels* die Macht Des Nordens. In den Zeiten, als das Überleben des Stammes noch vom Jagen abhing, zogen die Büffel in großen Herden über die Weiten des nordamerikanischen Kontinents und lieferten mit ihrem Fleisch, ihren Häuten und ihren Knochen alles Material, das die Menschen zum Leben brauchten. Aus diesem Grund wurde er mehr als alle anderen Tiere verehrt.

Die Macht Des Nordens wurde als die große, auf allen Existenzebenen wirksame, erneuernde Kraft der Versorgung, Erhaltung und Sicherheit betrachtet. Es ist die Kraft des nach dem Schlaf erneuerten Bewußtseins, das frisch und wach ist und schnell reagiert. Es ist die Kraft eines durch Nahrung gestärkten schönen Körpers. Es ist die Macht des wiederbelebten Geistes, der frei ist, zu wandern, zu forschen und Erfahrungen zu sammeln, wie es ihm beliebt.

Die Macht Des Nordens wird als die Kraft betrachtet, die neue Gedanken, neue Ideen und neues Leben bringt.

10.5 Beeinflussende Elemente: Erde mit Luft

Luft ist das Element, das mit Geist, mit Gedanken und Ideen assoziiert ist sowie mit schneller, zuweilen unerwarteter Veränderung und Bewegung. Während Feuer energetisiert, Wasser erfrischt, Erde nährt und erhält, belebt und transformiert Luft. Das Luft-Element gilt als der Einfluß, der es möglich macht, daß Dinge umgewandelt und durch die Kraft neuer Ideen und Träume verwirklicht werden können. Wie das Luft-Element sind die in der Zeit der Erneuerung geborenen Menschen flink, wachsam und anpassungsfähig, und sie haben die Fähigkeit, Unerwartetes zu leisten. Sie sind immer aktiv und in Bewegung.

Das Erd-Element bewirkt einen Hang zu Stabilität und Sicherheit, verbunden mit den Eigenschaften von Berechenbarkeit und Verläßlichkeit.

10.6 Elemente-Klan: Schildkröten-Klan (Erde)

Die zwischen dem 22. Dezember und dem 19. Januar Geborenen gehören dem Schildkröten-Klan an und werden durch die Stabilität des Erd-Elements beeinflußt. Festigkeit, Sicherheit, Verläßlichkeit, Berechenbarkeit – alle diese Eigenschaften sind den Menschen des Schildkröten-Klans wichtig. Für sie gelten Wort und Tat gleichermaßen, daher halten sie im allgemeinen, was sie versprochen haben, und sind verstört, wenn andere das nicht tun.

Die Menschen des Schildkröten-Klans können aufopferungsvoll sein, und wenn sie sich einmal klar darüber geworden sind, was sie wollen, werden sie sich strikt an den einmal eingeschlagenen Kurs halten.

10.7 Geburts- und Tiertotem: Gans

Wildgänse sind große Vögel mit langen Hälsen und kurzen Beinen, die in großen Formationen fliegen. Sie halten sich in Mooren und Sümpfen oder auf Grasland in der Nähe von Seen und Flüssen auf, und obwohl sie gute Schwimmer sind, ernähren sie sich hauptsächlich von dem, was sie an Land finden.

Die Gans war ein bei den Kelten des vorchristlichen Britannien sehr geschätztes Totem, und die Tatsache, daß sie in vielen europäischen Märchen eine Rolle spielt, zeigt, daß ihr im alten überlieferten Wissensgut wesentliche Bedeutung zukam, denn Märchen und Legenden enthalten die Essenz der Symbolik früherer esoterischer Lehren.

Die hoch fliegenden Wildgänse, die mit ihrem bekannten Schrei am winterlichen Himmel dahinziehen, wurden mit den, schon an anderer Stelle beschriebenen Mächten Des Nordens und mit dem Akt der Reinigung und Erneuerung assoziiert. In der Tat könnte der traditionelle Gänsebraten zu Weihnachten seine Wurzeln in einem rituellen Mahl geheiligten Gänsefleischs haben, das an den Erneuerungsprozeß erinnern sollte.

Es gibt viele Gansarten, aber das von den Indianern als Totem verehrte Tier war die Schneegans, die man nicht nur wegen ihrer schneeweißen Federn so nannte, sondern weil ihr Leben auf dem nordamerikanischen Kontinent vom Schnee bestimmt wurde.

Die Indianer bezeichneten die Schneegans als «den Vogel, der von jenseits der Nordwinde kommt», weil sie mit dem ersten Schneefall im Herbst ihre Nistplätze im hohen arktischen Norden verläßt und erst im Frühjahr zur Schneeschmelze zurückkehrt.

Wie alle Gänse fliegen auch Schneegänse in einer Schar, aber auf ihren langen Wanderungen bilden sie riesige Formationen, manchmal mehrere tausend Tiere umfassend.

Einige sollen jährlich 5000 Meilen auf ihrem Weg von und zu ihren Nistplätzen in der kanadischen Subarktis zurücklegen.

Wie ihr Totem besitzen die in der Zeit der Erneuerung geborenen Menschen eine starke Vorstellungskraft, die es ihnen ermöglicht, in Neuland vorzudringen und sich langfristigen Zielen zuzuwenden.

Gans-Menschen sind Perfektionisten, neigen, wie ihr Totem, zur Nörgelei und stören sich an relativ unbedeutenden Dingen. Fühlen sie sich deprimiert, weil ihnen ein Hindernis im Weg liegt oder es so lange dauert, bis ihre Träume in Erfüllung gehen, können sie richtig melancholisch werden und eine Decke der Düsternis und Verzweiflung über ihre ganze Umgebung breiten.

Sind sie aber positiv eingestellt, vermögen sie andere mit der puren Energie, mit der sie sich an ihre Unternehmungen machen, und ihrem übersprudelnden Enthusiasmus zu überraschen.

Die Gans ist weiß, die Farbe der Reinheit – eine Eigenschaft, die im Leben der Gans-Menschen eine große Rolle spielt, denn wenn sie sich als Reinheit der *Absicht* ausdrückt, wird ihnen auch das scheinbar Unmögliche erreichbar.

In der Symbolik der Indianer galt die Gans als die Große Träumerin. Auch diese Eigenschaft zeigt sich in den Gans-Menschen, die selbst die alltäglichen Dinge nicht nur gut, sondern am liebsten perfekt ausführen möchten.

Gans-Menschen sind von ihrer Veranlagung her gute Lehrer, vor allem auch für behinderte Kinder, und sie werden bei jeder Arbeit, die mit Kindern oder mit physisch oder geistig behinderten Menschen zu tun hat, Erfüllung finden.

Silver Bear erklärte mir, daß Gans-Menschen einen Widerschein ihres Höheren Selbst in sich tragen. Damit meinte er, daß sie klare Ziele haben und entschlossen sind, das, was sie mit ihrem geistigen Auge sehen, auch zu verwirklichen. Wenn sie frustriert sind, dann hauptsächlich, weil ihre Träume nicht rasch genug in Erfüllung gehen.

10.8 Pflanzliches Totem: Brombeerstrauch

Der Brombeerstrauch (*Rubus villosus*) ist eine perennierende Pflanze mit kriechenden Stengeln, zarten Zweigen und spitzen Dornen. Ihre gezackten Blätter sind mit feinen Härchen bedeckt. Die fünfblättrigen weißen Blüten blühen von Juli bis September, und die Früchte werden im Herbst reif.

Die Indianer benutzten die Wurzeln und Blätter als Heilmittel gegen Durchfall, und ein aus den getrockneten Blättern zubereiteter Tee half bei Darmkatarrh und Koliken. Brombeerblätter kaute man auch, um Zahnfleischbluten zu stoppen.

Die Dornen des Brombeerstrauchs bedeuten sowohl Schutz als auch Leiden, und beides scheinen Gans-Menschen in ihrem Leben reichlich zu erfahren. Sie sind oft mit Schwierigkeiten und Gefahren konfrontiert, die ihnen Kummer und Schmerz bereiten, doch scheinen sie vor dauerhaftem Schaden geschützt zu sein.

Da es sich um ein Totem des tiefen Winters, der Zeit der Wintersonnenwende und des «Todes» der Sonne handelt, liegt hier die Betonung auf den transformativen Aspekten des Brombeerstrauchs, die besagen, daß Verwirrung und Leid zuweilen notwendige Erfahrungen sind, um die reifsten Früchte hervorzubringen. Als ergiebigen Früchten von Mutter Erde schrieb man den Brombeeren die Fähigkeit zu, Inspiration zu verleihen, eine besondere Eigenschaft Des Nordens. Und so hat dieses Totem viel mit Inspiration zu tun und mit dem Mut und der Ausdauer, die man braucht, um diese zu erlangen.

10.9 Mineralisches Totem: Peridot

Peridot ist ein Magnesium-Eisensilikat, findet sich in Eruptivgestein und wird auch Chrysolith oder Olivin genannt. Es ist ein zarter, grüner, glasartig durchscheinder Stein, der in seinen klaren Erscheinungsformen zu Schmuck verarbeitet wird.

Die Indianer betrachteten ihn als erstarrte «himmlische» Strahlung, die direkt aus der Sonnenkraft kommt, und als Stein des Lichtes verband er sich mit Klarsicht und Klarheit des Geistes. Er ist auch mit der spirituellen Sonne assoziiert und soll spirituelle Stärke und spirituelle Urteilsfähigkeit verleihen. Peridot ist daher verbunden mit intuitiver Einsicht und innerer Vision sowie mit der Fähigkeit, in die Zukunft zu sehen.

Er besitzt eine beruhigende Schwingung, vor allem wenn er als Kopfschmuck oder am Halsansatz getragen wird, da er auf die Kopfchakras einwirken soll.

10.10 Polaritäts-Totem: Specht

Gans-Menschen haben ein Auge für Details und ein inneres Verlangen nach Vollkommenheit, aber sie geraten oft durch kleine Dinge und bei der geringsten Provokation aus dem Gleichgewicht. Sie spüren einen inneren Widerstand gegen plötzliche Veränderungen und wollen sich lieber langsam beeilen. Von daher fällt es ihnen zuweilen schwer, mit dem Unerwarteten sowie mit den Mängeln und Schwächen zurechtzukommen, die sie an ihnen Nahestehenden erkennen.

Für den Umgang mit derartigen Problemen können sie einiges von den Specht-Menschen lernen, denen eine sichere und harmonische Ausgangsbasis und das Teilen mit anderen wichtig ist. Dies kann natürlich in spirituellem Sinn verstanden werden, denn die Suche nach Spiritualität und das Streben nach Vollkommenheit müssen durch ein Sicherheitsgefühl ausbalanciert werden, und Liebe, die man erhalten will, muß man erst geben.

10.11 Persönlichkeitsausdruck

Die erwachsene Person
Entschlossener, ehrgeiziger, praktischer, einfallsreicher Gans-Mensch. Die in der Zeit der Erneuerung Geborenen haben viel Energie und Kraft für die Verfolgung ihrer eigenen Interessen, ziehen es aber im allgemeinen vor, nicht zu sehr in das Leben anderer verwickelt zu werden.

Diese Distanz bedeutet nicht, daß Gans-Menschen lieblos sind. Jene, die sie lieben, und jene, die sich als loyal und zuverlässig erwiesen haben, liegen ihnen sehr am Herzen. Sie hüten sich nur davor, sich auf andere allzu stark einzulassen, und obwohl sie mit vielen Menschen in Kontakt stehen, werden sie wohl nur wenige als ihre Freunde bezeichnen.

Gans-Menschen können aus einem inneren Kraftreservoir schöpfen, was sie in die Lage versetzt, unermüdlich zu arbeiten, und sie können sich, ohne mit der Wimper zu zucken, viele Vergnügungen des Lebens versagen und eine Weile auch große Härten auf sich nehmen, um einen Herzenswunsch zu verwirklichen. Diese Fähigkeit, eine Quelle der inneren Stärke anzuzapfen, läßt sie eine Klugheit entwickeln, mit der sie den wahren Wert der Dinge erkennen und widrige Umstände schließlich in einen Vorteil für sich verwandeln.

Obwohl sie während der kahlsten und ödesten Jahreszeit geboren sind, haben sie eine Liebe zur Natur und allen Geschöpfen, die manchmal ihr Interesse am Wohlergehen der Menschheit zu übersteigen scheint.

Sie sind von einem Idealismus beseelt, der sie die Dinge zu ernst nehmen und manche Probleme nicht mehr in den richtigen Dimensionen sehen läßt, was zur Folge hat, daß sie oft sehr nervös und angespannt werden. Sie neigen zu Anfällen von Pessimismus und Trübsinn, wenn ihnen alles zuviel wird oder sie sich ungerecht behandelt oder mißverstanden fühlen. Sollten sie dieser Neigung nachgeben, werden sie unter Umständen mürrisch und verbittert, und dann kann jede Provokation ein äußerst destruktives Verhalten auslösen.

Die Gans ist gewiß ein zäher, alter Vogel, aber sie hat ein zärtliches und sanftes Herz.

Positive Züge: Ehrgeizig. Entschlossen. Verläßlich. Klug. Geduldig. Ausdauernd.

Negative Züge: Rigide. Pessimistisch. Kleinlich. Konventionell. Fordernd. Egoistisch.

Berufliche Möglichkeiten: Ackerbau. Kunst. Bankwesen. Volkswirtschaft. Handel. Sammeln. Landwirtschaft. Tanz. Rechtsprechung. Politik. Militär. Bestattungsunternehmen.

Das Kind

Gans-Babys sind entzückend, haben ein freundliches Naturell und eine «Bewußtheit», die die Babysprache der Erwachsenen irgendwie unangemessen erscheinen läßt.

Als kleine Kinder und in den ersten Schuljahren mögen sie sich schüchtern und scheu zeigen, es scheint ihnen an jenem Selbstvertrauen zu mangeln, das die meisten Kinder in diesem Alter aufweisen. Möglicherweise zögern sie sogar, sich an den Spielen anderer zu beteiligen, und sie könnten als sich nur schwer in die Gemeinschaft einfügende Kinder gelten. Sobald sie etwas älter werden, zeigt sich jedoch, daß man ihnen Verantwortung übertragen kann, und oft sind sie es, die die Dinge für andere managen.

Normalerweise sind sie saubere und ordentliche Kinder, die durch Unordnung jeglicher Art ziemlich aus der Fassung gebracht werden können.

Die Eltern

Gans-Menschen sind im allgemeinen keine enthusiastischen Eltern. Nicht, daß sie lieblos oder verantwortungslos wären. Sie fühlen sich nur wohler, wenn die Kinder selbständig und nicht völlig von ihnen abhängig sind.

Ihre Sprößlinge werden ganz gewiß nicht verzogen. Gans-Menschen wollen, daß sich ihre Kinder der Routine fügen und erwarten von ihnen ein ordentliches Benehmen und gute Manieren.

10.12 Romantische Liebe und Sex

Gans-Menschen wollen die Sicherheit und den Schutz einer dauerhaften Partnerschaft. Sie neigen daher weniger zur Liebe auf den ersten Blick. Liebe entwickelt sich bei ihnen eher aus einer langen Freundschaft als aus einer beiläufigen Begegnung.

Sie werden wahrscheinlich ihre Zuneigung nicht offen zeigen, aber in intimer Atmosphäre können sie sinnenhafte und leidenschaftliche Liebhaber sein. Sie müssen sich sicher fühlen, bevor sie reagieren. Alles, was der Gans-Mensch tut, muß gut getan werden – und der Sex bildet da keine Ausnahme. Gans-Menschen sind potente und verständnisvolle Liebhaber und verfügen auch hier über viel Energie und Ausdauer.

Gans-Männer sind gute Ernährer, zuverlässig und treu. Gans-Frauen können ein behagliches Heim schaffen und sind ausgezeichnete Hausfrauen.

Verträglichkeiten: Gans-Menschen vertragen sich gut mit Biber-Menschen (20. April–20. Mai), Braunbär-Menschen (22. August–21. September) und Rabe-Menschen (22. September–22. Oktober).

Spirituelle Geschlechtlichkeit: (–) Die spirituelle Geschlechtlichkeit des Gans-Menschen ist im wesentlichen feminin.

10.13 Gesundheit

Gans-Menschen verfügen über eine starke Konstitution. Sie schicken sich nicht leicht in irgendwelche Krankheiten und werden sich immer noch aufrechthalten, wo andere unter vergleichbaren Umständen schon längst flach liegen.

Nervöse Ausschläge und Allergien treten bei ihnen häufig auf, was oft eine Folge von unterdrückten Emotionen ist. Sie neigen auch zu Problemen mit den Knien und zu rheumatischen Beschwerden.

10.14 Wesensverwandte Farbe: Weiß

Weiß ist die Summe aller anderen Farben und ein Symbol der Reinheit und psychischen Energie. Sie verweist auf Einfachheit und Lauterkeit der Absicht.

Gans-Menschen senden Gedanken und Eindrücke aus, die andere Menschen beeinflussen. Eine ganze Menge Gans-Menschen gelten als medial veranlagt. Sie neigen zu einer Maßlosigkeit, die das Zusammenleben mit ihnen ziemlich schwierig macht.

Tonschwingung: Gans-Menschen sind auf *Dis* eingestimmt – eine Oktave über den Biber-Menschen.

10.15 Günstige Zeiten

Die *besten Monate* für Gans-Menschen sind: 22. Dezember bis 19. Januar, 20. April bis 20. Mai und 22. August bis 21. September.

Der *beste Tag* ist der Samstag.

Die *besten Tageszeiten* liegen zwischen 9 und 11 Uhr bzw. 21 und 23 Uhr.

10.16 Äußeres (bewußtes) Ziel und inneres (unterbewußtes) Verlangen

Das äußere (bewußte) Ziel der Gans-Menschen besteht im Organisieren und Bewahren, aber innerlich verlangt es sie nach Läuterung. Dabei geht es um sehr viel mehr als eine Läuterung im moralischen Sinne. Betont wird die Notwendigkeit, Selbstvertrauen zu haben, selbständig zu sein und eine individuelle Identität aufzubauen.

Sehr wahrscheinlich werden die in der Zeit der Erneuerung Geborenen viele traumatische Erfahrungen und Prüfungen durchzustehen haben und unter einer gewissen spirituellen Einsamkeit leiden, was ihnen alles sehr viel abverlangt. Solche Erfahrungen sind Teil eines Transformationsprozesses, der den Betreffenden einem Zustand größerer «Vollkommenheit» näher bringt. Es geht um einen Erneuerungsprozeß, der die spirituellen Muskeln entwickeln soll, damit die Bergspitze erklommen werden kann.

10.17 Spirituelle Alchemie

Gans-Menschen sind durch den Einfluß des Erd-Elements materialistisch gesinnt, aber unter all denen, die ebenfalls vom Luft-Element beeinflußt werden, sind sie die wandlungsfähigsten. Sie verfügen über die Zähigkeit und Ausdauer, die mit dem Erd-Element assoziiert sind, doch die Einwirkung des Luft-Elements treibt sie mit unerschöpflicher Energie und allen scheinbar unüberwindlichen Hindernissen zum Trotz immer weiter.

Die Polarität der Richtungsmacht ist kalt (− −), die Polarität des Luft-Elements ist + und die des Erd-Elements ist −. Die spirituelle Geschlechtlichkeit ist feminin (−). Das ergibt eine Kombination von − −, + − und –, die auf eine rezeptive und introvertierte Persönlichkeit hinweist, die ständig auf sich selbst zurückgeworfen wird.

10.18 Lebensherausforderungen

Das Leben der Gans-Menschen ist gekennzeichnet durch Ausdauer und harte Arbeit im ständigen Bemühen, Sicherheit zu finden. Jeder Erfolg muß schwer erkämpft werden.

In den kritischsten Zeiten mag sich der Gans-Mensch durch äußere Restriktionen und auch die obstruktiven Taktiken anderer blockiert sehen, aber jede dieser Situationen sollte als Herausforderung begriffen werden, die, wenn sie konstruktiv angegangen wird, zu Bewußtseinserweiterung und wahrem Erfolg führt.

Die größten aller Hindernisse, denen Gans-Menschen begegnen, sind Selbstzweifel und Pessimismus.

Sie müssen weiterentwickeln: Geselligkeit. Effektiven Ausdruck der eigenen Persönlichkeit.

Sie müssen vermeiden: Selbstzweifel. Pessimismus.

10.19 Hauptaufgabe und Lebensweg

Zur Vollendung bringen, die Dinge sich voll entfalten lassen – das ist die Hauptaufgabe der Gans-Menschen.

Ihr Lebensweg ist ein Weg der Anpassung. Es gibt ein altes Sprichwort: «Wer sich nicht beugt, zerbricht», das für Gans-Menschen besonders zutreffend ist. Ihr Weg ist ein Weg der Vervollkommnung im Sinne von Vollendung. Wird dieses Prinzip moralisch verstanden – vor allem bei der Beurteilung anderer –, dann wird es zum Hindernis und blockiert den weiteren Fortschritt.

Gans-Menschen haben einen angeborenen Freiheitsdrang, aber um ihn zu verwirklichen, muß alles Hinderliche bereitwillig aufgegeben werden, um sich aus den Bindungen der Vergangenheit lösen zu können. Sie zeigen der Welt oft ein Gesicht, das nur wenig mit ihrem wahren Wesen zu tun hat. Zur Freiheit gelangen bedeutet, daß sie nichts mehr vorzutäuschen brauchen.

Das Hauptziel jener, die diesen Weg gehen, ist das Verstehen. Doch das hier gemeinte Verstehen kann nicht erlernt oder entwickelt und auch nicht im Laufe der Jahre erworben werden. Es kommt plötzlich. Und es geht darum, auf diesen Moment vorbereitet zu sein.

10.20 Das I-Ging-Trigramm

☶	Gen Der stille Berg	Die zur Zeit der Erneuerung geborenen Menschen befinden sich auf dem Rad des Jahres in nordwestlicher Position.

In diesem Trigramm zeigt sich das zerklüftete, felsige Terrain des Berges als Herausforderung – die Herausforderung einer furchteinflößenden und ehrfurchtgebietenden Region, die erobert und in Besitz genommen werden muß. Dieses Bild steht für Mut und Entschlossenheit.

10.21 Der Umgang mit Gans-Menschen

Gans-Menschen sind im wesentlichen praktisch und materialistisch veranlagt, verhalten Sie sich also pragmatisch. Unterbrechen Sie sie nicht, wenn sie mitten in der Arbeit sind. Gans-Menschen reagieren selten auf emotionale Appelle und haben eine Abneigung gegen alles, was nach Unaufrichtigkeit riecht.

11 OTTER: Die Zeit der Reinigung

Übersicht

Geburtsdatum	20. Januar–18. Februar.
Erdeinfluß	Die Zeit der Reinigung.
Beeinflussende Winde	Die Nordwinde. *Totem:* Büffel.
Richtung	Norden.
Vorherrschendes Element	Luft.
Elemente-Klan	Schmetterlings-Klan (Luft). *Funktion:* Durchführen.
Geburts- und Tiertotem	Otter.
Pflanzliches Totem	Farn.
Mineralisches Totem	Türkis.
Polaritäts-Totem	Lachs.
Wesensverwandte Farbe	Silber.
Tonschwingung	E – eine Oktave über den Hirsch-Menschen.
Persönlichkeitsstruktur	Freundlich. Unkonventionell. Unabhängig. Dynamisch.
Gefühle	Losgelöst.
Intention	Imagination.
Wesensart	Humanitär.
Positive Züge	Erfinderisch. Reformerisch. Wahrnehmend.
Negative Züge	Unberechenbar. Widerspenstig. Taktlos. Exzentrisch.
Geschlechtstrieb	Heiß und kalt.
Verträgt sich mit	Rabe, Falke und Hirsch.
Bewußtes Ziel	Wissen.
Unterbewußtes Verlangen	Weisheit.

Lebensweg	Kreative Stärke.
I-Ging-Trigramm	☴ Sun. Der sanfte Wind. Flexible Vision.
Muß weiterentwickeln	Erfindungsreichtum. Toleranz. Mut.
Muß vermeiden	Widerspenstigkeit. Exzentrizität.
Spirituelle Alchemie	Yin dominiert.
Anfangstotems	Otter. Büffel. Schmetterling. Farn. Türkis. Lachs.

11.1 Geburtsmonat: 20. Januar–18. Februar

11.2 Erdeinfluß: Die Zeit der Reinigung

Diese mittlere Phase des Winters ist die Zeit, in der sich die Erde reinigt, bevor das Tempo des Lebens wieder rascher wird und alles erneut zu wachsen beginnt.

Ihr Schlüsselwort heißt Vorbereitung, und die in dieser Zeit Geborenen sind Planer, Erneuerer und Visionäre, die mit starker Wahrnehmungsfähigkeit und Intuition begabt sind.

Diese Menschen lernen über ihre Erfahrungen, die Dinge beim Namen zu nennen und neue Wege des Dienens zu entdecken. Sie sind die Bewahrer und Erhalter der Natur.

11.3 Solare Einflüsse

In dieser mittleren Winterphase beginnen sich die solaren Kräfte zu regen. Ihre elektrisierenden Energien werden allmählich spürbar durch die Frische der Luft, die sich stimulierend, stärkend und reinigend auswirkt. Es ist die Kraft, die die Fesseln der Beschränkungen und Zwänge sprengt.

Auch im Schoß der Erde regt sich etwas: Das künftige neue Leben, noch immer unter der Erdoberfläche verborgen, bereitet sich auf sein Erscheinen vor.

In vielen alten Kulturen wurden Anfang Februar diese ersten Regungen der Natur mit einem Fest begrüßt. Auf den Britischen Inseln hieß es Imbolc, ein gälisches Wort, was soviel wie «im Bauch» bedeutet und Belebung, Beseelung, die erste Regung des Kindes im Bauch der Mutter impliziert. Später wurde dieses Fest durch das christliche Lichtmeß am 2. Februar ersetzt.

Ursprünglich war es eine Festzeit der Reinigung, der Säuberung des Bodens von abgestorbenen Gewächsen und das Ausräumen von Dingen, die sich im Winter angesammelt hatten und nun nicht länger gebraucht wurden. Es war der Ursprung des Frühjahrsputzes. Man bereitete sich allgemein auf die baldige Zeit des neuen Wachstums vor.

Die Indianer verbanden dieses Säubern und Reinigen mit der Zeremonie des Weggebens – eine Gelegenheit, alles Unerfreuliche im Leben loszuwerden: schlechte Gewohnheiten und Vorurteile, kleinliche Ängste und Eifersüchteleien, negative Gefühle, jeweils repräsentiert durch ein Korn oder ein Stöckchen, das dann ins Feuer geworfen und verbrannt wurde.

Das entsprechende Sonnenzeichen ist der *Wassermann*.

11.4 Beeinflussende Winde: Nordwinde Richtung: Norden

In der nördlichen Hemisphäre erscheint die Sonne nie im Norden, sondern bewegt sich auf ihrer Bahn von Osten über den Süden nach Westen, und der Himmel scheint um den Polarstern zu kreisen. Von daher betrachtete man den Norden als geheimnisvolle Nabe, um die sich das Himmelsgewölbe dreht, und als die Macht des Unsichtbaren.

Die Macht Des Nordens war die in der Ruhe verborgene Kraft des neuen Lebens, die Kraft, die Wasser in Eis verwandelt, und die Kraft des Eises, die mächtige Felsen in kleine Steinchen zerbricht.

Die Macht Des Nordens verwies auf die Notwendigkeit, still zu sein und zu lauschen, sich von Geschwätz, Hast und Geschäftigkeit zurückzuziehen. Von daher ist sie mit Meditation und Kontemplation verbunden, was im Kern bedeutet, die äußere Aktivität ruhen zu lassen, um inneres Wachstum zu ermöglichen.

Die Indianer assoziierten Den Norden mit Wissen, Weisheit und geistiger Macht und die Nordwinde mit geistiger Aktivität. Das Totem ist der *Büffel* (siehe unter 10.4).

11.5 Beeinflussendes Element: Luft

Das Luft-Element ist mit dem Intellekt und der Macht der Gedanken verbunden, da die Idee oder der Gedanke der Manifestation oder Schöpfung vorausgeht.

Luft ist klar und ungetrübt und entspricht deshalb der Visualisierung des kreativen Gedankens. Luft ist zudem eine unsichtbare Bewegung, und so läßt sich hier eine Parallele ziehen zur Antriebskraft des sich manifestierenden Unmanifesten, des Unsichtbaren, das zur Sicherheit gelangt.

Durch die Luftbewegung nehmen wir Laute wahr, hören wir und

werden wir gehört. Die Luft ermöglicht uns die Verständigung mit anderen und ist so mit Kommunikation assoziiert.

Kommunikation, Ideen, geistige Aktivität, Kreativität – alle diese Dinge werden bei den in der Zeit der Erneuerung Geborenen stark in den Vordergrund treten, denn das Luft-Element übt einen mächtigen Einfluß auf alle ihre Lebensbereiche aus.

11.6 Elemente-Klan: Schmetterlings-Klan (Luft)

Die zwischen dem 20. Januar und dem 18. Februar Geborenen gehören dem Schmetterlings-Klan an, dem Klan des Luft-Elements, das sie dazu befähigt, Umstände und andere Menschen durch ihre Unkonventionalität und ihre Dynamik zu transformieren und zu verjüngen.

Sie können allerdings auch ihre Energien vergeuden, indem sie von einer Sache zur anderen flitzen und plötzlich und unerwartet die Richtung ändern; ein Zustand ständiger Bewegung, der eventuell zur Selbstüberschätzung führt.

Haben sie aber einmal einen Richtungssinn entwickelt, kann ihr Leben stimulierend und befriedigend sein.

11.7 Geburts- und Tiertotem: Otter

Der Otter gehört zur Familie der Wiesel und ist sowohl an Land wie im Wasser heimisch. Sein dicker, kräftiger Schwanz dient ihm im Wasser als Ruder und als Werkzeug bei seinen Bauarbeiten. Er hat kurze, starke Beine und mit Schwimmhäuten versehene Füße, was ihm ermöglicht, sich mit großer Geschwindigkeit durchs Wasser zu bewegen. Er kann bis zu vier Minuten unter Wasser bleiben.

Sein langgestreckter Körper wird im ausgewachsenen Zustand bis zu 90 Zentimeter groß. Hauptsächlich ernährt er sich von Fischen. Er ist bekannt für seine Verspieltheit. Löcher und Höhlen am Flußufer sind seine Behausung, deren Eingang sich unter Wasser befindet.

Da der Otter Körperhaltungen einnehmen kann, die für Tiere als ungewöhnlich betrachtet werden, gilt er als mimisch begabt.

Otter haben einen ausgeprägten Familiensinn und sind hingebungsvolle Partner, die den Tod ihres Gefährten oft lange Zeit betrauern. Die Jungen bleiben länger bei den Eltern, als das bei den meisten anderen Tieren der Fall ist.

Wie ihr Tiertotem sind Otter-Menschen im allgemeinen freundlich, hilfsbereit, spielerisch und beherzt. Ihre Hilfsbereitschaft läßt sie oft karitative Tätigkeiten ausüben. Auch sie haben eine Begabung, andere nachzumachen.

Tonangebend im Leben der Otter-Menschen ist der Aspekt des Dienens. Sie sind rücksichtsvoll und werden sich oft in Situationen wiederfinden, die ihnen die Möglichkeit bieten, ihre Energien zum Nutzen der Erde und ihrer Bewohner einzusetzen. Ist diese Entwicklung, aus welchen Gründen auch immer, blockiert, oder sollten sie sich erlauben, allzu selbstbezogen zu sein, dann werden sie sich sehr wahrscheinlich elend fühlen und grämlich werden.

Wie die Otter zu den großen Organisatoren im Tierreich gehören, beherrschen die Otter-Menschen im Menschenreich das Managen exzellent. Und wie Otter das Wasser, in dem sie leben, sauberhalten, brauchen auch Otter-Menschen Reinlichkeit und Ordnung daheim und am Arbeitsplatz, sonst fühlen sie sich unwohl und unsicher.

11.8 Pflanzliches Totem: Farn

Polypodium ist ein häufiger Name für eine weibliche Farnart (*Polypodium vulgare*), eine perennierende immergrüne Pflanze, die im Schatten, in Wäldern und zwischen Felsgestein wächst. Ihre Blätter oder Wedel sind in ihrer Länge sehr unterschiedlich und laufen spitz zu. Sie wächst aus einem am Boden dahinkriechenden oder sich etwas darüber erhebenden wurzelstockartigen Stamm.

Sporen enthaltende kleine Behälter wachsen an der Rückseite der Wedel, und zwar in zwei Reihen längs der Mittelrippe. Diese reifen im Spätherbst und wechseln von einer gelblichen Farbe zu leuchtendem Orange.

Die Indianer verwendeten den Wurzelstamm für einen Aufguß zur Behandlung von Husten und Atemproblemen und reinigten damit auch äußere Wunden.

Eine männliche Farnart (*Dryopteris filix-mus*) ist eine etwas derbere und aufrechter stehende Pflanze. Man benutzte sie als Heilmittel gegen Bandwürmer.

Wie ihr Pflanzentotem können sich Otter-Menschen mit dem Wind beugen und sind anpassungsfähig, aber beharrlich. Sie leiden leicht unter Auswirkungen von Streß, wenn sie in ihrer Tendenz irgendwie blockiert werden.

11.9 Mineralisches Totem: Türkis

Der Türkis ist ein weicher himmelblauer oder blaugrüner Stein von wachsähnlichem Glanz. Er enthält Kupfer, wasserhaltiges Aluminiumphosphat und Eisen.

Ein sehr sensibler Stein, der schädliche Schwingungen absorbieren und seine Farbe verlieren soll, wenn sich die Person, die ihn trägt, unwohl fühlt oder in physischer Gefahr befindet. Er zerbricht manchmal unter zu starkem Schwingungsdruck, und deshalb trugen ihn die Menschen mancher indianischer Stämme, um sich auf diese Weise vor Verletzungen und vor allem vor Knochenbrüchen zu schützen, da sie glaubten, daß der Türkis statt dessen zerbrechen würde. Einige Indianer verzierten auch den Schwanz oder die Zügel ihres Pferdes mit Türkisen, um das Tier, falls es fiel, vor einem Beinbruch zu bewahren.

Den blauen Türkis nannte man oft «Stein des Himmels» und meinte damit den mystischen Bereich. Otter-Menschen mögen feststellen, daß sie sich von mystischen Dingen angezogen fühlen, und ihre Lebenserfahrungen lehren sie, das Physische mit dem Spirituellen auszubalancieren.

Der Türkis soll das Verstehen fördern. Sein Energiemuster besitzt große Kraft und beeinflußt den mentalen Körper, und er ruft ein Gefühl von Ruhe und innerem Frieden hervor, da er die Energien so gut im Gleichgewicht hält. Otter-Menschen sollten den Türkis tragen, da sie in bezug auf emotionale Störungen und Hinterhältigkeiten anderer besonders verletzlich sind. Der Türkis wird ihnen ihr Gleichgewicht bewahren helfen, wenn sie unter Druck stehen.

Wird der Türkis als Armband um das linke Handgelenk getragen, kann er die Heilfähigkeiten der betreffenden Person fördern. Und bei der Meditation verhilft er zur Einsicht in den tieferen Sinn einer gegebenen Situation.

11.10 Polaritäts-Totem: Lachs

Otter-Menschen haben im allgemeinen ein echtes Interesse am Wohlergehen ihrer Mitmenschen und engagieren sich für wohltätige und humanitäre Projekte. Dieser Wunsch zu dienen ist ein angeborener Wesensaspekt. Zudem sind sie Träumer und Visionäre, und diese Eigenschaften müssen mit Pragmatismus ausgeglichen werden.

Otter-Menschen können hier von den Lachs-Menschen lernen, die, was die Bedürfnisse anderer angeht, ähnlich mitfühlend sind, sich aber auch ein dickes Fell zulegen können, um sich in ihrer Sensibilität vor denen zu schützen, die sie manipulieren oder beherrschen wollen.

11.11 Persönlichkeitsausdruck

Die erwachsene Person
Künstlerischer, unabhängiger, humaner, dynamischer, konstruktiver Otter-Mensch. Diese Menschen sind extrovertiert, befassen sich gern mit anderen Leuten, da sie jedermann als Freund betrachten. Sie haben eine tiefe Freiheits- und Unabhängigkeitsliebe, unterstützen die Gleichberechtigung der Geschlechter, Rassen und Glaubensrichtungen. Sie haben einen Widerwillen gegen jegliche Form aufgezwungenen Gehorsams und können sich nur schwer Regeln und Vorschriften unterwerfen.

Sie besitzen Flair und Originalität, aber ihre Pläne und Vorstellungen sind oft unpraktisch oder utopisch. Otter-Menschen sind geistig überaus rege und befassen sich häufig mit Plänen, die sie aus Zeitmangel dann nicht ausführen können. Sie neigen dazu, Verpflichtungen zu übernehmen, denen sie bei ihrem Arbeitspensum gar nicht nachkommen können.

Otter-Menschen sind liberal, kennen kaum Tabus und Vorurteile und werden fast alles ausprobieren. Experimente bieten ihnen die Möglichkeit, den Dingen selbst auf den Grund zu gehen, und daher mögen sie ziemlich exzentrisch wirken. Sie sind erfinderisch, originell und unberechenbar.

Ihre idealistische Gesinnung verbindet sich mit einem reformerischen Eifer, den man als revolutionär, aber nie als destruktiv bezeichnen könnte.

Otter-Menschen gehen an ihre Probleme streng analytisch heran, denn bei aller Empathie und dem Einfluß, den die Emotionen anderer auf sie ausüben, reichen diese Gefühle selten tief. Sie haben zwar gern mit anderen zu tun, möchten aber selbst emotional nicht allzusehr gefordert werden.

Sie haben ein lebhaftes Temperament, das die meisten Leute liebenswert finden, und eine gute Intuition, die sie besonders wahrnehmungsfähig macht. Sie sind selbstsicher und gewöhnlich auch selbständig.

Positive Züge: Freundlich. Bereitwillig. Erfinderisch. Reformerisch. Lebhaft. Scharfsichtig.

Negative Züge: Unberechenbar. Exzentrisch. Taktlos. Widerspenstig. Egozentrisch.

Berufliche Möglichkeiten: Kunst. Archäologie. Astrologie. Astronomie. Elektronik. Medizin. Psychologie. Psychiatrie. Sozialarbeit. Philosophie. Lehren. Forschung. Schreiben.

Das Kind

Das kleine Otter-Kind ist liebenswert und oft amüsant, aber unberechenbar. Diese Kinder können ihre scheinbare Fügsamkeit plötzlich abschalten und mit ihren Forderungen Mammi und Pappi in alle Richtungen herumscheuchen.

Sie bleiben nicht lange Babys und sind gewöhnlich in ihrer Entwicklung anderen Kindern voraus. In der Schule zeigt sich ihre geistige Beweglichkeit in den meisten Fächern, aber manchmal fällt es ihnen schwer, ihre Gedanken zu ordnen und sich an das Gelernte zu erinnern. Sie müssen dazu ermuntert werden, sich an physischen Aktivitäten zu beteiligen, aber dann können sie in fast allen Sportarten ziemlich gut sein.

Die Eltern

Otter-Eltern entwickeln im allgemeinen eine freundliche und liberale Beziehung zu ihren Kindern und ermuntern sie, über ihre Probleme und Schwierigkeiten offen zu sprechen. Damit wollen sie ihren Kindern helfen, unabhängig zu werden.

Der Otter-Vater beteiligt sich an den Aktivitäten seiner Sprößlinge und wird von Spiel und Spaß so mitgerissen, daß er selbst wieder zum Kind wird. Aber er hilft seinen Kindern auch bei den Hausaufgaben.

Die Otter-Frau ist im allgemeinen eine liebevolle Mutter, aber ihre tolerante Einstellung und ihre Zurückhaltung, wenn es darum geht, Zuneigung offen zu zeigen, läßt sie eher distanziert erscheinen. Doch sie ist hilfsbereit und ermutigt ihre Kinder, und wenn sie krank sind, begegnet sie ihnen mit Zärtlichkeit und Sanftheit.

11.12 Romantische Liebe und Sex

Wenn es um die Liebe geht, sind Otter-Menschen mal heiß, mal kalt. Sie sind mehr am Geist als am Körper interessiert, können aber trotzdem elektrisierende Liebhaber sein. Ihr Problem besteht darin, daß sie in ihrem Idealismus nicht nur den perfekten Gefährten haben wollen, sondern sich auch selbst in der Rolle des vollkommenen Liebhabers sehen. Sie mögen eine Menge Vorstellungen von Sex im Kopf haben, aber ihr Mangel an Gefühlstiefe und Leidenschaft kann dazu führen, daß die Praxis der Theorie nicht standhält.

Verträglichkeiten: Otter-Menschen vertragen sich gut mit Rabe-Menschen (22. September–22. Oktober), Falke-Menschen (21. März –19. April) und Hirsch-Menschen (21. Mai–20. Juni).

Spirituelle Geschlechtlichkeit: (+) Die spirituelle Geschlechtlichkeit des Otter-Menschen ist im wesentlichen maskulin – extrovertiert und vorwärts drängend.

11.13 Gesundheit

Otter-Menschen halten sich im allgemeinen in Form und legen Wert auf gesunde Nahrung und vorbeugende medizinische Maßnahmen. Die meisten ihrer Gesundheitsprobleme mögen vom Blutgefäßsystem herrühren, und später im Leben neigen sie zu Krampfadern und verhärteten Arterien.

11.14 Wesensverwandte Farbe: Silber

Silber ist eine metallische Farbe und die Farbe des elektrischen Impulses, des Blitzes und des Gehirns. Es ist eine Farbe, die vom mentalen Körper ausgestrahlt wird und die mit Gedanken und Ideen in Beziehung steht.

Silber ist die Farbe, die der Mond reflektiert, mit dem sie auch eng assoziiert ist, denn sie repräsentiert die rezeptive und schöpferische Seite der Natur. Sie verweist auf den intuitiven Aspekt des Geistes, der uns befähigt, über den Intellekt hinaus zu «sehen».

Silber verfärbt sich schwarz, wenn es nicht poliert und behandelt wird, und deshalb steht es für die wandelbare Seite unseres Wesens, an der wir arbeiten müssen, um sie transformieren zu können. Silber fördert den Wunsch nach Vollkommenheit, die unseren Verstand übersteigt.

Tonschwingung: Otter-Menschen sind auf *E* eingestimmt – eine Oktave über den Hirsch-Menschen.

11.15 Günstige Zeiten

Die *besten Monate* für Otter-Menschen sind: 20. Januar bis 18. Februar, 21. Mai bis 20. Juni und 22. September bis 22. Oktober.

Der *beste Tag* ist der Samstag.

Die *besten Tageszeiten* liegen zwischen 11 und 13 Uhr bzw. 23 und 1 Uhr.

11.16 Äußeres (bewußtes) Ziel und inneres (unterbewußtes) Verlangen

Auf bewußter Ebene verfolgen Otter-Menschen das Ziel, die Dinge selbst zu erkennen und zu entdecken. Ihnen geht es weniger um erworbenes als vielmehr um erfahrenes Wissen.

Innerlich aber verlangen sie nach Weisheit, nach dem Wissen um das Warum und der Möglichkeit, dieses Wissen zum Wohl aller zu nutzen.

11.17 Spirituelle Alchemie

Das Luft-Element beherrscht die spirituelle Struktur des Otter-Menschen und versorgt ihn mit einem Wirbelwind an Ideen und geistiger Aktivität, der ihn froh und heiter in alle Richtungen trägt.

Es braucht die Stabilität des Erd-Elements und die beruhigenden

Eigenschaften des Wasser-Elements, um seine geistigen Produkte eine praktikable Form annehmen zu lassen. Otter-Menschen werden, wenn sie das Netz der Erd-Medizin studieren, Totems finden, mit deren Hilfe sie sich die Energien des Erd- und Wasser-Elements aneignen und diese auch umsetzen können, und sie sollten bestrebt sein, sich diese Totems zum Vorbild zu nehmen.

Die Polarität des Otter-Menschen ist auf der richtungweisenden und zyklischen Ebene negativ (− −), zu der sich die positive Polarität des Luft-Elements (+ +) gesellt. Die spirituelle Geschlechtlichkeit ist maskulin (+), die Gesamtkombination ist somit − −, + + und +, was auf eine extrovertierte und vorwärts drängende Persönlichkeit verweist.

11.18 Lebensherausforderungen

Der Otter-Mensch soll die Kunst des Verwirklichens beherrschen lernen, des Manifestierens dessen, was er im Geiste visualisiert.

Otter-Menschen werden sich mit Erfahrungen konfrontiert sehen, in denen Träume zu Möglichkeiten werden, Möglichkeiten zu Wahrscheinlichkeiten und Wahrscheinlichkeiten praktische Realität. Aber jedesmal wird dies bedeuten, daß sie den Mut aufbringen müssen, in Einklang mit ihrem inneren Wissen zu handeln.

Wenn Otter-Menschen sich blockiert sehen und sich in ausgefahrenen Geleisen bewegen, sollten sie sich an das Motto halten: «Wer wagt, gewinnt.»

Sie müssen weiterentwickeln: Erfindungsreichtum. Toleranz. Mut.

Sie müssen vermeiden: Widerspenstigkeit. Exzentrizität.

11.19 Hauptaufgabe und Lebensweg

Die Hauptaufgabe des Otter-Menschen besteht im Reformieren und im Erfinden durch Entdeckungen.

Sein Lebensweg ist durch das Licht der Hoffnung für die Zukunft erhellt. Doch da ist noch ein anderes Licht – sehr zart, aber beständig, so wie das Licht der Sterne: Es ist das Licht, das das Einssein aller Existenz enthüllt und zeigt, daß Trennung nur eine Illusion ist, daß der spirituelle «Himmel» und die physische «Erde» in Wirklichkeit miteinander verwoben sind. Das ist das Licht, von dem der Otter-Mensch geführt wird.

Die Reisenden, die diesen Weg einschlagen, werden von einer Zukunftsvision bestimmt, die sich aus den Kämpfen, Enttäuschungen und auch Katastrophen der Vergangenheit und Gegenwart herauskristallisiert hat.

Das Hauptziel sind der Glaube und das Vertrauen in die Zukunft.

11.20 Das I-Ging-Trigramm

☴ Sun
Der sanfte Wind

Die in der Zeit der Reinigung Geborenen befinden sich auf dem Rad des Jahres in nördlicher Position. Das Trigramm des sanften Windes deutet auf das, was anpassungsfähig, flexibel, aber beharrlich ist. Das Bild betont die Notwendigkeit, bei aller gründlichen Erkundung und Erforschung das ideale Ziel nicht aus den Augen zu verlieren.

11.21 Der Umgang mit Otter-Menschen

Seien Sie direkt. Bleiben Sie beim Kern der Sache. Menschen, die schwätzen und Zeit vergeuden, machen Otter-Menschen ungeduldig. Sagen Sie, wenn Sie mit ihnen zu tun haben, was Sie meinen.

Am schnellsten werden Sie Otter-Menschen los, wenn Sie sie langweilen!

12 WOLF: Die Zeit der stürmischen Winde

Übersicht

Geburtsdatum	19. Februar–20. März.
Erdeinfluß	Die Zeit der stürmischen Winde.
Beeinflussende Winde	Die Nordwinde. *Totem:* Büffel.
Richtung	Nordnordost.
Vorherrschende Elemente.	Wasser mit Luft.
Elemente-Klan	Frosch-Klan (Wasser). *Funktion:* Reifen.
Geburts- und Tiertotem	Wolf.
Pflanzliches Totem	Wegerich.
Mineralisches Totem	Jade.
Polaritäts-Totem	Braunbär.
Wesensverwandte Farbe	Blaugrün.
Tonschwingung	Fis – eine Oktave über den Lachs-Menschen.
Persönlichkeitsstruktur	Mitfühlend. Wohlwollend. Großzügig. Künstlerisch. Sanft.
Gefühle	Tief.
Intention	Verständnis.
Wesensart	Vertrauensvoll.
Positive Züge	Einfühlend. Anpassungsfähig. Für Eindrücke empfänglich. Sensibel.
Negative Züge	Unpraktisch. Vage. Ängstlich. Unentschlossen.
Geschlechtstrieb	Sanft.
Verträgt sich mit	Specht, Braunbär, Schlange.
Bewußtes Ziel	Freiheit.
Unterbewußtes Verlangen	Identität.

Lebensweg	Liebe.
I-Ging-Trigramm	☰ Qian. Der schöpferische Himmel. Verwandlung des Wunsches in Realität.
Muß weiterentwickeln	Intuition. Kreativität. Verständnis.
Muß vermeiden	Ängstlichkeit. Trägheit. Unpraktisches Wesen.
Spirituelle Alchemie	Yin dominiert.
Anfangstotems	Wolf. Büffel. Frosch. Wegerich. Jade. Braunbär.

12.1 Geburtsmonat: 19. Februar–20. März

12.2 Erdeinfluß: Die Zeit der stürmischen Winde

Diese dritte Phase Des Nordens bringt rasche Veränderungen. Es ist eine Zeit atmosphärischer Turbulenzen mit stürmischen Winden, die schnell ihre Richtung wechseln. Der Anstieg der Temperaturen führt zu Regenfällen, die die letzten Überbleibsel von Schnee und Eis wegwaschen, das Land erfrischen und auf das bald erblühende Leben vorbereiten.

Die in dieser Zeit geborenen Menschen sind wechselhaft wie die böigen Winde und verfügen über die Fähigkeit, ihre Energien in scheinbar gegensätzliche Richtungen zu lenken. In ihrer Elastizität erholen sie sich schnell wieder von Enttäuschungen oder Mißgeschikken und sind mit gleicher Kraft und Entschlossenheit erneut präsent.

12.3 Solare Einflüsse

Mit der Bewegung der Sonne in diesem letzten Abschnitt des Jahreszyklus verbindet sich eine Zeit großer Erwartung. Der Winter ist vorbei, und wenn auch die Phasen der Dunkelheit kürzer werden und die Sonnenkraft zunimmt, ist es doch noch nicht Frühling. Dies ist so etwas wie eine «Zwischenzeit», eine Periode der Erwartung und des Versprechens, und dieser Aspekt kennzeichnet auch die Essenz der solaren Einflüsse auf die in dieser Zeit Geborenen.

Das entsprechende Sonnenzeichen sind die *Fische*.

12.4 Beeinflussende Winde: Die Nordwinde
Richtung: Nordnordost

Der Norden ist assoziiert mit der Macht der Reinheit und der Erneuerung sowie der Weisheit und des Wissens. Der Osten dagegen mit der Macht der Erweckung und der Erleuchtung. Nordnordosten bedeutet also eine Bewegung von Norden nach Osten, einen «Zwischenbereich», vergleichbar den Momenten des Erwachens nach nächtlichem Schlaf. Wenn wir uns recken und strecken, um wach zu werden, aber es noch nicht ganz sind, wenn der Körper wieder mit Energien aufgeladen, erfrischt und gekräftigt ist, das Bewußtsein aber noch der Geistseele nähersteht, weil unsere Wesenheit noch immer mit den Lektionen befaßt ist, die sich manchmal in unseren Traumerlebnissen widerspiegeln. Ein Wissen, das während des Schlafs von der Geistseele empfangen und absorbiert wird, um es dann im Wachzustand in unsere physischen, emotionalen und geistigen Aktivitäten einzubringen.

Dieser Dem Nordnordosten zugehörige Aspekt des «Dazwischenseins» drückt sich bei den zur Zeit der stürmischen Winde Geborenen in ihrer Sensibilität für mystische Dinge aus, in ihrer medialen Begabung und ihrer verfeinerten Intuition.

Reinigung und Erneuerung können miteinander verknüpft und dahingehend verstanden werden, daß wir die Energie und die Lehren vergangener Erfahrungen in uns sammeln, damit sie innerlich verarbeitet und geläutert werden können, bevor wir uns wieder, voller Gier nach Wissen und Weisheit, in ein neues Leben stürzen und neue Richtungen einschlagen.

Das Totem Des Nordens ist der *Büffel* (siehe unter 10.4).

12.5 Beeinflussende Elemente: Wasser mit Luft

Wie schon bei den beiden vorangegangenen Winterphasen angesprochen, ist Luft das Element Des Geistes. Reinigung, die einen so wesentlichen Aspekt Des Nordens darstellt, bedeutet in diesem Zusammenhang «Reinigung des Bewußtseins», das heißt, der Wille soll sich auf die schöpferische Aktivität konzentrieren können. Die hier gemeinte Reinigung hat nichts mit Sünde oder Moral im religiösen Sinn zu tun. Sie bedeutet eine Reinigung des Bewußtseins vom Wirrwarr und Tumult der Spannungen und Ängste, die Entfernung des Schrotts alltäglicher Sorgen und Frustrationen, das Abstreifen der Müdigkeit, die von all den Mühen und Anstrengungen des Lebens auf uns lastet. Es bedeutet ganz einfach einen Akt der Vorbereitung auf schöpferische geistige Aktivität.

Auch das Wissen ist ein wesentlicher Aspekt Des Nordens, womit in diesem Zusammenhang die Entdeckung des Wissens um den Gebrauch des wertvollsten Werkzeugs des Menschen gemeint ist: Geist und Bewußtsein. Doch in der Position des Nordnordostens vermischt sich das Luft-Element mit dem Wasser-Element. Das Wasser-Element verbindet sich, wie wir in den drei Sommerphasen gesehen haben, mit Gefühlen und Emotionen, mit Empfindung und Mitgefühl. Wie auf physischer Ebene Wasser Sauerstoff enthalten muß, um frisch zu bleiben, und Wolken eine Höhe brauchen, in der die Luft kühler ist, damit sie sich verdichten und in Form von Regen auf die Erde niederfallen und sie nähren können, müssen sich im menschlichen Erleben das Luft- und Wasser-Element ausbalancieren. Im Rahmen des menschlichen Erfahrungsbereichs braucht der Intellekt (Luft-Element) die Sensibilität des Gefühls (Wasser-Element), damit Gedanken und Taten durch das richtige Verstehen modifiziert werden.

Die in der Zeit der stürmischen Winde Geborenen sollen unter anderem lernen, diese beiden Lebenskräfte im Gleichgewicht zu halten, so daß sie weder in einer Wolke von Träumen und Sehnsüchten dahinschweben noch in einem Strudel von Emotionen herumgestoßen werden und versinken.

12.6 Elemente-Klan: Frosch-Klan (Wasser)

Die zwischen dem 19. Februar und dem 20. März Geborenen gehören dem Frosch-Klan an, und ihre enge Verbindung mit dem Wasser-Element verleiht ihnen tiefe Gefühle und starke Emotionen. In der Tat befähigt sie die Intensität ihrer Gefühle, sich auf allen Ebenen auf die Wellenlänge der Dinge einzustellen. Allerdings müssen sie Reife und Weisheit erlangen, um die sie durchströmenden Emotionen verstehen und handhaben zu können.

Die Menschen des Frosch-Klans verfügen über viel Einfühlungsvermögen und sind gewöhnlich Personen, denen sich andere, wenn sie emotionale Probleme haben, anvertrauen. Sie spüren instinktiv, daß die Angehörigen des Frosch-Klans sie verstehen.

Diese reagieren auch sensibler auf die Mondphasen als die meisten anderen Menschen. Bei Neumond sind sie ruhig wie stilles Wasser, und bei Vollmond schlagen ihre emotionalen Energien Wellen.

12.7 Geburts- und Tiertotem: Wolf

Der Wolf, der Vorfahre unseres domestizierten Hundes, ist ein kraftvolles und muskulöses Tier mit breiter Brust, spitzen Ohren und einem dicken, buschigen Schwanz. Die Farbe seines Fells ist unterschiedlich, es kann weiß sein (in den arktischen Regionen) aber auch grau, braun oder schwarz. In Europa ist er mittlerweile weitgehend ausgestorben, und auch in Nordamerika gehört er zu den gefährdeten Arten.

Wölfe leben in gebirgigen und waldigen Regionen und in der arktischen Tundra. Sie jagen allein, in Paaren oder als Meute. Die Paare bleiben ihr Leben lang zusammen.

In den alten Stammeskulturen Nordeuropas stand der Wolf in hohem Ansehen. Er war ein Tiertotem bei den alten Kelten, und die Zeit vor Ankunft des Frühlings galt bei einigen Stämmen traditionsgemäß als der Wolf-Monat.

Die Indianer assoziierten den Wolf mit Bergen und hochgelegenen Orten und betrachteten ihn als Lehrer und Führer in geheiligten Dingen. Ein enger Verwandter des Wolfs ist der Kojote – das nordamerikanische Pendant des Schakals –, der heilige «Trickster», weil Possen und Tricks Bestandteil seiner Strategie und Taktik sind. Er schien den Stammesschamanen eine Rechtfertigung dafür zu liefern, daß sie das Moment der Effekthascherei, wie wir es nennen könnten, und der Überraschung als Bestandteil ihres «Instrumentariums» einsetzten und spirituelle Wahrheiten und das Außergewöhnliche in einer Hülle des Gewöhnlichen und Alltäglichen präsentierten.

Wolf-Menschen sind, wie ihr Tiertotem, sensibel, intuitiv und haben einen Sinn für die Höhen von Geist und Geistseele. Mit dem Wolf teilen sie das Bedürfnis nach einem eigenen, klar definierten Territorium, egal ob es sich um das Zuhause, den Job oder eine Beziehung handelt, und sie regen sich auf, wenn es unaufgefordert betreten wird. Dank ihrer ausgeprägten Intuition erkennen sie sofort die innere Einstellung und Absicht anderer, so gut diese nach außen hin auch verborgen sein mag.

Wolf-Menschen kommen nur schwer mit ihren Emotionen zurecht und fühlen sich verletzlich, wenn sie ihnen freien Lauf lassen, leiden aber unter Depressionen, wenn sie sie unterdrücken. Aufgrund dieses Dilemmas haben sie manchmal Probleme, bei persönlichen Beziehungen zu einem Entschluß zu kommen. Wolf-Menschen werden immer wieder erfahren, daß eines ihrer wesentlichen Lebensziele in der ausgewogenen Beherrschung ihrer Emotionen liegt.

Wie ihr Tiertotem suchen sie nach einer dauerhaften Beziehung. Ein Partnerwechsel kann sich ziemlich verheerend auf sie auswirken.

Wie der Wolf sind auch Wolf-Menschen Jäger, aber ihre «Beute» liegt im Bereich von Philosophie und Religion, denn sie erspähen und pirschen sich an das heran, was ihrem Leben möglicherweise Sinn und Ziel verleiht.

Sie besitzen ein angeborenes Geschick, unverdauliche Informationen in annehmbarer Form zu präsentieren, eine Fähigkeit, die sie mit Kindern meist gut zurechtkommen läßt. Und so, wie sie sich verhalten, vermögen sie oft den Schlag schlimmer Nachrichten abzuschwächen.

12.8 Pflanzliches Totem: Wegerich

Es gibt viele Wegerich-Gewächse (*Plantago lanceolata*), die auf unbebauten Flächen, auf Feldern und am Wegesrand wachsen. Die verbreitetste Art hat einen behaarten, zylindrischen, gerillten Stil, der einen einzigen, um eine dichte, bräunliche Ähre angeordneten, weißen Blütenkopf trägt. Seine breiten Blätter sind dunkelgrün.

Der Wegerich war bei den Indianern für seine mannigfaltigen heilenden Eigenschaften bekannt. Er half bei Verstopfung der Atemwege, vor allem bei Schnupfen, und bei Verdauungsproblemen, bei Gastritis und Darmkatarrh. Die frischen Blätter legte man zur Linderung auf bei Insektenbissen und -stichen sowie bei Schnittverletzungen und wunden Stellen. Das aus den Blättern gewonnene Öl galt als Heilmittel bei Hautproblemen, und die Wurzel half bei Zahnschmerzen.

Wie ihr Pflanzentotem sind auch Wolf-Menschen vielseitig, was den Heilungsbereich angeht. Sie können gut trösten und besitzen die Fähigkeit, sowohl auf innerer wie auf äußerer Ebene dämpfend und harmonisierend zu wirken. Und wie der Wegerich müssen sie, um gedeihen zu können, gut in der Erde verwurzelt sein.

12.9 Mineralisches Totem: Jade

Jade ist ein weicher, mildgrüner, zur Ordnung der Silikate gehörender Stein, der Natrium und Tonerde enthält. Er ist einer der stabilsten Steine, der auch starkem Druck widersteht – eine seiner hervorstechendsten Eigenschaften. Er war bei den Indianern und alten Völkern hochgeschätzt und wurde mit Klarheit, Weisheit, Gerechtigkeit und Loyalität assoziiert.

Weiterhin wird Jade mit Friede, Gelassenheit und Reinigung assoziiert. Er soll sich auf die von den Chakras beeinflußten Drüsen auswirken und Unreinheiten entfernen. Außerdem wirkt er nervenberuhigend. Hält man ihn in der Hand, vermittelt Jade ein Gefühl von Wärme und Zärtlichkeit.

Einige Indianerstämme benutzten ihn zum Heilen, indem sie ihn auf die betroffene Körperstelle legten. Sie assoziierten ihn zudem mit Langlebigkeit.

Jade soll beruhigende Schwingungen aussenden und Negativität vertreiben. Von daher ist es gut, ihn zu besitzen und im Haus zu haben.

12.10 Polaritäts-Totem: Braunbär

Der Fluß spiritueller Energie ruft in den Wolf-Menschen Interesse an philosophischen, mystischen und religiösen Themen hervor. Sie sind sehr intuitiv und verfügen über angeborene mediale Fähigkeiten.

Für sie ist es außerordentlich wichtig, über eine gute Erdung in der praktischen Realität zu einem Gleichgewicht zu kommen und dieses auch aufrechtzuerhalten. Braunbär-Menschen zeigen ihnen, daß zwischen spirituellen Sehnsüchten und Bestrebungen und den Errungenschaften auf physischer Ebene nicht unbedingt ein Konflikt bestehen muß. Auf der Grundlage eines richtigen Gleichgewichts können Wolf-Menschen in beiden Bereichen zu Hause sein, und das zu erreichen gehört in der Tat zu ihrem Lebensziel.

12.11 Persönlichkeitsausdruck

Die erwachsene Person
Mitfühlender, wohlwollender, großzügiger, künstlerischer Wolf-Mensch. Wolf-Menschen sind warmherzig, einfühlsam und verständnisvoll und im allgemeinen Personen, an die sich andere bei Streß und Schwierigkeiten wenden, weil sie jede Situation rasch verstehen. Ihr Problem ist ihre Tendenz, sich auf den emotionalen Zustand ihres Gesprächspartners derart einzulassen, daß sie sich hinterher wie ausgelaugt fühlen. Sie gleichen einem psychischen Schwamm. Deshalb müssen sie unterscheiden lernen, denn es gibt Menschen, die den Versuch machen, ihnen Stärke und Vitalität abzuzapfen. Und dieses Unterscheidungsvermögen zu entwickeln mag den Wolf-Menschen schwerfallen, da sie ihre Urteile über das Gefühl und nicht mit Hilfe der Logik oder des Instinkts treffen.

Sie müssen erkennen, daß sie ab und zu Zeit für sich selbst brauchen, um sich von der Negativität, die sie von anderen und aus ihrer Umgebung aufgesaugt haben, zu reinigen. Danach sind sie dann wieder frisch, um den ständig an sie gestellten Forderungen zu begegnen.

Wolf-Menschen brauchen diesen Freiraum, und sie brauchen Bewegungsfreiheit, Freiheit in ihrem Denken und in ihren Ausdrucksmöglichkeiten. Sie müssen frei sein, ihre eigene Wahl zu treffen, statt sie von anderen aufgezwungen zu bekommen, sonst werden sie gehemmt, verwirrt, frustriert und bitter. Aber während sie selbst diesen Freiheitsdrang haben, fühlen sie sich immer wieder angezogen von Personen, die auf irgendeine Weise eingesperrt oder eingeschränkt oder Opfer von Mißhandlungen sind, und wollen ihnen helfen.

Wolf-Menschen gelten als ziemlich leichtgläubig – sie wollen dem anderen einfach glauben. Sie werden häufig mit den härteren Seiten des Lebens konfrontiert, und ihr Vertrauen und ihre ehrliche Sorge um ihre Mitmenschen werden nicht immer belohnt, vor allem nicht von den weniger entwickelten Seelen, die sich kaum dazu aufraffen können, «danke» zu sagen. Von daher ist die Möglichkeit, sich immer wieder zu erholen und die innere Stärke zurückzugewinnen, für das Wohlergehen der Wolf-Menschen unerläßlich. Dann aber werden sie ihr anpassungsfähiges und «fließendes» Wesen wie nur wenige andere beibehalten können.

Sie reagieren überempfindlich auf Kritik und können nur schwer

Abstand von ihrer Arbeit gewinnen, vor allem wenn es sich um ein schöpferisches Werk handelt. Jeder abfällige Kommentar, jede kritische Anmerkung, auch wenn sie konstruktiv gemeint sind, werden oft persönlich genommen und als Angriff auf das Selbstwertgefühl des Wolf-Menschen verstanden.

Sie lieben die Schönheit, ob in der Natur, in einem Kunstwerk, in der Musik, Literatur, Dichtung oder in hübschen Gegenständen – was immer Auge, Ohr oder Intellekt erfreut.

Ihre philosophische Lebenseinstellung drückt sich in ihrer grundlegenden Anpassungsfähigkeit an jede gegebene Situation oder Umgebung aus: Sie machen einfach das Beste daraus.

Positive Züge: Mitfühlend. Einfühlsam. Sensibel. Anpassungsfähig. Intuitiv. Für Eindrücke empfänglich. Künstlerisch. Musikalisch.

Negative Züge: Unentschlossen. Vage. Unpraktisch. Ängstlich. Leicht zu verwirren.

Berufliche Möglichkeiten: Kunst. Astronomie. Astrologie. Tanz. Design. Militär. Literatur. Rechtsprechung. Sozialarbeit. Musik.

Das Kind

Wolf-Babys scheinen zu bekommen, was sie wollen, und zwar nicht durch Geschrei, sondern durch ein süßes Lächeln und ein gewinnendes Wesen. Sie kriegen selten Wutanfälle, sie zwingen Sie mit ihrem Charme zur Kapitulation.

Wolf-Kinder brauchen sehr viel Aufmerksamkeit und in der Schule Ermunterung und Bestätigung. Eine sanfte Disziplin ist nötig, sonst wächst das Wolf-Kind in dem Glauben heran, es könnte immer haben, was es will.

Die Eltern

Wolf-Menschen sind gute Eltern, da sie die individuellen Bedürfnisse ihrer Kinder verstehen und ihnen gern viel Zeit widmen. Vor allem respektieren sie die Würde des Kindes, vielleicht weil sie selbst im Herzen noch Kinder sind.

Der Wolf-Vater hat Freude an seinen Kindern, wenn sie Babys und später Jugendliche mit eigenen Ansichten sind, findet aber unter Umständen die Schulzeit schwierig und überläßt hier die Hauptverantwortung lieber seiner Frau.

Die Wolf-Mutter mag, was das Wohlergehen ihrer Kinder angeht, überängstlich sein; sie spürt immer, wenn diese ein Problem oder

Schwierigkeiten haben. Ihre Zuneigung zu ihnen zeigt sie auf vielfältige Weise.

12.12 Romantische Liebe und Sex

Wolf-Menschen sind Romantiker, die Liebe und Zuneigung dringender brauchen als die tägliche Nahrung. Wenn Wolf-Menschen ihr Herz verschenken, dann für immer. Sie sind sanfte und fürsorgliche Liebhaber und brauchen einen einfühlsamen weiblichen oder männlichen Partner, denn die mit der liebenden Umarmung verbundene Vertrautheit und intime Gemeinsamkeit läßt sie aufblühen.

Die Wolf-Frau macht sich gern hübsch. Sie ist weich, sentimental und sensibel und verlangt nicht unbedingt immer nach heißblütigem, purem und leidenschaftlichem Sex. Sie reagiert auf sanfte Worte, zärtliche Küsse und liebevolle Umarmungen.

Der Wolf-Mann stilisiert seine Geliebte zur Idealgestalt, manchmal so sehr, daß die arme Frau Schwierigkeiten hat, diesem Bild gerecht zu werden.

In der Ehe verwenden Wolf-Menschen mehr Energie auf ihre Partner als auf sich selbst, und falls sie es schlecht getroffen haben, werden sie sich unter Umständen als Fußabstreifer wiederfinden.

Verträglichkeiten: Wolf-Menschen vertragen sich gut mit Specht-Menschen (21. Juni–21. Juli), Braunbär-Menschen (22. August–21. September) und Schlange-Menschen (23. Oktober–22. November).

Spirituelle Geschlechtlichkeit: Die spirituelle Geschlechtlichkeit der Wolf-Menschen ist feminin (–).

12.13 Gesundheit

Wolf-Menschen essen gern und neigen zu Übergewicht, was zu Kreislaufproblemen, Krampfadern und hohem Blutdruck führen kann. Sie haben ein außerordentlich starkes Interesse an natürlichen Heilmethoden und alternativer Medizin, vielleicht weil viele von ihnen gegen bestimmte allopathische Medikamente allergisch sind oder unter deren Nebenwirkungen leiden.

12.14 Wesensverwandte Farbe: Blaugrün

Die die Wolf-Menschen beeinflussende Farbe ist eine Verbindung von Blau und Grün: die Farbe der Imagination und des Unterscheidungsvermögens, verbunden mit dem tiefen Wunsch, anderen – bei Wahrung einer gewissen Distanz – zu helfen.

Blau ist die Farbe des Himmels, der für die spirituellen Aspekte des Lebens steht, während Grün die Farbe der Natur ist und das Vergängliche repräsentiert. Blau verbindet uns mit den endlosen Lebenszyklen und den erhebenden spirituellen Kräften, während Grün die Farbe der Harmonie auf materieller Ebene ist. Blau entspricht dem Streben nach Freiheit, der Liebe zur Wahrheit und Schönheit, und Grün symbolisiert die Stabilität einer festen Grundlage. Blau strebt nach der Evolution des Selbst in der Unendlichkeit des Raums, während Grün Wachstum und Entwicklung innerhalb der Grenzen der Form sucht.

Grün befindet sich auf der Skala des Farbenspektrums in der Mitte zwischen Rot am einen und Violett am anderen Ende und bedeutet Gleichgewicht – Heiterkeit inmitten ständiger Veränderung –, das Ausbalancieren von Gelb (geistiges Bewußtsein) mit Blau (Der Geist). Grün möchte nähren und entwickeln, Blau möchte erheben und zur Allumfassendheit führen. Gelb ist die in Grün «verborgene» Farbe und steht für Intellekt und Verständnisfähigkeit.

Somit steht Blaugrün für das Bemühen, das zu fördern und zu entwickeln, was wir durch unsere Lebenserfahrungen als von wahrem Wert erkannt haben und nicht dem Gesetz der Veränderung unterworfen, da es unendlich ist. Der blaugrüne Lichtstrahl unterstützt die Urteils- und Erkenntnisfähigkeit im Wolf-Menschen.

Tonschwingung: Wolf-Menschen sind auf *Fis* eingestimmt – eine Oktave über den Lachs-Menschen.

12.15 Günstige Zeiten

Die *besten Monate* für Wolf-Menschen sind: 19. Februar bis 20. März, 21. Juni bis 22. Juli, 23. Oktober bis 22. November und 23. November bis 21. Dezember.

Der *beste Tag* ist der Donnerstag.

Die *beste Tageszeit* liegt zwischen 13 und 15 Uhr.

12.16 Äußeres (bewußtes) Ziel und inneres (unterbewußtes) Verlangen

Auf bewußter Ebene strebt der Wolf-Mensch das Ziel an, sich aus Verstrickungen und Einschränkungen zu befreien und sich von den in der Vergangenheit auferlegten Begrenzungen zu lösen.

Auf innerer (unterbewußter) Ebene verlangt er danach, zur Quelle und Essenz des Seins vorzudringen, um ein kosmisches Bewußtsein zu erlangen, das die vollkommene Freiheit bedeutet.

12.17 Spirituelle Alchemie

Wie wir sahen, brauchen Luft- und Wasser-Element einander, um ihre jeweilige Grundfunktion erfüllen zu können. Die überbordende Aktivität des Luft-Elements und die spirituellen Bestrebungen und Hoffnungen müssen durch die Wasser der Emotion und Charaktertiefe ausbalanciert werden. Das Schlüsselwort heißt Gleichgewicht.

Der Richtungseinfluß bewegt sich von kalt hin zu kühl (− +), die Polarität des Luft-Elements ist +, die des Wasser-Elements −. Die spirituelle Geschlechtlichkeit ist feminin (−). Damit ergibt sich eine Kombination von − +, + − und −, die auf eine rezeptive und fürsorgliche Persönlichkeit hinweist.

12.18 Lebensherausforderungen

Wolf-Menschen werden wahrscheinlich einen Teil ihres Lebens mit der Suche nach und der Erforschung von Antworten auf die Fragen nach Sinn und Ziel des Lebens verbringen und sich auch für eine mögliche Existenz nach dem Tod (und wie diese aussehen könnte) interessieren.

Die Wiederholung bestimmter Lebenserfahrungen, die dem Wunsch der Seele entspringen, sich aus Bindungen der Vergangenheit zu lösen und sich mit den Lektionen auseinanderzusetzen, die noch zu lernen sind, sollte als Herausforderung betrachtet werden, jenen Gleichgewichtspunkt zu finden, der wahren Fortschritt ermöglicht.

Sie müssen weiterentwickeln: Intuition. Kreativität. Verständnis.

Sie müssen vermeiden: Ängstlichkeit. Trägheit. Saumseligkeit.

12.19 Hauptaufgabe und Lebensziel

Die Hauptaufgabe der Wolf-Menschen besteht darin, die Bedeutung von Liebe zu verstehen und zu pflegen, damit sie sie sich äußern kann.

Dies ist der letzte Weg auf dem Rad des Lebens, aber nicht das Ende des Weges. Vielmehr handelt es sich hier um eine schwer faßbare Sphäre, in der sich Grenzen aufgelöst haben und neue Möglichkeiten aufsteigen.

Dieser Weg verweist auf eine Entfaltung tieferer, latenter Fähigkeiten, und er stimuliert den Drang, sie zum Höhepunkt der Erfüllung und des Erfolgs zu bringen – die Berggipfel anzustreben.

Ziel dieses Weges ist die Erkenntnis, daß es keinen Anfang und kein Ende gibt – nur Veränderungen und Verwandlungen –, wenn sich die Reisenden auf den Spiralen der Ewigkeit bewegen, und daß das, was von wahrem Wert ist, sein Potential in der Liebe hat, in der Liebe gestaltet wird und in der Liebe seine Erfüllung findet.

12.20 Das I-Ging-Trigramm

☰	Qian Der schöpferische Himmel	Die in der Zeit der stürmischen Winde geborenen Menschen befinden sich auf dem Rad des Jahres in nordnordöstlicher Position.

Das I-Ging-Trigramm des schöpferischen Himmels verweist darauf, daß es die mit dem Gedanken verbundene Emotion ist, die den Wunsch zur Realität werden läßt.

12.21 Der Umgang mit Wolf-Menschen

Wolf-Menschen reagieren auf Liebe, Freundlichkeit und Rücksichtnahme. Sie reagieren instinktiv, verraten Sie also nie ihr Vertrauen, sonst haben Sie Ihre Vertrauenswürdigkeit bei ihnen verspielt.

TEIL DREI

DIE PRAXIS

Wakan-Tanka spricht mit mir

Nicht durch die menschlichen Gedanken,
Festgehalten auf den Seiten eines Buchs.
Er schreibt nicht Worte, nicht Credo, nicht Dogma,
Um mich zu binden an einen Klan.
Im Flug der Vögel auf ihrem Zug
In Länder, unerreichbar meinem Auge,
In Bäumen, die wurzeln und gelassen
Aufwachsen zu ihrer ganzen Größe,
In Blumen, deren Blüten
Solch zarten Duft in sich bewahren,
Und durch ein jedes Tier,
Das seinen Sinn in sich begreift,
Im Aufsteigen der Sonne zur Morgendämmerung,
Kündend von einem neuen Beginn,
In der Mondin, die Flut und Ebbe
Der Gezeiten in Ihren Händen hält,
In Venus, Jupiter und Mars
Und den Sternen, die Sein Gefolge sind,
In allem, was da atmet
Und sich bewegt
Und kriecht
Und fliegt
Und steht,
Spricht Wakan-Tanka zu mir.

1 Der Weg zur Wiederentdeckung

Mit der Vervollkommnung des Selbst ist nicht gemeint, daß wir den eigenen gesellschaftlichen Status verbessern oder die Anerkennung anderer gewinnen. Vielmehr geht es darum, uns von dem zu befreien, was uns hindert zu werden, was wir sein wollen – ein Spiegel unseres Wahren Selbst. Und wie finden wir zu diesem Wahren Selbst, oder genauer: Wie entdecken wir unser persönliches Höheres Selbst? Unser Seelen-Selbst?

Die Indianer, wie auch die Alten, begegneten dem Leben entsprechend dem Prinzip: «Wie innen, so außen.» Dieses Prinzip gründet sich auf die Annahme, daß das, was wir als äußere Welt wahrnehmen, seinem Wesen nach geistiger Natur ist – eine Manifestation dessen, was zuweilen universaler Geist genannt wird.

Raum – jene unermeßliche Qualität, die sich in der äußeren Welt zwischen den Gegenständen zeigt und in der alle Lebewesen leben, sich bewegen und ihr Sein haben – wurde als die Substanz der Ewigkeit begriffen, als eine Kondition des universalen Geistes. Jedes menschliche Wesen nimmt in der äußeren Welt Raum und in der Ewigkeit einen Ort ein, weil der Mensch eine Individuation Des Geistes darstellt.

Aber Raum ist auch *in* allen Dingen, er durchdringt alles, existiert in allem. Wie die moderne Wissenschaft entdeckte, setzt sich alle Materie weitgehend aus «leerem» Raum zusammen. Nichts ist, bei allem äußeren «Anschein», wirklich «fest». Jedes Atom, dessen Elektronen in ungeheurer Geschwindigkeit um das Neutron wirbeln, gleicht einem – unendlich winzigen – Sonnensystem, das, wie das Universum, hauptsächlich aus Raum besteht. Die «Leere» des Raums innerhalb eines Atoms ist so unermeßlich, daß wir das Neutron mit dem Kügelchen in der Trillerpfeife eines inmitten eines riesigen Sportstadions stehenden Schiedsrichters vergleichen könnten, wobei die Elektronen, die noch kleiner sind als dieses Kügelchen, einer Umlaufbahn außerhalb der Tribünen folgten.

Es gibt also Raum im Innern, wie auch einen Raum, den wir außerhalb der Dinge wahrnehmen können. Die äußere Welt, so dachte man, beinhaltet die Substanz oder den Stoff des Geistes, während die innere Welt die Essenz des Geistes, bevor sie als Stofflichkeit zur Existenz gelangt, in sich birgt. Da nur ein Geist existiert, das Universum – das die «Reiche» der Menschen, der Tiere, der Pflanzen und der Minerale einschließt –, sind alle Manifestationen Ausdruck dieses einen Geistes.

Diese Konzeption bildete den Kern des spirituellen Denkens der Indianer und aller alten Kulturen, und wenn wir sie begreifen, verstehen wir vielleicht auch, warum die Indianer eine so tiefe und liebevolle Beziehung zur Erde und zur Natur hatten: Es handelte sich um eine Teilhabe an und Gemeinschaft mit der Natur im Geiste all der Liebe, Einfachheit und Unschuld eines Kindes, dessen Vertrauen und Verständnis noch nicht durch die Komplexität und den Zynismus des Intellekts beeinträchtigt wurden und das weiß, daß die Natur nicht etwas von ihm *Getrenntes*, sondern eher so etwas wie eine Erweiterung seiner selbst ist. Die Natur war mit all ihren Wundern und Schönheiten eine Manifestation, eine Offenbarung dieses einen universalen Geistes, in die die einzelne menschliche Entität und alle Schöpfung eingebettet waren. Jeder Mensch stellte eine Individuation innerhalb dieses einen Geistes dar.

Man ging davon aus, daß in jedem menschlichen Wesen eine nichtphysische innere Realität existiert, die in der Terminologie der heutigen Psychologie «Psyche» genannt wird. «Psyche» kommt aus dem Griechischen und bedeutet soviel wie «Seele» oder «Atem». Demnach wird die Psyche oder Seele mit dem Atem verglichen. Der Atem des Lebens ist ein Einatmen und ein Ausatmen – ein Pulsieren dieser lebenden Seele.

Wie aber kann die Psyche oder Seele, wenn sie nicht physischer Natur ist, atmen? Sie atmet ein, wenn sie durch Eindrücke und Erfahrungen in der äußeren Welt der physischen Realität Energien an sich zieht. Sie atmet aus, wenn sie die Energien ihrer inneren Aktivität in die äußere Welt verströmt. Somit ist unsere Wahrnehmung der äußeren Welt bis zu einem gewissen Grad durch die innere, uns normalerweise nicht bewußte Welt bedingt. Dieses Hinausschauen und Hineinsehen stellt eine weitere Bewegung von Yin und

Yang dar, dem Dies und Jenem in uns allen. Yang ist Das Bewußte Außen, die scheinbare äußerliche Welt physischer Erscheinungen. Yin ist Das Unbewußte Innere, die unsichtbare Realität.

Über die Psyche oder Seele nimmt der Mensch wahr. Sie ist nicht die Quelle des Denkens. Sie ist nicht das Selbst. Sie ist ein Werkzeug oder Vehikel des Denkens und operiert auf verschiedenen Ebenen und in verschiedenen Regionen.

Ebene 1	ist	das Bewußtsein, die mittlere Region oder Mittelerde.
Ebene 2	ist	das Unterbewußte, die untere Region oder Unterwelt.
Ebene 3	ist	das Unbewußte, das ebenfalls in der unteren Region und noch tiefer in der Unterwelt angesiedelt ist.
Ebene 4	ist	das Überbewußtsein, die obere Region oder Höhere Welt, die Region reiner Essenz oder reinen Geistes.

Ebene 1 könnte als die Gewahrseinsebene der physischen Welt «normaler» Realität betrachtet werden. Sie umfaßt unsere Vorstellung von dem, was mit uns und um uns herum «real» geschieht und existent ist.

Ebene 2 wäre als die Ebene der Imagination und des Instinkts, der Symbole und Bilder anzusehen. Sie umfaßt den Aspekt der Welt, den wir als die «nichtalltägliche» Realität erachten. Sie stellt das Unterbewußte dar und den Ort des «Werdens».

Ebene 3 liegt noch tiefer. Sie ist der Bewußtseinsbereich, der unser Herz regelmäßig schlagen läßt, unseren Atem und die uns völlig unbewußten Körperfunktionen reguliert. Sie ist die Ebene des Automatismus.

Ebene 4 ist das Überbewußtsein, das jenseits aller dieser Bewußtseinsstadien liegt. Sie ist die Ebene eines traumähnlichen Seinszustands, die Ebene der wahren Realität, die Ebene unseres Geist-Selbst.

Den Großteil unserer Zeit verbringen wir auf Ebene 1, die auch unsere physischen Sinne in Anspruch nimmt. Wenn wir unseren Geist mit einer Kugel oder vielleicht mit einer Zwiebel vergleichen, so ist diese bewußte Ebene 1 wie eine äußere Haut, die sich abschälen läßt. Wir könnten sie die äußere Bewußtseinsschicht nennen. Darunter existiert eine weitere Schicht – die die Psychologie das Unterbewußte nennt. Es handelt sich um ein niedereres, fast roboterhaftes Bewußtsein, das auf Anweisungen, die zu ihm durchdringen, reagiert. Schälen wir auch diese Schicht ab, kommen wir zum Unbewußten, einem selbsttätigen Bewußtsein, das die eigentliche Arbeit macht.

Dann haben wir noch das innere Bewußtsein, das Bewußtsein unserer eigenen inneren Realität im Kern unseres Wesens und Seins: das Überbewußtsein, das Bewußtsein von «Göttlichkeit» im Innern, das manche als die «Seele» in jedem von uns bezeichnen. Dies ist der Kern oder die Essenz unserer wahren Identität und unseres Höheren Selbst, unseres Seelen- oder «Geist»-Selbst. Es gehört der Welt der nicht realen Realität an, in der die Gesetze von Zeit und Raum nicht gelten, in der alles, was je war, ist und sein wird, als reine Idee existiert.

Wir sollten uns stets daran erinnern, daß wir mit dem Imagination genannten Aspekt unseres Bewußtseins Realität erschaffen und verändern können. Der Große Geist existiert in ganz realem Sinne in uns allen und in allem, und wir haben die Fähigkeit, Seine schöpferische Macht zu kanalisieren.

Bis zum Ende des 19. Jahrhunderts wußte die Psychologie nichts über das Unterbewußtsein oder das sogenannte Überbewußtsein, doch die indianischen Schamanen und die Schamanen im alten Europa und in anderen Kulturen verfügten in dieser Beziehung über Kenntnisse, die Tausende von Jahren zurückreichten.

Natürlich benutzten sie nicht diese Begriffe, sondern personifizierten die verschiedenen Bewußtseinsebenen. Dessenungeachtet wußten sie um ihre Existenz und kannten ihre Funktionen und Fähigkeiten.

Die Schamanen gingen von der Vorstellung aus, daß der Mensch aus vier sich ergänzenden Selbst-Aspekten besteht. Da ist das Selbst, das sich mit der normalen, alltäglichen bewußten Aktivität befaßt und im Bereich der physischen Realität zu Hause ist. Dies ist das «mittlere» Selbst, das im Reich der «Erscheinungen» wirkt, in der Welt des «Tonal», wie es die Indianer nannten, oder in der «Mittelerde», wie sie bei den europäischen Schamanen hieß. Es ist die Welt der oben erwähnten äußeren Bewußtseinsschicht.

Das mittlere Selbst agiert zusammen mit dem niederen Selbst, das dem Unterbewußtsein der heutigen Psychologie entspricht. Das niedere Selbst ist der Sitz des Gewissens, das durch die ihm vom mittleren

Selbst vermittelten Vorstellungen von gut und böse, Moral und Unmoral konditioniert wird. Das mittlere Selbst bedient sich der Vernunft, das niedere Selbst entzieht sich der Vernunft und handelt nach Anweisungen, die auf seine Ebene gelangen.

Das niedere Selbst wurde auch manchmal das «Kind-Selbst» genannt, das «Kind», das, egal wie alt wir sind und in welcher Position wir uns befinden, in uns steckt und zuweilen in unserem «kindlichen» Verhalten zum Vorschein kommt.

Den alten Weisheitslehren zufolge übermittelt das niedere Selbst dem Höheren Selbst, mit dem es durch ein unsichtbares Band verknüpft ist, Denkmuster. Das Höhere Selbst ist das Seelen-Selbst, das ewige wahre Selbst, das auf einer Ebene über dem normalen Bewußtsein und in einem Zustand der Zeitlosigkeit agiert, das der indianische Schamane das Nagual nannte. Das Höhere Selbst ist der Beschützer und Hüter des mittleren und niederen Selbst, mit deren Hilfe es die materielle Existenz erfahren kann.

Das Höhere Selbst formt die ihm vom niederen Selbst eingegebenen Denkmuster zu Gedanken, die sich dann als die künftige bewußte Realität des mittleren Selbst materialisieren. Diese Denkmuster werden durch das in Kapitel 6 erwähnte Prana oder Mana mit Energie aufgeladen. Die Kraft und Macht dieser Prana- oder Mana-Energie bestimmt die Klarheit der Denkmuster des niederen Selbst und damit die Aktualität und Wirksamkeit der Gedanken und ihre schließliche Materialisierung. Die Prana- oder Mana-Energie reagiert auf das geistige Bewußtsein.

Außerdem ist da noch das animalische Selbst, das Bewußtseinszentrum des physischen Körpers, den ein Tier hat. Das animalische Selbst ist der Aspekt in Ihnen, der in Krisensituationen instinktiv handelt und vor allem mit dem physischen Überleben befaßt ist. Es ist der Aspekt in Ihnen, der bei Gefahr «kämpft» oder «flieht».

Alle diese vier «Selbsts» sind Teil von Ihnen. Das Höhere Selbst kann als das ewige spirituelle Selbst betrachtet werden; das mittlere Selbst ist die vergängliche Persönlichkeit dieses gegenwärtigen Lebens – Ihr Alltags-Selbst; das niedere Selbst ist das innere «Kind» und das animalische Selbst der Aspekt in Ihnen, dessen Anliegen das Physische, die Selbsterhaltung, das Überleben und das Eigeninteresse ist. Das Höhere Selbst besitzt ewiges Leben, sucht aber die Erfahrung, während das animalische Selbst, am anderen Ende dieser Polarität, über Erfahrung verfügt, aber nach ewigem Leben strebt.

Diese Konzeption von den vier «Selbsts» und vier «Bewußtseinszuständen» war einer der Schlüssel zur Magie der Schamanen und ihren heilenden Kräften. In ihr lag auch einer der Schlüssel zur Antwort auf die Frage nach der menschlichen Identität. Wir alle haben uns irgendwann einmal die Frage nach unserer wahren Identität gestellt, einer Identität, die über den Namen, den wir bei unserer Geburt oder mit der Eheschließung erhielten, hinausreicht. Wir alle haben uns mit den ewigen Fragen nach der menschlichen Existenz befaßt und nach Antworten gesucht. Aber die Antworten scheinen sich auch den gebildetsten Geistern zu entziehen. Die Philosophen haben es versucht: Sie bieten uns Hoffnung an. Fromme Menschen haben es versucht: Sie bieten uns Glauben an. Spiritualisten haben es versucht: Sie bieten uns Trost an. Aber keiner gibt uns die Antworten, nach denen wir suchen.

Wir erwarten, daß wir diese Antworten von irgendeiner «Autorität» geliefert bekommen, von irgend jemandem, der «qualifiziert» oder besser informiert ist als wir; vielleicht von einer Person, die spirituell «weiter» ist – einem spirituellen Lehrer, einem Philosophen, einem religiösen Führer, einem Mystiker, einem Guru; von einer Person, die «das Wissen hat». Wir kommen nicht auf die Idee, nach innen zu sehen. Wir wenden uns nie an die eine absolute Autorität in unserm Leben, die uns besser kennt als irgend jemand sonst, die mit uns ist seit unserer Geburt, uns ständig begleitet, jeden Tag, jeden Moment, und die da sein wird im Augenblick unseres Todes: unser «Wirkliches» Selbst, unser «Wahres» Selbst – unser «Höheres» Selbst. Das Seelen-Selbst, das an dem einen Ort zu finden ist, an dem wir nie suchten – in uns. Überall haben wir uns umgesehen, nur nicht in unserem eigenen Innern.

Das Höhere Selbst existiert nicht irgendwo «da oben» über uns, nicht in irgendeiner unerreichbaren himmlischen Region des Weltraums, sondern *hier* «drinnen», tief in unserm Innern, im «Inneren» Raum. Doch es existiert auf einer höheren Schwingungsebene als das bewußte Alltags-«Selbst».

Wir alle sind von unseren Eltern, unserem kulturellen Hintergrund und der Gesellschaft, in der wir leben, dazu erzogen worden, in der äußeren Welt nach Wissen zu suchen, als handle es sich um eine Ware, die von irgendwoher kommt, ein Nahrungsmittel, das wir konsumieren müssen. Aber auf diese Weise erhalten wir nur äußeres Wissen – Wissen, das durch die äußere Bewußtseinsschicht vermittelt und von ihr geprägt wird, Wissen, das sich auf äußere Erscheinungen, Experimente, Argumente, Urteile, Meinungen und Glaubensvorstellungen gründet. Daß wir Zugang zu einem inneren Wissen haben, das sagt man uns nicht. Zu einem Wissen, das aus dem Innern kommt und sich auf die Realitäten jenseits der Erscheinungsformen physischer Existenz gründet. Man sagt es uns nicht, weil der Weg zu diesem Wissen verlorenging oder verschüttet wurde.

Unsere äußere Bewußtseinsschicht wurde von anderen Menschen programmiert – erst von unseren Eltern, dann von unseren Lehrern, von den Sitten und Gebräuchen der Gesellschaft, in die wir geboren wurden. Das in diese Bewußtseinsschicht eingegebene Programm bestand aus den Überzeugungen und Einstellungen, den Meinungen, Vorurteilen und Einflüssen anderer. Es wurde geprägt von der Konsumgesellschaft, in der wir leben, von den Werbeleuten, die Wünsche und Sehnsüchte wecken. Es wird manipuliert von den Medien, Politikern, Kommentatoren, Analytikern und den gerade aktuellen Auguren der öffentlichen Meinung. Es wird beeinflußt vom Ehemann, der Ehefrau, dem oder der Geliebten, von Freunden und Nachbarn, den Menschen, mit denen und für die wir arbeiten. Die äußere Bewußtseinsschicht bringt uns dazu, uns entsprechend den Erwartungen anderer zu verhalten. Sie läßt uns glauben, was andere über uns sagen. Sie bewirkt, daß wir uns dem Bild anpassen, das andere von uns haben. Nur selten ist es uns möglich, so zu sein, wie wir wirklich sind.

Bei all dem ständigen Geschnatter und unaufhörlichen Lärm, die aus unserer Umwelt auf uns eindringen, halten wir nie lange genug inne, um auf die aus dem Innern kommenden Antworten zu hören. Aber nur das innere Selbst kennt Sie gut genug, um zu wissen, wer Sie sind, was Sie hier tun und wohin Sie gehen sollen. Diese Antworten kannte es schon immer. Das Problem besteht darin, daß sich das «kleine» Selbst, das Ich der äußeren Bewußtseinsschicht, vom Erinnerungskanal abgeschnitten und den Weg verloren hat.

Wenn Sie wirklich die Antworten finden wollen, müssen Sie den Mut aufbringen, die «Kopfhörer» abzunehmen, die Sie diesem ständigen Bombardement aussetzen. Sie müssen lernen, auf das innere Bewußtsein zu hören, das Ihnen helfen wird, die Wahrheit über sich selbst zu erfahren und zu jener Zufriedenheit zu gelangen, nach der Sie sich sehnen. Und was ist mit dieser Zufriedenheit gemeint? Es ist der Zustand, in dem Sie nicht irgend etwas wollen. Wenn Sie zufrieden sind mit dem, was der Augenblick Ihnen bietet, und Freude und Nutzen aus dem gerade gelebten Moment ziehen. Stellen Sie sich nur einmal vor – Sie entdecken Freude und Erkenntnis im jeweils gegebenen Augenblick! Das mag Ihnen wie ein unmöglicher Traum vorkommen, den Sie aber, wenn Sie wollen, verwirklichen können, denn darin besteht im Grunde der allgemeine Sinn des Lebens.

Das Leben soll von der Intention her erfreulich und vergnüglich sein, nicht etwas, mit dem man sich herumzuplagen, das man zu erleiden und auszuhalten hat. Leben ist wundervoll. Leben ist sinnvoll. Der Sinn des Lebens ist der, daß wir durch das Wunder der Erfahrung Wissen erwerben. Dieses Wissen hat wenig zu tun mit der Ansammlung nutzloser Fakten, die sich manchmal als «Erziehung» maskiert; vielmehr handelt es sich um ein Wissen, das sich in Weisheit verwandeln läßt, eine Weisheit, die aktiviert und zu Liebe werden kann. Das ist der Kern der Botschaft aller wahrer Religion, es ist des Menschen Annäherung an das Höchste. Licht, Gesetz, Leben und Liebe – die heiligen Ausdrucksformen von Geist und Wille des Großen Geistes. So entwickeln wir uns. Denn das wahre Ziel des «evolutionären» Prozesses ist die Entwickung der Seele. Darum geht es.

Dieser dritte Teil des Buches soll zu einer subtileren Einstimmung in die Erd-Medizin führen und auf die praktischen Anwendungsmöglichkeiten ihrer Prinzipien verweisen. Wir bedienen uns ihrer und erfahren persönlich ihren Wert, indem wir unsere Fähigkeit entwikkeln, uns mit dem universalen Geist in Einklang und mit seinen Manifestationen in harmonische Beziehung bringen. Wenn wir einmal damit angefangen haben, erweitern wir unser Bewußtsein und fördern unsere Wahrnehmungsfähigkeit für das, was jenseits der «normalen» Realität liegt, und arbeiten so an der Weiterentwicklung unserer Seele.

Wir beginnen damit, daß wir uns die Aktivitätszyklen der Natur bewußtmachen, die uns zeigen, wie der universale Geist wirkt und agiert, und danach werden wir uns mit ihnen in harmonische Übereinstimmung bringen.

Denken Sie daran, daß Sie ohne Liebe, Weisheit und Macht nichts bewirken können und daß diese drei Prinzipien ein ausgewogenes Dreieck bilden müssen (siehe Abb. 40). Selbst wenn Sie nur eine Tasse Kaffee machen, erfordert das die Anwendung dieser drei Prinzipien – die Liebe oder den Wunsch, die den Willen zum Handeln wecken, die Weisheit des Wissens, wie man das macht, und die Macht

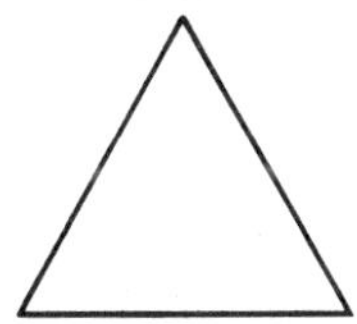

Abb. 40

oder Kraft, es auszuführen. Dies sind die drei Eigenschaften der Seele, die entwickelt werden, und um sicherzugehen, daß wir die Dinge nicht mißverstehen oder aus dem Gleichgewicht geraten, lernen wir über die Orientierung an der Natur. Macht ohne Weisheit und Liebe ist gefährlich. Weisheit ohne Macht und Liebe bleibt trocken und akademisch. Liebe ohne Macht und Weisheit ist schwach und töricht.

Die diesem System der Erd-Medizin zugrundeliegenden Lehren des Medizinrads helfen uns, eine bewußte Beziehung zu unserem individuellen Seelen-Selbst herzustellen, so daß wir unser Leben in eine tiefere und harmonischere Übereinstimmung damit bringen können. Das Seelen-Selbst kann sich über unser inneres Denken mit uns «unterhalten». Deshalb sind Phasen der Meditation so wichtig – Zeiten, in denen wir das Geschwätz der äußeren Umwelt, das uns vereinnahmen will, abschalten, um auf die Stille unseres eigenen Seins zu «hören».

Diesen Kontakt stellen wir nicht über die äußere Bewußtseinschicht, den Verstand, sondern intuitiv her, und er kommt unerwartet zustande, blitzartig. Normalerweise erfolgt darauf eine Reaktion des kritischen Verstands, der gegen das, was auch immer hier an Einsicht erfahren wurde, argumentieren wird, und dann geht dieser Moment der Inspiration wieder verloren oder wird zumindest getrübt.

Wir müssen lernen, unserer Intuition zu vertrauen und ihr entsprechend zu handeln, dann werden sich uns neue Wege eröffnen und unser Leben wird mit seiner ursprünglichen Absicht, seinem eigentlichen Ziel und mit dem Fluß der Natur in harmonischerem Einklang stehen.

2 «Wie innen, so außen»

Mit dem Prinzip «wie innen, so außen» verband sich für die Indianer und die alten Völker die Erkenntnis, daß das, was sich an Aktivität im natürlichen Kreislauf der äußeren Welt physischer Realität ereignet, ein Spiegel des Innern der menschlichen Wesenheit ist, und umgekehrt.

Der Kreis konnte als ein sich ständig drehendes Jahresrad betrachtet werden, während dessen Lauf die Jahreszeiten wechselten, die Phasen von Tageslicht und Dunkelheit in ihrer Länge variierten und so Ebbe und Flut der Zeit-Energie sichtbar machten. Die allmähliche Entfaltung der Jahreszeiten, Phase um Phase, vom Frühling zum Sommer, zum Herbst und Winter, und wieder zum Frühling, sowie Ebbe und Flut der Mondgezeiten gaben Hinweise auf die Wirkungsweise der feinen Energien im menschlichen Organismus. Verband sich der Mensch in Harmonie mit dem Fluß der Natur, dann gelangte er zu einer Ausgewogenheit der physischen, emotionalen, geistigen, sexuellen und spirituellen Aspekte seines Wesens. Wie der Fluß der Jahreszeiten und die Gezeiten des Mondes ihren Lauf nehmen, egal ob wir in einer ländlichen Gegend wohnen und für die wechselnden Stimmungen und Veränderungen in der Natur empfänglich sind, oder ob wir in der zubetonierten Umwelt einer Großstadt leben und arbeiten und uns dieser Dinge nicht so sehr bewußt sind, bewegen sich diese feinen Energien auch in uns, ob wir dessen gewahr sind oder nicht.

Ich möchte die Aufmerksamkeit auf vier kardinale Punkte innerhalb des Jahreszyklus lenken, auf besondere Wandlungsmomente im Energiepotential der Natur und damit auch in uns. Sie lassen sich auf dem Erdnetz lokalisieren und liefern die Koordinaten zur Synchronisierung von Zeit und Raum. Diese vier Kardinalpunkte sind die Winter- und Sommersonnenwende sowie die Frühjahrs- und die Herbst-Tagundnachtgleiche, die alle von der Erdbewegung um die

Sonne und dem Neigungswinkel der Erdoberfläche in Relation zur Sonne bestimmt werden. Sie sind somit sonnenbezogen.

Auf den Britischen Inseln der vorchristlichen Zeit (die damals auch Prydain hießen – Zauberische Inseln) und in Nordeuropa wurden diese vier Wendepunkte im Jahreszyklus als Sonnenfeste gefeiert: *Ostara* (Ostern) oder Frühlingsanfang (21.–24. März), *Litha* oder Sommersonnenwende (21.–23. Juni), *Mabon* oder Herbstanfang (21.–23. September) sowie das *Julfest* – das spätere Weihnachten (21.–23. Dezember). Die genauen Daten der Feste wechselten von Jahr zu Jahr, aber um hier ein unkompliziertes und *praktikables* Arbeitsmodell zu liefern, haben wir jeweils ein Durchschnittsdatum, und zwar den 21. März, den 21. Juni, den 22. September und den 22. Dezember, gewählt.

Die Sonnenwenden – wenn der Tag entweder am längsten oder am kürzesten ist – sind Angelpunkte innerhalb des Jahres. Schaltern gleich bringen sie einen Wechsel zu zunehmender oder abnehmender Lichtenergie mit sich – von den längeren Nächten zu den längeren Tagen oder von den kürzeren Tagen zu den kürzeren Nächten. Jede Sonnenwende stellt eine Pause innerhalb eines Wechselvorgangs in der Natur dar. Und jede liefert den Menschen einen bedeutsamen Hinweis, denn sie sind günstige Gelegenheiten, innezuhalten, eine Bestandsaufnahme des eigenen Lebens zu machen und sich mit der wechselnden Strömung der Naturkräfte in harmonischen Einklang zu bringen.

Die «festlichen» Ursprünge von Weihnachten reichen, wie bereits erwähnt, bis in die alten Zeiten zurück, als die Wintersonnenwende (Julfest) um den 22. Dezember gefeiert wurde. Es war ein Fest der Wiedervereinigung, das der Bedeutung und dem Wert von «Zusammengehörigkeit», von Familie und freundschaftlichen Beziehungen Anerkennung und Dank zollte.

Die Sommersonnenwende um den 21. Juni herum bot dagegen Gelegenheit, die eigene Individualität und Kreativität zu feiern. Dies war eine Zeit der Konzentration auf *persönliche* Belange.

Da die Sonnenwenden Wendemarken im Fluß der kosmischen und solaren Energien darstellen, wurden sie als günstige Gelegenheiten betrachtet, das, was im persönlichen Leben in Angriff genommen worden war, zur Vollendung zu bringen sowie die Ziele für die kommende Phase festzusetzen.

Zwischen den Sonnenwenden sind die Tagundnachtgleichen angesiedelt, das heißt, Tag und Nacht sind gleich lang. Sie verweisen auf eine Periode rascher Veränderung innerhalb des Jahreszyklus, nachdem sich der Richtungswechsel der solaren und kosmischen Energien klar und deutlich bemerkbar gemacht hat. Sie betonen das Prinzip, daß Energie Zeit braucht, sowohl um zur Form zu gelangen als auch um die Form aufzugeben. Die Frühjahrs-Tagundnachtgleiche markiert den Frühlingsanfang (um den 21. März), wenn die Zunahme des Lichts klar ersichtlich geworden ist. Und zum Zeitpunkt der Herbst-Tagundnachtgleiche (um den 22. September) ist die Abnahme des Lichts bereits deutlich festzustellen.

In alten Zeiten gab es vier weitere durch Feste gekennzeichnete Phasen, die den Menschen halfen, sich mit den Energien der Natur zu identifizieren und sich auf die in ihrer Umwelt präsenten Naturkräfte harmonisch einzustimmen. Es waren Feuerfeste, die nicht mit den solaren, sondern mit den lunaren Energien assoziiert waren. Diese Mondfeste waren *Imbolc* um den Vorabend des 1. Februar, *Beltane* (Vorabend des 1. Mai), *Lammas* (Vorabend des 1. August) und *Samhain* (Vorabend des 1. November).

Da auch die Hexen diese Feste feierten und sie «Hexensabbate» nannten, assoziiert man sie mit der Hexenkunst, was aber nicht heißt, daß hier ihre Ursprünge liegen. Hexen machten Anleihen bei vielen alten Quellen. Und die heutigen Hexen haben ihre eigenen rituellen und religiösen Interpretationen der Bedeutung dieser überlieferten Feste entwickelt.

Auf den Britischen Inseln und im Nordeuropa der alten Zeit kamen die Menschen bei diesen festlichen Gelegenheiten nicht nur zusammen, um ein jährliches Ereignis innerhalb des Jahreszyklus zu feiern, sondern um sich an diesen Kardinalpunkten persönlich und kollektiv mit dem Energiefluß der Natur in harmonischen Einklang zu bringen. Die Wahrnehmung dieser Gelegenheiten machte es ihnen möglich, sich *in den Fluß der Zeit einzufügen*. Das war ihr wahres Ziel. Wenn sie sich aktiv auf die Naturkräfte einstimmten, konnten sie einen Fokus für ihre eigenen Energien finden und all das zur Manifestation bringen, was ihr Leben, sowohl als Individuum wie auch als Teil einer Familie oder Gemeinschaft, förderte und bereicherte.

Das war damals das wahre Ziel dieser Feste, und es ist auch heute ein um nichts weniger taugliches Ziel, wenn diese Tage von Gruppen gefeiert werden oder wenn einzelne Personen, die diese Höhepunkte des Jahres von sich aus wahrnehmen, allein in diese Energien eintauchen.

Wir wollen nun Ebbe und Flut dieser Energieströme der Natur durch die Jahreszeiten hindurch verfolgen und auch die acht Feste der alten Zeit berücksichtigen, weil sie uns helfen können, die Energiezyklen in uns selbst zu verstehen.

Frühling – der Zeitfluß der Aktivierung

Die Frühjahrs-Tagundnachtgleiche um den 21. März markiert den Gleichgewichtspunkt oder die Mitte einer Zeitphase, in der die Lebenskräfte, seit Imbolc, ansteigen und Erde und Natur «lebendig werden». Die Säfte steigen, die ersten Triebe zeigen sich, und auch wir fühlen uns gedrängt, nach den Einschränkungen des Winters unser Leben wieder in Schwung zu bringen. Der Zeitfluß der Aktivierung wirkt sich nicht nur in der Natur, sondern auch in unserm Innern aus.

Dieser Energiestrom erreicht seinen Höhepunkt mit Beltane (um den 1. Mai). Beltane betont die Einheit von Männlichem und Weiblichem, den Bestäubungsaspekt der Natur, der Freude, Schönheit und ein neues Leben schafft. In unserm persönlichen Leben wird hier das Bedürfnis nach Freiheit hervorgehoben, die uns eine Entwicklung der eigenen Potentiale und der eigenen Individualität ermöglicht.

Die Sommersonnenwende markiert den Gleichgewichtspunkt oder die Mitte der Zeit, da der Zeitfluß der Aktivierung abebbt, zu Lammas zur Ruhe gelangt, sich nach innen wendet und dann durch den Punkt der Herbst-Tagundnachtgleiche bis hin zum Julfest im «Innern» fließt (siehe Abb. 41).

Die Phase, in der der Strom kosmischer Energie in der Erde fließt, ist eine günstige Zeit, um im persönlichen Leben das Hauptgewicht auf irdische und materielle Dinge zu legen. In dieser Zeit sollten neue Projekte initiiert und Pläne entwickelt werden, die dem physischen Selbst Nutzen bringen.

Die Polarität des Zeitflusses der Aktivierung ist positiv, und Yin bewegt sich hin zu Yang. 

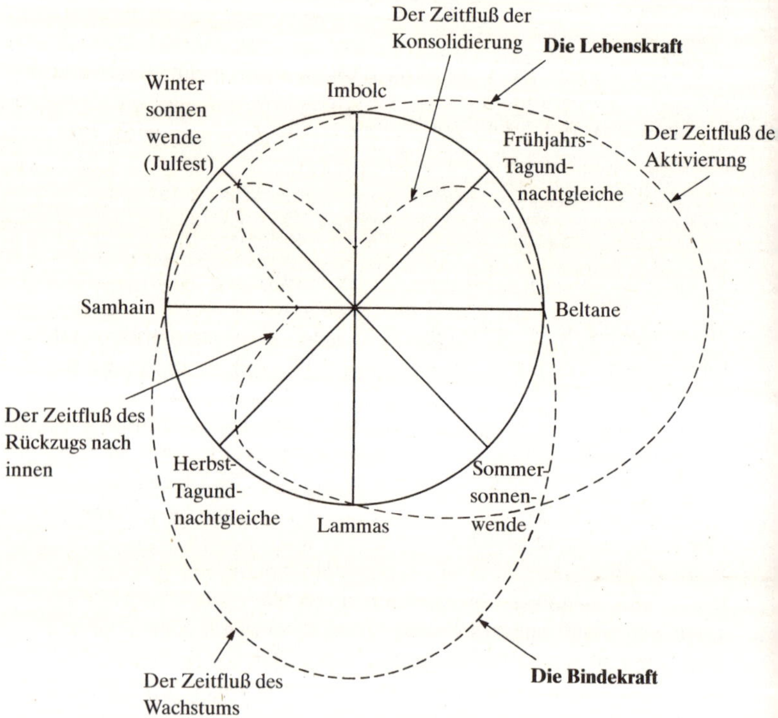

Abb. 41 Die jahreszeitlichen Strömungen

Sommer – Der Zeitfluß des Wachstums

Der Sommer ist die Zeit üppigen Wachstums und raschen Fortschritts. Die Sommersonnenwende um den 21. Juni markiert das Zentrum der zunehmenden Bindekraft, der Kraft molekularer Anziehung und des ansteigenden Zeitflusses des Wachstums, der um Beltane herum seinen Anfang nahm und seinen Gipfelpunkt zu Lammas am 1. August erreicht, wenn das schöpferische Prinzip des Selbst-Ausdrucks auf seinem Höhepunkt ist.

Der Zeitfluß des Wachstums veranlaßt uns zu einer Pause, um unsere eigene Individualität zu feiern, unsere persönliche Einstellung und unser Verhalten gegenüber dem Leben zu überdenken, damit wir uns anschließend besser auf unsere Bemühungen konzentrieren und unsere Potentiale voll nutzen können.

Dieser Zeitfluß erreicht seinen Höhepunkt, wenn die Erde großzügig und in aller Fülle von ihrer Substanz gibt, und von daher ist dies auch für uns eine günstige Zeit, die Freude des Gebens zu erfahren und dankbar zu sein für das, was wir erhalten. Das Hauptthema sind hier Großzügigkeit und Wohlwollen.

Es ist aber auch eine Zeit des Einsammelns der Früchte vorangegangener Bemühungen und der Freude daran. Allerdings ist dieser Lohn nicht nur materieller Natur, denn wir können außerdem viel aus den früheren Anstrengungen und Unternehmungen lernen.

Die Herbst-Tagundnachtgleiche kennzeichnet den Gleichgewichtspunkt oder die Mitte einer Phase, in welcher der Zeitfluß des Wachstums sinkt und zu Samhain um den 31. Oktober zur Ruhe gelangt.

Die Polarität des Zeitflusses des Wachstums ist postiv und Yang.

Herbst – Der Zeitfluß des Rückzugs nach innen

Die Lebensenergien der Natur wenden sich um Lammas herum nach innen und sind zur Herbst-Tagundnachtgleiche um den 22. September sichtbar auf dem Rückzug. Die Herbst-Tagundnachtgleiche bildet den Gleichgewichtspunkt oder die Mitte einer Phase, in welcher der Zeitfluß vom Rückzug nach innen geprägt ist. Zu Samhain um den 31. Oktober hat sich diese Strömung so weit ins Innere zurückgezogen, daß die Energien im Reich des Unmanifestierten verschwinden. Von daher sollten wir in dieser Periode das Hauptgewicht auf spirituelle Prinzipien und nicht auf materielle Vorteile legen. Auf menschlicher Ebene werden wir dazu gedrängt, uns mehr auf andere zu beziehen und auf die Unterstützung, die wir durch die Anbindung an eine Gruppe, an die Familie oder Gemeinschaft erhalten.

Samhain verweist darauf, daß das Alte gestorben, tot ist, und es verspricht neue Anfänge und Wiedergeburt. Dies ist eine Zeit der Transformation und der Verlagerung des Schwergewichts von äußerer Aktivität hin zu innerem Wachstum.

Das Julfest zur Wintersonnenwende markiert den Gleichgewichtspunkt der Lebenskraft auf ihrem Weg zur Wiederauferstehung zu Imbolc, wo sie wieder im Äußeren in Erscheinung tritt.

Der Zeitfluß des Rückzugs nach innen ist in seiner Polarität negativ und bewegt sich von Yang hin zu Yin. ⚍

Winter – der Zeitfluß der Konsolidierung

Der Winter ist die Jahreszeit des Rückzugs und der Konsolidierung. Er beginnt mit Samhain, wenn sich die Bindekraft nach innen wendet. Zur Wintersonnenwende um den 22. Dezember hat diese Strömung die Mitte auf ihrem Weg zu Imbolc erreicht, wo sie dann in der Dunkelheit des Unsichtbaren verschwindet und nicht länger gesehen oder gespürt werden kann. Dies gleicht der Dunkelheit einer Neumondnacht, in der die beiden Himmelskörper Sonne und Mond unsichtbar sind, wenn wir auch wissen, daß sie noch «da» sind.

Das Julfest betont die Bedeutung des Miteinander-Teilens und den Wert von Verpflichtung und Verantwortung. Es feiert das Glück des Zusammenhalts und des Zugehörigkeitsgefühls, den Wert der Familienbande und engen Freundschaften sowie des guten Willens für die ganze Menschheit.

Imbolc, das um den 2. Februar gefeiert wird, markiert eine Zeit, in der wir Korrekturen vornehmen und unsere Absichten läutern, in Vorbereitung auf die Ankunft des Frühlings und des Übergangs zu einem neuen Aktivitätszyklus, wenn das Rad des Jahres sich wieder dreht. Das Schlüsselwort heißt «Belebung».

Imbolc bringt das erste Licht der Erleuchtung. Es läßt sich mit dem Licht einer ganz feinen schmalen Mondsichel in einer klaren Nacht vergleichen. Der Nachdruck liegt auf Läuterung, nicht so sehr in moralistischem Sinne, sondern im Sinn einer Konzentration und Fokussierung der Absichten. Dies ist eine außerordentlich gute Zeit für Meditation und Kontemplation.

Die Frühjahrs-Tagundnachtgleiche markiert die Mitte des Weges der Auferstehung der Bindekraft, die zu Beltane wieder im Äußeren in Erscheinung tritt.

Die Polarität des Zeitflusses der Konsolidierung ist negativ und Yin. ⚏

Wenn wir uns mit diesen natürlichen Gezeiten und Strömungen der Zeit-Energie in Einklang bringen, können wir eine harmonische Beziehung zur Erde und ihrer Lebensordnung herstellen und bisher blockierte Kanäle in uns öffnen. Dies führt uns dazu, unser Leben zielgerichteter und effektiver zu gestalten und jene Zufriedenheit oder Erfüllung zu finden, die einem so großen Teil der Menschheit versagt ist, weil sie sich nicht mehr in Übereinstimmung mit der Natur und ihrer Schöpfung befindet.

Wenn wir uns wieder auf die Natur und die Erde einstimmen, stimmen wir uns auch auf unser Höheres Selbst ein.

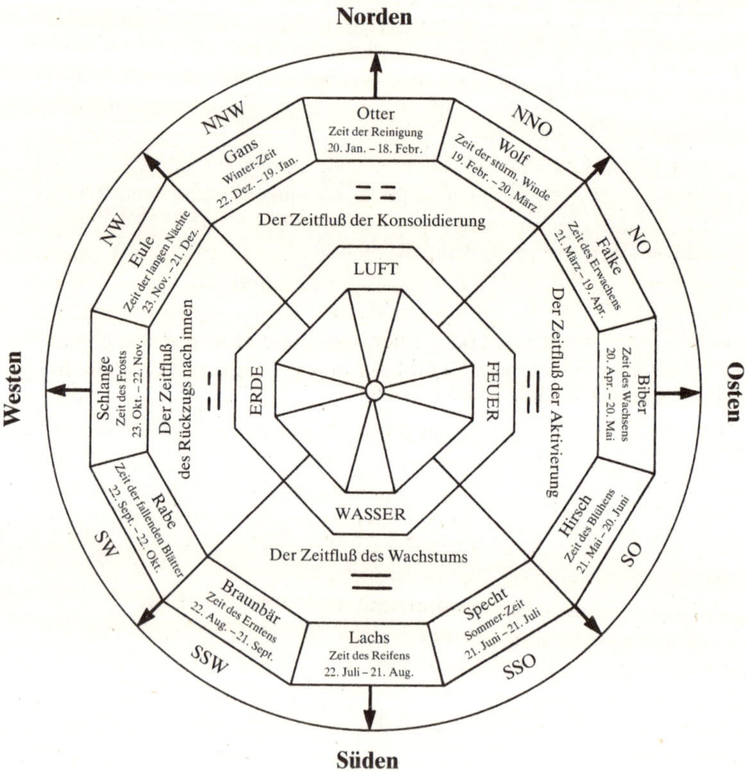

Abb. 42 Die Strömungen der Zeit-Energie

3 Die Maske der Persönlichkeit

Bemalte ein Indianer sein Gesicht, dann wollte er damit im allgemeinen seiner Persönlichkeit oder einer bestimmten Eigenschaft, einem Charakterzug oder einem Gefühl Ausdruck verleihen. Oft symbolisierte diese Bemalung ein Tier, das die gewünschte Eigenschaft oder den betreffenden Charakterzug repräsentierte. Es war eine Maske – eine Ausdrucksform.

Und ebenso ist Ihre Persönlichkeit nur eine *Ausdrucksform* Ihrer selbst. Sie ist nicht wirklich Sie – genausowenig wie Ihr physischer Körper. Sie gehört zu Ihnen, wie auch Ihr physischer Körper. Sie ist Bestandteil von Ihnen, aber sie ist nicht Sie. Sie stellt Ihre Möglichkeiten dar, die Welt zu erfahren und auf sie zu reagieren.

Ihr wahres Selbst – Ihr inneres «Ich» – legt diese Persönlichkeits-«Maske» an, um die physische Welt in der Dimension der Zeit zu erfahren. Laut mündlicher Überlieferung gibt es zwölf Kategorien solcher «Masken», zwölf grundlegende Wahrnehmungsbezirke, zwölf allgemeinere Ausdrucksformen – eine für jeden Abschnitt auf dem Rad des Jahres (siehe Teil 2 dieses Buches).

Das «Persönlichkeits»-Selbst existiert in einem bewußten Zustand, einem Zustand, in dem Sie sehen, fühlen, berühren, schmecken, wissen und denken, der aber durch Raum und Zeit begrenzt ist. Ihr wahres Selbst – Ihr inneres Ich – existiert dagegen in einem Zustand jenseits von Zeit und Raum.

Diese Aussagen mögen sich entweder besonders tiefgründig oder schlicht blödsinnig anhören, dabei handelt es sich lediglich um Tatsachen der Alltagserfahrung. Wenn Sie zum Beispiel einschlafen, dann ziehen Sie sich aus der bewußten Existenz zurück, indem Sie die Welt der Sinne verlassen. Wenn Sie am Morgen aufwachen, erwähnen Sie vielleicht, daß Sie gut geschlafen haben, da Sie sich an keinerlei Geschehnisse, die sich im Schlafzustand ereigneten, erinnern können. Sie haben keine Erinnerung an jenen Zustand, in dem Sie sich befanden, nachdem Sie sich aus der bewußten Existenz zurückgezogen hatten, Sie haben nur ein vages Gefühl, daß es «gut» war. In diesen Stunden haben Sie nie aufgehört zu «sein», auch wenn sie sich Ihrer selbst nicht bewußt waren.

Die Lebenszeit gleicht der Zeit im Wachzustand. Tod gleicht der Zeit im Schlafzustand, in dem wir uns aus der Existenz des Wachbewußtseins zurückgezogen, aber nicht aufgehört haben zu «existieren». Jedes Leben ist wie ein neuer «Tag» – eine neue Gelegenheit, eine Persönlichkeit auszubilden, die eine Kondition oder Eigenschaft des sich entfaltenden wahren Selbst, des inneren Ich darstellt. Jedes Leben beinhaltet die Herausforderung, die uns anvertrauten Potentiale zu erobern, unsere angeborenen Talente zu hegen und zu pflegen, ihnen Form und Ausdruck zu verleihen. Jedes Leben basiert auf den Erfolgen und Mißerfolgen unserer früheren Leben. Und wie jeder neue Tag durch das beeinflußt wird, was wir die Tage zuvor gemacht haben, wird auch unser nächstes Leben durch das gestaltet und bedingt, was wir aus diesem Leben machen. Wir sind das, was wir durch das, was wir vordem waren, wurden.

Ihr wahres Selbst – Ihr inneres Ich – gelangte nicht am Tag Ihrer Geburt zur Existenz. Nur unser logisches und «antrainiertes» Denken führt uns zu der Annahme, daß es einen «Beginn» gab. Wann haben Sie denn angefangen zu existieren? Mit dem Zeitpunkt Ihrer Geburt? Wohl kaum. Denn haben Sie nicht vorher im Leib Ihrer Mutter existiert? Dann vielleicht mit dem Zeitpunkt der Empfängnis? Aber da begann doch nur der Aufbau und die Gestaltung Ihres jetzigen physischen Körpers entsprechend der Matrix des in den Genen enthaltenen DNA-Codes. Auch das war also nicht der Beginn der Existenz Ihres wahren Selbst, da ging es doch nur um die Blaupause, den Bauplan für das Vehikel, das Ihnen für ein paar Jahre des Lebens in der Dimension der Zeit zur Verfügung gestellt wurde. Es ist nur eine Ausdrucksform Ihrer selbst. Das *wirkliche* Selbst besitzt also keine *materielle* Existenz! Die Persönlichkeits-«Maske», die Sie anlegten, existiert nur zeitweilig.

Sie traten, scheinbar aus dem Nirgendwo kommend, in der physischen Welt in Erscheinung, und eines Tages, mit dem Tod, werden Sie aus der physischen Welt verschwinden, und Ihr wirkliches Selbst wird dorthin zurückkehren, woher es kam.

Die Dimension der Existenz, in der Sie gegenwärtig in Erscheinung treten, ist die Dimension der Zeit. Und der Zeitpunkt Ihrer *physischen* Erscheinung bestimmte nicht nur den Wahrnehmungspunkt, von dem aus Sie Ihre physische Existenz beobachten sollten, sondern auch die Kategorie der Persönlichkeitsmaske, die Sie anlegen und durch die Sie Ihrem wahren Selbst Form und Ausdruck verleihen, sowie die Erdeinflüsse, mit denen Sie arbeiten würden.

Die alten Weisheitslehren formulierten zwölf allgemeine Persönlichkeitskategorien, zwölf Wahrnehmungspositionen auf dem Rad des Jahres, zwölf Ausdrucksformen der Erdeinflüsse. Keine dieser Positionen ist besser oder wichtiger als eine andere. Sie sind nur unterschiedlich. Jede liefert wesentliche Eigenschaften und Qualitäten, um den Fortschritt und die Entwicklung des individuellen wahren Selbst hinter der Maske der Persönlichkeit zu fördern. Keine Ausgangsposition ist vorteilhafter als eine andere, keine bietet weniger oder mehr Schwierigkeiten. Jede ist mit Verantwortlichkeiten und Herausforderungen verbunden, jede bietet Vorteile, mit denen wir arbeiten, und Nachteile, die wir bewältigen sollen. Jede hat ihre eigenen Stärken und Schwächen – Stärken, um Wachstum und Weiterentwicklung zu ermöglichen, und Schwächen, die in innere Stärken verwandelt werden sollen.

Man betrachtete Das Rad oder Das Netz nicht als geschlossenes System, das in restriktiver Weise all diese Kategorien umfaßte. Form und Formlosigkeit, Materie und Geist, Geburt und Tod, Sterblichkeit und Unsterblichkeit, Zeit und Ewigkeit – all das war in diesem Kreis enthalten, der sich ständig in alle Richtungen und Dimensionen erstreckte und bewegte. Aber nicht wie eine sich ewig und gleichförmig drehende Maschine, vielmehr hat man sich eine spiralförmige Bewegung vorzustellen. Und eine Umdrehung der Spirale bringt uns richtungsmäßig in dieselbe Ausgangsposition zurück, aber eben nicht an denselben Ausgangspunkt, denn wir haben uns weiter und auf eine höhere Ebene bewegt.

In der Natur wird das sich «drehende» Rad des Jahres von der Sonne beeinflußt, die die Jahreszeiten und den Tag regiert, und vom Mond, durch den der Mensch die Monate und Wochen bestimmen kann. Mit anderen Worten: Sonne und Mond sind wesentliche Elemente der Technologie der Zeitdimension, jener Dimension, in der wir uns gegenwärtig befinden.

Sonne und Mond galten bei den alten Völkern auch als Repräsentanten der der Natur innewohnenden Dualität von männlichen und weiblichen Prinzipien, der aktiven und passiven, der befruchtenden und empfangenden Kräfte, die sie durchdringen.

Der Mond wurde, in seinem weiblichen Aspekt, oft in Form der *vier* Gesicher einer Frau dargestellt. Der zunehmende Mond zeigte das Gesicht eines jungen Mädchens, der Vollmond das einer Mutter, der abnehmende Mond das einer weisen Großmutter und der dunkle, unsichtbare Neumond das Der Hexe. Jedes dieser Gesichter verwies auf bestimmte Energieausdrucksformen, wie sie sich auf Erden zeigen. Im dunklen «Gesicht» des Mondes sah man das verborgene Potential, das darauf wartete, zum Ausdruck zu kommen; im zunehmenden Mond das, was sich entwickelte und der Reife zustrebte; im Vollmond das, was sich voll entwickelt hatte und reif geworden war; im abnehmenden Mond das, was das Gepflegte und Entwickelte wieder abgab und mit anderen teilte; und danach kam wieder der Neumond und eine Phase des Ruhens, der Erneuerung und Absorption, bevor der Zyklus von neuem begann.

Und ähnlich dem in dieser zyklischen Form reflektierten Licht des Mondes beobachtete man auch vier Ausdrucks- und Entwicklungsmöglichkeiten der jeder Persönlichkeits-«Maske» zugehörigen Charaktermerkmale, die allerdings nicht voneinander getrennt existierten, sondern sich mischten.

Und obgleich die Mondenergien auf die Erde und auf uns einwirken, sind die Erdeinflüsse von der Sonne, der Erde und dem Mond geprägt. Es ist nicht der Mond, der, dieser Konzeption nach, diese Einflüsse und Reaktionen lenkt. Der Mond ist vielmehr ein *Indikator* für deren Bewegungsformen und deren Entfaltung. Der Mond zeigt an, wie diese Erdeinflüsse agieren und wirken.

◐ So wurde zum Beispiel der zunehmende Mond als schönes Mädchen betrachtet, das, versunken in seine eigene Attraktivität, die Dinge anzieht; von daher verwies er auf eine sich *entwickelnde* Persönlichkeit.

○ Der Vollmond wurde als junge Mutter betrachtet, die sich liebevoll ihrer Nachkommenschaft, dem Produkt ihres Einsatzes, widmet; von daher symbolisierte er die *entwickelte* und reife Persönlichkeit.

Der abnehmende Mond war die Großmutter, die sich um das Wohlergehen der ganzen Familie kümmert. Sie trägt die Verantwortung dafür, daß das im Zuge der Entwicklung gewonnene Wissen weitergegeben wird. So symbolisierte der abnehmende Mond die *extrovertierte* Persönlichkeit.

Das dunkle Gesicht des Mondes, dargestellt als Die Hexe, wird am wenigsten verstanden, oft ignoriert oder in den esoterischen Lehren des Westens sogar ganz ausgelassen. Es steht für das «Ende» und den «Beginn» eines Zyklus und verweist auf eine Wendung nach innen, das Absorbieren dessen, was vorangegangen ist, und das Nähren dessen, was werden soll. Es verweist auf die *introvertierte* Persönlichkeit und symbolisiert die Konzentration auf das Wesentliche und die Verbannung aller weltlichen Belange.

Allgemein gesprochen entfalten sich die Eigenschaften und Merkmale jeder Persönlichkeitskategorie und jedes Erdeinflusses wie Blütenblätter einer Blume. Die sich *entwickelnde* Persönlichkeit gleicht einer Knospe, die ihre Eigenschaften fest umklammert hält und sich nur dafür interessiert, wie alles sich auf sie persönlich auswirkt, doch allmählich lernt, sich zu öffnen. Die *entwickelte* Persönlichkeit hat ihre Eigenschaften voll zum Ausdruck gebracht. Die *extrovertierte* Persönlichkeit hat bereits eine ganzheitlichere Einstellung entwickelt und gelernt, nicht nur ihre persönlichen Bedürfnisse mit denen der anderen Menschen in Einklang zu bringen, sondern sie agiert ihren Wunsch, mit anderen zu teilen, aktiv aus. Die *introvertierte* Persönlichkeit gibt Eigenschaften und Charaktermerkmalen Ausdruck, die spiritueller orientiert und auf das Wohl des größeren Ganzen gerichtet sind.

Als Leitfaden folgt hier nun eine allgemeine kurze Charakterisierung der vier Aspekte jedes Geburtstotems:

Falke (*21. März 19. April*)

Introvertierte Falke-Menschen werden ichbezogen und nachgiebig gegen sich selbst sein. Vermutlich setzen sie ihre Bedürfnisse an die erste Stelle und über alles.

Sich entwickelnde Falke-Menschen werden grandiose Pläne haben – aber vielleicht nicht das Durchhaltevermögen, diese auch auszuführen.

Entwickelte Falke-Menschen werden großzügig und gutmütig sein und andere durch ihr Beispiel beeinflussen.

Extrovertierte Falke-Menschen werden sich vermutlich mit Aktivitäten befassen, die für alle Beteiligten nützlich sind, haben aber eine Tendenz, sich bietende Gelegenheiten zu vergeuden.

Biber (*20. April–20. Mai*)

Introvertierte Biber-Menschen können stur und unbeugsam sein. Sie sind in allen Dingen auf Gewinn bedacht und werden für alles, was sie tun, materiellen Lohn einfordern.

Sich entwickelnde Biber-Menschen sind konstruktiv, aber vorsichtig und konventionell eingestellt. Sie arbeiten hart, um die Dinge ihrer Vollendung zuzuführen.

Entwickelte Biber-Menschen sind praktisch und produktiv, großzügig und verständnisvoll gegenüber jenen, die sie mögen. Sie besitzen ein starkes Loyalitätsgefühl, Mut und Gelassenheit, was sie zu guten Gefährten macht, vor allem in Krisenzeiten oder in gefährlichen Situationen.

Extrovertierte Biber-Menschen sind warmherzig und gastfreundlich, aber geistig konservativ eingestellt. Sie wollen sich auf ihren Lorbeeren ausruhen und widersetzen sich unter Umständen irgendwelchen Veränderungen. Sie können ziemlich apathisch und lethargisch sein.

Hirsch (*21. Mai–20. Juni*)

Introvertierte Hirsch-Menschen sind gedankenlos und oft faul. Sie langweilen sich schnell und sind unstet, reagieren auf jeden Einfluß, der ihren Weg kreuzt. Ihnen fehlt häufig ein wirkliches Ziel.

Sich entwickelnde Hirsch-Menschen sind anpassungsfähig und genießen eine Fülle von Aktivitäten. Ihre Neugier drängt sie zur Erkundung von Ideen, Situationen und Beziehungen, doch werden sie im allgemeinen vor Menschen flüchten, die sie anzubinden versuchen.

Entwickelte Hirsch-Menschen sind fröhlich, intelligent, vielseitig und klardenkend.

Extrovertierte Hirsch-Menschen sind offen, freundlich und genießen den Meinungsaustausch. Allerdings haben sie die Neigung, ihre Energien in eher unproduktiver Weise zu verschwenden.

Specht (*21. Juni–21. Juli*)

Introvertierte Specht-Menschen schützen sich und sind hypersensibel. Sie können unnachgiebig und unversöhnlich sein und von, meist eingebildeten, Ängsten und Befürchtungen geplagt werden.

Sich entwickelnde Specht-Menschen, die ebenfalls eine Schutz- und Verteidigungshaltung einnehmen, sind gewöhnlich umgänglich, freundlich und einfühlsam, was die Bedürfnisse anderer angeht.

Entwickelte Specht-Menschen sind voller guter Absichten und haben den Wunsch, die Dinge zusammenzuhalten. Sie sind beständig und erfinderisch.

Extrovertierte Specht-Menschen neigen dazu, zwischen Extremen zu pendeln, können einerseits freundlich und rücksichtsvoll, andererseits hart und sogar bitter sein.

Lachs (*22. Juli–21. August*)

● Introvertierte Lachs-Menschen können sprunghaft und impulsiv sein und sich in ziemlich destruktive Wutanfälle hineinsteigern.

◐ Sich entwickelnde Lachs-Menschen sind kraftvoll, vielseitig und voller Tatendrang, aber sie brauchen ständig Lob und Ermunterung, um erfolgreich zu sein.

○ Entwickelte Lachs-Menschen erwecken und strahlen Zuversicht aus. Ihre Fröhlichkeit und warmherzige Großzügigkeit tun gut und machen sie zu angenehmen Mitmenschen.

◑ Extrovertierte Lachs-Menschen sind extravagant, egozentrisch und schnell deprimiert, wenn die Dinge nicht nach ihrem Willen laufen.

Braunbär (*22. August–21. September*)

● Introvertierte Braunbär-Menschen sind pedantisch und kritisch und finden überall ein Haar in der Suppe.

◐ Sich entwickelnde Braunbär-Menschen sind hilfsbereit, ohne Ansprüche zu stellen, und mitfühlend ohne Sentimentalität.

○ Entwickelte Braunbär-Menschen sind mitfühlend und verständnisvoll und besitzen die Fähigkeit, die Dinge von allen Seiten zu betrachten.

◑ Extrovertierte Braunbär-Menschen sind selbstlos, verläßlich und können anderen Kraft geben.

Rabe (*22. September–22. Oktober*)

Introvertierte Rabe-Menschen sind oft oberflächlich, träge und von anderen abhängig.

Sich entwickelnde Rabe-Menschen sind selbstsicher und haben eine Begabung, zu führen und zu leiten. Sie sind gesellig.

Entwickelte Rabe-Menschen sind psychisch ausgeglichen und haben wenige innere Sperren. Sie besitzen einen stark ausgeprägten Sinn für Unparteilichkeit und können in den Menschen, mit denen sie zu tun haben, Zuversicht erwecken.

Extrovertierte Rabe-Menschen tun fast alles, um zu gefallen. Sie fügen sich gut in die Gemeinschaft ein, sind großartige Gesprächspartner und passen sich der Stimmung der Gesellschaft, in der sie sich gerade befinden, an.

Schlange (*23. Oktober–22. November*)

Introvertierte Schlange-Menschen sind verschlossen und reserviert. Sie können intrigant und manipulativ sein und neigen zur Polemik.

Sich entwickelnde Schlange-Menschen sind unternehmungslustig und energiegeladen, aber ungeduldig. Mit halben Sachen geben sie sich nicht zufrieden, und sie neigen, bei aller Intensität, zu plötzlichen und unerwarteten Veränderungen.

Entwickelte Schlange-Menschen sind wohlwollend, sehr philosophisch eingestellt und mit den Geheimnissen des Lebens beschäftigt. Ihre Überzeugungen vertreten sie leidenschaftlich, und was sie tun, tun sie mit ganzem Herzen.

Extrovertierte Schlange-Menschen tun alles, um anderen zu helfen. Im Rahmen ihrer Beziehungen und Verbindungen bringen sie oft die in anderen Menschen verborgenen Fähigkeiten zum Vorschein.

Eule (*23. November–21. Dezember*)

Introvertierte Eule-Menschen könnte man als moralistische Humanisten bezeichnen. Sie neigen dazu, für sich selbst die Maßlatte sehr hoch zu legen.

Sich entwickelnde Eule-Menschen sind abenteuerlustig und ständig auf der Suche nach Möglichkeiten, ihre Lebensqualität zu verbessern, aber sie haben die Tendenz, sich leicht ablenken zu lassen.

Entwickelte Eule-Menschen haben einen starken Gerechtigkeitssinn und den Drang, sich für persönliche Ausdrucks- und Handlungsfreiheit einzusetzen. Sie besitzen die Fähigkeit, ihren Idealismus mit Pragmatismus zu verbinden.

Extrovertierte Eule-Menschen können sehr utopisch, in ihren Idealen extrem und in ihren Überzeugungen und Bestrebungen ziemlich dogmatisch sein. Sie neigen unter Umständen zu Fanatismus.

Gans (*22. Dezember–19. Januar*)

Introvertierte Gans-Menschen neigen zu einer pessimistischen und ziemlich strengen Einstellung. Sie sind vermutlich engstirnig in ihren Anschauungen, und es lebt sich schwer mit ihnen.

Sich entwickelnde Gans-Menschen bringen in ihrer Entschlossenheit, ihre ehrgeizigen Bestrebungen zu verwirklichen, große Opfer, und sie sind von einer Ausdauer, die sie für ihre Ziele bereitwillig Härten auf sich nehmen läßt.

Entwickelte Gans-Menschen haben die Fähigkeit, andere zu führen, und sind im allgemeinen praktisch, klarsichtig und sehr entschlossen.

Extrovertierte Gans-Menschen sind pragmatisch und haben die Fähigkeit, scheinbar widrige Umstände zu ihrem Vorteil und zum Vorteil derer, denen sie verbunden sind, zu wenden.

Otter (*20. Januar–18. Februar*)

Introvertierte Otter-Menschen verwahren sich vermutlich gegen jede Form von Einschränkung oder Begrenzung und widersetzen sich jeder Art von Autorität. Sie haben einen sehr starken Begriff von Freiheit, neigen aber zu übermäßiger Egozentrik.

Sich entwickelnde Otter-Menschen sind zwar gesellig und leutselig, lassen sich aber nicht so leicht von ihrem Enthusiasmus mitreißen. Sie verfügen über ein großes Verständnisvermögen.

Entwickelte Otter-Menschen fühlen sich humanistischen Idealen verpflichtet und streben nach sozialer Gerechtigkeit. Sie haben einen ausgeprägten Sinn für Fairneß.

Extrovertierte Otter-Menschen haben tiefwurzelnde Überzeugungen und sind von einem reformerischen Eifer beseelt, der sich mit dem Dienst an anderen verbindet. Sie verfügen über eine selbstlose Hingabefähigkeit an das, woran sie glauben.

Wolf (*19. Februar–20. März*)

Introvertierte Wolf-Menschen neigen dazu, sich nach einer Weile aus einer gegebenen Situation zurückzuziehen, um auf diese Weise wieder zu Kräften zu kommen. Sie haben eine große Fähigkeit, andere zu verstehen, werden aber oft selbst nicht verstanden.

Sich entwickelnde Wolf-Menschen sind idealistisch und menschenfreundlich gesinnt und haben starke spirituelle Bestrebungen.

Entwickelte Wolf-Menschen sind sanft, freundlich und mitfühlend. Sie haben die Fähigkeit, durch ihre Handlungen und ihren Lebensstil Liebe auszudrücken. Sie sind kreativ und innovativ.

Extrovertierte Wolf-Menschen sind sensibel und leicht zu beeindrucken. Sie sind aufopferungsvoll und absorbieren die Leiden anderer, was sie verletzlich macht.

Wenn Sie beobachten und feststellen, in welcher Phase Sie sich und in welchem Entwicklungsstadium sich andere befinden, dann verhilft Ihnen das zu einer klareren Einsicht in das menschliche Wesen und zu einem tieferen Verständnis der Persönlichkeits- und Verhaltensstrukturen.

4 Die Erscheinungsformen der Persönlichkeit

Nach dem naturwissenschaftlichen Verständnis der Alten operiert Yang, das männliche Prinzip, in der Natur durch das Feuer- und Luft-Element als aktivierender Aspekt und Beweger von Energie, während Yin, das weibliche Prinzip, über das Wasser- und Erd Element arbeitet und die Energie gestaltet und verdichtet.

Die Geschlechtszugehörigkeit des Geburtstotems – das heißt, ob es im Prinzip Yin oder Yang ist – zeigt an, in welcher Form sich die Energien über die Persönlichkeit ausdrücken.

Denken Sie daran, daß das «männliche» Yang in keiner Weise dem «weiblichen» Yin überlegen ist – oder umgekehrt. Weder dominiert Yang das Yin, noch beherrscht Yin das Yang. Beide sind gleichwertig. Die Schöpfung kann nicht ohne das eine oder das andere existieren. Sie sind Gegensätze, aber keine «Gegner» im Sinne eines Konflikts. Sie halten einander im Gleichgewicht. Sie ergänzen und vervollständigen einander. Durch ihre Verschmelzung gelangt neues Leben zur Existenz.

Die Geschlechtlichkeit wechselt mit jedem «Geburtsmonat», damit das Gleichgewicht aufrechterhalten werden und zum Ausdruck kommen kann. Die *Intention* jeder individuellen, durch die zwölf Persönlichkeitskategorien bedingten Ausdrucksform kann vielleicht jeweils in einem Wort zusammengefaßt werden, das ich das «Stichwort» des Geburtstotems nennen möchte, um die Intention des entsprechenden Yin- oder Yang-Ausdrucks hervorzuheben (siehe Schautafel S. 339).

Laut der alten Wissenschaft von den Elementen operieren die Yin- und Yang-Prinzipien durch die Elemente-Klans, was uns einen Hinweis auf die Arbeitsweise der Erdeinflüsse im Zusammenhang mit der menschlichen Persönlichkeit liefert. Diese Erdeinflüsse wirken ganz ähnlich wie die Gezeiten des Mondes; sie *sind nicht* die Mondgezeiten, doch das Studium von deren Wirkungsweise läßt uns Funktionsweise und Wesen der Erdeinflüsse besser verstehen.

Wenn wir uns die vier Mondphasen als Seinsweisen oder Arbeitsmethoden denken und uns an das erinnern, was wir bereits über die vier «Gesichter» des Mondes gelernt haben, dann sollten wir diesen tieferen Aspekt der «Arbeitsweise» dieser Energien, ihrer Eigenschaften und Merkmale, leichter begreifen können.

Sehen wir uns die vier Erscheinungsformen des Mondes an:

◐ ZUNEHMENDER MOND: Rasch fließende Energien. Die Dinge werden in Gang gebracht. Betonung der Anerkennung der gegebenen Fakten, das Überwinden von Hindernissen und Schwierigkeiten durch Einsatzbereitschaft.

○ VOLLMOND: Kulmination. Ideen und Bemühungen erreichen ihren Höhepunkt, die Dinge werden zur Vollendung gebracht.

◑ ABNEHMENDER MOND: Sich *nach außen* wendende Energien. Man läßt los, was nicht länger benötigt wird. Diese Kräfte verbinden sich mit dem Dienst an anderen und mit der Auflösung von Situationen.

● NEUMOND IN SEINEM DUNKLEN ASPEKT: Rückzug der Energien. Man überdenkt, was geleistet wurde, sichtet die Potentiale und erkundet die Möglichkeiten.

Wir können nunmehr die Elemente-Klans und ihre Geburtstotems (Persönlichkeitskategorien) betrachten und mit Hilfe unseres Wissens über die Elemente und die Konzeption von Yin und Yang auf die Hauptfunktion jeder Klan-Gruppe schließen. Daraus läßt sich dann die Rolle, die jede Persönlichkeitskategorie innerhalb dieser Gruppierung zu spielen hat, ersehen (siehe Schautafel S. 343).

Innerhalb dieser Ordnung drücken sich diese Funktionen in einer der vier – den vier «Gesichtern» oder Phasen des Mondes ähnelnden – Erscheinungsformen aus. Der zunehmende Mond (das Mädchen) verweist auf die Initiatoren und Schöpfer innerhalb eines Klans, der Vollmond (die Mutter) auf die Menschen, die die Dinge festigen, sichern und vollenden, der abnehmende Mond (die Großmutter) auf

	Stichwort (Intention)	Geschlecht (Ausdrucksform)
Falke	Handeln	Yang
Biber	Besitz	Yin
Hirsch	Vielseitigkeit	Yang
Specht	Hingabe	Yin
Lachs	Herrschaft	Yang
Braunbär	Praktische Anwendung	Yin
Rabe	Gerechtigkeit	Yang
Schlange	Innenschau	Yin
Eule	Objektivität	Yang
Gans	Vertrauen	Yin
Otter	Imagination	Yang
Wolf	Verständnis	Yin

die Personen, die die Dinge verändern, modifizieren und vervollkommnen. Der Neumond (Die Hexe) verweist in seinem dunklen Aspekt auf jene Menschen innerhalb eines Klans, die die Energien in negativer Form widerspiegeln und ausdrücken und die wir die «Verneiner» nennen könnten. Jeder Mensch wird seine vielen Eigenschaften simultan in allen gerade erwähnten Formen zum Ausdruck bringen. Niemand ist zum Beispiel nur «negativ». Wir haben es hier mit einer zyklischen Struktur zu tun. Wir können mit dem Neumond-Aspekt anfangen, der zunächst auf ein verneinendes Wegräumen hindeutet, um den Weg für die Arbeit am praktischen Aufbau und die Modifizierung im Hinblick auf eine Vervollkommnung freizumachen.

Ich möchte hier nochmals betonen, daß der Mond selbst nicht die Quelle dieser aufgeführten Merkmale und Eigenschaften ist, sondern nur ein Indikator für die Gezeiten der damit verbundenen Energien. Und ebenso bedeutet die Tatsache, daß die zwölf Geburtstotems, Persönlichkeitskategorien und Erdeinflüsse samt ihren Erscheinungsformen und Phasen mit sonnenstandsbezogenen Daten verknüpft werden, nicht, daß die Sonne ihre Quelle ist. Die Sonne übt einen mächtigen Einfluß auf sie aus, und sie beziehen sich auf sie als

Hauptenergieträger, doch die Sonnenenergie wird durch die Erde und die Totems modifiziert und geprägt.

Die Beziehungen zwischen Mondphasen, Elemente-Klans und Geburtstotems sind auf der Schautafel auf S. 342 dargestellt.

Wie jeder Abschnitt von den jeweiligen Mondphasen beeinflußt wird – und die Natur arbeitet mit diesen Gezeiten –, können auch wir für unsere Person lernen, mit den uns «konditionierenden» Gezeiten zu arbeiten.

In der Natur sind diese verschiedenen Phasen allerdings unterschiedlich lang. Der dunkle Aspekt des Neumonds dauert vier Tage, der zunehmende Mond elf Tage, der Vollmond nur drei Tage und der abnehmende Mond wieder elf Tage.

Sie können sich auf die Mondphasen einstimmen und beobachten, wie Sie persönlich davon beeinflußt werden, was um Sie herum und in Ihnen in jeder dieser Phasen geschieht.

Halten Sie Ihre Beobachtungen schriftlich fest. Die meisten Notizkalender vermerken die Daten von Vollmond und Neumond, viele sogar die Phasen von zunehmendem und abnehmendem Mond. Sie können auf diese Weise ein spirituelles Tagebuch führen. Aber auch ein einfaches Schreibheft, in das Sie die laufenden Ereignisse und Ihre Reaktionen darauf – vor allem bei Neumond und Vollmond – eintragen, erfüllt seinen Zweck.

Notieren Sie auch alle Dinge, die Sie in Ihr Leben einbringen möchten, und den Tag, an dem dieser Wunsch in Ihnen auftauchte. Vermerken Sie eventuell außerdem, was mit diesen Wünschen tatsächlich geschah. Ich meine hier nicht Phantasien oder Tagträume (zum Beispiel, daß Sie nächstes Wochenende Lottomillionär oder über Nacht berühmt werden), sondern die Wünsche, die sich im Bereich der Möglichkeit bewegen und die Sie durch eigene Anstrengung verwirklichen können.

Was Sie festhalten, ist das Auftauchen eines vom Willen bestimmten Wunsches und das schließliche Resultat. Sie werden im Laufe der Zeit feststellen, daß die Wünsche, die befriedigt werden, jene sind, die mit dem Gezeitenzyklus des Mondes in Einklang standen, und daß die unerfüllten Wünsche in ihrem Timing gegen den Energiefluß standen.

Sie können ganz bewußt mit diesen Gezeiten arbeiten. Nochmals: Führen Sie Tagebuch. Notieren Sie den Beginn neuer Pläne und wann diese sich verwirklichten, und schreiben Sie auch all Ihre Ver-

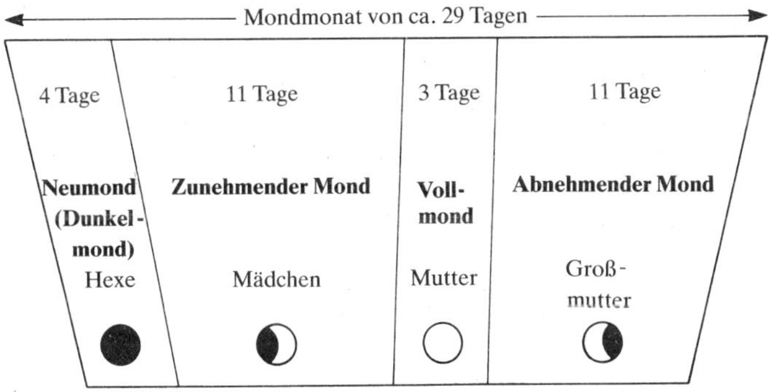

Abb. 43

suche auf, sich aus unerwünschten Situationen und Umständen zu befreien.

Die ersten drei Nächte nach Beginn des *Neumonds* (wenn Sonne und Mond in Konjunktion stehen) sind die Zeit, um neue Ideen auszuhecken und neue Projekte anzufangen.

Ab der vierten Nacht, bei *zunehmendem Mond*, bis hin zur Nacht vor Vollmond beeinflussen die Mondenergien die Emotionen und die Wachstumsströmungen; von daher ist dies die Zeit, in Ihre jeweiligen Projekte und Pläne Arbeit und Engagement zu investieren.

Zur Zeit des *Vollmonds* haben wir zwar viel Licht, aber die Mondkraft hat ihren Höhepunkt erreicht und wird nun wieder abnehmen. Dies ist die Zeit, das zu vollenden, was bei Neumond begonnen wurde.

Die Zeit des *abnehmenden Mondes* ist die Phase, in der wir Veränderungen vornehmen, Dinge erledigen und zu Ende bringen und Probleme und unerwünschte Umstände ausräumen.

In den letzten vier verbleibenden Nächten dieses Zyklus zeigt der Mond der Erde seine dunkle Seite. Dies ist eine gute Zeit für Meditation, um mit Weisheit und Anleitung in Kontakt zu kommen, und für eine Ruhepause. Wenn Sie sich mit den Mondzyklen in Übereinstimmung bringen, dann stehen Sie auch in tieferem Einklang mit den kosmischen Energien, was heißt, daß Sie Ihr Leben besser im Griff und mehr Erfolg haben und Erfüllung finden.

PHASE	Mädchen Zunehmender Mond ERSCHAFFT	Mutter Vollmond FESTIGT	Großmutter Abnehmender Mond VERÄNDERT	Weise Alte Hexe Dunkler Aspekt des Neumonds VERNEINT
Schmetterlings-Klan Die enthusiastischen Denker LUFT	Rabe hat die Ideen.	Otter führt die Ideen aus.	Hirsch springt von einer Idee zur anderen und versucht, an vielen Ideen zu arbeiten.	*Verneinender* *Schmetterling* Diskutiert nicht. Hadert mit allem. Vermittelt keine Ideen.
Habichts-Klan Die inspirierenden Macher FEUER	Falke bringt die Dinge auf den Weg.	Lachs macht die Dinge.	Eule springt von einer Sache zur anderen.	*Verneinender Habicht* Tut nichts und hindert andere daran, irgend etwas zu tun.
Frosch-Klan Die intuitiven Fühlenden WASSER	Specht engagiert sich emotional.	Schlange engagiert sich geistig.	Wolf wechselt von einem Engagement zum anderen.	*Verneinender Frosch* Engagiert sich nicht. Ist gleichgültig.
Schildkröten-Klan Die praktischen Erbauer ERDE	Gans bereitet den Boden und die Grundlage für neue Projekte. Baut auf.	Biber sichert den Rahmen. Vervollständigt.	Braunbär wandert umher, fügt hier und dort etwas hinzu. Modifiziert.	*Verneinende* *Schildkröte* Zerstört oder beschädigt. Beseitigt das Alte.

Elemente-Klan	*Element*	*Geschlecht*	*Funktion*
Schmetterling Hirsch Rabe Otter	Luft	Yang	Energie-*Verteilung.* *Tendenz:* Mobilität und Spontaneität.
Habicht Falke Lachs Eule	Feuer	Yang	Energie-*Umwandlung.* *Tendenz:* Die Dinge jetzt und sofort haben zu wollen. Unverzüglichkeit.
Frosch Specht Schlange Wolf	Wasser	Yin	Energie-*Vermischung.* *Tendenz:* Das Bedürfnis, beteiligt zu sein und Erfahrungen zu machen.
Schildkröte Biber Braunbär Gans	Erde	Yin	Energie-*Strukturierung.* *Tendenz:* Die Dinge zum Funktionieren zu bringen.

5 Totems – die symbolhaften Sensoren

Alle Lebensformen sind unterschwellig in ein Netzwerk eingebunden, das einen Informationsaustausch zwischen ihnen ermöglicht. Totems agieren als symbolhafte Sensoren, die sich in dieses Netzwerk einklinken. Die Indianer entdeckten, daß sie als Verbindungsglieder zwischen verschiedenen Bewußtseinsebenen dienten – egal, ob sie zum Reich der Menschen, Tiere, Pflanzen oder Minerale gehörten.

In der Ordnung der Natur stehen drei Reiche – Tier, Pflanze und Mineral – «unter» der Menschheit, aber alle vier sind miteinander verbunden und voneinander abhängig. Das Pflanzenreich wird von Spurenelementen aus dem mineralischen Reich genährt, es absorbiert diese Minerale und ermöglicht so den «inaktiven» Mineralen, sich zu «entwickeln» und eine «höhere» Lebensform zu durchlaufen. Ähnlich liefert das Pflanzenreich dem Tierreich Nahrung und fördert damit seine eigene Entwicklung.

Das vierte Reich – das des Menschen – hängt in seinem Überleben von Mineralen, Pflanzen und Tieren ab. Das menschliche Wesen enthält in sich Elemente aus allen drei «niedrigeren» Reichen, so wie das Tier pflanzliche und mineralische Elemente und die Pflanze mineralische Elemente in sich hat. Jede höhere Ordnung prägt die Elemente, die sie sich einverleibt, so daß diese selbst zu komplexeren Elementen werden. Eine Beobachtung der Natur zeigt, daß alles im Hinblick auf etwas anderes existiert. Alles gibt von sich, und alles erhält etwas. Die Sonne gibt ihr Licht und ihre Wärme, so daß auf der Erde Leben existieren kann. Die Erde gibt von sich selbst an die Vegetation, die sich ihrerseits den Tieren und Vögeln, den kriechenden und schwimmenden Geschöpfen, schenkt. Und diese geben sich der Menschheit. Und alles stirbt und gibt sich der Erde zurück, aus der es hervorging und sich gestaltet, und der Kreislauf der Natur beginnt von neuem. Ein vollendeter Kreislauf.

Diese Reiche sind *Seinszustände*. Wenn wir uns eines Totems bedienen, dann stellen wir eine, auf unsere eigene Seinsform einwirkende, Verbindung mit einem anderen Seinszustand her. Diese Seinszustände sind nicht so völlig außerhalb von uns angesiedelt, wie es den Anschein hat. Sie sind ein integraler *Bestandteil* unserer selbst, da unser menschliches Energiesystem Elemente aus dem Reich der Minerale, Pflanzen und Tiere enthält. Jedes spielt eine wesentliche und lebenswichtige Rolle in der Dynamik unseres eigenen, persönlichen Sonnensystems – dem kleinen Universum, das sich um die «Sonne» unseres individuierten Selbst dreht.

Wenn wir Hilfe aus diesen «Reichen» in Anspruch nehmen, um persönliche Fortschritte zu erzielen, dann erweitern wir unser Verständnis und Begriffsvermögen von der Arbeitsweise der Natur und unterstützen diese anderen Bewußtseinsformen auf ihrem Weg zu einer «höheren» Ebene. Wir werden zu Teilhabern und Partnern in einem gemeinsamen spirituellen «evolutionären» Unternehmen auf unserm Erdenweg – unserer irdischen Reise.

Ein Totem ist ein Hilfsmittel zur Anpassung an andere Seinsebenen. Mit seiner Hilfe können wir unseren eigenen Organismus mit Energiequellen und Gestaltungskräften in Kontakt bringen, die jenseits der äußerlichen Manifestationen und Erscheinungsformen angesiedelt sind.

Tiertotems

Ein Tiertotem spiegelt Aspekte unserer *eigenen* Natur wider, und das unter anderem aus folgendem Grund: Das Reich der Tiere stellt die Verwalter dieser Erde und bildet das Verbindungsglied zwischen dem pflanzlichen und dem mineralischen Reich. Alle drei sorgen für eine harmonische irdische Umwelt, da sie die atmosphärischen Bedingungen und die Fruchtbarkeit des Planeten im Gleichgewicht halten und ideale Grundlagen für das menschliche Leben liefern. Die Ausrottung ganzer Tierarten und die Ausbeutung anderer Spezies hat dieses Bindeglied schwerwiegend geschwächt, und das empfindliche Gleichgewicht der Natur ist gestört. Dies fügt nicht nur der Erde Schaden zu, sondern bedroht auch das .Überleben der ganzen Menschheit.

Leider betrachtet ein Großteil der Menschen die Geschöpfe des Tierreichs als gefühllose Materie, derer sie sich, für welche Zwecke auch immer, bedienen können. Tieren, die für unsere Ernährung mit Fließbandmethoden aufgezogen und für wissenschaftliche und medizinische «Forschung» gezüchtet werden, wird für die Zwecke der Menschheit grauenhaftes Leid zugefügt.

Tiere – alle Tiere, ob sie laufen, kriechen, schwimmen oder fliegen – haben ein Bewußtsein, genauso wie Sie und ich. Sie empfinden Schmerzen wie Sie und ich. Sie lieben ihre Nachkommen, wie Sie und ich. Sie sind fühlende, intelligente, lebendige Geschöpfe, die überwiegend vom Instinkt geleitet werden und uns viel zu lehren haben, wenn wir ihnen zusehen, zuhören, sie respektieren und von ihnen lernen wollen.

Schauen Sie sich nach etwas um, das Ihr Tiertotem repräsentieren könnte. Ein Totem muß nicht unbedingt eine Klaue, ein Zahn, ein Fell oder eine Feder sein, obwohl Sie natürlich in bestimmten Läden derartige Dinge finden können. Vielleicht müssen Sie Ihre Phantasie etwas bemühen, aber der Gegenstand, der Ihr Totem versinnbildlicht, muß nicht notwendigerweise von diesem Tier stammen. Er soll nur eine greifbare Verbindung zu den Eigenschaften und Energien des Totems herstellen und ein Vehikel sein, das Sie mit der unterbewußten Ebene in Kontakt bringt. Außerdem dient er als eine wertvolle Hilfe bei der Meditation und bei der Weiterentwicklung der intuitiven Fähigkeiten. Intuition ist aus dem *Innern* kommende Information, und eine Repräsentation Ihres Totems kann, wenn es in der Hand gehalten wird oder als Konzentrationspunkt bei der Meditation dient, Sie in dieser Richtung fördern.

Sehen Sie sich in Geschenkläden, Kaufhäusern, Läden für Kunsthandwerk oder auf Märkten um. Mein Adler ist ein hübscher Anhänger. Meine Maus eine reizende Miniatur aus Porzellan, die das Wesen dieses kleinen Geschöpfes gut eingefangen hat. Andere Dinge sind vielleicht schwerer zu finden. Ich besitze kleine Stücke eines Grizzlyfells, die mir jemand schenkte; ein Tierpräparator kann Ihnen hier vielleicht weiterhelfen. Ich habe die abgestreifte Haut einer Schlange in einem Zoo erworben. Ein Totem kann auch durch ein kleines Bild, eine Darstellung auf einem Ring oder irgendeinen kleinen Kunstgegenstand repräsentiert werden.

Die Suche nach diesen Dingen ist Bestandteil eines Prozesses, in dem Sie Ihre inneren Sinne richtig ausrichten und einstimmen. Ist dieser Prozeß einmal in Gang gekommen, dann werden Sie überrascht sein, wie oft Ihre Aufmerksamkeit gerade auf das Entscheidende gelenkt wird, wie viele «Koinzidenzen» in Ihrem Leben eine Rolle spielen. Hier sind die unbewußten Verbindungen am Wirken.

Pflanzliche Totems

Studieren Sie das Wesen der Pflanze oder der Baumart, die Ihr Totem ist. Finden Sie heraus, welche Umgebung sie mag, auf welchem Boden sie gedeiht, welche Bedingungen sie nicht mag, wie sie auf Veränderungen reagiert, ob sie sich von einem Ort zum andern verpflanzen läßt, mit welchen anderen Pflanzen sie sich gut verträgt, welche Mondphase am besten für das Einpflanzen ist usw. Auf diese Weise werden Sie viele Seiten Ihres eigenen Wesens entdecken.

Versuchen Sie, die Aura von Pflanzen und Bäumen wahrzunehmen. Bäume und Pflanzen haben alle ihre eigene Aura. Wenn Sie sich einen Baum vor dem Hintergrund des Himmels ansehen, bemerken Sie vielleicht einen schwachen Schein, der ihn umgibt. Kurz vor Eintritt der Dämmerung sehen Sie möglicherweise kleine Energiewirbel um die die letzten Sonnenstrahlen einfangenden Blätter. Denken Sie daran, daß Tiere Ausdrucksmöglichkeiten haben und herumwandern können wie wir. Bäume und Pflanzen hingegen müssen sich an dem Ort, an dem sie wachsen, «ausdrücken», sie sind im wahrsten Sinne des Wortes «ortsgebunden», und von daher können sie uns viel über ihren Standort sagen.

Ist Ihr Pflanzentotem leicht zugänglich, dann holen Sie sich ein Exemplar bzw. einen Teil davon – einen Zweig vielleicht. Sollte die Sache schwieriger sein, dann versuchen Sie es mit einer Gärtnerei oder einem Kräuterladen. Aber auch ein kleines Bild oder eine andere Darstellung der Pflanze werden ihren Zweck erfüllen. Mein Distel-Totem ist ein in eine durchsichtige Plastikkugel eingelassener Blütenkopf. Ich entdeckte es in einem Laden, wo derartige Dinge als Briefbeschwerer verkauft wurden. Wenn Sie aber eine Pflanze oder einen Zweig abschneiden, dann vergessen Sie nicht, der Pflanze zu sagen, warum Sie das tun. Sie wird Ihnen telepathisch mitteilen, was Sie von ihr nehmen können. Legen Sie einen Finger auf die Stelle, an der Sie schneiden werden, und geben Sie der Pflanze Zeit, ihre

Lebenskraft zurückzuziehen. Befeuchten Sie danach den Finger mit Spucke, und streichen Sie über die Schnittstelle, als Dank und um einer Infektion der Pflanze vorzubeugen, da Spucke ein Antiseptikum enthält.

Mineralische Totems

Das mineralische Reich liefert nicht nur die Aufbaustoffe für den Körper, den physischen Ausdruck unserer selbst, sondern auch die Nahrung, die wir zu uns nehmen, enthält mineralische Elemente, die für unsere irdische Existenz lebensnotwendig sind.

Steine und Felsen sind Teil dieser Erde und waren schon lange da, bevor Pflanzen, Tiere und Menschen in Erscheinung traten. Sie haben den evolutionären Entwicklungsprozeß des Planeten miterlebt, die ungeheuren geologischen und atmosphärischen Umwälzungen, die sich im Laufe der Zeitalter ereigneten. Sie waren da beim Aufstieg und Fall von Zivilisationen und Großreichen. Sie haben viel Gutes und Schlechtes in sich aufgenommen.

Die Menschheit hat schon immer einige Steine als «kostbar» betrachtet. Heutzutage sind die «kostbarsten» Steine die, die selten sind und daher einen größeren Geldwert haben.

Aber die Indianer und die alten Völker schätzten bestimmte Steine nicht aus materiellen Erwägungen, sondern aufgrund der Energien, die durch sie kanalisiert werden. In gewisser Weise ist jeder Stein ein Empfänger und Sender von Energie, die vielfältig genutzt werden kann – zum Beispiel zum Heilen, zum Schutz, zur Meditation.

Wie wir mit unseren *Bluts*verwandten etwas gemeinsam haben, egal wie nah oder fern von uns sie leben, so haben wir auch eine besondere Beziehung zu einem Edelstein.

Auch ein Edelstein ist ein «Verwandter», aber er existiert auf einer «niedrigeren» – oder genauer: dichteren – Existenzebene, die allerdings bis zu einem gewissen Grad die unsere durchdringt. Es gibt hier eine Ähnlichkeit oder Verwandtschaft, die über die materielle Ebene hinausgeht – eine Verwandtschaft der *Qualitäten*.

Ein Edelstein kann einem Menschen bei der Förderung und Entwicklung der ihnen gemeinsamen Eigenschaften helfen. Und der Mensch, der die Hilfe eines Edelsteins in Anspruch nimmt, unterstützt diesen in dessen eigener evolutionärer Entwicklung, weil er ihm die Gelegenheit gibt, an der «höheren» menschlichen Bewußtseinsebene teilzuhaben.

Ein Kristall zum Beispiel ist auf *seinem* evolutionären Weg höher entwickelt als jeder Mensch auf dem seiner Spezies.

Meine Auswahl der Totem-Steine in diesem Buch gründet sich auf das Wissen, das Silver Bear mir übermittelt hat, und sie stehen für zwölf potentielle Charaktermerkmale des Menschen. Sie sollten nicht mit den sogenannten, den einzelnen Tierkreiszeichen zugeordneten «Glückssteinen» der sonnenstandsbezogenen Astrologie gleichgesetzt werden. Jeder dieser Totem-Steine ist von praktischem Wert bei der Entwicklung der ihm zugeschriebenen Tugenden. Sie funktionieren ähnlich wie die Chakras im Energiekörper: Sie stellen den Kontakt zwischen den verschiedenen Ebenen her und transformieren die Energien – und bringen die von ihnen symbolisierten Eigenschaften zur Manifestation.

Von daher besteht ein großer Unterschied zwischen einem als mineralisches Totem benutzten Edelstein und einem dem eigenen Sonnenzeichen zugeordneten «Glücksstein». Letzterer wird im allgemeinen als unbelebter Gegenstand betrachtet, der durch eine Verbindung mit bestimmten planetarischen Schwingungen «magnetisch» günstige Einflüsse auf die ihn tragende Person zieht.

Ein Edelstein-Totem wurde von den Indianern hingegen als eine Manifestation des Großen Alles-was-Ist und als ein mit einer bestimmten Art von Bewußtsein ausgestattetes lebendiges Wesen betrachtet, dessen Bewußtsein sich allerdings von dem unseren stark unterscheidet. Der Stein erzeugt feine Schwingungen, die mit menschlichen Eigenschaften und Tugenden in Beziehung stehen. Diese Eigenschaften, mit ihren positiven oder negativen Aspekten, sind ein integraler Bestandteil der Menschen, die in der jeweils entsprechenden Phase des irdischen Jahreszyklus geboren sind. Jede Persönlichkeitskategorie zeigt etwas von den Eigenschaften des ihr verwandten Edelsteins oder drückt die Notwendigkeit einer Entwicklung dieser Eigenschaften aus.

Die in diesem Buch angeführten Edelsteine können leicht in Spezialläden, oft sogar in Kaufhäusern erworben werden. Lassen Sie sich, wann immer möglich, bei der Wahl des Steins von Ihrer Intuition leiten. Man sagte mir, daß idealerweise nicht der Mensch den Stein wählt, sondern der Stein seinen menschlichen Partner.

Wenn Sie mit einem Sortiment ähnlicher Steine konfrontiert sind, in einem Laden oder auf einer Ausstellung, dann lassen Sie sich nicht durch die Worte des Verkäufers oder nur durch das Aussehen eines Steins verleiten. Lassen Sie sich bei Ihrer Wahl innerlich führen; Sie werden erfahren, was ich damit meine. Denken Sie daran, daß Sie mit der inneren Harmonie des Steins in Kontakt kommen und arbeiten wollen.

Ihr Totem-Stein wird für Sie besonders wichtig sein, da er auf Ihrer «Wellenlänge» schwingt und Sie gewisse Eigenschaften mit ihm gemeinsam haben oder er Sie mit dem in Berührung bringen kann, was Ihnen mangelt oder was Sie brauchen. Er wird Ihre Verbindung zum mineralischen Reich sein, deshalb ist die richtige Wahl so wichtig. Bitten Sie darum, den Stein, der Sie anzieht, in die Hand nehmen zu dürfen. Halten Sie ihn in der linken Hand (Ihrer *empfangenden* Hand) und streichen Sie leicht mit der anderen Hand (Ihrer gebenden Hand) darüber. Sie werden vielleicht seine Energie spüren. Fragen Sie sich innerlich: «Ist das der richtige Stein für mich?» Ihr wahres Selbst weiß es. Lassen Sie sich also von Ihrem wahren Selbst leiten.

Jeder Stein, den Sie erwerben, wird schon durch viele Hände gegangen und mit vielen verschiedenen Umfeldern in Berührung gekommen sein, deshalb müssen Sie ihn von möglichen negativen Schwingungen reinigen. Das ist ganz einfach. Sie legen ihn eine Weile in ein Glas mit sauberem Wasser und fügen eine Prise Salz und eventuell einen Schuß Apfelessig dazu. Danach halten Sie ihn unter fließendes Wasser aus der Wasserleitung oder in einem Fluß. Dann legen Sie ihn ein oder zwei Tage an eine Stelle, wo er in Sonnen- oder Mondlicht baden kann.

Schließlich muß der Stein noch «erweckt» bzw. auf Sie eingestimmt werden. Auch das ist einfach. Halten Sie ihn in der Hand, und erfüllen Sie ihn mit Liebe. Vielleicht hilft Ihnen dabei die Vorstellung, daß diese Liebe ihn wie eine Energiekugel umhüllt. Bitten Sie den im Stein wohnenden «Geist», mit Ihnen zusammenzuarbeiten. Sie werden möglicherweise eine Reaktion des Steins spüren, wenn Sie ihn mit Ihrer anderen Hand zart bedecken und die Augen schließen. Sie kann sich als leise Wärme, ein leichtes Kitzeln in Ihrer Hand oder auch als ein sanftes Pulsieren äußern.

Dieselbe Prozedur können Sie bei allen anderen Steinen, die Sie erwerben, anwenden, vor allem bei Kristallen. Danach sollten Sie sie mit Respekt behandeln. Stecken Sie sie nicht einfach irgendwohin. Setzen Sie sie dem Sonnen- oder Mondlicht aus. Ihr Glanz soll sich mit der Aura Ihres Heims verbinden können. Wenn Sie einen Stein bei sich tragen wollen, sollten Sie ihn in ein weiches Säckchen oder Täschchen stecken.

Die indianischen Schamanen betrachteten die Steine als Lebewesen, die ihnen bei ihren multidimensionalen Aktivitäten halfen und den Bereich ihrer außersinnlichen Fähigkeiten erweiterten.

Wenn Sie einmal Ihren Stein in beschriebener Weise gewählt und «aktiviert» haben, werden Sie nach einer Weile selbst feststellen, was für eine wertvolle Hilfe Sie an ihm haben.

Dies gilt natürlich für alle Totems, die Ihnen als «Helfer» dienen und Sie in eine harmonische Beziehung zur Erde statt in Konflikt mit ihr bringen und die auf diese Weise die Harmonie wiederherstellen, nach der Ihr Energiesystem verlangt.

6 Wie Sie selbst «Readings» erstellen

Einer der großen Vorzüge der Erd-Medizin besteht darin, daß wir keine Geburtshoroskope erstellen oder komplexe astrologische Berechnungen durchführen müssen. Hier arbeiten wir mit der Natur, nicht mit den Ephemeriden. Die Erd-Medizin ist ein System, das den Menschen mit der Natur und den natürlichen Zyklen der Erde in Kontakt bringt. Wie wir feststellen, veranlaßt sie uns zum Studium der Mondphasen, denen wir entnehmen, wie die Erdeinflüsse jeweils fließen. Da die Erd-Medizin die Intuition trainiert und weiterentwikkelt sowie den verlorenen, aber so außerordentlich wichtigen Kontakt mit dem inneren Selbst und der Erde wiederherstellt, kann sie zu einem sehr persönlichen System werden. Sie läßt uns verstehen, warum alles so ist, wie es ist, und weckt in uns Liebe und Respekt für Mutter Erde als unserer Hüterin und Lehrerin.

Wir wollen uns nun der praktischen Arbeit zuwenden und Schritt für Schritt einige «Readings» erstellen.

Nehmen wir an, wir möchten für einen bestimmten Tag hilfreiche Hinweise erhalten. Als erstes sehen wir nach, in welchen Zeitabschnitt des Erdnetzes dieses Datum fällt und ob es sich am Anfang, in der Mitte oder am Ende dieses Abschnitts befindet.

Sagen wir, es handelt sich um den 24. März. Der 24. März fällt, wie wir feststellen, in den Zeitabschnitt 21. März bis 19. April, in die Zeit des Erwachens also. Das ihr zugehörige Totem ist der Falke.

An anderer Stelle habe ich erläutert, daß diese Zeitphasen bis zu einem gewissen Grad die Qualität der Tage, die sie umfassen, bestimmen und daß ihre jeweilige Bezeichnung einen ihrer wesentlichen Aspekte charakterisiert. Zur Zeit des Erwachens liegt der Frühling in der Luft, und die Natur läßt neues Leben sprießen. Bringen Sie sich nun in Einklang mit dieser Zeitphase, indem Sie ein «Gefühl» für sie entwickeln und herausfinden, was sie für Sie bedeutet.

Da der 24. März in den Anfang der Zeit des Erwachens fällt, könnte man daraus schließen, daß dies ein Tag für Neuanfänge ist, an dem wir uns mit aller Kraft des Herzens einer leuchtenderen Zukunft zuwenden. Ich möchte hier betonen, daß dies meine persönliche Reaktion, mein persönliches «Gefühl» für diesen Tag im Zusammenhang mit seiner Zeitposition ist. Sie müssen Ihre eigene Interpretation finden. Ich will hier ganz bewußt auf keine festen Regeln verweisen. Wichtig ist nur, daß Sie offen und entspannt bleiben. Lassen Sie zu, daß sich ein Kontakt mit der Natur und Mutter Erde herstellt. Sie brauchen sich nicht angestrengt zu bemühen. Entspannen Sie sich, und warten Sie zuversichtlich auf eine Reaktion. Auf diesen Tag zutreffende Gedanken und Worte werden Ihnen in den Sinn kommen. Halten Sie sie sofort schriftlich fest. Lassen Sie sich beim Schreiben vom Fluß Ihrer Gedanken tragen, bis er versiegt. Legen Sie dann Ihren Stift beiseite, und lesen Sie.

Wenn Sie so die «Stimmung» dieses Tages eingefangen haben, müssen Sie als nächstes die Erdeinflüsse bestimmen und sehen, wie sie wohl diesen Tag prägen. Das können Sie der Mondphase, in die dieser Tag fällt, entnehmen

Die meisten Tageszeitungen geben in ihrem Wetterbericht auch den Mondstand an. Astrologische Monatszeitschriften liefern nützliche Informationen für den ganzen Monat. Wenn Sie einen Jahresüberblick haben wollen, brauchen Sie einen guten Tageskalender, der zumindest die Daten von Neumond und Vollmond vermerkt, oder einen Almanach oder Mondkalender, den Sie in den meisten esoterischen Buchläden erhalten.

Sie müssen wissen, ob der betreffende Tag in den Einflußbereich des Neumonds, des zunehmenden Monds, des Vollmonds oder des abnehmenden Monds fällt. Wenn Sie das herausgefunden haben, können Sie den nächsten Schritt machen.

Nehmen wir zum Beispiel an, daß der 24. März in die vier Tage des dunklen Aspekts des Neumonds fällt. Das sind die vier Tage, die der Konjunktion von Sonne und Mond, dem Beginn des «neuen Monds» unmittelbar vorausgehen. Was können wir aus dieser Information schließen? Daß es ein Tag ist, der sich für die Innenschau und eine Ruhepause eignet? Ein günstiger Tag, um die Ansätze neuer Ideen und Pläne zu pflegen. Ein Tag, an dem wir eher über unsere Potentiale nachdenken sollten, als uns allzusehr in Aktivitäten zu stürzen.

Denken Sie daran, daß sich nicht nur der Mond auf diese Dinge auswirkt. Er gibt uns einen Hinweis darauf, wie die Erdeinflüsse operieren. Im Falle unseres Beispiels befinden sich die Erdeinflüsse in einer Phase des Innehaltens, vergleichbar dem Augenblick, in dem wir beim Ausatmen die Luft aus den Lungen entlassen und mit dem Einatmen noch nicht begonnen haben. Wir könnten auch sagen, es ist der Moment, in dem das, was zu neuer Aktivität führen könnte, «ergriffen» wird.

Wenn wir nun in Betracht ziehen, was wir über die «Stimmung» des 24. März bereits festgehalten haben, und entspannt darüber nachdenken, wie sich diese Tendenzen unter dem Einfluß des dunklen Aspekts des Neumonds auswirken könnten, dann würde ich vielleicht folgendes notieren:

> Der 24. März ist wohl ein geeigneter Tag, um unsere Erwartungen für die unmittelbare Zukunft unter die Lupe zu nehmen und über praktische Möglichkeiten zur Unterstützung dieser Hoffnungen nachzudenken. Wenn Sie das tun, sollten Sie in den folgenden Tagen mit großer Zuversicht, was die Zukunft angeht, aktiv werden können.

Nun müssen wir uns dem dritten Faktor, der beim «Reading» eine Rolle spielt, zuwenden: dem Totem des betreffenden Zeitabschnitts. Für den 24. März ist das der Falke.

Denken Sie daran, daß das Totem die Eigenschaften des gesamten Erdeinflusses dieses Zeitabschnitts, wie sie in der betroffenen Persönlichkeit zum Ausdruck kommen, repräsentiert. Lesen Sie also im entsprechenden Kapitel des zweiten Teils dieses Buches nach, wo die Eigenschaften der Geburts- und Tiertotems (Unterabschnitt 7) beschrieben werden.

Eines der Merkmale des Falken ist seine Weitsicht, eine Eigenschaft, die wir für unser «Reading» verwenden können. Ich würde nun vielleicht formulieren:

> Der 24. März ist ein Tag zum Vorausplanen, um Ihre Erwartungen für die unmittelbare Zukunft zu unterstützen. Überlegen Sie sich sorgfältig praktische Möglichkeiten zur Verwirklichung Ihrer Pläne, dann können Sie in ein paar Tagen voller Zuversicht aktiv werden.

Nehmen wir ein zweites Beispiel – sagen wir, den 18. Juli. Dieser Tag fällt in den Zeitraum vom 21. Juni bis zum 21. Juli, die Zeit der langen Tage. Ihr Totem ist der Specht.

Bei einem Blick auf das Erdnetz stellen wir fest, daß dieses Datum in die Endphase dieser Zeit fällt. Es ist die Phase des Hochsommers, die Tage sind gewöhnlich heiß, die Sonnenkraft befindet sich an ihrem Höhepunkt, die Morgendämmerung kommt früh und die Abenddämmerung spät, die Tage scheinen sich zu «dehnen».

Da sich der 18. Juli in der Nähe des Übergangs von einem Zeitabschnitt zum nächsten befindet, wirkt sich der nächste Zeitabschnitt bereits aus, in diesem Fall die Zeit des Reifens. Versuchen Sie auch hier wieder die «Stimmung» dieser Zeitphase einzufangen. Der 18. Juli ist vielleicht ein Tag, um es etwas langsamer angehen zu lassen, sich an dem, was Sie tun, zu erfreuen und daran zu denken, daß die Bemühungen der Vergangenheit nun bald Früchte tragen werden. Mit anderen Worten: Dies ist kein Tag, an dem man sich übermäßig anstrengen sollte.

Wie schon gesagt, ist dies nur meine Interpretation, keine dogmatische Aussage. Ihre Intuition mag Ihnen eine ganz andere Deutung nahelegen, eine, die für *Sie* bestimmt ist. Hier geht es nicht darum, daß Sie zum gleichen «Reading» kommen wie jemand anders, sondern daß Sie sich auf die Natur und den fraglichen Zeitzyklus einstimmen, daß Ihre eigenen intuitiven Sinne wirksam werden und Ihnen Hinweise auf die für Sie relevante Bedeutung der Erdeinflüsse geben.

Das nötige Wissen kommt aus Ihrem Innern, nicht aus einer äußeren Quelle.

Wenden wir uns nun der für den 18. Juli wirksamen Mondphase zu, und gehen wir diesmal von einem zunehmenden Mond aus.

Die «Stimmung» dieser Zeitphase läßt darauf schließen, daß die vorangegangenen Bemühungen Früchte tragen werden, wenn wir die Dinge ein bißchen langsamer angehen und den «ausgedehnten» Tag nutzen. Da bei zunehmendem Mond die Erdeinflüsse in Richtung Erfüllung fließen, würde ich vielleicht folgendes formulieren:

> Der 18. Juli ist ein Tag, um sich mit der Strömung treiben zu lassen und diese Erfahrung zu genießen. Die Bemühungen der Vergangenheit werden bald Früchte tragen, wenn Sie loslassen, es einfach «zulassen».

Wenden wir uns nun dem Totem für diese Zeit zu. Was fällt uns beim Specht auf? Er macht vieles aus reiner Freude an der Sache, braucht aber eine gewisse Behaglichkeit und Sicherheit. Im Hinblick auf diese Eigenschaften formuliere ich nun:

> Der 18. Juli ist ein Tag, sich durch die Bemühungen der Vergangenheit ermutigt zu fühlen, die bald ihre Früchte tragen werden, wenn Sie es einfach «geschehen lassen» und nicht dazwischenfunken. Genießen Sie also den Augenblick. Leben Sie nicht in der Vergangenheit, und versuchen Sie nicht, die Zukunft zu ergründen. Lassen Sie sich mit der Strömung dieses Tages treiben, und genießen Sie diese Erfahrung.

Nehmen wir als nächstes Beispiel den 28. Oktober, der in den Zeitraum vom 23. Oktober bis zum 22. November fällt. Das Totem ist die Schlange, das Datum liegt im ersten Viertel der Zeit des Frosts. Was assoziieren wir mit dieser Zeit? Frische, beißend kalte Morgen. Eine Zeit, in der nur zähe Pflanzen überleben. In seiner negativen Auswirkung zerstört Frost, aber in der Wärme löst er sich schnell auf. In seiner positiven Auswirkung bricht der Frost den Boden auf, er verwandelt ihn und bereitet ihn für das Entstehen neuen Lebens vor.

Von daher ist für mich der 28. Oktober ein Tag, an dem ich in entschiedener, knapper und direkter Weise vorgehen sollte, damit meine Unternehmungen schließlich abgeschlossen werden können. Vielleicht ein günstiger Tag, um die Dinge auf ihre Grundkomponenten zu reduzieren, um so den Boden für längerfristige Projekte vorzubereiten.

Nehmen wir nun an, der 28. Oktober fällt in die drei Tage des Vollmonds, die Zeit, in der die Erdeinflüsse ihren Höhepunkt erreichen. In Anbetracht dieser Faktoren würde ich schreiben:

> Der 28. Oktober ist ein Tag, an dem die vorangegangenen Bemühungen ihren Gipfelpunkt erreichen. Die daraus gelernten Lektionen sollten kritisch analysiert werden, damit sie in ihrem Kern für die Vollendung längerfristiger Projekte genutzt werden können.

Ziehen wir jetzt das Totem der Zeit des Frosts zu Rate. Die Schlange streift ihre Haut häufig ab und ist mit Transformation assoziiert. Mit Hinblick auf diese Eigenschaft formuliere ich nun:

> Der 28. Oktober ist ein Tag, an dem die vorangegangenen Bemühungen ihren Höhepunkt erreicht haben. Die daraus gelernten Lektionen sollten kritisch betrachtet und rasch analysiert werden, damit sie in ihrem Kern zur Vollendung langfristiger Projekte, die Ihr Leben verändern werden, genutzt werden können.

Als letztes Beispiel wollen wir den 29. Dezember nehmen, der in die Zeit der Erneuerung zwischen dem 22. Dezember und dem 19. Januar fällt. Ihr Totem ist die Gans.

Dieser Tag fällt in die Mitte der Zeit der Erneuerung, eine Zeit des Ausruhens, der Regeneration und Erfrischung. Auch eine Zeit, um Entschlüsse zu fassen, und da der 29. Dezember in die Mitte dieser Phase fällt, sollte dieser Tag stark von ihrem Geist geprägt sein.

Daraus würde ich schließen, daß ich mich an diesem Tag entspannen und all die Dinge ausräumen sollte, die ihren Zweck erfüllt haben und nicht länger von Bedeutung sind, um dagegen das ins Blickfeld zu rücken, was sich in den vergangenen Monaten als wertvoll erwiesen hat und damit die weitere Zukunft bestimmen helfen kann.

Nehmen wir nun an, der 29. Dezember fällt in die Phase des abnehmenden Mondes. Wie schon gesagt, deutet der abnehmende Mond darauf hin, daß sich die Erdeinflüsse von uns entfernen und dies nicht nur eine günstige Zeit ist, um unerwünschte Dinge loszuwerden, sondern auch um Dinge weiterzugeben, die für uns wertvoll sind. Das scheint die bereits erspürte «Stimmung» dieser Zeit zu verstärken. Ich würde also vielleicht schreiben:

> Am 29. Dezember sollten Sie damit anfangen, sich von allem, was mittlerweile seinen Zweck erfüllt hat, zu trennen. Es ist ein Tag, um auf der Grundlage der in der Vergangenheit erhaltenen Lektionen neue Entschlüsse zu fassen, vor allem im Hinblick auf die Fehler, die man ablegen will.

Sehen wir uns jetzt das Tiertotem an – die Gans. Sie ist assoziiert mit Reinheit der Absicht und unbedingter Entschiedenheit. In diesem Zusammenhang könnte ich nun formulieren:

> Am 29. Dezember sollte ich damit anfangen, mich von allem Vergangenen, das seinen Zweck erfüllt hat und nicht länger taugt, vollständig zu trennen. Es ist ein Tag, um neue Entschlüsse zu

fassen auf der Grundlage der Lektionen, die mich die Vergangenheit gelehrt hat, und mich der Reinheit meiner Absicht zu versichern, damit ich sie mit Entschiedenheit ausführen und mein Ziel erreichen kann. Mit reinem Herzen und fest entschlossen gebe ich meine nun erkannten Fehler auf.

Ein weiteres Beispiel soll Ihnen helfen, die hier involvierten Prinzipien vollständig zu begreifen. Nehmen wir den 17. März, und sehen wir, zu welchen Interpretationen wir gelangen, wenn wir alle vier Mondphasen zur «Stimmung» der Zeit in Beziehung setzen.

Mit Blick auf das Erdnetz stellen wir fest, daß der 17. März in die Zeit der stürmischen Winde fällt, kurz bevor sie in die Zeit des Erwachens übergeht. Die Zeit der stürmischen Winde ist, wie ihr Name schon sagt, eine Phase, in der wir buchstäblich «unsern Hut festhalten» müssen, den uns starke Windböen anscheinend entreißen möchten.

Meinem «Gefühl» nach ist dies eine Zeit, in der wir uns auf das Unerwartete gefaßt machen sollten. Es ist auch eine Zeit, in der wir auf der Hut sein sollten, damit sich das, was schon in Reichweite zu sein scheint, nicht im letzten Moment unserm Zugriff entzieht. Möglicherweise ist der 17. März ein Tag, an dem wir die Dinge gut festhalten sollten.

Das Totem ist der Wolf, ein Tier, das sowohl in den Bergen als auch auf der Ebene heimisch ist.

Wenn ich mir diese Faktoren ansehe und überlege, wie sie sich in jeder der vier Mondphasen auswirken, dann fällt mir folgendes dazu ein:

Dunkler Aspekt des Neumonds: Der 17. März ist ein Tag, an dem Sie nicht kämpfen und Energien vergeuden sollten. Es ist ein Tag zum Nachdenken und der Bestandsaufnahme. Sie sollten sich auf die kommenden ruhigeren Tage vorbereiten, wenn sich das, was Sie möchten, leichter erreichen läßt, ohne daß Sie um jeden Zentimeter Boden ringen müssen. Lernen Sie wie der Wolf das richtige Timing zum Handeln. Dies ist nicht der geeignete Tag dafür. Üben Sie sich im Akzeptieren.

Zunehmender Mond: Der 17. März ist ein Tag, um an einer Sache festzuhalten und sich nicht vom Kurs abbringen oder ablenken zu lassen. Der Wind mag einem ins Gesicht blasen, aber halten Sie an dem fest, was, wie Sie wissen, richtig ist, und bewahren Sie einen kühlen Kopf. Die Dinge werden sich bald beruhigen, und Ihre Bemühungen werden sich auszahlen, wenn Sie standhaft bleiben und Ihr Ziel nicht aus den Augen verlieren.

Vollmond: Der 17. März ist ein Tag, an dem Sie mit beiden Beinen fest auf dem Boden stehen sollten. Die Winde der Veränderung brausten durch Ihr Leben und haben Ihnen Sorgen und Unbehagen bereitet. Aber Sie werden feststellen, daß sie Ihnen helfen werden, Ihre Hoffnungen zu erfüllen – wenn Sie sich auf die praktischen Angelegenheiten konzentrieren und sich nicht in Phantasien über unerreichbare Dinge verlieren. Seien Sie eins mit den Winden der Veränderung.

Abnehmender Mond: Halten Sie nicht selbstsüchtig an Dingen fest, die Ihnen wichtig erscheinen. Lassen Sie andere an Ihrem Glück teilhaben. Wenn Sie nicht bereit sind, einiges von den Früchten Ihrer Erfahrungen an andere weiterzugeben, werden diese Ihnen unter Umständen plötzlich weggenommen. Dieser Tag enthält die Botschaft, daß sowohl das Haben wie auch das Geben glücklich macht. Nutzen Sie die Winde, um zu verteilen.

Machen Sie nun den Versuch, selbst ein Reading zu formulieren, am besten gleich vom heutigen Datum. Der Tageszeitung sollten Sie den Mondstand entnehmen, wenn Sie ihn nicht schon kennen. Dann lassen Sie Ihre intuitiven Sinne arbeiten. Dazu müssen Sie sich nicht «anstrengen». Entspannen Sie sich. Die Worte werden Ihnen kommen, wenn Sie sich einfach auf den Geist des gegenwärtigen Erdeinflusses, der gegenwärtigen Mondphase und des Tiertotems einlassen.

Handeln Sie nach den Informationen Ihres Readings. Ihr Vertrauen in dieses System wird wachsen, wenn Sie die Resultate Ihres Handelns sehen.

Führen Sie ein Protokoll. Lesen Sie Ihr Reading von heute morgen noch einmal, und vergleichen Sie es mit dem tatsächlichen Ablauf des Tages. Schreiben Sie Readings für Familienangehörige, und lassen Sie die anderen an dieser Aktivität teilhaben. Sie werden bald merken, daß Sie damit ein wertvolles Instrument zur Bewältigung des Alltagslebens gewonnen haben.

Die hier skizzierte Methode betrifft die Stimmung und das Wesen eines Tages; sie sagt nichts über die möglichen Reaktionen einer Person aus. Sie ähnelt einem Wetterbericht. Sie entscheiden, ob Sie den Regenmantel mitnehmen wollen oder nicht; die Vorhersage prophezeit nicht, ob Sie durchnäßt werden oder nicht.

Sie können das Reading noch genauer gestalten und die mögliche Reaktion der betreffenden Person mit einbeziehen, wenn Sie die Eigenschaften des jeweiligen Geburtstotems und die dominierenden Elemente mit in Betracht ziehen. Sie sollten allerdings zuvor Erfahrungen mit der einfacheren Grundmethode gesammelt haben, da dies starke intuitive Fähigkeiten verlangt, deren Entwicklung Zeit braucht.

7 Reise auf dem Netz

Ihr Geburtstotem zeigt, welchen Aussichtspunkt auf das Leben Ihr Startplatz in Raum und Zeit – am Beginn Ihrer irdischen Lebensreise – Ihnen zuweist. Die Kollektion assoziierter Totems weist auf die Potentiale hin, die Ihnen für diese Reise mitgegeben wurden sowie auf die Grundeigenschaften und Qualitäten, mit denen Sie arbeiten sollen.

Wenn Sie über die Erd-Medizin Ihre Totems entdecken, werden Sie sich allmählich besser kennen und verstehen und sich ermutigt fühlen, die Kontrolle über Ihr Leben zu übernehmen. Dabei werden Sie feststellen, daß Ihnen anscheinend bestimmte Eigenschaften fehlen oder daß Sie sie vernachlässigt oder übersehen haben. Diese Einsicht ist ebenso wichtig wie das Wissen um Ihre persönlichen Vorzüge, denn das, was Ihnen mangelt, ist das, was Sie brauchen, um Gleichgewicht und Harmonie in Ihr Leben zu bringen.

Einige Totems entsprechen dem, was die Psychologen «Archetypen» nennen – lebendige Symbole, Strukturen oder Modelle, die anzeigen, wie bestimmte Kräfte in unserm Leben operieren und welche Beziehung wir zu ihnen haben. Es ist eine lebendige Energiestruktur, deren inhärente Verhaltensmuster den unpersönlichen Teil der Psyche ausmachen oder das, was nach C. G. Jung das kollektive Unbewußte genannt wird, an dem wir alle teilhaben.

Diese Archetypen werden in den westlichen Kulturen gewöhnlich anthropomorph mit männlichen oder weiblichen Charaktermerkmalen dargestellt. Sie treten als Persönlichkeiten in Mythen und Legenden, als Götter und Göttinnen und als Gestalten in Märchen und Volkssagen auf. Sie alle verkörpern Wissen und verfügen über bestimmte Eigenschaften und Merkmale, die ihnen ihre Macht verleihen oder das, was die Indianer ihre «Medizin» nennen würden.

Mit den mineralischen, pflanzlichen und Tier-Totems ist keine

Geschlechtszugehörigkeit verbunden, was heißt, ihre Grundeigenschaften präsentieren sich in einem neutralen Zustand, bevor sie in männlicher oder weiblicher, positiver oder negativer Form ihren Ausdruck finden. Da Tiere, Pflanzen und Steine schon vor dem Menschen auf Erden existierten, folgerten die Indianer, daß sie den Ursprüngen des irdischen Lebens näher seien. Ähnlich ging man davon aus, daß mineralische, pflanzliche und Tier-Totems der Quelle menschlichen Lebens näherstehen und deshalb zum Verständnis dieses Lebens unerläßlich sind, denn sie existieren in uns, sind Teil von uns.

Jedes Ihrer Totems verfügt über etwas, das auch Sie haben. Es kann auch etwas sein, das Sie sich nicht zunutze machen, obwohl Sie es eigentlich brauchen. Jedes dieser Totems will Sie etwas lehren, kann Sie zu einem umfassenderen Verständnis Ihrer eigenen Person führen, denn vor allem anderen soll Ihnen ein Totem helfen, Ihre «Medizin» oder Macht zu finden.

Die Totems sind also «Lehrer». Wenn Sie mit einem Totem Kontakt aufnehmen, dann stellen Sie nicht nur eine besondere Beziehung zu einem Archetypus her, sondern Sie kommunizieren mit seiner inhärenten Symbolik. Symbole, nicht Worte, sind die Sprache des Unterbewußten. Symbolik ist der Stoff der Imagination. Sie ist das Werkzeug der Intuition. Somit verschaffen Ihnen die Totems Zugang zu Ihrem tieferen Selbst und damit zu besseren Kenntnissen über diesen Aspekt Ihrer Person.

Bei Ihrer Reise auf den Wegen Des Netzes knüpfen Sie persönliche Kontakte zur Erde und gelangen zu einer ausgewogenen und harmonischen Beziehung zu Ihrer Umwelt und zu sich selbst, denn das Netz der Erd-Medizin verbindet Sie mit der Unendlichkeit des Lebens innerhalb des Großen Allumfassenden und mit der Mitte Ihres eigenen Seins.

Je nach dem Zeitpunkt unserer Geburt nehmen wir bei unserm Eintritt ins Leben eine bestimmte Ausgangsposition auf Dem Netz ein. Wir sind mit bestimmten Eigenschaften und Potentialen, Charakterzügen und Qualitäten, Stärken und Schwächen ausgestattet, die in den Totems wie Biber, Hirsch, Schlange, Otter, Eule, Wolf usw. ihren Ausdruck finden.

Wir werden in einen bestimmten Elemente-Klan geboren. Dieser Klan hat nichts mit unseren physischen Familienbanden zu tun, sondern mit dem Element, dem wir am engsten verbunden sind und für das wir eine Verantwortung tragen. Wir teilen die Eigenschaften dieses Elements mit anderen Klan-Angehörigen, auch wenn sich diese Qualitäten ganz unterschiedlich auswirken und ausdrücken können.

Zum Beispiel teilen die Falke-, Lachs- und Eule-Menschen die Eigenschaften des Feuer-Elements als Angehörige des Habichts-Klans. Biber-, Braunbär- und Gans-Menschen teilen die Eigenschaften des Erd-Elements als Angehörige des Schildkröten-Klans. Hirsch-, Rabe- und Otter-Menschen teilen die Eigenschaften des Luft-Elements im Schmetterlings-Klan und Specht-, Schlange- und Wolf-Menschen die Eigenschaften des Wasser-Elements im Frosch-Klan. Wie wir in Kapitel 7 und 8 sahen, übernehmen sie jeweils die Aufgabe, die sich durch das gegebene Element ausdrückenden Energien zu erzeugen oder einzubringen, oder sie zu verdichten, oder sie zu verwandeln.

Wenn Sie Ihr ganzes Leben lang an Ihrem Ausgangsort verharren wollten, würde das bedeuten, daß Sie kaum wachsen und sich entwikkeln. Das ist das Problem der meisten Menschen. Sie entwickeln sich lediglich physisch – vom Säugling zum Kind, vom Kind zum Jugendlichen, vom Jugendlichen zum Erwachsenen und vom Erwachsenen zum Greis. Dies ist einer der Gründe, warum so viele Menschen unzufrieden sind, sich frustriert fühlen und irgendwie die guten Dinge des Lebens «verpassen». Sie sind in ihrem Wachstum gehemmt. Ihrem Leben fehlt der Sinn. Sie stecken im Treibsand ihrer selbstauferlegten Beschränkungen und scheinen nirgendwohin zu gelangen – einfach deshalb, weil sie sich nirgendwohin bewegen. Die Routine ihrer Existenz langweilt sie. Ihrem Leben fehlen Abwechslung und Aufregung. Sie entfliehen dem nur, wenn sie vor dem Fernseher sitzen und stundenlang elektronisch fabrizierten Phantasien zusehen, jene künstlich erzeugte Welt des falschen Scheins, die zu ihrer Realität wird. Eventuell forschen sie in ihrem Horoskop nach Anzeichen, die das Ende der Durststrecke signalisieren. Und obwohl sie die Popularastrologie «nur so aus Spaß» zu Rate ziehen, bezeichnen sie sich selbst als Widder, Stier, Jungfrau, Waage, Skorpion, Fisch oder was immer und machen unter Umständen ihr «Tierkreiszeichen» dafür *verantwortlich*, daß sie so sind, wie sie sind.

Aber so war Ihr Leben nicht geplant. Sehen Sie sich in der Natur um, und Sie werden feststellen, daß das Leben selbst sich bewegt und verändert. Bei der Erd-Medizin lernen Sie, sich in harmonischen

Einklang mit Bewegung und Veränderung zu bringen. Hier sind Sie nicht statisch. Sie wandern umher, nehmen Veränderungen vor und erweitern und bereichern so Ihr Leben. Sie sind nicht auf ein Tierkreiszeichen fixiert, sondern machen die Runde auf Dem Netz, gewinnen die nötige Stärke aus anderen Positionen heraus, stellen sich neuen Herausforderungen und erweitern Ihr Wissen durch deren Lektionen. Wenn Sie den «Medizin»-Weg gehen, erwerben Sie Gaben, Kräfte und Eigenschaften an verschiedenen Orten Des Netzes.

Wenn Sie sich mit Ihrer persönlichen Ausgangsposition, Ihren Totems und Ihren Stärken und Schwächen vertraut gemacht haben, wollen Sie vielleicht zunächst die Kräfte oder die «Medizin» weiterentwickeln, über die Sie bereits verfügen, bevor Sie sich dann dem zuwenden, was Ihnen fehlt.

Das Medizinrad basiert auf dem Sonnenzyklus, nach dem die Sonne sich im Uhrzeigersinn von Osten nach Westen zu bewegen scheint, und deshalb verläuft die Abfolge der Zeitphasen der Erd-Medizin ebenfalls im Uhrzeigersinn, beginnend im Nordosten. Es gibt aber noch andere Reisemöglichkeiten als das allmähliche Vorrücken von einer Position zur nächsten. Sie können direkt zu Ihrem gegenüberliegenden und Sie ergänzenden Totem überwechseln, weil Sie, sagen wir, ein Gleichgewicht zu Ihren vorhandenen Eigenschaften herstellen wollen. Sie können sich nacheinander zu den beiden anderen Positionen Ihres Elemente-Klans begeben, um zu lernen, wie Sie die Ihnen gemeinsamen Charaktermerkmale anders ausdrükken oder betonen können. Vielleicht gibt es eine Eigenschaft, die Ihnen, wie Sie wissen, abgeht und die, wenn Sie sie entwickeln würden, einen großen Fortschritt in Ihrem Leben bedeuten würde. Dann sehen Sie sich auf dem Erdnetz danach um. Gehen Sie die vor jedem der zwölf Kapitel im zweiten Teil stehenden allgemeinen Übersichten durch. Haben Sie die Eigenschaft, die Sie entwickeln möchten, gefunden, dann machen Sie sich mit dem entsprechenden Totem vertraut. Vielleicht fühlen Sie sich von einem bestimmten Totem – Tier, Pflanze oder Mineral – angezogen und stellen fest, daß Sie eine besondere Beziehung dazu haben. Machen Sie sich damit bekannt. Fügen Sie es Ihren anderen Totems hinzu.

Wenn Sie zu einem anderen Ort auf Dem Netz überwechseln, dann heißt das, daß Sie sich mit seiner Zeit, seiner Natur, dem «Geist» seiner Richtungsmacht, seinen Elementen und Totems vertraut machen. Es bedeutet, daß Sie beobachten, wie in dieser Zeitphase geborene Menschen diese Qualitäten in ihrem Leben zum Ausdruck bringen.

Hier handelt es sich nicht nur um eine geistige Übung. Sie sollen sich bemühen, die Prinzipien der jeweiligen Position praktisch anzuwenden. Sie sollen sich bemühen, deren jeweilige Eigenschaften in Ihr eigenes Leben zu integrieren.

Es gibt keinen richtigen oder falschen Reiseweg auf Dem Netz. Der einzig richtige Weg ist der, der *Ihnen* richtig erscheint. Wichtig ist, daß Sie in Bewegung bleiben und sich weiterentwickeln und wachsen, Ihr Wahrnehmungsvermögen erweitern, Ihr Verständnis vertiefen und das Leben aus allen nur denkbaren Perspektiven betrachten. Das kann ein ganzes Leben in Anspruch nehmen oder sogar mehrere Leben. Oder Sie machen diese Runde viele Male, lernen jedes Mal etwas Neues, denn Der Kreis wird sich immer mehr erweitern. Nur Sie können Ihr Tempo bestimmen.

Meine Mentoren waren der Ansicht, daß wir zuerst danach streben sollten, die Elementarkräfte und die Yin-und-Yang-Polaritäten unserer persönlichen inneren Dynamik oder der grundlegenden spirituellen Alchemie auszubalancieren. Das bedeutet, daß Sie zunächst Ihre «Anfangs»-Kollektion von Totems, die Ihre Grundstruktur ausmacht, untersuchen, um festzustellen, welche Elemente zu einer harmonischen Ausgewogenheit fehlen. Dominiert Yang, dann brauchen Sie Yin, dominiert Yin, sollten Sie nach einem ausgleichenden Yang-Faktor suchen. Welche Elemente fehlen in Ihrem persönlichen Netz-Abschnitt? Wenn Sie zum Beispiel Biber (überwiegend Yin!) und damit in östlicher Position angesiedelt sind, die das Feuer- und Erd-Element aufweist, dann brauchen Sie das Wasser- und Luft-Element. Sie könnten beim Wolf suchen, der über das Wasser- und Luft-Element verfügt und überwiegend Yang ist. Der Braunbär in südsüdwestlicher Position hat das Erd- und Wasser-Element, ist überwiegend Yin und braucht das Luft- und Feuer-Element. Der Hirsch hat das Luft- und Feuer-Element und ist überwiegend Yang. Oder nehmen wir ein Geburtstotem, das nur über ein einziges beeinflussendes Element verfügt, etwa den Otter in nördlicher Position. Er ist überwiegend Yang und braucht das Erd-, Feuer- und Wasser-Element. Zum Feuer-Element könnte er über den ihn ergänzenden Lachs in südlicher Position kommen, zum Wasser- und Erd-Element über die Schlange in westlicher Position oder zum Erd- und Wasser-Element über den Braunbären in südsüdwestlicher Position.

Sollten Sie die Wahl zwischen mehreren Möglichkeiten haben, dann lesen Sie sich die Übersichten zu Beginn der Kapitel über die Geburtstotems durch und suchen Sie sich das aus, was die Ihnen fehlenden oder von Ihnen benötigten Qualitäten repräsentiert.

Lesen Sie dieses Kapitel sehr sorgfältig, und konzentrieren Sie sich auf die Eigenschaft oder die Eigenschaften, die Sie brauchen. Überlegen Sie, wie Sie sie in Ihren Alltag einbringen können. Betrachten Sie dieses Geburtstotem samt seinen Charaktermerkmalen als Bestandteil der Kollektion, mit der Sie anfangen. Lenken Sie beim Meditieren Ihre Aufmerksamkeit darauf.

Zusätzliche Hilfe können Bücher und Artikel bieten, die sich mit den Horoskopen berühmter Persönlichkeiten befassen. Lesen Sie nach, wie diese die Eigenschaften und Merkmale ihrer Geburtstotems nutzten, um zu ihren Leistungen und Erfolgen zu kommen, und wenden Sie dieselben Prinzipien in Ihrem Leben an.

Die Schautafel auf Seite 367 zeigt Ihnen auf einen Blick, welchen Totems Sie sich zuwenden sollten.

Als nächsten Schritt könnten Sie Ihr Polaritäts-Totem auf der gegenüberliegenden Seite Des Netzes erkunden. Deshalb wollen wir nun einen kurzen Blick auf die durch Polarität verbundenen Paare werfen.

Falke- und Rabe-Menschen

Falke- und Rabe-Menschen haben beide mit *Anfängen* zu tun. Die Position des Falke-Menschen auf dem Erdnetz ist der Frühlingsanfang, die des Rabe-Menschen der Herbstanfang.

Der Falke-Mensch ist potentiell kreativ und besitzt einen starken Drang nach individueller Betätigung. Aber der Energie, die er in eine neue Aktivität steckt, mangelt es meist an der nötigen Stabilität, um die Sache zu vollenden. Der Falke-Mensch ist gut, wenn es um den Start geht, aber er kommt nur selten ans Ziel. Somit kann der Falke-Mensch vom Rabe-Menschen lernen, der die Dinge durchzieht, aber sie nicht besonders gut in Gang setzen kann, wo er wiederum vom Falke-Menschen lernen könnte.

Der Falke-Mensch handelt gern im Alleingang und trifft rasche persönliche Entscheidungen, was aber bei ihm zu übereilten impulsi-

Totem	*Inhärente Elemente*	*Dominierende Polarität*	*Benötigte Elemente und mögliche Quellen*
Falke	Feuer	Yang	Erde, Luft und Wasser Rabe (Luft mit Erde) Braunbär (Erde mit Wasser)
Biber	Erde mit Feuer	Yin	Luft und Wasser Wolf (Wasser mit Luft)
Hirsch	Luft mit Feuer	Yang	Erde und Wasser Braunbär (Erde mit Wasser) Schlange (Wasser mit Erde)
Specht	Wasser	Yin	Erde, Feuer und Luft Eule (Feuer mit Erde) Wolf (Wasser mit Luft) Gans (Erde mit Luft)
Lachs	Feuer mit Wasser	Yang	Erde und Luft Gans (Erde mit Luft) Rabe (Luft mit Erde)
Braunbär	Erde mit Wasser	Yin	Luft und Feuer Hirsch (Luft mit Feuer)
Rabe	Luft mit Erde	Yang	Feuer und Wasser Lachs (Feuer mit Wasser)
Schlange	Wasser mit Erde	Yin	Luft und Feuer Hirsch (Luft mit Feuer)
Eule	Feuer mit Erde	Yang	Luft und Wasser Wolf (Wasser mit Luft)
Gans	Erde mit Luft	Yin	Feuer und Wasser Lachs (Feuer mit Wasser)
Otter	Luft	Yang	Feuer, Erde und Wasser Biber (Erde mit Feuer) und Schlange (Wasser mit Erde)
Wolf	Wasser mit Luft	Yin	Feuer und Erde Biber (Erde mit Feuer) Eule (Feuer mit Erde)

ven Aktionen und Ungeduld führen kann. Er könnte hier vom Ausgewogenheitssinn des Rabe-Menschen lernen, von seinem Blick für ein vernünftiges Maß und Verhältnis und von seinem taktvollen und diplomatischen Wesen. Während der Falke-Mensch sich mehr um sich selbst kümmert, befaßt der Rabe-Mensch sich eher mit der Gruppe, sei es die Familie, eine Organisation oder das Gemeinwesen. So kann der Falke-Mensch herausfinden, wie er seinen Aktivitätsdrang mit der ruhigen Überlegtheit des Rabe-Menschen ins Gleichgewicht bringt und den Standpunkt anderer genauso klar sieht wie den eigenen.

Rabe-Menschen können vom Falke-Menschen lernen, indem sie etwas von seinem Mut und seiner großen Arbeitskapazität übernehmen und erkennen, daß der Kompromiß nicht unbedingt immer die beste Lösung ist – vor allem wenn man dabei Prinzipien aufgibt.

Biber- und Schlange-Menschen

Biber-Menschen werden durch die Zeit des Wachsens, in der die Natur zu voller Blüte gelangt, beeinflußt und Schlange-Menschen durch eine Phase des Jahreszyklus, in der die Bäume all ihre Blätter abgeworfen haben und die Natur öde erscheint – die Zeit des Frosts.

Biber-Menschen haben den Wunsch, zu erhalten und zu bewahren. Sie sind auf Sicherheit bedacht, und Loyalität, Hingabe und Pflichtbewußtsein sind wichtige Prinzipien für sie. Sie verlangen nach materieller Sicherheit und einer stabilen Umgebung, in der sie Besitztümer um sich herum anhäufen können – ein Charakterzug, der allerdings auch in krudes Besitzdenken und Gier ausarten kann. Sie können von den Schlange-Menschen lernen, die nicht anhäufen, sondern aussondern und ablegen. Schlange-Menschen schieben die vergänglichen Dinge, die sie nicht mehr brauchen, beiseite und nutzen ihre praktischen Fähigkeiten zum Wohl anderer. Biber-Menschen könnten sehr viel mehr aus ihren Potentialen machen, wenn sie sich die tiefgründigere Lebensanschauung der Schlange-Menschen aneigneten.

Schlange-Menschen sind im Hinblick auf ihre Ziele und Absichten sehr intensiv und haben die Gabe, sich stark auf ihre Wünsche konzentrieren zu können, neigen aber in ihrer Ernsthaftigkeit zum Fanatismus. Vom Biber-Menschen können sie Liebenswürdigkeit lernen. Und sie sind zwar gut im Managen der Angelegenheiten anderer, aber weniger geschickt, wenn es um ihre eigenen Belange geht. Auch in dieser Richtung können sie viel von den Biber-Menschen lernen.

Hirsch- und Eule-Menschen

Hirsch-Menschen sind in der Zeit des Blühens geboren, die den Frühling mit dem Sommer verbindet, und das Moment der Veränderung drückt sich in ihnen dadurch aus, daß sie ständig von einem Interesse zum andern wechseln. Sie sind mit einem scharfen Intellekt begabt und haben den Wunsch, Ideen zu vermitteln, verfangen sich aber oft in einer Anhäufung von Informationen mit wenig praktischem Nutzen. Sie können viel von den Eule-Menschen lernen, die ihren Intellekt für wünschenswerte Verbesserungen einsetzen, die mehr Bestand haben.

Der Eule-Mensch, geboren in der Zeit der langen Nächte, richtet sein Auge auf die fernere Zukunft und läßt sich häufig von idealistischen Vorstellungen mitreißen. Er muß lernen, seinen Idealismus mit dem praktischen Leben und den alltäglichen Notwendigkeiten in Einklang zu bringen, und hier kann ihm der Hirsch-Mensch sehr behilflich sein.

Specht- und Gans-Menschen

Specht-Menschen, geboren in der Zeit der langen Tage, haben einen Hege- und Pflegetrieb und teilen gern – mit ausgewählten Personen. Sie sind sensibel, leicht zu beeindrucken, sehr emotional und reagieren meist aus dem Bauch heraus. Sie können viel von den in der Zeit der Erneuerung geborenen Gans-Menschen lernen, die unpersönlicher und objektiver sind und das Leben aus einer umfassenderen Perspektive betrachten.

Specht-Menschen agieren oft rein emotional, während Gans-Menschen, die zuweilen große Verantwortung auf sich nehmen, mit jener Effizienz handeln, die ihrem Organisationstalent entspricht.

Ihr starker Ehrgeiz kann dazu führen, daß sie ihre Emotionen unterdrücken und auf andere einen kalten und reservierten Eindruck machen. Gans-Menschen brauchen das Gegengewicht der gefühlsbetonteren und subjektiveren Einstellung der Specht-Menschen und sollten auch etwas von deren Wunsch nach einer stabilen Grundlage übernehmen.

Lachs- und Otter-Menschen

Lachs-Menschen, in der Zeit des Reifens geboren, verfügen über Stärke und Entschlußkraft und können ihre Persönlichkeit gut zum Ausdruck bringen. Lachs-Menschen streben nach Verbesserung ihres eigenen Lebens, während die in der Zeit der Reinigung geborenen Otter-Menschen die Welt verbessern wollen.

Lachs-Menschen können derart von ihrer eigenen Individualität fasziniert sein, daß sie es versäumen, die Individualität anderer zu respektieren, und so tun, als sei ihr Weg der einzig wahre. Sie können zum Gleichgewicht finden, wenn sie von der distanzierteren geistigen Perspektive des Otter-Menschen lernen. Und Otter-Menschen können den Lachs-Menschen dabei behilflich sein, ein umfassenderes Betätigungsfeld für ihre kreativen Energien zu finden, indem sie sie erkennen lassen, daß der einzelne in der Isolation nie wahre Erfüllung finden kann.

Otter-Menschen neigen dazu, zu theoretisieren und zu phantasieren, und ihre Aktivitäten sind eher geistiger als physischer Natur. Sie müssen sich die Stärke der Lachs-Menschen aneignen, deren Energie und Antriebskraft, um ihre Ideen umsetzen zu können.

Otter-Menschen befassen sich mehr mit der Gruppe oder mit den Dingen als Ganzes als mit dem einzelnen und übersehen oft, daß jede Gruppe eine Ansammlung von Individuen darstellt. Sie müssen erkennen, daß eine gesellschaftliche Verbesserung nur durch bessere Einzelpersonen zustande kommt. Vom Lachs-Menschen können sie lernen, wie sie ihre eigene Individualität entwickeln und ausbalancieren.

Braunbär- und Wolf-Menschen

Braunbär- und Wolf-Menschen fühlen sich zum Dienen gedrängt, aber während Braunbär-Menschen durch ihren Dienst am anderen zu ihrer Identität finden, verlieren Wolf-Menschen dabei leicht die ihre. Braunbär-Menschen sind in der Zeit des Erntens geboren.

Sie sind praktisch, zerlegen die Dinge gern in handliche Bestandteile und können so mit ziemlich komplexen Angelegenheiten umgehen. Sie betrachten das Leben durch ein Mikroskop.

Wolf-Menschen, in der Zeit der stürmischen Winde geboren, sind außerordentlich kreativ und können leichter aus der Quelle ihrer Imagination schöpfen als die meisten anderen Menschen. Für ihr Wohlbefinden brauchen sie unbedingt Bewegungsfreiheit, und sie glauben, alle Beschränkungen, die ihre Kreativität behindern, durchbrechen zu müssen.

Sie sehen die Dinge in ihrer Totalität und nehmen weniger die Unterschiede als vielmehr die Ähnlichkeiten und Verwandtschaften wahr. Sie haben eine umfassende Perspektive und ein tiefes Verständnisvermögen. Wolf-Menschen sehen das Leben wie durch ein Teleskop.

Braunbär-Menschen können ihr Blickfeld erweitern, wenn sie von den Wolf-Menschen eine ganzheitliche Sichtweise lernen. Sie müssen sich auch etwas von deren Mitgefühl und Verständnisvermögen aneignen, um ihre Mitmenschen nicht immer überkritisch zu beurteilen.

Wolf-Menschen können von den Braunbär-Menschen lernen, daß Details wichtig sind und daß alle kreative Arbeit auch ein praktisches Moment braucht. Braunbär-Menschen können die Wolf-Menschen lehren zu entscheiden, wie und wann und wo sie ihre Kreativität einsetzen sollen, um zu den erwünschten praktischen Resultaten zu kommen.

Sich «zentrieren»

Es ist wichtig, daß Sie sich, bevor Sie auf Dem Netz zu einer anderen Position überwechseln, «zentrieren». Das bedeutet, daß Sie sich ins Zentrum Des Netzes begeben.

«Zentriert» sein heißt, sich der Gesondertheit des Selbst und der Tatsache bewußt zu sein, daß es eine Individualisierung darstellt. Es bedeutet die Erkenntnis, daß Sie ein Unikat sind. Sie sind Sie und niemand anders. Es wird nie ein Duplikat von Ihnen geben.

Aber «zentriert» sein heißt auch, sich der Grenzen seiner menschlichen Wahrnehmung und der Notwendigkeit, diese zu transzendieren, bewußt zu sein. Es bedeutet, daß Sie sich mit etwas Größerem als Ihrem Ich identifizieren, indem Sie sich mit dem Energiefluß des Universums in Einklang bringen.

«Zentrieren» heißt die nach innen und die nach außen gerichteten Kräfte im Gleichgewicht halten. Es bedingt die Erkenntnis, daß Sie das Zentrum Ihres eigenen Universums sind und daß Sie zugleich mit der unendlichen Macht des Universums eins sein können. Sie existieren gesondert und sind doch in ihm aufgehoben. Es ist die Erkenntnis, daß der Tropfen Wasser aus einem Ozean dasselbe ist wie der Ozean. So arbeitet die Macht des Universums mit Ihnen und durch Sie.

Sind diese Kräfte im Gleichgewicht, dann entsteht daraus ein bestimmter Zustand. Die Indianer und Meister der alten Weisheit nannten ihn «Erleuchtung». Erleuchtung ist eine plötzliche Bewußtheit, sie kommt wie ein Blitzstrahl in der Dunkelheit. Sie ist unmittelbare Erkenntnis. Sie ist eine plötzliche Einsicht in etwas, das wir zuvor nicht sahen. Sie ist ein Lichtstrahl, der etwas, das verborgen war, plötzlich erhellt. Und was Ihnen da erhellt wird, ist ein Wissen, das Ihnen gehört, ein Ihrer Person eigenes Wissen. Es wird zu Ihrem Wissen und Ihrer Wahrheit – nichts, was Sie «geborgt» haben oder Ihnen aufgezwungen wurde. Dies ist die Art von Wissen, das Sie durch die Erd-Medizin erlangen.

In der Erd-Medizin sind wir nicht mehr von der Natur, den elementaren Kräften und Mächten und vom Universum abgeschnitten, sondern wir sind mit allem verbunden, und wir merken, daß alles mit uns verbunden ist. Wir sind nicht mehr isoliert, eingekerkert in unsere engen, kleinen, von Menschen fabrizierten Schachteln, sondern frei, unsere Rundreise auf Dem Netz anzutreten und nicht nur seine magischen Wunder, sondern auch die Wunder unseres eigenen Selbst zu entdecken. Das Leben hat einen Sinn. Die Meditation ist ein Weg, um «das Zentrum zu finden», Ihre eigene Mitte zu entdecken und davon physisch, geistig, emotional und spirituell zu profitieren.

Soll die Meditation auf allen vier Seinsebenen wirksam werden, dann müssen Sie vier Grundbedingungen herstellen. Sie müssen:

1. Die Zeit erschaffen.
2. Den Raum erschaffen.
3. Die Kraft erschaffen.
4. Die Vision erschaffen.

Auf diese vier Grundbedingungen wollen wir nun eingehen.

1. Die Zeit erschaffen

Sie müssen den Willen aufbringen, jeden Tag eine bestimmte Zeit für die Meditation zu reservieren. Das kann früh am Morgen sein, bevor Sie zur Arbeit gehen oder sich den Alltagspflichten zuwenden.

Es kann irgendwann während des Tages sein, wenn Sie problemlos von Ihrer normalen Arbeit «abschalten», sich für eine gewisse Zeit zurückziehen und ungestört entspannen können. Es kann auch am Abend sein, wenn die Pflichten und Sorgen des Tages hinter Ihnen liegen, wenn der Druck nachläßt und Sie gelassener werden.

2. Den Raum erschaffen

Um wirkungsvoll meditieren zu können, müssen Sie einen eigenen Raum finden – Ihren eigenen Ort im Universum, der nur Ihnen gehört, wo Sie nicht abgelenkt oder gestört werden. Wenn Sie ihn einmal erschaffen haben, wird er allein Ihnen gehören. Er wird immer da sein, Sie können ihn jederzeit aufsuchen, wo immer Sie auch sind. Aber erst muß er auf physischer Ebene hergestellt werden.

Schaffen Sie sich also einen Platz in Ihrem Heim. Vielleicht in einem Zimmer, das nicht gebraucht wird, in einer Ecke des Schlafzimmers, in einem Zimmer oben unterm Dach oder im Parterre – irgendein Ort, den zu dieser Zeit niemand aufsucht, an dem Sie ungestört sind. Sie sollten bequem sitzen können und vor sich eine glatte Fläche haben, einen Tisch, die Oberfläche eines Schreibpults oder einer Kommode, oder vielleicht einfach ein leeres Regal.

Sie können sich diesen Raum aneignen, indem Sie Räucherstäbchen abbrennen und so die Atmosphäre für die Zeit Ihrer Meditation neutralisieren und den Bereich vom normalen Alltag abgrenzen. Sie können auch eine Kerze als eine Art Schalter benutzen, das heißt, wenn Sie die Kerze zu Beginn der Meditation anzünden, signalisiert das Ihrem Unterbewußtsein, daß nun der Raum für die Meditation vorhanden oder aktiviert ist. Ist die Kerze nicht angezündet, heißt das, der Raum ist nicht aktiviert und für irgendwelche Alltagsaktivitäten freigegeben. Weder sind Räucherstäbchen noch Kerze eine Notwendigkeit, aber sie können helfen, die richtige Atmosphäre herzustellen.

3. Die Kraft erschaffen

In Vorbereitung auf die Meditation selbst müssen Sie sich körperlich und geistig entspannen, weil Spannungen den Fluß der Vitalenergien durch die Chakras blockieren können.

Am besten tragen Sie lockere Kleidung, damit der Körper nirgendwo beengt ist, und ziehen auch die Schuhe aus. Sitzen Sie bequem, den Rücken gerade, die Beine leicht gespreizt, die Füße fest auf dem Boden, die Hände locker auf den Oberschenkeln.

Entspannen Sie sich körperlich. Entlassen Sie alle Spannungen aus Ihrem Körper, beginnen Sie bei den Füßen, gehen Sie dann den ganzen Körper durch bis hin zum Scheitel.

Entspannen Sie sich nun geistig, indem Sie alle Sorgen und Ängste *loslassen*, alles, was Sie in bezug auf Ihre Arbeit, Ihr Heim, Ihre Familie bekümmert und bedrängt.

Schließen Sie die Augen und stellen Sie sich einen friedlichen, schönen Ort vor. Wenn Sie ein Plätzchen kennen, an dem Sie sich immer wohl fühlen – einen einsamen Strand am Meer vielleicht, eine Lichtung im Wald, einen Ort an einem gemächlich fließenden Bach oder auf einer Wiese –, dann rufen Sie ihn sich ins Gedächtnis. Versetzen Sie sich in Ihrer Phantasie dorthin.

Lauschen Sie auf die Geräusche der Sie umgebenden Natur – das sanfte Plätschern der Wellen, den Gesang der Vögel in den Bäumen, den weichen Klang fließenden Wassers. *Riechen* Sie den Tang in der Meeresluft, die moschusartige Frische der Bäume, den klaren Duft von Gras, Heidekraut und wilden Blumen. *Fühlen* Sie den weichen Sand unter Ihren Füßen, das federnde Gras. Aktivieren Sie mit Hilfe Ihrer Phantasie Ihre inneren Sinne, und Sie werden für sich einen schönen, entspannenden, inneren geistigen Raum erschaffen, den Sie immer aufsuchen können, um sich dort sicher, ungestört und in Ruhe aufzuhalten.

Wenn Sie nun entspannt und in Ihrem geistigen Raum zur Gelassenheit gefunden haben, folgt der nächste Schritt. Sie ziehen aus der Sie umgebenden Atmosphäre kosmische Energie und leiten Sie durch Ihre Chakras.

Wir alle wissen, daß uns das Atmen am Leben erhält. Irgendwann einmal hat man uns erklärt, daß physiologisch gesehen unsere Lungen beim Atmen Sauerstoff aus der Luft filtern, der dann in die Blutbahn gelangt, und dieser Vorgang erhält uns am Leben.

Aber die Luft enthält noch ein anderes Element, das die moderne medizinische Wissenschaft nicht anerkennt, weil es weder gesehen noch gemessen werden kann: Es ist das an anderer Stelle bereits erwähnte Prana oder Mana, das die Chinesen *Chi* und die Japaner *Ki* nennen. Welches Wort man auch benutzt, stets bedeutet es «Lebens-Kraft». Es ist keine physische Substanz, sondern reine Geistenergie. Es durchdringt alle Dinge und aktiviert jedes Atom, es erhält die Existenz von allem, was da ist, läßt es leuchten und vibrieren. Es ermöglicht alle – bewußten oder unbewußten – organischen Funktionen. Wir nehmen es mit unserer Nahrung, durch das Wasser und das Licht der Sonne auf, doch am unmittelbarsten ist es uns über die Luft zugänglich. Die Meditationspraxis wird Ihnen helfen, selbst die Existenz dieser Kraft in Ihnen und in allen Dingen zu erfahren.

Rhythmisches Atmen ist eine Methode, mit deren Hilfe Sie mehr von dieser Lebens-Kraft an sich ziehen, durch die Chakras leiten und so besser nutzbar machen können. Diese Praxis wird Ihre Vitalität steigern, Ihr Bewußtsein vertiefen und Ihrer Kreativität Effektivität verleihen. Atmen Sie tief ein. Das Einatmen ist ein Ausdruck von Yin – dem Prinzip des Empfangens. Denken Sie nun daran, daß Sie nicht nur Sauerstoff absorbieren, sondern Lebens-Kraft an sich. Das Anhalten des Atems steht für das vereinende Prinzip: Sie nehmen dadurch Lebens-Kraft in sich auf. Atmen Sie nun aus. Das Ausatmen ist ein Ausdruck von Yang – und eine nach außen gerichtete Projektion von Wille und Absicht. Die Pause, bevor Sie wieder einatmen, ist die Neutralisierung – die Pause, bevor der Zyklus wiederholt wird.

Dieses Muster von Einatmen – Halten – Ausatmen – Pause ist die gleiche fließende Bewegung, der mächtige Rhythmus, der alle Natur durchdringt, und der Ausgangspunkt aller Kreativität. Es ist der Rhythmus, nach dem in einem Energiesystem Macht und Kraft erzeugt, kontrolliert, zu ihrem vollen Potential gebracht und dann unter dem Druck ihrer eigenen Antriebskraft wieder entlassen wird.

Wenn wir dieses Muster kennen und mit dem – durch die Mondphasen bestimmten – natürlichen Rhythmus der Erde in Einklang bringen, dann harmonieren wir mit den natürlichen Energien des Planeten. Wir sind eingestimmt auf das Energiefeld der Erde. Und wir bringen uns selbst in ein harmonisches Gleichgewicht: Wir sind «zentriert».

Dieses Muster und seinen Verlauf haben wir bereits im Zusammenhang mit den Mondphasen erläutert: 11 Tage zunehmender

Mond – 3 Tage Vollmond – 11 Tage abnehmender Mond und 4 Tage dunkler Aspekt des Neumonds. Dieser 11-3-11-4-Rhythmus ist der «Atem»-Rhythmus der Erde. Machen Sie nun einen Versuch, um ein Gefühl dafür zu kriegen. Es ist ganz einfach:

> Atmen Sie ein: 1-2-3-4-5-6-7-8-9-10-11,
> halten Sie den Atmen an: 1-2-3,
> atmen Sie aus: 1-2-3-4-5-6-7-8-9-10-11,
> pausieren Sie: 1-2-3-4.

Wenn Sie bei Ihrer Meditationspraxis diesen Atemrhythmus üben, dann stellen sie sich vor, daß die Energie beim Einatmen durch Ihre Füße hochsteigt und den ganzen Körper ausfüllt; jede Zelle Ihres Wesens mit Energie durchtränkt, wenn Sie den Atem anhalten; und beim Ausatmen alles abgibt, was Sie nicht länger brauchen. Dann machen Sie eine Pause, bevor der Zyklus wiederholt wird.

Machen Sie diese Übung drei bis vier Minuten lang, und denken Sie daran, daß Sie sich an Ihrem besonderen inneren Ort aufhalten. Atmen Sie dann wieder normal.

4. Die Vision erschaffen

Eine Visualisierung ist das Erschaffen des geistigen Bildes eines Gegenstands oder einer Situation. Sie ist ein Denken in Bildern, nicht in Worten. Sie sehen vor Ihrem geistigen Auge das erwünschte Bild so lebendig, daß es objektive Realität anzunehmen scheint. Nicht jedem Menschen fällt das leicht. Aber es ist eine Technik, die Sie nicht angestrengt erarbeiten können, sondern die sich sanft und ganz natürlich einstellen muß.

Bei der Visualisierung setzen Sie Ihre Imaginationskraft ein, die Teil der kreativen Energie des Universums ist, um sich ein Bild von dem zu erschaffen, was Sie sich wünschen.

Die Übung, die ich nun vorstellen werde, führt das «Erschaffen Der Kraft» fort, denn diese Kraft wird nun durch die schöpferische Visualisierung aktiviert. Es handelt sich um eine einfache, aber wirksame Methode, die Visualisierungsfähigkeit in der Meditation zu entwickeln und die Kraftzentren zu öffnen.

Wenn Sie ein paar Minuten lang in der beschriebenen Weise rhythmisch geatmet und sich so mit Energie aufgeladen haben, dann stellen Sie sich eine leuchtende Kugel goldenen Lichts vor, die über Ihrem Kopf schwebt. Ihre Augen sind geschlossen, Sie «sehen» sie vor Ihrem geistigen Auge. Atmen Sie viermal rhythmisch, und fühlen Sie die Wärme, die von dieser Miniatursonne in Sie einfließt.

Stellen Sie sich nun vor, daß sich diese Lichtkugel in Ihren Halsbereich senkt und dort vier rhythmische Atemzüge lang verweilt. Dann wandert die Kugel in Ihren Brustbereich. Fühlen Sie, wie ihre goldene Energie Ihren ganzen Körper belebt. Atmen Sie viermal rhythmisch. Die Kugel sinkt nun zu Ihrem Nabel. Nach vier rhythmischen Atemzügen wandert sie in Ihren Beckenbereich, vier rhythmische Atemzüge, und schließlich hinunter zu Ihren Füßen, vier rhythmische Atemzüge. Dann stellen Sie sich beim Einatmen – wobei Sie bis elf zählen – vor, daß die Energie aus der Kugel von den Füßen durch die Beine bis zum Steißbein und von dort durch Ihren Körper bis zum Hals und schließlich bis zum Scheitel hochsteigt. Sehen Sie dann, während Sie den Atem anhalten und bis drei zählen, wie die Energie durch Ihren Scheitel schießt. Stellen Sie sich nun beim Ausatmen vor, daß diese Fontäne golden leuchtenden Lichts wieder auf Sie herabfällt und Ihren ganzen Körper bis zu Ihren Füßen einhüllt. Kurze Pause. Halten Sie dieses Bild vier rhythmische Atemzüge lang fest. Atmen Sie dann wieder normal.

Damit haben Sie mit dem Öffnen Ihrer Energiezentren angefangen und Ihre Imaginationsfähigkeit aktiviert. Sie werden sich nicht nur tief entspannt, sondern auch durch die Lebens-Kraft gestärkt fühlen.

Diese vier Grundbedingungen sollten Ihre Meditation einleiten, und es ist gut, wenn dieses Muster bereits zur festen Gewohnheit geworden ist, bevor Sie die Kontemplation irgendeines Totems in Ihre Meditation aufnehmen. Nachdem Sie die Chakras mit Energie aufgeladen haben, visualisieren Sie das Totem – ob nun Tier, Pflanze oder Edelstein –, mit dem Sie arbeiten wollen, und dann beobachten Sie nur: *Sehen und hören Sie.* Schreiben Sie gleich nach Beendigung der Meditation die Gedanken und Eindrücke, die Ihnen kamen, auf.

Reservieren Sie, wenn möglich, zwanzig Minuten oder eine halbe Stunde am Tag, zumindest aber drei- bis viermal in der Woche, für die Meditation. Die größten Schwierigkeiten hat man meist zu Anfang, bevor das Ganze Routine geworden ist. Wenn Sie die aber einmal erreicht haben und allmählich merken, wie wohltuend die Meditation ist, wird Ihnen diese tägliche Zeit besonders kostbar sein.

8 Erd-Medizin und I Ging

Der Ursprung des *I Ging*, des «Buchs der Wandlungen», verliert sich, wie auch der des Medizinrads, in vorgeschichtlichen Zeiten, aber wir wissen, daß es älter ist als der Konfuzianismus und der Taoismus, die beide davon beeinflußt wurden.

Im Westen wurde das I Ging als Methode der Zukunftsvorhersage, ähnlich der sonnenstandsbezogenen Astrologie, bekannt, aber das ist nur die degenerierte Form eines seiner wesentlichen Aspekte. Es ist ein Orakel, was nicht das gleiche ist. Ein Orakel ist ein Werkzeug, um die Beschaffenheit, die Qualität des Moments auszuloten und Hinweise auf dessen Bedeutung zu erhalten.

Die Chinesen verehrten das I Ging und näherten sich ihm wie einer sehr weisen Person, denn wenn es wie eine Person behandelt wird, sind auch seine Antworten persönlicher Art.

Das I Ging, das Medizinrad und die Runen sind nach dem universellen Gesetz der Oktaven aufgebaut. Wie beim DNS-Code, der Musiktheorie und der binären Computerstruktur können die acht Grundtrigramme des I Ging zu den acht Richtungen oder Richtungseinflüssen des Medizinrads in Beziehung gesetzt werden. Im zweiten Teil des Buches haben wir diese acht Grundtrigramme ihrem jeweiligen Ort auf dem Netz der Erd-Medizin und auch jeweils einer der zwölf Persönlichkeitskategorien zugeordnet.

Ein Grundtrigramm stellt ein bestimmtes Frequenzmuster des menschlichen Energiesystems dar. Seine Impulse verweisen auf die jeweilige innere Struktur eines Menschen und bilden die Grundlage eines Codes oder «Rufzeichens» oder «Befehls» für den Zugang zum inneren Selbst und der Kommunikation mit dem Höheren Selbst, «göttlichen» Selbst, wahren Selbst, oder wie immer wir es nennen wollen.

Um diesen «Code» zu vervollständigen, stellen wir eine Frage, und über die Methode des Werfens von Münzen oder des Teilens von Schafgarbenstengeln erhalten wir ein weiteres Trigramm, das über das Grundtrigramm gestellt wird und somit ein Symbol aus sechs Linien, das Hexagramm, ergibt.

Für den rationalen Verstand des westlichen Menschen kommt ein mit Hilfe von Münzen oder Schafgarbenstengeln erstelltes Hexagramm völlig willkürlich zustande. Aber für den orientalisch geprägten Geist und die Alten war das sich herausbildende Muster ganz und gar nicht zufällig, sondern ein Ausdruck des Augenblicks. Münzen oder Schafgarbenstengel sind nur ein mechanisches Hilfsmittel, um sich in die spirituelle Macht einzuklinken oder das Unterbewußtsein anzuzapfen, wie wir es nennen würden.

Das in bezug auf die gestellte Frage erhaltene Hexagramm (oder die Hexagramme) enthüllt das geistige Bewußtsein der betreffenden Person. Und das, was die Zukunft vermutlich bringen wird, ist das Ergebnis der Inhalte ihres Unterbewußtseins, das eben «unterhalb» der Ebene bewußter Wahrnehmung liegt.

Li – das Grund-Trigramm für den Biber

Beispiel für ein durch Befragung erhaltenes Trigramm

ergibt das Hexagramm

Wenn Sie das Orakel befragen, ist das so, als ob Sie die Zeit wie ein Gummiband dehnten. Es ist, als ob Sie eine Situation aus einer höheren Perspektive und in umfassenderem Zusammenhang betrachteten. Vielleicht ist folgendes Beispiel hilfreich: Stellen Sie sich vor, Sie geraten in einen Verkehrsstau. Aus Ihrer Position hinter der Windschutzscheibe können Sie nur die unmittelbar vor Ihnen haltenden Wagen sehen, was sich weiter vorn abspielt, sehen und wissen Sie nicht. Sie haben keine Ahnung, wie lange Sie aufgehalten werden, und Sie kennen die Route nicht gut genug, um zu wissen, ob Sie über eine Abzweigung das Hindernis umfahren könnten. Sie können nur dasitzen und warten, ein Opfer der Umstände.

Wenn Sie aber vom obersten Stockwerk eines Hochhauses die Straße weiträumig überblicken könnten, dann wären Sie in der Lage, den Weg, den Sie gekommen sind, und auch das, was vor Ihnen liegt, zu erkennen. Sie könnten die Ursache für den Stau ausmachen und, falls es ein Unfall ist und die Rettungswagen bereits eintreffen, in etwa abschätzen, wie lange es dauert, bis der Verkehr wieder in Fluß kommt. Sie könnten auch sehen, ob die Möglichkeit besteht, durch einen Umweg dem Hindernis auszuweichen.

Wenn Sie das I Ging befragen, dann wechseln Sie die Perspektive – von Ihrem Sitz hinter der Windschutzscheibe zum obersten Stockwerk des Hochhauses.

Wie wir sahen, besteht ein Trigramm aus einer Kombination von drei parallelen, durchgängigen oder gebrochenen Linien. Diese Kombination läßt nur 8 mögliche Variationen zu:

Ein Trigramm bildet den unteren oder oberen Teil eines Hexagramms, das Sie brauchen, wenn Sie das Orakel befragen wollen. Beispiel:

 Grundtrigramm +  (das Sie durch das Werfen von Münzen erhalten) ergibt: 

Aus der Verbindung von zwei Trigrammen zu einem Hexagramm mit sechs Linien ergeben sich 64 verschiedene Kombinationsmöglichkeiten oder 64 verschiedene Frequenzen. Und da eine oder mehrere oder alle diese sechs Linien ein sich wandelndes Yin oder ein sich wandelndes Yang sein können, ergeben sich insgesamt Hunderte von möglichen Variationen.

So verweist das Zusammentreffen von zwei Trigrammen nicht nur auf die Interaktion und Dynamik der den Menschen beeinflussenden feinen Kräfte, sondern auch auf die Wechselwirkung zwischen dem Bewußtsein und Unterbewußtsein einer Person.

Jedes Hexagramm bildet ein «Tor», das zeigt, welche Richtung die Dinge nehmen. Da beim Hexagramm die Bewegung von unten einfließt, repräsentiert die unterste Linie den Beginn einer Situation. Die Bewegung steigt dann auf, sich entwickelnd und verändernd, bis hin zur obersten Linie, die auf das wahrscheinliche Ergebnis verweist.

Das Trigramm, das Sie zur Bildung eines Hexagramms dem Trigramm Ihres Geburtsmonats hinzufügen, erhalten Sie, indem Sie Münzen werfen oder Schafgarbenstengel teilen und die bereits erläuterten Yin- und Yang-Prinzipien anwenden. Die Schafgarbenmethode werde ich hier nicht erklären, da ich die «Befragungsmethode» möglichst einfach halten möchte. Der Gebrauch der Schafgarbenstengel und die traditionelle chinesische Arbeitsweise mit dem Orakel dauert sehr viel länger und ist auch ritueller gestaltet. In den meisten I-Ging-Büchern ist diese Methode aber ausführlich erklärt, so daß Sie sich dort informieren und sich später ihrer bedienen können, wenn Sie wollen (siehe Literaturhinweise S. 409 ff.). Ich werde mich hier auf die Methode mit den Münzen konzentrieren, die einfach und effektiv ist.

Sie nehmen drei gleich große Münzen, die aber nicht zu groß sein sollten, um sie im Hohlraum Ihrer Hände schütteln zu können. Säubern Sie diese Münzen, und lassen Sie sie einen Tag in einer Salzwasserlösung liegen, um sie von Schmutz und unerwünschten Schwingungen zu reinigen, denn sie werden schon durch viele Hände gegangen sein. Benützen Sie sie dann nur noch für das I Ging. Entgegen dem Rat, der in einigen Büchern gegeben wird, ist es wirklich nicht nötig, für diesen Zweck alte chinesische Münzen zu erwerben.

Sie legen die drei Münzen in Ihre Hand, formen mit beiden Händen einen Hohlraum und schütteln sie kräftig durch. Dann lassen Sie sie einfach auf eine glatte Fläche fallen. Diesen Vorgang wiederholen Sie dreimal.

Kopf steht für *Yin* und zählt als 2.
Zahl steht für *Yang* und zählt als 3.

Nachdem Sie die drei Münzen geworfen haben, stellen Sie fest, welche davon Kopf bzw. Zahl – Yin oder Yang – ist, und rechnen die Zahlenwerte zusammen. Es gibt hier für jeden Wurf vier Möglichkeiten:

6 (dreimal Kopf),
7 (zweimal Kopf, einmal Zahl),
8 (einmal Kopf, zweimal Zahl),
9 (dreimal Zahl).

7 ergibt ein *Yang* und wird mit einer *durchgängigen* Linie dargestellt: ▬▬▬

8 ergibt ein *Yin* und wird mit einer *durchbrochenen* Linie dargestellt: ▬ ▬

6 ergibt ein *sich wandelndes Yin* – das heißt ein Yin, das dabei ist, sich in sein Gegenteil, ein Yang, zu verwandeln und wird so dargestellt: ▬ x ▬

9 ergibt ein *sich wandelndes Yang* – ein Yang, das sich in Yin verwandelt – und wird so dargestellt: ▬o▬

Der erste Münzenwurf ergibt die unterste Linie Ihres neuen Trigramms, der zweite die mittlere Linie und der dritte die oberste Linie. Sie können dann Ihr unteres und Ihr oberes Trigramm mit Hilfe der Schautafel auf S. 384 feststellen und so ersehen, welches Hexagramm daraus resultiert.

Bevor Sie aber die Münzen werfen, müssen Sie Ihre Frage formulieren. Sie brauchen absolute Klarheit darüber, was Sie eigentlich wissen wollen. Nehmen Sie sich Zeit, um über Ihre Frage nachzudenken, und formulieren Sie sie eindeutig und präzise. Schreiben Sie sie auf, denn das wird Ihnen helfen, sich zu konzentrieren.

Wenn Sie das I Ging auf diese Weise benutzen – das heißt zur Erkundung des Medizinrads –, dann sollten sich Ihre Fragen auf eine Thematik beschränken, die mit Ihrer Selbst-Entwicklung zu tun hat. Denken Sie daran, daß das Grundtrigramm, welches das untere Trigramm Ihres Hexagramms bildet, auf den ihm zugehörigen Richtungseinfluß eingestimmt und somit für diesen Richtungseinfluß und alle mit ihm verbundenen Dinge relevant ist. Es dient als «Schlüssel», um Ihnen die tieferen Kammern dieses Richtungseinflusses zu öffnen. Für Fragen allgemeinerer Art müssen Sie alle sechs Linien eines Hexagramms aufbauen.

Vermeiden Sie Fragen, die zu einer Ja- oder Nein-Antwort einladen. Es ist nicht der Sinn des I-Ging-Orakels, Ihnen zu sagen, was Sie tun sollen, oder Ihnen Entscheidungen abzunehmen. Zum Beispiel sollten Sie eher fragen: «Welche Folgen hat es, wenn ich dieses oder jenes tue?» statt: «Sollte ich das oder das tun?» Fragen wie: «Wie kann ich am besten diese oder jene Eigenschaft entwickeln?» oder «Welche Auswirkung würde dies (fügen Sie hier Ihre Wahlmöglichkeit ein) auf mein Leben haben?» oder «Welche Folgen hat wohl ... für mich?» deuten an, wie Sie formulieren sollten.

Wenn Sie die Frage aufgeschrieben und überprüft haben und schließlich damit zufrieden sind, sollten Sie, bevor Sie die Münzen werfen, versuchen, die Frage irgendwie bildlich vor Ihrem inneren Auge zu sehen. Vielleicht ein Gesicht, einen Ort, einen Gegenstand, eine Handlung, eine Verhaltensweise, die sich mit der erstrebten Eigenschaft verbinden.

Haben Sie eine gewisse Erfahrung im Umgang mit dem I Ging, und fühlen Sie sich sicherer, dann hätten Sie vielleicht gern einen Rat hinsichtlich eines möglichen Überwechselns zu einem anderen Abschnitt auf Dem Kreis, um dort zu erwerben, wonach Sie suchen. Eventuell sind Sie sich nicht sicher, wohin Sie sich zuerst wenden sollen. In diesem Fall stellen Sie nicht die Frage: «Soll ich zum Biber (zur Schlange oder was immer) gehen, um dies oder jenes stärken zu können oder mir Hilfe zu holen?» Das würde nur wieder zu einem Ja oder Nein auffordern. Fragen Sie vielmehr, welche Auswirkung eine «Bewegung» in diese bestimmte Richtung haben würde, und denken Sie dann über die erhaltene Antwort nach. Stellen Sie anschließend die gleiche Frage in bezug auf eine andere Richtung. Vergleichen Sie die beiden Antworten. Die Entscheidung liegt bei Ihnen, aber Sie werden wertvolle Informationen erhalten haben, um das Für und Wider abwägen zu können.

Die Schautafel der 64 Hexagramme, von der Sie die Nummer des jeweiligen Hexagramms ablesen können, sagt Ihnen, wo Sie die Interpretation dieses Symbols in einer der deutschen Übersetzungen des I Ging finden können.

Es ist nützlich, mehr als eine Übersetzung zu Rate zu ziehen und sich die Sätze herauszuschreiben, die bei Ihnen «etwas klingeln lassen». Hinweise auf Publikationen des I Ging in deutscher Übersetzung finden Sie unter den Literaturhinweisen (S. 409ff.).

Sollten Sie eine «Warum?»-Frage haben, zum Beispiel: «Warum werde ich immer wieder mit diesem Problem (benennen Sie es) konfrontiert?» oder «Warum habe ich keinen Erfolg bei ... (was immer es ist)?» dann sollten Sie sich des sogenannten Kernhexagramms bedienen.

Ein Kernhexagramm setzt sich aus der Mitte – dem Kern – eines Hexagramms zusammen, das Sie, nachdem Sie die Frage gestellt und die Münzen geworfen haben, erhielten. Sie nehmen dabei die vier mittleren Linien des Hexagramms – das heißt die Linien 2, 3, 4, 5 – und bilden aus den Linien 2, 3, 4 das untere Trigramm und aus den

Trigramme oberes ▶ unteres ▼	Qian ☰	Zhen ☳	Kan ☵	Gen ☶	Kun ☷	Sun ☴	Li ☲	Dui ☱
Qian ☰	1	34	5	26	11	9	14	43
Zhen ☳	25	51	3	27	24	42	21	17
Kan ☵	6	40	29	4	7	59	64	47
Gen ☶	33	62	39	52	15	53	56	31
Kun ☷	12	16	8	23	2	20	35	45
Sun ☴	44	32	48	18	46	57	50	28
Li ☲	13	55	63	22	36	37	30	49
Dui ☱	10	54	60	41	19	61	38	58

Schlüssel zur Identifizierung der 64 Hexagramme

Linien 3, 4, 5 das obere Trigramm, wodurch sich ein neues Hexagramm ergibt. Mit anderen Worten: Hier überschneidet sich der aus zwei Linien bestehende Kern in der aus vier Linien gebildeten Mitte des ursprünglichen Hexagramms. Auf diese Weise sehen wir auf der Suche nach der Antwort auf unsere Frage «Warum?» tiefer ins Herz des Hexagramms.

In diesem Fall lesen Sie im I Ging die Interpretation dieses Kernhexagramms und nicht die des ursprünglichen Hexagramms nach.

Welcher Methode Sie sich auch immer bedienen, es kann sein, daß Ihre Frage vom Orakel nicht direkt beantwortet zu werden scheint. Es könnte vielmehr Ihre Motive und Impulse oder Wünsche in Frage stellen. Es mag Sie auffordern, einen bestimmten Aspekt sorgfältiger zu überprüfen. Es könnte Sie auf gewisse Schwierigkeiten aufmerksam machen, falls Sie einen bestimmten Weg einschlagen. Es wird Ihnen aber niemals diktieren, was Sie tun sollen, und es wird Sie nie aburteilen oder Ihnen Bürden auferlegen.

Wie ein alter weiser Mensch, der alle Höhen und Tiefen des Lebens erfahren hat, wird es Ihnen niemals sagen, was Sie tun sollen, es wird Ihnen nur ermöglichen, das Problem klarer zu sehen, und Ihnen freundschaftlichen Rat anbieten.

Wenn Sie sich mit dem I Ging in dieser Weise als Teil Ihrer Arbeit

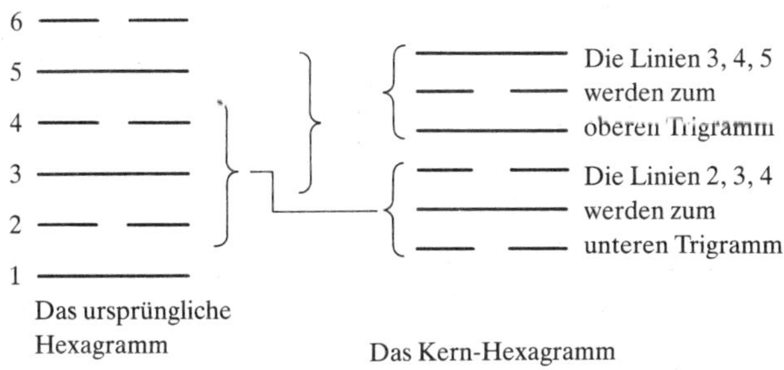

Abb. 44

mit der Erd-Medizin befaßt haben, wollen Sie sich vielleicht in umfassenderer und traditionellerer Weise damit beschäftigen und es zu Rate ziehen. Anleitungen dazu finden Sie in den meisten Büchern zum I Ging (siehe auch Literaturhinweise S. 409 ff.).

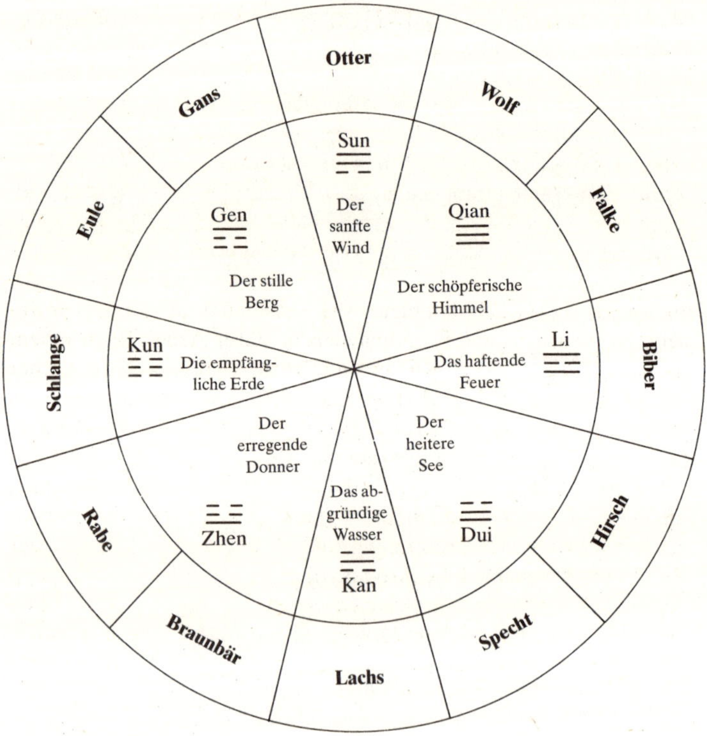

Abb. 45 Die acht Grundtrigramme im Erdnetz

9 Erd-Medizin und Runen

In vorchristlicher Zeit benutzten die Schamanen der Britischen Inseln, Nordeuropas und Skandinaviens bei ihrer Arbeit Buchstaben, die man Runen nannte. Runen sind Schriftzeichen voll kosmischer Kraft, die sich dank ihrer charakteristischen spitzen Form gut in Holz oder Stein ritzen lassen. Doch sie sind weitaus mehr als nur ein Set an Symbolen, sie sind ein außerordentlich mächtiges Energiesystem.

Das Wort «Rune», das sich in der altenglischen, in germanischen und nordischen Sprachen findet, bedeutet «geflüstertes Geheimnis», geheime Beratung, Abstimmung und Rat. Das «Geheimnis» der Runen bezieht sich auf die Arbeitsweise der kosmischen Kräfte und deren Nutzung. «Geflüstert», weil dieses Wissen innerhalb der geheimen Traditionen der Schamanen mündlich weitergegeben wurde.

Es gibt drei bekanntere Versionen von Runen-Alphabeten: das (älteste) gotische, nach seinen ersten sechs Buchstaben *futhark* genannt, das gemeingermanische und das jüngere nordische Runen-Alphabet. Die beiden ersten wurden in drei Untergruppen von jeweils acht Symbolen unterteilt – hier haben wir wieder das Gesetz der Oktaven – und basieren auf Prinzipien, wie wir sie ganz ähnlich beim Medizinrad finden.

Einige Wissenschaftler vertreten die These, daß die Runen etwa im 2. Jahrhundert v. Chr. von den Goten entwickelt wurden, einem ostgermanischen Volk, das ursprünglich aus Skandinavien (Gotland) kam. Aber in Wahrheit sind sie viel älter. Dem Mythos nach wurden sie ursprünglich dem Gott Odin offenbart, nachdem dieser neun Tage und neun Nächte lang, von einem Speer verwundet, an einem Baum hing – Anklänge an die Kreuzigungsgeschichte sind unverkennbar. Der Name «Odin» soll sich von dem nordischen Wort «Od» herleiten, das «Wind» oder «Geist» bedeutet.

Man bediente sich der Runen auf vielfältigste Weise. Sie beinhalten ein philosophisches System, das – wie das Medizinrad – die grundlegende biologische und spirituelle Einheit von Mensch und Natur betont. Sie verweisen auf die allen Dingen innewohnende Göttlichkeit, die alles miteinander verbindet – und deshalb sind alle lebenden Dinge heilig und verdienen Respekt. Wie das Medizinrad decken die Runen alle Lebenssituationen und -umstände ab. Sie sind eine Hilfe bei der medialen und spirituellen Weiterentwicklung. Sie können als Orakel und zum Zweck der Weissagung benutzt werden. Sie können in einen Talisman oder ein Amulett eingraviert werden und als Schutz- oder Anziehungs-Kraft dienen.

Die schamanistischen Runenmeister beiderlei Geschlechts lehrten die Runenweisheit in allen Stämmen Europas, so wie die wandernden Schamanen und Schamaninnen in Nordamerika die indianischen Stämme die Aspekte des Medizinrads lehrten.

Bei seiner Arbeit bestimmte der Schamane genau, wozu er die runische Macht verwenden wollte, das heißt, er definierte präzise Absicht, Ziel und Existenzebene und vergewisserte sich dann, welche Rune oder Runenkombination auf die Situation oder die gegebenen Umstände anzuwenden war. Diese wurde dann mit der entsprechenden Richtungsmacht verbunden, die als aktivierendes Verbindungsglied zwischen Mensch und Kosmos innerhalb Des Netzes diente.

Obwohl die hinter den Runen stehenden Mächte und Kräfte auf allen Ebenen in allen Dimensionen wirken, deutet die Unterteilung der Runen in drei Gruppen von je acht Symbolen darauf hin, daß man von drei geistigen und stofflichen Strömungen ausging, innerhalb derer sich diese Kräfte kontaktieren ließen und eine bestimmte Auswirkung hatten: die obere oder «himmlische» Welt, die mittlere Welt des Physischen und die untere Welt. Mit anderen Worten: die psychischen, praktischen und organisatorischen oder inneren, äußeren und wechselwirksamen Ebenen.

Mit den Runen lassen sich die kosmischen Kräfte auf verschiedenen Bewußtseinsebenen – auf der unbewußten und unterbewußten, der bewußten und der überbewußten Ebene – und in verschiedenen Existenzformen – Mineral, Pflanze, Tier, Mensch und himmlische Wesen – zum Ausdruck bringen. In jedem dieser Reiche existieren «Strömungen» oder verschiedene Seinsebenen, innerhalb derer die Runen wirksam werden.

Manchmal bezeichnet man die Runen als Alphabet. Ein Alphabet ist ein Set von Symbolen, die für Laute und Zeichen stehen, die ihrerseits *Worte* bilden. Andererseits sind Runen Schriftzeichen für mobile Kräfte und verdeutlichen Muster, Frequenz, Laut und Richtungs-«Fluß» dieser Kräfte. Ursprünglich wurden die Runen von den Schamaninnen und Runenmeistern keineswegs als eine Art Geheimschrift, mit der sie das gebräuchliche Alphabet ihrer jeweiligen Sprache ersetzten, benutzt, wie das heute oft angenommen wird. Eine solche Verwendung stellt eine Profanisierung dar und leugnet die essentielle Macht der Zeichen. Die korrekte schamanistische Schreibweise der Runen ist heute nur relativ wenigen Menschen bekannt, und in einem Großteil sogenannten runischen Schriftguts ist nur wenig Macht enthalten, wenn überhaupt.

Jede Rune sollte nicht nur als ein Buchstabe oder ein Zeichen, auch nicht nur als ein mit Energie geladener Begriff verstanden werden, sondern als ein eigenes Energiesystem, das die Macht hat, Veränderung zu bewirken.

Wird die Rune korrekt gezeichnet, dann wird die Kraft dieses Energiesystems nicht nur angerufen, sondern auch nach dem Willen des Schamanen eingesetzt.

Jedes Runenzeichen hat, wie alle alten Symbole, eine Vielzahl an Bedeutungen, aber im Prinzip gibt es immer eine Bedeutung, die sich auf das physische Leben und die praktischen, materiellen Umstände bezieht, und eine, die sich mit dem inneren oder spirituellen Leben verbindet.

So bildeten die Runenzeichen im Grunde nicht Worte, sondern Formen, die auf die für einen bestimmten Zweck angewandte Kombination der natürlichen und kosmischen Kräfte verwiesen. Die Runen waren eine Sprache des Überbewußtseins und ein Vehikel, um mit den schöpferischen, gestaltenden und transformierenden Kräften der Erde und des Kosmos zu kommunizieren.

Das ursprüngliche Runen-Alphabet war, wie gesagt, in drei Untergruppen von acht Symbolen unterteilt, wobei jede Gruppe nach einer nordischen Gottheit benannt wurde – Freyr, Hagal und Tyr. Ich werde sie einfach die Ersten Acht, die Zweiten Acht und die Dritten Acht nennen und kurz auf den Aspekt der Macht, den jedes Runenzeichen in dieser Anordnung repräsentiert, hinweisen.

Die Runen waren mit den acht Festen des Jahresrades assoziiert, was eine Verbindung zum Medizinrad herstellt (siehe Abb. 46 und Schautafeln S. 393ff.).

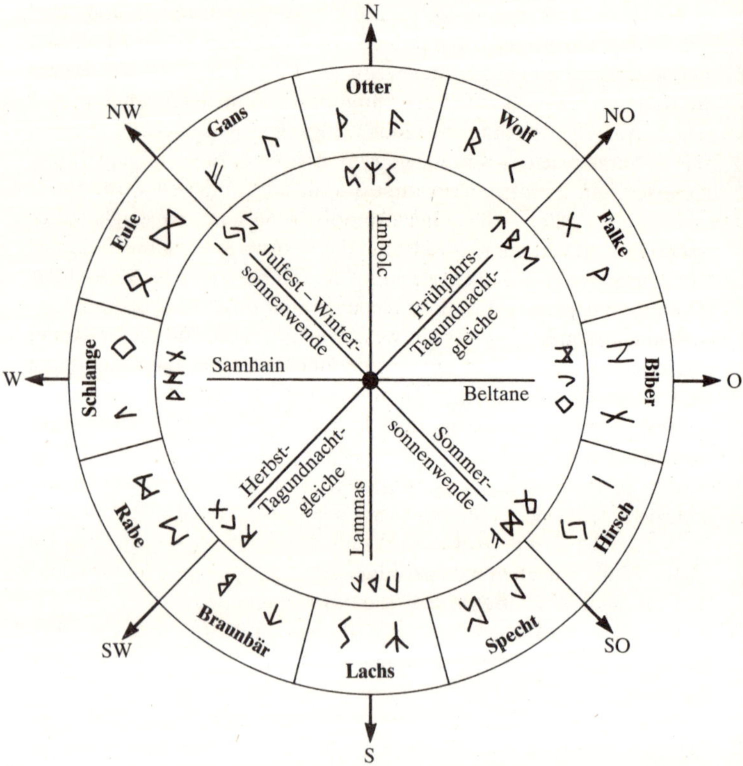

Abb. 46 Die Runen im Kontext des Jahresrades

Wir beginnen mit der *Frühjahrs-Tagundnachtgleiche* am 21. März (die nordöstliche Position auf unserm Medizinrad). Ihr sind die ersten drei Runen der Dritten Acht zugeordnet, die T-Rune, die B-Rune und die E-Rune. Sie repräsentieren hier Vater Himmel, Mutter Erde und das neugeborene Leben.

Beltane in der östlichen Position, Vorabend des 1. Mai, sind die M-Rune, die L-Rune und die Ing-Rune zugeordnet, die hier für Intellekt, Intuition und beider harmonische Verbindung stehen.

Der *Sommersonnenwende* am 21. Juni in südöstlicher Position sind die O-Rune, die D-Rune und die F-Rune zugeordnet. Sie signalisieren hier, daß die Sonne den Zenit ihrer Macht erreicht hat und «tödlich getroffen» wird, bevor nun ihre Kräfte nachlassen.

Lammas am 1. August in südlicher Position sind die U-Rune, die TH-Rune und die A-Rune zugeordnet, die auf die Wechselwirkung zwischen feurigem innerem Impuls und Intellekt hindeuten.

Zur *Herbst-Tagundnachtgleiche* am 22. September in südwestlicher Position gehören die R-Rune, die K-Rune und die G-Rune; sie verweisen auf ein Ausbalancieren der Kräfte des Lichts und der Dunkelheit, um Wissen zu erwerben.

Samhain am 31. Oktober in westlicher Position sind die W-Rune, die H-Rune und die N-Rune zugeordnet, die auf Initiation und den Zugang zu anderen Bereichen hinweisen.

Zur *Wintersonnenwende*, dem Julfest am 22. Dezember, in nordwestlicher Position gehören die E-Rune, die Y-Rune und die EI-Rune, die die Rückkehr der Sonne und das Versprechen der Wiedergeburt anzeigen.

Imbolc am 2. Februar in nördlicher Position sind die P-Rune, die Z-Rune und die S-Rune zugeordnet. Sie signalisieren, daß das neue Leben sich bereits regt und sich bald zeigen wird.

Es existiert also ein Bezug zwischen den Runen und den Prinzipien des Medizinrads im Rad des Jahres, wie sie im Kapitel «Wie innen, so außen» erläutert wurden.

Weiterhin können die Runen der Ersten Acht vor allem zum Bewußtsein und jenen Qualitäten und Eigenschaften in Beziehung gesetzt werden, die sich «entfalten» und entwickeln.

Die Runen der Zweiten Acht sind vor allem assoziiert mit dem Unterbewußtsein und dem Unbewußten sowie allen Dingen «unter der Oberfläche» – dem Bereich, den die Schamanen Unterwelt nennen und der die Aspekte und Wirkungseinflüsse des Übergangs oder der Veränderung berührt.

Die Runen der Dritten Acht stehen mit dem Überbewußtsein und der «himmlischen» Sphäre in Zusammenhang, mit spirituellen Angelegenheiten und transformativen Aspekten und Eigenschaften.

Die Runen können auf jeden der zwölf Zeitabschnitte und die Geburtstotems angewandt werden und Hinweise auf die Progression, die Entwicklung und den Einfluß der schöpferischen Lebensprinzipien im Ablauf des Jahresrades liefern.

Den Anfang bildet zum Julfest die F-Rune (Feh) der Ersten Acht, die die Rückkehr der Sonne und den «Neubeginn» anzeigt, und die D-Rune (Dagaz) beendet diese Sequenz unmittelbar vor dem Julfest. Sie symbolisiert das Moment der «Überbrückung» von einer vollständigen Umdrehung des Jahresrades zur nächsten. Die Y-Rune (Jara), die Rune der Zeit und des Bewegungsmechanismus, erscheint zur Sommersonnenwende, wenn die Tage wieder kürzer werden und der Strom der Zeit-Energie sich nach innen wendet.

Zum Zwecke der Weissagung verwenden die heutigen Schamanen und Schamaninnen in einigen skandinavischen und nordeuropäischen Ländern eine andere alte Anordnung. Dabei steht die U-Rune (Ur) am Anfang der 2, und die F-Rune (Feh) am Schluß. Ich habe die Kraft und Wirksamkeit dieser Kosmologie selbst erfahren.

Der Rahmen dieses Buches erlaubt mir nicht, detaillierter auf dieses Thema einzugehen, aber die hier gegebenen Informationen sollten die Leser, die sich mit den Runen und den Totems vertraut machen und ihre intuitiven Sinne entwickeln wollen, in die Lage versetzen, selbst herauszufinden, wie sie diese Kräfte in ihr Leben einbringen können. Die praktischen Resultate ihrer Bemühungen werden den Wert und die Wirksamkeit der Runen erweisen.

Vor allem wollte ich mit diesem Kapitel zeigen, daß das mit den Runen verbundene Wissen und die Lehren des Medizinrades miteinander verwandt sind, daß beide ganz wesentlich zum Reservoir alter Weisheit gehören und mächtiger Ausdruck metaphysischen Denkens sind.

Und das zeigt, daß dieses uralte Wissen, das für immer verloren schien, allmählich wieder sichtbar wird.

Die Ersten Acht – Evolutionäre Qualitäten und Kräfte

F-Rune FEH	ᚠ	Bewegliche, manifestierte Kraft, die zirkulieren muß. Der initiierende Impuls.
U-Rune UR	ᚢ	Aus der Erde bezogene, gestaltende Kraft. Der bewahrende Impuls.
TH-Rune THURS	ᚦ	Gerichtete, gebündelte Kraft. Emotionale Energie. Bannende Kraft.
A-Rune ASS	ᚨ	Inspirierende Kraft und kommunikative Energie. Antriebskraft des Intellekts.
R-Rune REID	ᚱ	Rhythmische und sich spiralförmig bewegende Kraft in vollkommenem Gleichgewicht. Wirbelnde Energie, die nach innen gezogen wird.
K-Rune KEN	ᚲ	Kraft der Unterscheidung, die Wissen verleiht und erleuchtet.
G-Rune GIFU	ᚷ	Inhärente Kraft, die ein Geschenk ist. Das Potential zur Vervollkommnung. Segnungen.
W-Rune WYNJA	ᚹ	Harmonische Kraft, die Zusammenhalt schafft und vereint. Initiation.

Die Zweiten Acht – Qualitäten und Kräfte des Übergangs und der Veränderung

H-Rune HAGAL	ᚺ	Strebende Kraft, die zu Fortschritt führt. Das Potential aus der Vergangenheit. Weg zur oberen Welt.
N-Rune NAUD	ᚾ	Formende Kraft des Widerstands durch Reibung. Die Kraft in der Gegenwart.
E-Rune ISS	ᛁ	Die stille, bündelnde Kraft des Ruhens und der Zurückhaltung. Gestaltung der Zukunft.
Y-Rune JARA	ᛃ	Die Kraft zyklischer Aktivität und Entwicklung. Zeit und Mechanismus von Bewegung.
EI-Rune EOH	ᛇ	Die Kraft des Willens. Lenkende Kraft. Rückgrat. Regenerierung. Die Rune der Schamenen.
P-Rune PERTRA	ᛈ	Die Kraft des Raums. Organische Kraft.
Z-Rune ALGIZ	ᛉ	Schützende Kraft, die destruktive Energie erdet.
S-Rune SOL	ᛊ	Kreisende, lebengebende Kraft, die Energie verleiht und motiviert. Manifestation.

Die Dritten Acht – Transformierende Qualitäten und Kräfte

T-Rune TYR	ᛏ	Unpersönliche, erhaltende Kraft. Die Kraft des Gesetzes. Mut und Opfer. Himmelsvater.
B-Rune BJARKA	ᛒ	Die Kraft der Fortpflanzung und Befreiung. Hegende, nährende Kraft. Erdmutter.
EH-Rune EH	ᛖ	Die Kraft dynamischer Dualität und Verbindung. Anpassungsfähigkeit und Abstimmung. Neues Leben.
M-Rune MADR	ᛗ	Die Kraft der Geistestätigkeit und Intelligenz. Intellekt.
L-Rune LAGU	ᛚ	Die Kraft des potenten Flüssigen und magnetischer Energie. Intuition.
ING-Rune ING	ᛜ	Die Kraft der Zeugung. Träger genetischen Materials. Integration.
O-Rune ODAL	ᛟ	Die Kraft inhärenter und integrierter Bewahrung. Die Kraft der Erbfähigkeit.
D-Rune DAGAZ	ᛞ	Die Kraft des Überbrückens und Ausgleichens, die Polaritäten versöhnt. Vollendung eines Zyklus.

10 Die Acht Wesentlichen Prinzipien

Die Erd-Medizin hilft uns, mit der menschlichen Existenz zurechtzukommen und zu erkennen, daß wir alle Teil der dynamischen Natur dieses Planeten sind, innerhalb der wir Bewußtsein in physischer Manifestation erfahren. Sie hilft uns zu begreifen, daß wir alle Teil eines größeren Ganzen sind und daß, paradoxerweise, das Ganze auch in uns existiert.

Die Erd-Medizin hat mit dem Charakter, dem Wesen, der inneren Persönlichkeit und deren Entwicklung und Entfaltung zu tun, denn das ist unser wahres «Gesicht». Alles andere, unser physisches Aussehen eingeschlossen, ist nur eine «Maske».

Der Erd-Medizin geht es um die Erweiterung unseres Wahrnehmungsvermögens und die Entwicklung unserer inneren Sinne, damit wir bewußter werden. Manche Menschen bezeichnen diese Bewußtseins- oder Gewahrseinserweiterung als außersinnliche Wahrnehmung. Aber sie ist nicht «außer»-sinnlich. Es geht hier nicht darum, zusätzliche Sinne zu entwickeln. Es gibt keine äußere Versorgungsquelle, aus der wir sie uns beschaffen könnten. Sie werden uns auch nicht von einer akademischen Institution zuerkannt. Wir können uns nicht dafür «qualifizieren». Wir haben diese Sinne bereits. Wir haben sie nur noch nicht genutzt, wir haben sie vernachlässigt, und wir müssen daran gehen, sie in uns zu wecken. Und die Erd-Medizin hilft dabei.

Die Erd-Medizin umfaßt Acht Wesentliche Prinzipien uralter Weisheit:

1. Das Prinzip der Geistigkeit

Alles ist Geist. Das Universum ist geistig. Alles, was Sie um sich herum sehen, ist verdichteter Gedanke. Jeder vom Menschen gefertigte Gegenstand ist das Ergebnis geistiger Tätigkeit. Materie und Energie sind verschiedene Ausdrucksformen des Gedankens – die eine manifestiert, die andere unmanifestiert.

2. Das Prinzip der Entsprechungen

Geist, Bewußtsein – ob manifestiert oder unmanifestiert – ist aus Kreisen innerhalb von sich spiralförmig drehenden Kreisen und parallelen Sphären aufgebaut. Was innen ist, spiegelt sich im Äußeren. Ist eine Sequenz eines Kreises bekannt, dann weist eine andere Sequenz von ähnlichem Typus in einer parallelen Sphäre eine entsprechende Ähnlichkeit auf. In einigen philosophischen Theorien oder Schulen ist dieses Phänomen als das Gesetz der Korrespondenzen bekannt.

3. Das Prinzip von Rhythmus und Schwingung

Alles schwingt. Alles fließt ein und aus und pulsiert. Die Pendelbewegung zeigt sich in allem – der Ausschlag der Schwingung nach rechts ist das Maß der Schwingung nach links, der Rhythmus bildet das ausgleichende Moment. Das Atom ist Schwingung. Der Gedanke ist Schwingung. Wenn Sie Ihre Stimmung oder Ihren Bewußtseinszustand verändern, dann verändern Sie Ihre persönliche Schwingung.

4. Das Prinzip der Polarität

Alles ist dualistisch. Alles hat eine Polarität, ist Teil eines Paares von Gegensätzen. Gegensätze sind ihrem Wesen nach identisch, aber unterscheiden sich in ihrem Gehalt. Alles ist Yin oder Yang und hat sein weibliches oder männliches Prinzip. Der Geschlechtsaspekt manifestiert sich auf allen Ebenen. Konflikte stellen einen Zusammenprall von Gegensätzen dar. Sie können gelöst werden, wenn die

Gegensätze zu einer harmonischen Gestalt zusammengebracht werden, und die Erd-Medizin zeigt, wie das zu bewerkstelligen ist. Ansonsten wird ein Aspekt vom anderen unterdrückt, und diese Vorherrschaft verschärft den Konflikt.

5. Das Prinzip der Verbindungen

Alles, was existiert, ist ein Energiesystem innerhalb eines größeren Energiesystems und besteht aus wirbelnden und tanzenden Gruppierungen von sich gegenseitig durchdringenden Energieformen. Die einzelnen Manifestationen, ob sie nun dem menschlichen, animalischen, pflanzlichen, mineralischen oder himmlischen Bereich angehören, sind auf diese Weise wie Fäden eines Spinnennetzes miteinander verknüpft.

6. Das Prinzip von Ursache und Wirkung

Jede Ursache hat eine Wirkung. Jede Wirkung hat ihre Ursache. Es gibt viele Ebenen des Kausalprinzips, und auf allen wirkt Das Gesetz. «Zufall» ist der Name eines bislang noch nicht erkannten Gesetzes.

7. Das Prinzip der Frequenzen

Jedes Einzelwesen besteht aus einem Muster persönlicher Frequenzen. Alles und jedes strahlt ein persönliches, einzigartiges Frequenzmuster aus. Jedes Muster ist anders, so wie das auch bei den Fingerabdrücken der Fall ist. Die Erd-Medizin übermittelt die Kenntnis von einigen Frequenzen, die wir mit anderen gemeinsam haben, so daß sie zur Entdeckung von weiteren Frequenzen führen können. Diese Frequenzen werden Totems genannt.

8. Das Prinzip der Selbst-Verwirklichung

Sie sind nicht Ihr Körper. Sie benützen nur Ihren Körper während Ihres Erdenlebens, weil er das geeignetste Vehikel ist für die irdische Welt und für diese Lebensspanne.

Sie sind nicht Ihr «normales» geistiges Bewußtsein. Dieses geistige Bewußtsein ist es gewohnt, zu denken, zu fühlen und die ihm über die fünf Sinne vermittelten Eindrücke einzuschätzen und so die physische Realität zu erkennen.

Sie sind das Wesen, das denkt. Sie sind das Wesen, das darüber entscheidet, was es denkt. Sie sind das Wesen, das im Innern beobachtet. Sie können denken, und mit Ihren Gedanken können Sie erschaffen. Sie erschaffen durch die Macht und Kraft des Geistes.

Sie sind nicht (nur) Materie, sondern Geist, der ewig ist und nicht stirbt, sondern sich lediglich verwandelt.

Die Heiligen Gesetze

Neben den Acht Wesentlichen Prinzipien gab es auch Heilige Gesetze, die für das ganze Universum galten. Sie waren heilig, weil sie die Gesetze des Wesens des Großen Geistes an sich waren und Ausdruck des Willens und Bewußtseins Des Einen, der alles mit Liebe erschaffen und das Universum mit Leben beseelt hat.

Der indianischen Kosmologie und den alten Weisheitslehren zufolge wurde, als der Große Geist das stoffliche Universum erschuf, der Kosmos durch den Heiligen Kreis (oder undurchdringlichen Ring) vom Chaos getrennt. Innerhalb des Heiligen Kreises existierte das nach bestimmten universellen Gesetzen geordnete Universum. Und diese Gesetze waren die Heiligen Gesetze, weil sie die Grenzen formulierten, die sich der Große Geist selbst auferlegt hatte und die auch unser Sein bestimmen.

In dem Augenblick, da der Kosmos vom Chaos getrennt wurde, blieb etwas vom Chaos in der Hülle des Universums gefangen. Von außerhalb versuchten Elemente des Chaos einzudringen, und innen versuchten Elemente des Chaos nach außen zu gelangen, so stand das Universum unter dauerndem Druck.

Nach diesen alten Weisheitslehren sind ungefähr 20 Prozent aller Energie innerhalb der Hülle des Universums ziellose, chaotische

Energie. Das führt dazu, daß wir zwar unsere Position zu bestimmen und durch unsere Entscheidungen unsere eigene Zukunft zu erschaffen vermögen, aber wir können nicht alles «willentlich» herstellen. Es gibt einen willkürlichen oder «Zufalls»-Faktor im Leben, den wir anerkennen müssen. Aus diesem Grund wurde in den indianischen und alten europäischen Stammeskulturen der Rat gegeben, das Leben nie allzu ernst zu nehmen.

Diesen Lehren zufolge können wir also unsere eigene Zukunft weitgehend beeinflussen, aber wir können nicht alles bestimmen. Es gibt einen unkontrollierbaren Faktor in unserm Leben. Manche fromme Menschen nennen ihn «Gottes Wille» und sprechen bei Katastrophen und Unfällen von einem «Akt Gottes». Doch so ist es nicht. Diese Dinge werden nicht vom Großen Geist gewollt oder verursacht, sondern sie dürfen nach dem Freien Willen des Großen Geistes geschehen und werden durch den Chaos-Faktor herbeigeführt, der indirekt unserer eigenen spirituellen Entfaltung und Entwicklung dient und sie fördert.

Es gab vier Heilige Gesetze, die die indianischen und vorchristlichen europäischen Schamanen und Schamaninnen besonders hervorhoben:

1. Alles ist untrennbarer Teil Des Einen, welches Das Ganze ist. Alles ist vollständig und aufs engste mit allem anderen verbunden.
2. Alles ist von der Frau geboren. Alles Leben gelangt durch den weiblichen Aspekt zur Existenz, und deshalb soll die Frau geehrt und geachtet werden. Die Erde ist unsere Mutter.
3. Kindern darf keinesfalls Schaden zugefügt werden. Dahinter steht mehr als nur die Mahnung, sich entsprechend zu verhalten. Die Kinder sind die Träger künftiger Generationen und der Zukunft der Menschheit, somit auch der eigenen zukünftigen Entwicklung. Fügt man einem Kind Schaden zu, schädigt man die eigene Zukunft.
4. Maximale Effizienz bei minimalem Aufwand. (Das ist das Gesetz aller «Energie in Bewegung», das sich aus den Gesetzen der Harmonie ergibt.)

Es gibt noch andere Heilige Gesetze, aber diese vier bildeten das Herzstück der schamanistischen Lehren und der Weisheit der Alten.

Die Erd-Medizin und wir

Welche Schlüsse können wir aus den hier vorgestellten Lehren der Erd-Medizin für uns selbst ziehen? Wir sind Gedankenwesen, individualisiertes Bewußtsein, getragen von elementaren Energie- und Kraftströmen durch einen der zwölf Wirbel der Erscheinungsformen der Persönlichkeit – hinein in die physische Manifestation.

Wir sind bewußte Wesen – Wesen des Lichts. Wir sind nicht sterbliche Wesen, die einen Geist haben, sondern wir sind Geist-Wesen, die einen Körper haben.

Unser Bewußtsein ist der denkende und handelnde Aspekt von uns, der durch ein Fenster auf die Welt blickt, und dies ist unser individueller Wahrnehmungspunkt oder Lebenskreis. Unser Bewußtsein ermöglicht unserem Wesenskern – dem Höheren Selbst, Dem «Geist» – oder Seelen-Selbst –, den stofflichen Bereich als physische Realität zu verstehen.

Das Seelen-Selbst agiert simultan auf verschiedenen Existenzebenen, aber unser Bewußtsein ist gewöhnlich nur der physischen Realität gewahr, weil sich hier und jetzt unser Wahrnehmungsfenster befindet. Dort sind unsere Augen. Dort ist unser «Ich».

Wahre Spiritualität besteht darin, daß Sie eine Verbindung zwischen dem alltäglichen bewußten Selbst und dem die fleischliche Natur und die individuelle Persönlichkeit transzendierenden «unbewußten» Seelen-Selbst herstellt, damit das Gehirn seine Eindrücke empfangen kann. Wahre Spiritualität hat nichts mit Religion oder «religiös» sein zu tun. Sie ist ein spirituelles Bewußtsein, das sich auf die praktische Erfahrung gründet, daß die physische Realität nicht die einzige Realität ist.

Man nennt die physische Realität die «gewöhnliche» Realität, weil sich unser Bewußtsein hier «gewöhnlich» die meiste Zeit aufhält. Aber die Erd-Medizin hat darauf hingewiesen, daß es noch eine andere Realität gibt, eine Realität anderer, «nichtgewöhnlicher» Dimensionen, in denen das Seelen-Selbst kontaktiert werden kann.

Das Seelen-Selbst entspringt einer Quelle, die manche als Göttliche Kraft oder Höchstes Wesen betrachten. Viele Menschen nennen sie «Gott», obwohl die jeweilige Personifizierung dieses Begriffs sehr unterschiedlich ausfällt und von der Kultur oder Gesellschaft, in die man geboren wurde, beeinflußt ist. Für die meisten Menschen ist diese Göttliche Kraft oder dieses Höchste Wesen oder «Gott» etwas, das sich außerhalb von ihnen befindet. Vielleicht sogar jemand, der sich außerhalb des Universums aufhält. Irgend jemand «da oben» – an einem Ort, den man «Himmel» nennt, jenseits der Sterne, jenseits von hier und jetzt, jenseits von Zeit und Raum, den wir irgendwie erreichen müssen, und das normalerweise durch einen Vermittler.

Die Lehren der Erd-Medizin und des Medizinrads deuten an, daß die Menschheit deshalb in ihr Schlamassel geriet, weil sie zu lange am falschen Ort gesucht hat. Genau diese Vorstellung, daß die Urquelle allen Seins eine außerhalb der Schöpfung stehende Persönlichkeit sei, hat die Menschheit von ihr isoliert und uns von unserer Schöpfer-Quelle abgeschnitten. Dadurch entstand ein Kurzschluß in unseren «Schaltplänen», der den Zugang zu unserer Urquelle blockiert hat.

Der «ungebildete» und «unwissende» indianische Mensch wußte, wie auch die Meister der alten Weisheit, daß sich diese Urquelle nicht *außerhalb*, sondern *innerhalb* der Schöpfung befindet. Wir sollten nicht nach außen – da «oben» hinauf zu irgendeinem unerreichbaren Ort – blicken, sondern nach innen, und *innerhalb* der Schöpfung suchen. Wir sollten in uns suchen, nicht außerhalb von uns. Die Natur zeigt es uns, denn je näher wir irgend etwas in der Natur kommen, als desto vollkommener erweist es sich.

Wenn wir Wissen erwerben wollen, müssen wir es selbst *erfahren*, und deshalb fordert die Erd-Medizin dazu auf, sich Zeit zu nehmen und zu *hören*. Auf die Erde zu hören und auf das, was sie uns zu sagen hat. Auf die Bäume und Blumen zu hören, auf die Vögel und die Tiere, die da laufen oder schwimmen oder kriechen – sie alle rufen uns etwas zu, aber die Menschheit hat taube Ohren. Selbst Felsen und Steine haben etwas mitzuteilen, denn auch sie sind Manifestationen des Einen Geistes.

Und deshalb ermutigt die Erd-Medizin uns, zu *schauen*. Nach *innen* zu schauen, damit wir besser hinaussehen können. Denn die Erd-Medizin ist ein Weg der Transformation – ein Weg, sich selbst zu verändern, damit wir wir selbst werden, und wenn das geschieht, verändert sich unsere Sicht der Welt.

Wir alle haben in unserm Leben schon soviel Zeit mit dem Suchen verbracht. Wir haben nach Liebe gesucht. Nach Sicherheit. Nach Befriedigung. Nach Erfüllung. Nach Gelegenheiten und Möglichkeiten. Nach einer schönen Zeit. Was haben wir gesucht? Mit einem Wort: *Glück*.

Aber bei all unserer Suche haben wir festgestellt, daß das Glück ziemlich flüchtiger Natur ist. Es ist kein Territorium, das wir für uns in Anspruch nehmen können. Es ist nichts, das wir besitzen könnten. Wir können es nicht mieten, leihen oder stehlen. Wir können es nicht an uns ziehen oder mit Gewalt nehmen. Und dennoch verhalten wir uns, als sei es auf dem einen oder anderen dieser Wege zu erlangen. Wir bekommen es nicht, wenn wir es für uns selbst wollen, aber wir können es haben, wenn wir es für jemand anderes wollen. Und hier liegt einer der Schlüssel, um es finden und auf dauerhaftere Weise erfahren zu können.

Glück ist ein Zustand, der keine Grenzen und Bedingungen hat, ganz einfach deshalb, weil es ein Bewußtseinszustand ist. Es ist eine dem Einen Geist zugehörige Qualität.

Die Erd-Medizin ist eine Methode, um unser Verständnis vom Universum, in dem wir uns befinden, und vom Geist, der der «Stoff» dieses Universums ist, zu vertiefen. Weder läßt sich der Geist mit bloßem Auge noch mit den modernsten wissenschaftlichen Instrumenten sehen. Wir können nur «wissen», daß er da ist, nicht durch «Glauben», sondern durch den Beweis der Intelligenz seiner Aktivitäten. Der Geist läßt sich nur über die Resultate seiner *Arbeits- und Wirkungsweise* beobachten.

Deshalb ist die Erd-Medizin mit der Natur verbunden, die nicht nur eine Ausdrucksform des Geistes ist, sondern auch unsere zuverlässigste Führerin, was die innere Dynamik der menschlichen Seele sowie die Bedingungen und das Ziel unserer eigenen Existenz angeht. Wenn wir das Erdnetz kennenlernen und damit arbeiten, begreifen wir darüber auch die Arbeitsweise von Geist und Bewußtsein.

Damit unternehmen wir außerdem eine wundersame *schöpferische* Reise, die etwas von der Schönheit des Innern nach außen bringt und ihr physischen Ausdruck verleiht.

Heutzutage sind so viele Kinder und junge Menschen destruktiv, weil ihnen ein Ventil für ihre natürliche Kreativität verweigert wird.

Sie haben wenig Gelegenheit, selbst schöpferisch zu sein. Ihr Spielzeug ist schon vorgefertigt. Ohne diese vom Regal weg gekauften Dinge fühlen sie sich in einer konsumorientierten Gesellschaft «minderbemittelt». Ihre Energien werden nicht positiv und kreativ genutzt und finden daher eine negative und destruktive Ausdrucksform.

Wir alle haben das Bedürfnis, kreativ zu sein. Wir alle sehnen uns danach, Schöpfer zu sein. Doch das kreative Werk ist das Leben, das wir haben und das wir ständig, Augenblick für Augenblick, gestalten. Jeder Schritt, den wir auf unserer Lebensreise tun, ist ein schöpferischer Moment – die Schöpfung unserer eigenen Zukunft und unseres Schicksals.

So hat unser Leben einen Sinn, der über die bloße Existenz hinausgeht. Unser Leben beinhaltet mehr, als den Lebensunterhalt zu verdienen und uns mit irgendwelchen Bequemlichkeiten zu umgeben. Ich will hier von einem «höheren» Sinn sprechen, da er die Ebene des bloßen Daseins transzendiert.

Unser Seelen-Selbst kennt diesen Sinn, aber wir sind uns seiner vielleicht nicht mehr bewußt. Mit Hilfe der Erd-Medizin können wir es wieder werden, denn solange wir nicht darangehen, ihn zu erfüllen, werden wir nie wirklich zufrieden sein.

Worin auch immer dieser Sinn für jeden einzelnen besteht, im Kern bedeutet er für alle das gleiche: den Ausdruck unseres individuellen göttlichen Potentials.

Wenn Sie Ihr Potential verwirklichen, ernsthaft die Kontrolle über Ihr Leben übernehmen und Ihre Umstände verändern wollen, dann reicht es nicht, nur über das in diesem Buch vermittelte Wissen zu verfügen. Sie müssen verstehen, und dieses Verstehen läßt sich nicht lernen. Es kommt einfach. Es kommt mit Bewegung und Veränderung, und die Erd-Medizin und der Medizin-Weg handeln von Bewegung und Veränderung. Doch das bedeutet, daß Sie sich Das Netz *zunutze machen,* Den Kreis bereisen und das er-leben, was Sie lernen wollen.

Der indianische Mensch sah jedes Leben als eine Wanderung oder einen Tanz an – eine Bewegung kreativer Energie um das Rad des Lebens. Die Schritte, die wir machen, können uns auf den Rhythmus des Planeten und des Universums einstimmen und eine Choreographie der Harmonie und Schönheit gestalten, was der tiefen Absicht des Seelen-Selbst entspricht.

Balance und Harmonie auf dem Weg der Schönheit, das war Der Geist der indianischen Völker und der Weisen aller Völker in alter Zeit. Und es ist Der Geist, der hinter diesem Buch steht.

Viele Jahrhunderte lang lag dieses alte Wissen verborgen, zum Teil gehütet von den Schamanen und Schamaninnen und den Nachfahren der «Weisen» vieler Kulturen, denen Bruchstücke davon anvertraut waren. Aber zum größten Teil hatte es sich ins Große Unbewußte zurückgezogen, bereit, durch die inneren Ebenen wieder in der menschlichen Seele aufzutauchen, wenn die Zeit gekommen war und die Bedingungen auf Erden es notwendig und auch möglich machten.

Und diese Zeit ist nun da. Die Essenz der alten Weisheit gelangt wieder zur Manifestation und ist all jenen zugänglich, deren Geist offen genug ist, sie zu empfangen.

Gehen wir unsern Weg in Schönheit, und mit Schönheit werden wir andere und die Erde berühren und dem Planeten Heilung bringen.

Der Geist des Roten Menschen

Ich bin von Meiner Schöpfung
Nicht weniger getrennt
Als deine Gedanken von dir.
Ich bin nicht die Wirklichkeit hinter der Welt,
Ich bin die Wirklichkeit, die in ihr ist.
Denn Ich bin in der Welt mit dir
Dein ganzes Leben lang,
Wo immer du bist,
Wo immer du gehst,
Wo immer du suchst.
Du kannst Mich sehen im Mond
Und in den Sternen,
Die Licht gebären
Aus der Dunkelheit.
Du kannst Mich spüren in der Brise,
Die deine Wangen küßt.
Du kannst Mich hören in den fließenden Wassern,
Die so erfrischen und beleben.
Der winzige Same, der zur mächtigen Eiche wird,
Birgt Meine Kraft,
Die sich zur Blüte entfaltende Knospe
Verströmt Meinen zarten Duft.

Ich bin mit dir jetzt,
In der sich ewig wandelnden Gegenwart,
Die wahre Ewigkeit ist.
Näher bin Ich dir als der Atem,
Der deinem Körper Leben bringt.
Näher als der Gedanke,

Der aufkeimt im Geist,
Von den Unwissenden vergänglich genannt.
Näher als der Puls,
Der dein Herz im Rhythmus hält.
Denn Ich bin nirgendwo zu finden,
Nur da, wo du bist.
Denn Ich bin das Eine, das Alles ist,
Und sehen kannst du Mich in allem.
Irgendwo.
Überall.
Und Ich bin Alles, das das Eine ist
In einem jeden.
So finde Mich jetzt.
Berühre Mich jetzt.
Spüre Mich jetzt.
Und liebe Mich jetzt.
Wo immer du bist.
Deinen Erdenweg wirst du dann in Schönheit gehen.

Dank

Dafür, daß sie dieses Buch möglich machten, möchte ich von Herzen meinen besonderen Dank aussprechen:

Harley Swiftdeer, Cherokee Metis-Medizinmann, der mich meine erste praktische Erfahrung mit den Medizinlehren machen ließ.

Medizinmann Silver Bear, der mir viel altes Wissen übermittelte und die Aufgabe übertrug, es an andere weiterzugeben.

Wolf-Eagle für seine Weisheit, Führung und sein Verstehen.

Leo Rutherford, Leiter des Eagle's Wing Centre for Contemporary Shamanism in London, England, und Jonathan Horwitz, Mitarbeiter der Foundation for Shamanic Studies in Norwalk, Connecticut, USA, für ihre ermutigende Unterstützung.

Freya Aswynn, die mein Verständnis von den Runen erweiterte.

Angehörigen des Deer Tribe und der Rainbow Path Warriors und anderen, deren Leben das meine auf dem Weg berührt haben.

Meiner Frau und lebenslangen Gefährtin, Beryl, die mich mit ihrer Geduld und ihrem Verständnis bei der Arbeit unterstützte.

Und den Großvätern und Großmüttern. Ho.

Euch sei Dank, euch und allen. Mögt ihr weiterhin die Erde mit Schönheit berühren und diesem Planeten Heilung bringen.

Kenneth Meadows
(Medizinname: «Flying Horse»)

Literaturhinweise

Die Aura

David Tansley: *The Raiment of Light,* Routledge & Kegan Paul, London 1984.

Chakras

Lilla Bek/Philippa Pullar: *Chakra-Energie,* O. W. Barth, Bern und München 1990 (SA).
Klausbernd Vollmar: *Fahrplan durch die Chakren,* Rowohlt, Reinbek 1988.

Farben

Annie Wilson/Lilla Bek: *Farbtherapie,* O. W. Barth, Bern und München 1988 (SA).
Betty Wood: *The Healing Power of Colour,* Aquarian Press, Wellingborough, 1984.

I Ging

I Ging. Text und Materialien. Übersetzt von Richard Wilhelm. Diederichs, Köln und Düsseldorf 1973.
John Blofeld (Hrsg.): *I Ging,* O. W. Barth, Bern und München 1983.
Thomas Cleary (Hrsg.): *Das Tao des I Ging,* O. W. Barth, Bern und München 1989.
Yüan-Kuang: *I Ging. Praxis chinesischer Weissagung,* O. W. Barth, Bern und München 1975 (NA).
Frank Fiedeler: *Die Monde des I Ging. Symbolschöpfung und Evolution.* Diederichs, München 1988.

Indianer

Carlos Castaneda: *Die Lehren des Don Juan,* S. Fischer, Frankfurt a. M. 1973.
Carlos Castaneda: *Eine andere Wirklichkeit,* Fischer, Frankfurt a. M. 1975.
Barry Fell: *America B.C.,* New York Times Book Co., New York 1976.
John Fire/Lame Deer/Richard Erdoes: *Lame Deer – Sioux Medicin Man,* Quartet Books, London 1980.

Schwarzer Hirsch: *Ich rufe mein Volk,* Walter, Olten und Freiburg i. Br.[6]1981.

Ernest Thompson Seton/Julia M. Seton: *Das Manifest des Roten Mannes,* Oesch, Gladbrugg 1985.

Hyemeyohsts Storm: *Sieben Pfeile,* Wilhelm Fink, München 1980.

Sun Bear/Wabun: *Indianische Astrologie der Erde. Das Medizinrad,* Goldmann, München 1986.

Frank Waters: *Das Buch der Hopi,* Diederichs, Düsseldorf und Köln 1980.

Meditation

Patricia Carrington: *Das große Buch der Meditation,* Scherz, Bern und München [3]1986, Stuttgart 1986.

Shakti Gawain: *Stell dir vor. Kreativ Visualisieren,* Rowohlt, Reinbek 1986.

Joseph Goldstein/Jack Kornfield: *Einsicht durch Meditation,* O. W. Barth, Bern und München 1989.

Lawrence Le Shan: *Meditation als Lebenshilfe,* Lübbe, Bergisch-Gladbach 1978.

Barry Long: *Meditation – a Foundation Course,* Barry Long Centre, PO Box 106, London N6 5XS, England.

Edwin C. Steinbrecher: *Inner Guide to Meditation,* Aquarian Press, Wellingborough 1982.

Pflanzen und Kräuter

Philip M. Chancellor: *Das Handbuch der Bach-Blüten,* Aquamarin, Grafing b. München 1988.

Culpeper's Complete Herbal, J. Cleave & Son, Manchester 1826.

John Lust: *The Herb Book,* Bantam Books, New York 1979.

Kay N. Sanecchi: *Book of Herbs,* Apple Press, London 1985.

Reinkarnation

Martin Ebon: *The Evidence for Life After Death,* New American Library Inc., New York 1977.

Joe Fisher: *Die ewige Wiederkehr,* Goldmann, München 1990.

Raymond A. Moody Jr.: *Leben nach dem Tod,* Rowohlt, Reinbek 1977.

Helen Wambach: *Leben vor dem Leben,* Heyne, München 1980.

Runen

Freya Aswynn: *Leaves of Yggdrasil,* Aswynn 1988.

D. Jason Cooper: *Using the Runes,* Aquarian Press, Wellingborough 1986.

Michael Howard: *Magie der Runen,* Sphinx, Basel 1987.

Eldred Thorsson: *Handbuch der Runenmagie,* Urania, München 1987.

Tony Willis: *The Runic Workbook,* Aquarian Press, Wellingborough 1986.

Schamanismus

Michael Harner: *Der Weg des Schamanen,* Rowohlt, Reinbek 1986.
Shirley Nicholson (Hrsg.): *Shamanism,* Theosophical Publishing House, Wheaton, Illinois, 1987.
Ward Rutherford: *Shamanism – the Foundation of Magic,* Aquarian Press, Wellingborough 1986.
Marilee Zdenek: *Die Entdeckung des rechten Gehirns,* Synchron, Berlin 1988.

Steine und Edelsteine

Mellie Uyldert: *Verborgene Kraft der Edelsteine,* Hugendubel, München 1983.
Herbert S. Zim/Paul R. Shaffer: *Rocks and Minerals,* Golden Press, New York 1957.

Tiere

Eric Hoskings: *Birds of Prey of the World,* Felham Books, London 1987.
Bill Schul: *The Psychic Power of Animals,* Coronet Books, Hodder Fawcett, London 1971.

Index

(Die kursiv gesetzten Zahlen verweisen auf Abbildungen)